珍藏本
纪念版

汉译世界学术名著丛书

风险、不确定性与利润

〔美〕弗兰克·H.奈特 著

安佳 译

商务印书馆
SINCE 1897 The Commercial Press

2017年·北京

Frank H. Knight

RISK, UNCERTAINTY AND PROFIT

Houghton Mifflin Company, 1921

本书中文版根据美国霍顿·米夫林公司 1921 年版译出

并增补作者历次重印版前言

汉译世界学术名著丛书
（120年纪念版·珍藏本）
出 版 说 明

2017年2月11日，商务印书馆迎来120岁的生日。120年前，商务印书馆前贤怀揣文化救国的理想，抱持“昌明教育，开启民智”的使命，立足本土，放眼寰宇，以出版为津梁，沟通中西，为中国、为世界提供最富智慧的思想文化成果。无论世事白云苍狗，潮流左右激荡，甚至战火硝烟弥漫，始终践行学术报国之志，无改初心。

迻译世界各国学术名著，即其一端。早在20世纪初年便出版《原富》《天演论》等影响至今的代表性著作，1950年代后更致力于外国哲学和社会科学经典的译介，及至1980年代，辑为“汉译世界学术名著丛书”，汇涓为流，蔚为大观。丛书自1981年开始出版，历时三十余年，迄今已推出七百种，是我国现代出版史上规模最大、最为重要的学术翻译工程。

丛书所选之书，立场观点不囿于一派，学科领域不限于一门，皆为文明开启以来，各时代、各国家、各民族的思想与文化精粹，代表着人类已经到达过的精神境界。丛书系统译介世界学术经典，引领时代思想，为本土原创学术的发展提供丰富的文化滋养，为推动中国现代学术和现代化进程做出了突出的贡献。

为纪念商务印书馆成立120周年，我们整体推出"汉译世界学术名著丛书"120年纪念版的珍藏本，寄望既利于文化积累，又便于研读查考，同时向长期支持丛书出版的译者、编者和读者致以敬意。

两甲子后的今天，商务印书馆又站在了一个新的历史时间节点上。我们不仅要铭记先辈的身影和足迹，更须让我们的步伐充满新的时代精神。这是商务人代代相传的事业，更是与国家和民族的命运始终紧密相连的事业。我们责无旁贷，必须做好我们这代人的传承与创造，让我们的努力和成果不仅凝聚成民族文化的记忆，还能成为后来人可以接续的事业。唯此，才能不负前贤，无愧来者。

商务印书馆编辑部

2017年10月

目　　录

第二篇　完全竞争

初 版 前 言

本书基本上没有什么新的内容,只是试图比以往更准确地阐述传统经济学说的基本原则,并更清楚地揭示其含义。这就是说,本书的目的在于改进而不是重建,是一种"纯理论"的研究。这种表达的背后动机有两个。第一,面对当前这个时代讲求实用和平庸的趋势,特别是我们这个国家思想上的特点,笔者本人希望,在社会问题领域中进行缜密的思考,对人类的福祉终究会有些意义。第二,笔者有种感觉,这个时代的"实用主义"只是一个过渡阶段,在某种程度上甚至只是一种姿态而已,即还存在一股对粗疏和浅薄思想的强烈不满的暗流和一种完全出于知识自尊的、对表述思想的流行学理与术语有更清晰的理解的真实渴求。本书会在合适的地方首先对这些假定进行适当的阐述或辩说。

一般经济学研究的"实用性"理由是,相信通过改善满足欲望活动的组织形式,人类生活质量也有改善的可能。更具体地说,多数社会改良的规划,都涉及到更有意识地用社会的或政治的控制形式,来替代私人财产和个人契约自由。当前这些研究所暗含的假设是,如果这种性质的变化对被提出要进行修正或替换的制度之本质和发展趋势有一个清楚的了解的话,那么,将为真正的改善提供更大的机会。因此,本书致力于对一个社会群体中,作为稳定和指导协作活动的制度和方式的自由企业的本质特征,进行梳理和界定。这种努力要获得成功有一个必要的条件，即我们假设，对现象的描述和解释，一定要与对被研究的制度之批评和辩护彻底分开。我们首先希望，凭借指明这一体系是什么，能达到进一步揭示这一体系能做什么和不能做什么的目的。与此紧密相关的一个目的是，要对经济组织的问题、在经济组织中没有发生变化的东西、经济组织的状况以及组织运作的机制的各种数据，进行系统的阐述。为这些基本原理给出一个严谨而明确的概念，被视为是解答下列问题的必要基础，如什么是我们期望的合理的组织方式，这类组织是否会因为没能获得合意的结果而遭到责备；如果会出错的话，它会在什么地方出错；以及，哪种变化和替换为合理正当的改善试验提供了充足的机会。

这一研究的最终结果绝对不是对现存秩序的一种辩护，相反，它或许强调指出了自由企业与生俱来的缺陷。但是，我们必须承认，谨慎的分析也让我们注意到了问题的根本难点和根据社会机制的区区变化过分乐观地进行预期的愚昧。只有这种特定的基础性东西，才在本书研究范围之内，或曰，包括在经济学理论的范畴之内。对于社会政策问题的最终裁决，要取决于对组织体系的其他可能性进行类似的研究，以及这些可能性与完成任务相关的自由企业的比较。这种“结论”或许下得有些冒险，因为，没有哪一种组织形式能够满足或胜任所有领域中的所有目的。毫无疑问，在一个基本社会里，所有能想到的组织形式都能找到自己的位置，问题在于哪种形式最适用于已确定的任务和社会为达成这一任务的活动范围。

本书的主要目的是对企业家的作用，即对已获认可的这一组织体系中的“中心人物”以及决定其职能报酬的各种力量，进行更全面更仔细的研究，以求对自由企业理论做出具体的技术贡献。

利润问题是1914年春季，康奈尔大学经济学教授艾尔文·约翰逊博士向笔者建议的博士论文题目。约翰逊教授离开康奈尔之后，笔者的这项研究主要由阿林·A. 扬教授指导。在此我谨向两位老师表示诚挚的谢意。1916年6月，论文在康奈尔大学获得通过并于1917年提交哈特、沙夫纳和马克斯公司赞助的论文比赛，后在芝加哥大学教授J. M. 克拉克的编辑指导下，我又将论文全部重写了一遍。与我的同事C. O. 哈迪教授的讨论以及拜读他尚未出版的《关于风险与风险承担》一书，令我获益良多。芝加哥大学的雅各布·瓦伊纳教授非常友好地阅读了全书的校样。我还受惠于许多经济学家业已出版的著作，由于这些书范围太广，数量又多，所以未能详细列明，尽管这些著作在正文和脚注的参考文献中都有不尽完整的反映。

弗兰克·H. 奈特

1921年1月于依阿华州依阿华市

再版前言

本书初版售罄之后，伦敦经济学院给了笔者极大的荣誉，将本书列为重印系列中的一种。另外，他们还惠允我撰写新版前言。我想，与其详述本书的由来或是纠正一些错误，我宁可利用这一机会，就本书所陈述的经济学理论作一些评论，而且我还认为，按照被普遍接受的经济学原理进行思考的思路，也需要发展及修正。当然，我是假定这种努力还在继续进行。现在，我想提出几个问题以供本书现在的读者讨论。

一

首先，正如本书内容所揭示的，我对经济学的兴趣从一开始就特别集中在理论的含义、理论推论所必需的先决条件，以及理论前提与现实的偏离上。本书的大部分内容在1915～1916年康奈尔大学的博士论文中首次得到了体现，此后，本人的这一兴趣还在增长。这些年来，我的时间都花在大学课堂的“理论”课上了。如果说，这一时期的一般趋势是盲目地反对“古典主义”，那么，美国的情况尤为明显。这种环境加上欧洲民主国家疏远自由主义的政治趋向以及经济学的受宠，再加上还要向一大帮没有什么学术兴趣或社会兴趣的学生灌输经济学——所有这一切都激发了我的思考和质疑。我一直特别致力于弄清经济学前景看好的各种“分析方法”，而对这一问题有这么多令人费解的议论。我颇为不安地承认，这是某种方法论“体系”，或各种方法论造成的结果。虽然用其他研究来替代经济学价格理论的提议似乎都站不住脚，但在某种程度上我也赞成与之相反的看法，我希望就价格理论能干什么和不能干什么，有一个完整的阐述，并且就相同论题提出的其他分析方法进行适当的考察。

基于功利主义假设的经济学理论，即从“经济学”一词的本义所说的所有经济学理论，是一种纯粹抽象和形式化、且没有实质性内容的学说。一般来说，它讨论的是某种规范的“经济”原则，并不涉及要利用什么或是如何利用的问题；更具体地说，价格经济学讨论的是一种社会制度，在这种社会制度中，每个个人只把其他所有人和社会作为他自己这一个人经济（*privatwirtschafter*）的手段和条件、一种鲁滨逊经济的机械组织来对待。它讨论的是给定的“所有者”，根据给定的技术体系对给定资源的使用以满足给定的欲望的过程，如何通过完全的市场体系组织起来。任何在给定时间和地点所发现的问题，诸如资源和技术等，都一定会在制度史上找到答案，因为与市场关系本身的客观体系一样，所有这类事情都显然是文化史的产物。（确实，在某种意义上，“经济”动机和过程意味着，通过在每种易于产生“收益递减”的投资途径上，对资源正确配置的努力，使给定资源条件下的给定收益最大化，这种努力或许也是文化史的组成部分。参见下文。）

但是，这里还有另外一层更深的含义，即从驱动体系的欲望方面看，价格理论天生就没有实质内容。因为在这种分析中，欲望必须视为对已生产出来的物品和服务从事买和卖以及消费的欲望。但重要的是，这种欲望既不现实，也太抽象。在一个非常有限的范围内，商品和服务缺乏内在属性；大体上，商品和服务就是社会关系或理想价值的象征性目标。古典经济学家犯了两个极为不幸的错误（其中一个稍后再论），这两个错误与把饮食当成一种经济利益相关。事实上，饮食本身也是一种极为重要的社会利益，但这里至少还没有提到“更重要”的欲望，比如说服装，因为这样会对分析带来不同程度的扭曲。当然，人们为了生理的舒适需要食物和具体的必需品，但是，满足这种需求所需要的手段实际上也要依靠历史上形成的社会标准。由于任何内在的性质对“商品和服务”的需求来说，都是一个最小的因素，所以绝大部分欲望都要通过市场获得满足。对经济生活任何合乎实际的论述，尤其是涉及到与经济生活相关的问题，都要求对动机的大小以及采用物理手段来实现目的的纯经济层次的范围，即所使用的手段的量的作用，有一个准确而清晰的认识。我们可以简单地举些例子来揭示这一问题的实质。

与生存和舒适相比较，欲望中有一个极为重要的因素，就是审美因素（æsthetic）。在某种普遍意义上，审美的吁求要取决于其内在的本质，即在多大程度上它是文化的固定特征的结果，在多大程度上，它又是一个流行的或社会—历史的偶发事件的结果。长期以来，深藏于经济学讨论之内的这些问题才是最让我着迷的问题之一。与欲望中的审美因素交叠的大部分因素，是由具体的经济物品体现的纯粹的“社会”欲望，这与在竞技场上得分的渴望一样。社会欲望在很大程度上分属于这类两极化的形式，如相似与相异，自由与权力，但在分析过程中，却从没有对此进行清楚的区别。另一个因素是想给人留下印象的愿望，这种印象可以是天使，也可以是恶魔，或两者兼有，或是一种中庸的形式。社会动机也很少与经济动机绝对不符。类似的还有亲近感和新奇感，对一些特别满意的活动和成就的兴趣，以及对较广泛的利益产生影响的不确定性因素。（在本书的不确定性分析中，我仍然觉得这一点有极其重要的意义。我对许多学者坚持对可选择结果的不确定性进行分析感到困惑。他们分析不确定性，就好像是对一个已知的数学概率下赌注一样。尤其是，我可能说过，我对庇古教授在《福利经济学》附录一中将不确定性作为一个因素加以处理的方法实在不解，或者具体地说，对他的一般因素概念弄不明白。）

最后，动机中的非理性因素所具有的最大实际意义就是评估。在我看来，从某种意义上讲，大部分深思熟虑的行为（deliberate action）都受到要得当或做得正确之意愿的影响。但是，希望做得对，或尽可能解决问题，并不能归类为指望得到什么特殊的结果；一旦对一个问题感兴趣，人们甚至不愿意别人为他找出正确的答案。这一结论对经济学理论来说，更是意义深远。在某种意义上，它必定涉及到行为的目的，或者说，它与经济概念无涉，更不必说与经济问题有关。但是，根据科学数据能被视为目的的唯一概念，只是个人心中对一种可描述事物或现有状态的意愿。当前社会心理学中好几派理论都趋向于同一种看法，即大多数自觉意愿，说到底就是希望在人类社会中以某种方式起到一定作用，或成为某类人物而已。我们已经指出，个人和社会的理想不能从物理形态上加以描述，因此也不能纳入根据有关所谓“科学”的描述而获认可的论题的范围之内。这些内容实际上已经属于意义和价值范畴(好或坏、聪明或愚笨不在考虑之列)。

但这并不意味着难题的解决。对任何社会理论来说,同样重要的是要认识到,我们对这类事情所作的描述,在自然科学的意义上是非科学的,我们同时也要明白,这种讨论还必须深入到从智性上讲更为棘手的领域。一旦人们开始讨论这种理想,就会要求一种必须遵从的准则,即一种在规范的或道德的层面解决问题的因素。对理想的讨论不能局限在纯粹的描述中——虽然诸如此类的描述还是可能的。实际上,从不同的意义上说,所有的科学都是这样。科学描述的是观察者应该见到的事物,以及如果他观察正确的话,他将会看到的事物。选择何者作观察则纯粹是一种自我思想感情的流露,一种自我启示,与之相关的任何兴趣都是文学的,而非科学的。相应的是,任何社会科学都暗含对"真实社会价值"的识别与讨论。所有这一切的意义在于,经济学不能只是经济的而不包括政治和伦理学的内容在内。要获得这种具有科学性的方法,只有努力弄清不同层次的描述和评估的关系后才有可能。这里的困难在于,阐述者的趋向是完全相反的,对数据感兴趣的人力争用具体实际来进一步强化真实情况,对政策感兴趣的人则试图通过渲染其观点的科学客观性来增加自己的感染力。因此,对经济学理论在解释清楚价格与价值,或是解释清楚分析与宣传二者的关系上,进展得如此之缓慢,我们一点都不感到奇怪。

以不同的行为观为基础,或者,以那些多少受到专门注意的行为的不同方面或行为的各种要素为基础,我们大约有六种分析经济现象的主要方法。(1)排除主观的或人的因素,对具体数据,即对商品和价格进行统计学分析。因为除了自然资财必然成为商品的一个类别之外，其使用也是这样，所以这种讨论只暗含了经济学，无法真正开展。(2)将动机看成一种事实而进行的分析。这是一种多少与传统经济学概念极为相似的概念，进行此种分析的学者不太重视政治取向。但因为与被观察的行为结果相关的动机，只能客观地进行定义和分类，所以，如果这种方法自称具有完全的客观性，那么就会撞上第一种方法。如果这种方法实事求是地对动机进行了分析，它就必须承认，相对于社会形态而言，这类分析方法是抽象的，而且通过两方面的谬误，即达成一个目标的错误和目标本身的概念上的错误，而迥异于实际的行为。(3)对动机、社会信条(social-symbolic)及伦理中的其他因素的识别，将使分析从人文意义上更实际、更真实，从客观的自然科学意义上讲，则少了一些科学性。

(4)上述第三种方法不可避免地涉及到对社会政策的考察，但在这种分析中，由于政策和结果都是一种事实，所以这种分析也具有一定的客观可能性。然而，因为所讨论的方法本质上是诸种游戏规则以及不同游戏或社会制度的结果，所以，这些概念与自然科学的概念相去甚远。科学工具主义设想每个个人都竭力为了自己的私人目的而与他人竞争。这一点靠"科学的"手段是做不到的，因为，从技术上讲，这里主要采用的是强制、说服和蒙骗的手段，这种手段从人与客观对象的关系上讲，没有任何意义。社会结果的特征意味着无需对其进行评论。(5)对合乎制定者的心意或其所期望的社会政策进行公开鼓吹或是宣传。对作为一种科学的经济学来说，在有限的范围内，区别开期望的东西和合意的东西，是关乎生与死的事情,但当前却有一种混淆两者的趋向。与(4)和(5)相关联,保存具体意义上的目的和社会关系形式上的目的之间的区别,也很关键。对一种抽象关系即自由的分析,造成了对古典经济学传统概念的严重损害。这些学者不仅是将对自由的鼓吹与对自由制度的分析相混淆,而且以一种极为错误的方式将自由设想成一种以极大化愉悦为目的的手段。从人类自身的经济福祉看,除了那些能让他们更为聪明地做决策,而不是为他们做决策的信条之外,人类所渴求的或许是,或实实在在就是自由。同样明显的是,人们或许会视自由为一种价值,一种责任,为禁止个人摆脱法律的约束,所有的西方法律制度都如此看待自由。(另外,在一个较为宽泛的限度内,人们或许会提倡将自由作为一种选择,即对政府因试图履行自己无法履行可能有益的职能而使自己元气大伤的一种选择。)古典思想家们似乎也忘记了,经济自由是使用经济权力的自由,其内涵涉及从奴隶制到依仗对经济权力的分配而奴役他人的诸多方面。古典思想家们甚至提请人们注意每个人改善自己状况的渴求,包括改善其继承人的状况的渴求,但他们没有注意到,用权力获得更多权力的自由,涉及到不平等的一种累积趋势。

(6)将注意力集中于历史和历史因果关系而产生的多种多样的"分析方法"。如我们已经指出的那样,一旦我们超越了静止经济的抽象前提条件进行讨论,或是讨论的内容发生了变化,涉及的就是这样一种分析立场。实际上,求助于经济动机来解释历史变化,是一种普通的做法,是所谓马克思主义信条的第一款,而这种做法也轻易就被那些从未对经济学概念作过审慎研究的历史学家囫囵吞下。(在历史学家对历史进行经济学解释的时候,经济学家也在致力于经济学的历史解释，这有点像许多心理学家成为18世纪那种唯物论者，而物理学家却在唯理、唯心和空想。）简而言之，如果、且在一定程度上，经济条件的变化是“理性”节制（而不是“等待”）和投资的结果的话，影响经济生活的条件之变化本身，就可以用经济学术语进行解释。这一点也适用于变化、情感需求、资源和技术三个领域。人们把对现在与未来的权衡，看做与其他经济比较相似的事情，并非没有意义。但是，除了已经提到的经济动机的视角的局限性以外，就未来所作的当前牺牲，也必然意味着一种直接的、确定的并可预见的牺牲，意味着从各个相反方面对人之未来的保障，意味着已经明白，这一未来主要存在于做出选择之人的生命期间之外。经济发展涉及的是“现在物品”永久性地转变成收入，实际上，是短期内的大笔收入转变成长期内的小笔收入。值得提出的是，我们能否把“作为一个整体”的未来的利息，从经济上看做是完全合理的东西，实际上，如果这类利息在实际储蓄和投资上有什么作用的话，那也是很小的一种作用。即使这样，真实的动机差不多或完全就是真实的消费动机，也就是说，是象征性的和抽象的动机。

由于古典经济学没有能够，而且在很大程度上现在也没有能够对既定条件下一种系统的运行，包括趋向于均衡的运动，以及既定条件或制度本身内在的变化，做出清晰而准确的理论区别，所以，我必须将此视为古典传统中一种主要的谬误。这种情况在涉及到这类历史变化时滥用经济动态概念的表现中得到反映，严格地说，这里涉及的只是既定条件下系统趋向于均衡的运动。古典经济学家没人用一种意思恰当的语句——一种可被视为历史变化之定义的表述，来进行这种区分，尽管这里也涉及到不可改变的理念。一般来说，历史变化颇有些自我增强或累积的趋势。除非有某种大变故或不可思议的颓废的道德现象的干扰，否则，(任何方向的)进步总是开启更大的进步的途径。(如果没有指明历史的变化涉及两条截然相反的增长途径，即需求与供给水平，历史的变化就不能视为是增长。我们可能对两者给出一个确定的完整的定义，但我们仍然有必要对整体的变化与整体不变条件下的方向或形式的变化做出分析性的区分。)

二

现在我们简单地讨论一下在对历史地看所谓静止经济的分析中所使用的价格理论的详细内容，这里我想提出几种方法，我认为，依靠这几种方法，我们得到的材料会比通常的材料更为可靠、实际而且恰当。(其中的许多观点已通过我和其他人的著作，获得了一定的关注，但还没有被纳入公认的基本原理中。我不承认原创性——不管怎么说，经济学中任何完全原创的东西都会有错——但因为对这类研究的关注多于它们所应受到的关注，而且，读者或许也会回想起最近的讨论，所以我想说，十几年来，我就是按照这种思路提出问题的。)

1. 除了在少数几个领域中，销售品失去了特性，生产是按照规格进行的之外，几乎所有经济物品和服务的供应者都享有某种程度的垄断。每位供应者都在某种具体的市场范围内拥有一定的垄断，竞争的有效性只存在于市场与市场间的边际领域。均衡的条件在增量成本和增量收益之间是均等的。价格,也就是说产品(见下述),在市场范围内,可能会有分类,也可能不会有分类。(a)一名供应者,不管是个人还是团体,都是一个商业单位,或一名厂商,所以,一定不会与技术单位或工厂设施相混淆(与庇古在《福利经济学》第 219 页的说法相反)。工厂的规模和范围,就像所有其他的机器或建筑设计一样,对商业单位来说,只是一种技术细节。公司的效率和规模之间的关系,是最为重要的理论问题之一,从本质上说,与工厂设施的关系相反,在很大程度上这是一个性质问题和历史事实,不是一种纯概念的一般原理问题。但问题之所以特别重要,是因为获取垄断收益的可能性,为公司**持续和无限制**的扩展,提供了一个强大的刺激力量,但即使在存在界限竞争的条件下,这股力量也会随着规模的增大,受到某种导致效率降低(在货币收入的生产方面)的同样强大的力量的抵消。(b)一家公司是沿着几个方向或轴线扩展的,理论也需要在市场领域或供求领域概念上有所发展。地理范围上的细节已经引起了人们的注意,但我认为这还很肤浅,我认为更重要的是要关注商品或服务的范围,即通常意义之外的另一种"效用面"(utility surface)。事实上,商品必须通过确定其市场范围(或其他方面)而获界定;包括运输成本和林林总总的销售成本在内的所有成本,都与商品的范围相适应,而公司的规模则通过汇总其在不同价格水平或不同名称条件下销售的不论什么商品才能被人认识。(c)一般说来,公司的扩展(多少与规模的变化和不同规模的技术单位的重新分派有关)不能通过双向的职能关系来体现,因此,除了取决于最终的适应条件外,均衡的达成取决于这一过程中所有的偶然事件和错误。

2. 当前在货币理论和经济周期理论方面的兴趣，显示出经济学理论在标准表述方面的重要缺陷。从科学上讲，这固然情有可原，但实际上却很严重，因为，甚至连经济学教授们通常都不具有科学头脑，公众们就更不用说了。不管怎样，这种情况表明我们需要重视货币的理论性难题。如果一个社会的交换媒介不具备真正的服务价值，那么，随着影响个人货币需求的不确定性的量被减少到零，流通的速度也必定接近于无穷大。如果货币具有独立的使用价值，其价值也将接近价值的极限。

3. 均衡的概念来自于力学。经济学中使用均衡暗含着这样一种假设，即经济系统内所有原因和结果的关系都可以用一组联立方程来表示。但这一方程要有意义，从准确的意义上说，方程必须是"动态的"。方程必须包含向均衡运动的某一过程，而不仅仅是描述均衡的条件，因此，方程必须类似于运动方程。这就要求在每一种所要表达的关系中，原因和结果实际并持续地并存。很明显，众多事实都不符合这一假设，而且，对理论尤为重要的是，这一假设还混淆了一些经济规模大小的概念。多数经济学理论的内容都与原因与结果间的滞后相符，这一点不会通过仿效力学中加速的范式，靠玩弄概念而摆脱掉，更不必提他们根据"摩擦"这一掩盖了经济思想中那么多过错的有害比喻所作的差强人意的分析了。

我们有必要对力学范畴在经济分析中的应用进行一次全面彻底的检查，但在这里我们只能就现实的经济动态问题做一些提示。在经济学中，不存在类似于力学中的动量或能量、或是守恒定律那样的东西。对经济学而言，在力学的三个基本维度中，只有时间是真实的。这里不存在具有确定意义的经济空间（因此也没有方向或速度),也不存在质量。从定量分析的角度看,在解释经济现象时,不可避免地要用到力和阻力的概念——实际上已经超出了力学的范围——分析均衡时也是一样。在复杂的关系中,甚至在一个完整的系统中,毫无疑问明显存在一种趋向于均衡的真实趋势。也存在多少有些类似于惯性和摩擦的东西,尽管这种惯性一定没有质量和摩擦,也没有能量转换。在均衡运动中,力和阻力的关系是心理上的,它会对消费者和生产资源的管理者与拥有者的学习过程(消除"谬误"的过程)产生影响。这种学习可分为对实现目标的新过程的学习,对截然不同的新目标(一种历史性变化)的"学习",虽然这两者间尚未有清楚的界线。从行为这方面说,存在一种"黏滞度"(viscosity),这种黏滞度部分是依据其速度而产生物理变化的成本问题,而且多少是可适用于人类的、有形物体的确切替换期的问题。(在很大程度上,使用期限取决于交付时的预期和使用的时间,另外我想重申刚才说过的另一点,经济均衡总是建立均衡的过程中各种偶然的细节以及最终支配条件的函数。)

就算对力学原理作一些表面研究,我们也会认识到,波动存在已经减弱或尚未减弱的多种可能性。仔细研究一下并行现象也一定会使我们对经济周期有深入的了解,再结合货币理论,我们也会对"特定的"经济周期有深入的了解。

4. 下面将要提出的论题从另一个角度与维度(dimensions)问题相关,而且也关系到先前提及的第二个主要谬误,即将采集食物作为经济活动的一种。我们知道,基本的经济量(价值或效用)是服务,不是物品。本质上,这是一种时间的流量或流动,只有通过一个二重过程,即(a)时间的集合和(b)资本化,才能成为一个绝对的量，并在交换中得到表现。在某种形式和名称的某种物品的周转期或生命期非常短暂的情况下，比如食品，认为食品就是食品的服务，也不会产生过于严重的错误——除非这种物品实际上是累积的人的服务和耐用物品的具体体现。但从理论上讲，所有的财富都是同质的资本（那些一度存在、在数学限度内极为耐用的物品除外），任何物品的量则取决于为永久性维持（和置换）作了提留之后的净收益及利息率。服务的寿命也是计算的一个部分，因为它也是人们用以替换物品的形式，如果物品需要替换的话。资本化率（利率）则是由新投资的预期生产率决定的。我确信，除了劳动力成本的危害之外，任何其他谬误，对经济学思想产生的危害，都小于作为财富的生产的生产概念产生的危害。生产就是靠物品（财富）和靠人提供服务。财富（资本）的净增加或减少，必须根据唯一可能的会计方法，通过将维持（和补偿）费用与收入进行明确区分而表示出来。实际上，如果使用一些特殊术语来表示资本的净变化，那么，财富就可以跟与消费相关的生产和收入相区别。

5. 对这些问题作过稍微准确的系统阐述后，古典体系（即前杰文斯—门格尔体系）在基本原理上的谬误，仍然是压在我们心头的重负。比如在成本问题上用绝对成本替代了相对成本（在涉及价格决定的时候）；比如说作为分配份额的工资、利息和租金；比如说用对牺牲的赔付替代了对服务的赔付；比如说一方面用生产要素替代了具体的投入要素（自由人和所拥有的各要素），另一方面又用生产要素替代了所拥有要素中的抽象资本；还有，如果赋予单位（商品或）服务中的效用以任何含义而非纯粹抽象的、有效的推动力，那么效用的概念虽然更现代，但也同样有害；这类过时的陈词还有很多。

三

由于一开始就坚持经济学必须对社会政策有一定的实际意义——除非经济学家靠提供纯粹的娱乐或教人们相互利用谋生——所以，最后我必须就相关的情况谈一些看法。从传统经济学的前景来看，或从自由主义时代认为是人类的主要历史成就的价值来看，我都无法乐观。放眼近来政府的方针政策，不管是国内还是其他地方的自由贸易政策，人们都无法因为政府受经济学家的指导，或是受精深的经济学理论，即"经济学"原理的指导，而对政府的前景感到鼓舞。再从整体上检视一下同时期发表的经济学理论，至少对我来说，想发现什么奥秘，或对我阐述的第一部分内容感到遗憾，都不太可能。但是，深入探究一下社会生活的现实及其问题，那么，从公众可以据之对我们的专业进行评判的教科书和文献的逐渐降格来看，或从开头提到的偏离"自由主义及其全部事业"的趋向看，都不再会有任何让人不解的神秘东西了——尽管我们或许还能感觉到这一点。

为要有一个更具实际意义的经济学，首要的一点是要简单谈谈经济学家们著书立说的种种原因。经济学家的著作和文章也是商品，是为了市场而竞相生产的商品，这种商品流动在一个较为宽泛的范围内，根据消费者和生产者利益的本质和相对重要性而具有明显的特征。另外，经济学家的行为也证明，只有通过自由讨论，才有正确提出问题的可能性。

经济学本身已经陷入了一种恶性循环之中。经济学为了博得大众承认并对大众施加影响，不惜降格俯就大众的思维水平，这样，为获取认可和影响力的竞争，替代了将事情弄明白的努力；最后，竞争中的成功变成了在自己专业中获得身份的条件。那么说“或许一直”有一批经济学同道，专心致力于解决感兴趣的问题，并团结协作，而不是通过搬弄他们“学术上的”差异，竞相向公众兜售自己的家伙事儿，可能毫无根据。这样的专业人士是否履行了社会领导者的职能，确切地说，能否按一般的形式提出问题，揭示出了“自由”社会里领导观上的一个根本矛盾。如果大众在公开的竞争中通过行使裁判的职能而选出自己的领导者，那么，大众就是它自己的领袖，这种方式当然也不折不扣地具有民主的含义，并且，这种管理事物的思维方式就是大众思维方式。个人的作用被限制在提出和宣传自己的理想和计划的范围内——如果这类事情真的可以由个人做的话。

现在，我们很难在普选政府中发现启蒙思想的实质。或许其主要因素就是这里有一种信念，即对财产和自由市场的热衷显然是根本用不着认真质疑的“真理”，这一信念将会把政府的作用缩小到一个极小的范围。至于相信任何意义上大众决定的程度，那些多多少少可以辩解的因素似乎以大众对人格——像诚实和能力——的判断为中心，是“喜欢”那些鼓吹从正确的步骤到正确的目标而非相反的人的一种基本的神秘能力，而无需理解有关论点。大体上，争论者似乎也有必要采用某种不同的、严肃认真的讨论方式，而不是纯粹的高谈阔论、插科打诨或收买。但除了裁定胜者之外，大众理所应当地还要决定争论的形式。争论者所采用的手法

(techniques),也应该是“起作用的”手法。(但是,或许民主信念本身就只是一种大众思维,因此,这种做法就像要在任何流行或疯狂的事情中寻找思想基础一样的无聊。)

从公正的分析或批评的角度考虑,现在有一件事很清楚,即大众极少“思考”,如果不是完全不思考的话。在政治运动的条件下,这一点尤为正确,因为,现代技术的结果之一,就是让管制的过程具有了更多的持续运动的特点,这种持续运动的首要原则就是创造公众心理。任何对公众心理有吸引力的事情,必须简单而离奇,其最喜爱的程式是 *credo quia impossibile*[正因为它不可能,我才相信]*,最爱用的政策是政治迫害(witch-hunting)。但是,这种做法除了表示出对“完整的经济学理论”的极度轻视之外,人们不能期望它再有任何表示,实际上,它对诸如犯罪学这类简单问题(primitive issue)的思考也并不适当。然而,讨论一旦开始,它自己也没有了“回避”的可能,也不可能回到原来那种不经思考就认可其领导地位的状况了。民主政治必定会有一些与生俱来的局限,否则它就会回归于专制政治。

这篇前言的含意在于,经济学的实用意义在于它基本是与制度史的基本原理相关的。从经济学的角度来看,本书主题的核心仍然是意识与非意识作用的关系,以及理性因素与情感因素的关系,仍然是连贯而又变化的。对这一思路略作思考,一方面会使人们更难以接受“天真的经济主义”,另一方面会像美国的“制度主义者”习惯的那样,假设:(a)这完全是一种历史的力量,以及(b)经过

* 语出古代基督教第一位拉丁教父德尔图良。——译者

论文作者的打字机或演说者的扬声器，事情立刻就会发生变化。在我看来，这一点对作为基本制度，即一种基本的“工具”，同时也是社会生活和人类生活的要素，即理性交流和情感交流的工具，尤为重要。通常，经济学家的训练中并不包括多少语言学的训练，但我们可以提请学者们注意一些重要的事实。对规律的历史的看法与分析的看法之间的争论，当然也在经济学研究中得到了详细的讨论。除此而外，我们还需把握人的兴趣中一些非常复杂、捉摸不定、极度矛盾的特性，把握意识与无意识及其在行为模式的形成中与同样复杂的机械、生物、神经和精神过程的相互作用。这里的缺点是过于简单化，引人注意的领导者也与不善辞令的公众一样，对其过分痴迷。就拿博爱、权力欲和经济利益这类概念来说，这里唯一的问题是，作为一种理论或一种社会生活理想，是否一种理论就比另一种理论更不合理。

对经济学家最为中肯的是劝告他们对才智的作用要有一些合情合理的认识，不要忘记了他们自己与其他人的关系。我们多数人仍然为启蒙思想所陶醉，即陶醉于启蒙思想的性质及其重要意义，这种情况应该为当前对反智主义的看法负责。社会问题中存在一种智性的因素。这种智性因素有两个方面，即技术的改善和资源的正确配置，第二个方面则是经济学家的研究领域。在任何社会制度中，无论由谁作出了影响消费和生产的决策，经济和耗费间都会有一个差额，对此差额漠不关心是非常愚蠢的做法，所谓“边际主义”（不太恰当）原则，就是明智的政策的原则。但这些原则与内容，与具体要做的事情无关。

另外，从更深一层意义上说，人们也怀疑，谈论明智的政策或政治智慧，到底有多大的可能性。准备摒弃聪明才智可以解决社会问题的看法，也是晚近的事情。科学自身的存在也需要一种科学的态度，这种态度是与江湖诈骗和一般骗术相对立的道德—审美的态度（在科学实验面前，这种骗术难以存在，但社会科学不太适宜进行实验，骗术就容易存在）。即使在“已知条件”下进行一般性的解释，也存在某种完全不受社会内部利益冲突影响的社会利益，而且没有什么“聪明才智”能够告诉任何人，在哪里或什么范围内，可以寻找到一种不同于一般利益的特殊利益。但是，绝大多数社会问题与“已知条件”有关，与使社会成其为社会的制度和法律有关，这种情况决定了协作与竞争的条件，以及最初双方都不具备的联合条件。（这三种形式常常混杂在任何一种问题境遇中。）

我们这些“知识分子”可能会出于不明智的（unintelligent）经济观而谴责大众心理，但我们应该认识到，更要紧的不是经济问题，而是面对经济利益时维护社会团结的问题。团结的基础并不在于才智，而在于习俗、情感和价值理念。如前所述，才智是一个非常含糊不清的概念。我们或许承认，在诸种社会关系中，才智可以使人更为有效地照章办事，尽管这种才智与证明数学定理或发明机器的那种才智截然不同。同样，才智也能使玩家的作弊行为更加高明，或干脆将游戏转变为一场争斗。社会问题是要保持对规则的尊重，并利用这种规则为所有玩家和旁观者提供一场最好的游戏。这是一个道德问题，不合情理地引申智性（intellectual）一词的含义会把它纳入道德范畴。确实，如果我们是从当今哲学上时髦的（美国尤甚，但却是整个功利主义传统的精髓，价格理论是其组成部分）工具主义的权力意义上运用智慧（以获得想要的东西)，那么，我们可以确定无疑地说，这种才智具有反社会的趋向。如果通过道德力量，它不能达到均衡(counter-balanced)，这种才智的发展必然会扰乱社会。因为，一旦个人维护某种形式的社会秩序就能拥有他想拥有的一切，他就可能认识到这个事实，这个社会不会、也不用迈向任何特定形式的一致。历史地看，任何一个规模巨大的政治统一体，都起源于武力的征服，统一体的维持靠的是习俗，统一体的发展靠的是对其他社会群体的恐惧和敌对，统一体反对外敌所需要的宗教和道德在这里起着主要的作用。准确地说，社会问题比它在启蒙时代所表现出来、但现在已明显近于消失的问题更为费解，现在的社会问题具有非常不同的特点。

我认为，任何类似科学的经济学这样的学科在参与解决社会问题时，也拿不出什么明确而简单的处方。相反，有一件事情毋庸置疑，即它完全不可能具有自然科学的解决方法，除非政府打算成为我们从未见过的绝对意义上的专制政体，而且经济学家担任这种政府的顾问，否则，他所提出的解决方案绝不会直接影响到应该受该政策影响的公众身上。就已刊行的著作而论，这里有必要说明两件事情。第一，作者对他所扮演的角色要非常清楚，并且，一旦他将自己放到为社会进行思考的位置，他也要非常清楚他所介入的问题。(第二)这也包括，对与集体行为有关的集体思维过程有同样清楚的认识。所有这些问题都不轻松(如果人们意识到了这些困难，这些著作就不会成为畅销书了)。实际上，甚至最为一般的、类似于公理的研究，也会引起争论。当然，任何声称具有实用意义的阐述都假定，思想和表达不是一个机械的过程——尽管被认为是学者和科学家的人自称为"行为主义者"。

另外,群体思维或讨论涉及某种更高的——思想上更无法获得满足的——层次。讨论一定不能是这样的情况:(a)对一种偏好的维护——“我就要这样”;或(b)为了这种偏好而进行游说;或(c)将“谈论”本身仅仅当成一种竞相兜售的商品看待。(人们不会对此有反对意见,但他们对实用意义的渴望不置一词。)讨论一定是要解决问题的,因此必定要假设,存在问题并有正确的解决方法,或起码好坏都有解决方法。这些解决方法从审美或道德上来讲,可能具有“真理”或“正确”的性质;但真理是一种正确的形式,正确也是真理的一种形式,但我们还对基于兴趣和努力两种思路的假设,存在矛盾的想法。对任何资料的理解在理论上至少都意味着操纵与控制的可能性,这种操纵和控制以资料本身决定论和从资料外部来理解资料之主体的立场为先决条件,而理解资料之主体还不能陷入资料而无法自拔。当前,对任何问题——科学问题也是社会问题——的任何讨论,从一开始就不是在自欺欺人,这种讨论一定是由某些多少具有自决倾向或想法的人对他人发表谈话而引起的。我们不太了解这种关系的系统逻辑,这里的意思是说,我们无法对这种思想的基本悖论给出满意的答案:即人似乎同时就是自然的一个组成部分,自然使人成为人,人被自然所控制;但在与造物者或改造者的关系上,人又超出自然,是自然的统制者。除非第二种关系被作为现实加以接受,否则,对自然或是对人的思考,不可能有意义。所以,对社会进行思考的思想者,如果采用的是自然科学的立场,他一定会假定,社会永恒不变地由其本质所决定,社会的变化只能来源于外部,来自于“奇迹”。但涉及到社会行为,他一定会有两个假设,即社会可以作出改变自身的选择,同时,他也可以参与这种选择，并且影响选择的实质——否则他必须假定，他外在于社会并能改变社会。但在第二种情况下，他的谈话就是一种控制的企图，不是讨论。与人—自然的悖论相同，我们面对的是同样荒谬的说法，即个人既是社会的组成部分，同时又外在于社会。

我认为，整个问题的症结存在于讨论的概念之中。一个明显的事实是，我们不与自然对象讨论问题，我们是，或许是，与人在讨论问题。但是，讨论肯定区别于说服，区别于直接影响他人的行为、信仰或情感等等的所有努力。讨论是一种客观上协作性的探求，是从"客观上"对客观问题的正确（或最佳）解决。讨论不能是试图对已经作出的解决方式进行"推销"，那样就不是讨论。我想指出，这种做法是现代文明的主要错误，或异端邪说，它代表着一种原罪。讨论的精神是科学精神的基础，但却与科学方法相对立。功利主义—实用哲学将科学方法而不是科学精神带入了社会关系，从而引致了这种致命的混淆。其不可避免的结果就是冲突，最终则是混乱与暴政，而不是互利基础上的和睦与统一。一般来说，工具主义的科学态度会变成相互利用的态度，共同发展则不具备逻辑的可能性。

但是话说回来，对他人的利用最初并不是经济上的利用，因为没有哪个特别的人类利益从一开始就是经济利益。从社会心理上讲，这些利益的核心都在于想要在某个具体社会中成为某种具体的人。真正的问题是，要成为"我"这种人和我这种社会，还是要成为所有人都接受的、理想的人和社会。然而，除非占上风的利益实际上从属于大家的共同利益，否则第二种选择并不能排除利益的竞争。不过,人的“原始本性”会把人拽向其他方向。

我们简直找不到比经济学家的情况更妙且更为重要的实际例证了。实用或真实经济学的主观前提条件只不过是表明,其目的在于竭诚发现并揭示普遍的实用性和真实性(或是达到这种理想的最可能的途径),而不是个人利益的极度增长。实际上,为做到这一点,对于任何想让他人相信的东西,一定要尽力做到十全十美。对经济学的过激批评指责经济学阐释是为了一个阶级的利益而进行的宣传鼓吹。当然,人们也确实要求经济学权威就被视为因特殊利益而鼓吹的东西作出说明。对阶级利益进行详细地叙述或许在欧洲还有一点点合法性,因为在某种程度上,欧洲还保存有封建的传统。但我认为美国并没有这种传统,因为在美国,阶级就是指的利益团体,不夸张地说,在美国不存在个人,只存在各种阶级。但无论如何,实际利益团体的“经济”特征,多半有些偶然,是一种表面现象。一个自相矛盾但却真实的情况是,在食物稀缺的时候,人们似乎很少为食物进行争吵,但在食物丰足到足以代表其他价值而不是它的实际营养价值时,人们就食物产生的争吵反而增多。当然,对有形的和实实在在的物的控制,一直都是个人和群体强化自己的一个模式和要素。但这绝不能算是经济学,也不是与经济学家一个时代以来必须捍卫的、在科学和自由上附加了宗教价值的利益相对的利益。

在我看来,人道主义的自由主义的第一个历史时期正在逝去,在不久的将来,西方文明将在很大程度上改而奉行中世纪的信仰,但在制定思想和行为的准则时,却是以政治正统派和神职人员的准则,取代宗教的准则。从自由讨论实际上采用的形式看,自由讨论事实上已从经验上证明是一个失败。自由讨论从混沌走向了专制，或者从另一方面说，从专制走向了混沌。人们不会受到鼓励，也不被允许进行独立思考，除非他们能够从这一意义上，按照这一种途径，公正而正确地进行思考。但我想说明，失败是因为这样一个事实，即社会性的“讨论”与讨论的理想完全不符，社会讨论不是讨论，而是一种争吵，一种强化个人地位的竞争。（这里存在物质上的奖赏，但这一点不是这一问题的本质所在。）社会“科学”和经济学根本无法抵挡住这种天生具有功利主义、科学主义和工具主义含意的总的运动趋向。我们所能希望的最好的情况是，有一些人会吸取教训，将这种争论推进到另一个历史转折点，与此同时，“另一些人”，即那些具备了同样人性的人，那些热爱真理、追求正确、珍爱相互关系和真诚合作的人，才有可能得到另一次机遇。

弗兰克·H. 奈特

1933 年 8 月于芝加哥

1940年重印增记

前面那篇新版前言是在匆忙中写就的，不久之后我开始相信，根据生产时期概念建构的“经典”资本理论（庞巴维克的理论）是一个谬误，但在我充分认识到我在这一观点上的新立场之前，我还需要对与利润相关的不确定性理论进行重新阐述。那篇前言现在已经成了本书的一个组成部分，与本书一样，除非是丢弃它或对其进行重写，修订几乎是不可能的。值此重印之际，我想我最好提请读者注意一点，即如果现在打算重写本书的话，本书的论点或许会有很多根本的变化。这一点或许可以通过重印笔者一篇文章的一条脚注的内容而体现出来。该文发表于1935年的《经济学杂志》（第79—80页），论及的是投资理论。

在《风险、不确定性与利润》一书中发展出来的利润理论，依据的是企业家和工商管理者“现在”购买生产性服务并在未来出售产品的一般性观点。这一理论需要全盘重写。利润的计算一定是与某种确定的时间间隔相关，即与一个可长可短的会计期相关。这一时期内（或是任何会计账目上的贷方金额和借方金额之间），收入和支出的差额，要加上或减去这一时期企业或部门资产总值的变化。这里要强调的主要一点是，会计资产负债表上两边的项目都属于同一时间段，这一时间段或许会依某人的心愿而在一定程度上短到一个极限。其中决定性的因素是资产价值的变化——变化可能会是因为资产增值或贬值、投资或减少投资所致。

正是通过资金账，不确定性合乎逻辑地成了生产管理的组成部分，特殊利润的问题就存在于资本的变化之中。资本，或称资产价值，始终是一个预期问题，它一直延伸到无法确定的未来，事实上，是延伸到无限远的未来。除非在某一给定时间内，在一个体系内，即任何形式的企业都只是其一个组成部分的经济体内，所有业务都有一个预期的总清算（“世界的末日”），否则不可能有例外。清算和任何具体的资金账的结算总是涉及到剩余资产向其他账户的转账。在资本全部由个人所有者消费的情况下也是这样；减少投资至少部分减少投资是通过资产向其他所有者的出售来实现的。

生产和消费之间是不存在时间的间隔的。任何生产行为或是支出总是绝对与生产本身同步，“立即”产生出结果，这一结果要么体现为供其消费的服务的形式，要么体现为资产即资本的净增长的形式。所有“设备”所使用的维持费用包括重置成本，都是通常被消费的服务的生产组成部分。这里出现的一个问题是，为什么在任何一个时期中，追加资本的生产不能被视为这一资本的后续收益（subsequent yield）的现在生产。这一问题过于复杂，不适合在这里讨论。这里只需记住，我们讨论的这一未来收益可以被视为是延伸至无限远的未来的一个“流量”（stream），实际上，可被视为一个平均值的流，除非我们仍然认为，一个经济体在一个已知时期内从事其经济活动，是为了迎接总清算的到来。

弗兰克·H. 奈特

1940 年 6 月于美国伊利诺伊州芝加哥

1948年版前言

在本书再次重印之际，我很高兴地接受了编者要我“再说几句”的诚挚邀请。我虽然满意于人们对本书的需要，但也不乏忧虑，即本书现在是否值得人们进行研究——假定以前值得研究的话——或者本书从前可能做出了无论何种成绩，但现在应该悄悄地让位于后来者了。实际上，相对于历史的行进、经济学的进步（至少是在动）以及笔者本人思想的发展，本书在几个方面有些过时了。当前的情况已无法用1933年我为伦敦第一次重印时所写的前言来涵盖。在此15年中，从我们眼前流过的历史长河，多数时间浊浪滔天。加之，那篇前言是一位疲劳的大学教师在学期之末急于赶去度假的情况下写就的。现在回过头来读那篇前言，有的部分简直就像是未完成的草稿，其内容也明显反映出笔者当时的一些成见。但我也略感满足，因为我注意到，事物的发展趋势几乎无法驳斥我作为一个自由主义者，在1933年8月时的某些预感。1940年伦敦第五次印刷时我又加了一篇“增记”，该增记在理论分析上相对来说更为直接地切中题意，现在，我想再作些修正并进一步加以阐发。①

① 这篇新写的前言是两年前为西班牙文译本所写前言的定稿，西班牙文译本今年终于出版了：M. 阿吉拉出版公司（M. Aguilar），马德里。

将消费理论和包括资本生产在内的生产理论作为囊括了分析经济学主体(分配理论不过是个脚注而已)的两个主要论题,即风险和不确定性的关系主要影响的是后一个部分。现在,我想对本书新的读者谈谈我的观点,尤其是在这一点上。风险和不确定性是围绕资本理论进行讨论的,这么多年来,我越来越觉得这一点是一般经济分析的中心以及初学者的难题(pons asinormum)。原文从现实生产的角度,发展出“风险、不确定性与利润”的理论,按照这一理论,“企业家”在一给定时间里购买生产服务,并将它们转换为在下一个时间出售的产品。这一观点表明了一种“生产期间”,尽管该观点并没有忠于由李嘉图发端、由庞巴维克发展并推广的理论。早在 1930 年代初,我已渐渐相信,这种关于生产和资本的观点是站不住脚的,因此当时我就开始发表文章提出我的看法。我也认识到,我的观点的改变也要求我对自己的风险和不确定性理论进行重新阐述(参见 1935 年为《经济学杂志》撰写的文章,尤其是脚注,第 79—80 页)。现在事情似乎很明显,利润一定会根据某个既定时间段,即一个或长或短的会计时间推算出来。在这样一段时间内,一家企业或其他单位的利润,就是实际收入与支出(包括定金和贷款)之间的差额,这一差额通过同一时间内资产总价值的变化而增大或减少。(在这一阶段内要假定固定价值的货币单位。)会计期可以按人的意愿在数学允许的范围内尽可能短一些(以减少货币变动率的实际变化)。

由此我们立刻就能得出一个结论,不确定性和利润理论的关键问题就是资产价值及其变动问题。这就涉及到了资本以及资本利润率学说,但又区别于利息理论。因为,这些价值是靠对未来收入流的资本化获得的。预期收益的大小和持续时间的长短以及资本化的比率，几乎都是不确定的，但所有这些数据显然都在已经结清而且平衡并显示出在某一特定时刻账目状况的账簿资产上，有合乎逻辑的体现。通常，价值包含了对未来可分配范围之外的东西的一种预期，严格地说，如果在一个确定的时间内采取一次总的清算的话（世界末日），就会出现另一种情况了。（实际的清算涉及某些资产向其他账户的转移。）

由此我们还能得出一个结论，不存在将生产和消费分割开的生产期间或时间间隔。如果两者的时间间隔相等（“静止经济”的通常含义），严格地说，两者也就是同时发生的；任何“投入要素”的维持和置换，都只是被耗费的“服务”的生产组成部分。消费可能超过生产，其间的差额代表着资本抽资、减少投资或资本的“耗费”。两者之混淆的主要原因在于一个相反的事实，这一点在现代产业文明社会尤为典型，即生产超过消费，其差额代表的是资本的投资或资本的生产，这一点始终意味着超过维持的净生产，其中包括置换以及形式上的不管何种变化。根据表面的印象，人们或许会想当然地认为，资本品的生产以及随之用来产生收入的生产，是间接的未来产品的生产，资本的量将与间接的程度或是生产与消费间的时间间隔相一致。然而，稍为对其进行一下严格的探讨就会明白，这种观点是站不住脚的。在一个静止的或进步的经济体中，投资实际上是永久性的，在现实中，几乎每一个投资项目都有永久性的承诺，甚至用收益进行的再投资也是这样——除非或直到其所有者因某些意外的事情需要对其进行清算。从整体经济的角度看，这也并不意味着真正的净清算。再者，与以前的投资相比，对任何资本增值的有计划清算，也不存在一对一或整体对整体的具体的对应。资本的生产不能视作为其未来收益的间接生产，我们必须认识到，这是两种生产行为，尽管这涉及到了双重计算，在任何情况下，生产的结果不是消耗了服务就是资本有了增长，严格地说，这种结果总是与生产本身同时发生的。

另一种结果是，按照逻辑的分类，各种有用的投入要素都一定包括在资本之中，因此，我们可以放弃"基本"要素的概念。而明显的事实是，现实世界中所有的经济价值，从经济意义上说，都是过去生产出来的，除非预测或计算有误，否则相同价值的成本相等。甚至人类也只是在有限的程度上是一个例外。在奴隶社会中，这一点非常明显，也不会引出什么难题。但在自由社会里出现的问题，就没有简单的解决方法；因为，人既不能买又不能卖，对人的投资不能在一种极为相似的经济情况下进行，更为重要的是，我们无法将维持"一个工人"的消费，与工人有目的的消费本身，确切地区分开来。但有一点很清楚，人，尤其是人的生产能力，其生产、维持与替换是有经济成本的，因此本质上它与我们认可的资本品相似。就"自然要素"而论，其现在价值可以追溯到勘察、开发以及诸如此类的生产活动（投资），其中包括"等待"，为保证人类和其他利用过的资源的回报的一种牺牲，以及已付出的税赋和其他成本。这也适用于各种分类的要素，但因为预测错误或对冒险采取的积极或消极的情感态度，它不适用于特殊的要素。从长期看，只要它们体现的是严格意义上的误差，不是需要从正负两方面进行价值估算的某种"偏差"，我们就假定，它们是均衡的。

放弃经不住推敲的最终资财（ultimate resources）的概念，以及作为中介产品的资本品的概念和生产期间的概念，对生产的正确描述就不应使用“经济循环”(*Kreislauf*)的概念，而应使用一个包罗一切要素包括人的与非人的复合投入要素的概念，这一复合投入要素不仅不断地维持着自身，而且还另外生产出一个可以用来消费或再投资的回报。由于是以唯一可能的衡量标准——价值为衡量尺度，所以这就是资本。资本的量则取决于资本的预期净收益(这要取决于经济中有影响力的所有条件)以及资本化率。其中所涉及的原理与鲁滨逊社会或一个以无论何种方式组织起来的社会相同。“自然”利率或均衡利率是单位资本除以成本的商，即牺牲了的消费和牺牲的任何新种类的每年每单位将会带来一份长期净收入的新资财除以成本的商。投入的新投资不仅有“资本品”(过程含义上的物品、机器等)、自然要素和人力，而且还有技术和科研、社会遗存和艺术品以及各种耗费，或是包括所有要素的服务在内的投资本身。在一个金钱社会里，如此决定并限定的回报率也确定了贷款的“自然”利率。应该注意的是，所有要素的收益和价值形式都取决于一种文化或文明的非物质方面，实际上，除了解剖学和生理学上的生物人以及某些类似物外，每样东西都和资本相同，是一种累积的历史产物。

*　　　*　　　*

本书给读者印象最为深刻的特征，也是本书最为明显的缺点，即它实质上缺乏对“经济循环”和类似问题的分析，实际上自 1929 年以降，经济循环作为商业活动中不确定性和利润——尤其是损失的主要的唯一的源泉，吸引了经济学家和公众的注意。这一论题也隶属于生产理论。就单独一本书的范围而言(尤其是，本书原来是我 1916 年在康奈尔大学的博士论文)，笔者仍然认为，采用一系列限制性的假设，是一种合乎逻辑的科学方法。无疑，对古典—新古典一派的批评是较为合理的，即古典—新古典面对这种问题时的反应，以及在思想体系中为这类现象找到一席之地的动作，是如此之缓慢和犹豫。由于缺乏相应的具体知识和训练，我感觉我的多数努力过于偏离了同样重要且需要努力耕耘的经济学的这一方向，笔者继续停留在就经济稳定和充分就业问题进行争辩的边缘，这些问题是自引发大萧条的大崩溃以来，最大程度地赢得了经济学家注意的问题。

这一问题在这一时期(1930 年代早期)当然不是一个全新的论题，甚至在 1915 年我选择博士论文的论题时，也不是一个新问题了。古典经济学说的空白正由各国学者进行填补，但在美国，尤其是在 1907 年的恐慌之后，常常还有对以完全市场和“中性”货币以及资源的完全使用为基础的理论的无端攻击。然而，大萧条，尤其是 1935 年凯恩斯《通论》的出版，开创了一个新的时代。本书只能就这些事件的最新进程(第二次世界大战之前)扼要地作几点评论。对大多数这种发展，以及这种最新的“时新经济学”，我仍然持否定态度。这一点不仅尤其适用于“货币学派”利息理论，而且也适用于使货币理论成为系统经济学的核心和出发点的全部规则(将充分就业作为一个“特例”看待)，在许多方面，这也尤为适用于凯恩斯学派的货币理论。这正是我们期望从凯恩斯著作中看到的进展，但我认为，这主要是在对引起混乱和非均衡的货币现象的重要作用进行的令人生厌的讨论，而不是对所提出的具体问题的解决。至于繁荣、萧条和失业理论中的诸种问题，我敢肯定，对这些问题的分析将以这一事实为起点，即任何一个投机性市场通常都表现出不稳定均衡以及价格在一个不确定的有限范围内波动的趋势。相应地，周期被认为与易于引起投机的所有耐用品和专用物品的生产相关。“这种”周期的特殊问题就是与具体行业相对的经济整体中的扩张和紧缩问题，在具体行业中，人们认为一定时期和一定幅度内的差异可能会相互抵消。

我相信，在以货币表示的一般耐用品市场上所应用的相同原则中，我们能找到问题的解决方法，也就是说，从对货币未来价值，即与不同物品的相对价值截然不同的货币未来价值的投机中，找到解决问题的方法。这种投机大部分都不是有意识的，但因了这个原因，其结果往往更为重要。任何合理的货币理论以及一般经济周期理论的基础，是在“真实”货币(价值单位除外)的两种主要职能间，即，作为一种物物交换的支付中介和“价值储存”或持有财富的形式这两种职能之间，有一个明显的区别。在前一种职能中，支付主要是对服务的支付，其中也包括对储藏的财富和预期的财富的支付，作为一种已确立的支付的“制度”体系的职能，货币的流通速度相对来说较为稳定。然而，货币作为储存财富的功用，与真实物品和以货币表现的票据(obligations)相比，在假定货币量不变的条件下，其自然预期必定会因流通速度和价值的周期波动而有不同。无论价格什么时候上涨或将要上涨，所有持有这类看涨价格财富的人，都会通过将货币转换为物品，通过购置和建造——以及相反的行为，来促使其上涨。在这种条件下，与类似小麦这种商品的世界贸易截然不同(尽管小麦的价格也显示出相当幅度的起伏)，这里不存在明确且众所周知的引导投机并限制波动幅度的均衡条件。投机的不确定性以及随之而来的一般价格的变动幅度也相应很大，其原因部分在于影响货币和价格，包括现实世界中银行体系及政府行为的基本情况，也包括商品供需的“真实”因素。因此，人们通常宁愿根据当时的商业情操——别人认为其他人在想什么和计划什么——来制定企业策略，而不是根据最终决定价格的条件来计算价格应值几何。

我不同意凯恩斯货币理论的主要理由是，我根据这些事实——某些事实，或多数事实，或得到凯恩斯及其他人认可的所有事实——相信“流动性”的供需曲线没有牢固的基础，也不是行为的理性依据，而是一种有害且给人以误导的理论“假设”。我觉得，对于这些基本问题，庇古的方法较为合理，庇古指出，要靠稳定“信心”或逆从萧条到繁荣的商业心理趋势而行为，并由此而产生出一种必然反应，以维持价格的稳定。就萧条时期采用的政策而言，“乘数”的概念基于一种逆向逻辑，其目的在于减少囤积，而不是蓄意的直接的通货膨胀。所有的储蓄都是蓄意囤积的观点，甚至比幼稚地接受萨伊定理更为荒谬。将过多的储蓄视作为一种威胁是站不住脚的，如果人们愿意储蓄和囤积，那么实际上，在生产超过消费的范围内，有效的货币政策会使他们成为有益于社会的人，因为，超额现金的供给成本是微不足道的。从政治上讲，稳定的问题就是依靠法治达到一定的目标。因为，除了政治障碍以外，管理者的过分谨慎也会毁掉人们信任的目标。

*　　　　*　　　　*

至于消费理论，即规范经济分析的另一主要分支，我预先要对新读者说的东西，一定会简明扼要。其部分原因在于，这一主题允许人们进行不太确定的分析，因此，任何充分的讨论都会过于冗长。大约在凯恩斯的《通论》出版的同时，“效用递减”学说正好卷入了新一轮的争论之中。这场争论由希克斯、艾伦和亨利·舒尔茨等人发起，他们分别重新发掘出 E. 斯拉斯基(E. Slutsky)的著作，并着手对其进行研究，而这些研究则主要通过数学阐释而广为传播。在本书中，我略带贬抑地对效用原理做了讨论(第三章)，我相信，在某些方面，我把它归入了“有害的”学说范围之内。结合课堂上的讨论和对抨击该学说的新文献的批评性思考，深入的研究使我相信，近似于传统形式——但完全与享乐主义相分离——的效用理论是合理的，在一般经济学分析中也是必需的。但我们在描述、绘制和解释曲线时，必须谨慎从事。埃奇沃思和帕累托的无差异曲线与相对效用曲线基本相同，但在某些含义上略胜一筹。所有的平面曲线在表示两个以上商品的体系时，都有严格的限制，对用货币表示的单个商品的需求曲线，这一点尤为如此。我们不能假设所有“其他条件相同”，尤其是不能在必须假设所有其他价格不变和个人的实际收入不变这两者之间进行选择时，作出如此假设。与近来一些著述的倾向相反，我偏向于后一种选择，因为它有效地将货币问题与相对价格问题分离开来。

* * *

考虑到当前的历史趋势以及经济学和政治学思维中的动向，我最后想谈谈经济学原理的实际意义。本书所描述的经济学形态，是在启蒙运动的社会和政治哲学环境中成长起来的，使用的是理性主义和个人主义的语词，以自由和平等的理念为其特征。在一种于 19 世纪传播到全世界的社会体制中——始于英国，然后通过英国的北美殖民地即美利坚合众国和法国的强力推动——这些理念获得了双重的体现:政治上,通过选举和责任代议制在普选政府中得到了体现;经济上,在自由市场和自由企业中得到了体现。长期以来,个人主义在政治和经济两方面都受到抨击,而且明显处于守势,尤其是最近数十年间,经济方面的个人主义还在退却。在英国,自由企业甚至遭到了李嘉图同时代人的抨击,已经成长起来的革命的社会主义始于《共产党宣言》出版的 1848 年,J. S. 穆勒的《政治经济学》也在那年出版。第一次世界大战之时,马克思主义在俄国取得了胜利,接下来是意大利和德国议会政体向反共产主义的政党投降,以及其他地方发生的类似变化。相同的症候还有英国和美国国内各种形式的经济国家主义的成长,在英国,这一点由社会主义政党获得了权力而表现出来。由于这里不准备就这么多变化所引出的大量问题进行讨论,所以,我想在这里谈一下与解读本书相关的一些评论。

首先,我必须着重强调一下在经济学的古典形态或价格机制形态(price-mechanics)方面常常表达的一种错误观点,其错误是如此之荒谬,以致它实际上只适用于经济上按照现代资本主义或自由企业模式组织起来的社会。这些不正确的观点的提出和强化,依据的是历史发展中在时间上巧合的一些事实,从许多分析细节上看,情况也的确如此。但就其根本来看,我们有两个理由认为它是错误的。第一,社会主义或独裁主义运动并没有试图提出,或是认真提出废除作为实际经济组织主要特征的、且是为了获取金钱而在(多少有些自由的)市场上所从事的商品和服务的买卖。而要做到一点,就必须从现代意义上的文明回复到原始的生活方式,否则就没有可能。因为,资源的分配、生产的技术管理和产品的定量配给,都会成为无法解决的管理问题,即使对个人自由的关怀,也会被抛入垃圾堆。(这里甚至无需指明,对物品和服务开放的市场以及消费者和生产者双方的选择自由,才是唯一一种能够从双方利益出发,提供大规模协作的机制。)但是第二,分析经济学的一般原则,完全就是经济行为的原则,也就是不管什么社会和政治的形态,只不过是借助于所使用的手段,通过个人和群体,有效地达成自己目的的原则。甚至在将绝对的君权和对人的绝对的所有权以及对土地和财货的所有权集于一身的"专制君主"的统治下,人们还是一样要作出选择和决策,以使自己的活动更为有效,而不是浪费时间做无用功。而且,经济与组织的抽象原则也并不在乎是谁在作出决策,或者说,不在乎使用的是什么方法和技术,以及想要达到什么目的。

其次,我最后想就社会道德信念,即观念形态的立场,做一个简单的声明。我当然不相信字面意义上的"自由放任",我也清楚没有哪位声誉卓著的经济学家相信这个字眼。实际上,斯密和李嘉图以及科布登(Cobden)和布赖特(Bright),都没有完全否定政府的职能,并将其职能只限制在保障个人自由和防御外敌的攻击上。人们都不否认"人是一种社会动物"的说法,事实上,社会创造人远甚于人创造社会,从审慎的思考和行动来说是意味深长的。但我相信,个人主义一定是德智兼修者的政治哲学。其选择在于两者之间,即允许人民通过双方同意而确定协作的一般形式和条件,或是让所有行为服从于某些对权力拥有法定权利基础的终极权威。理性及历史两方面的经验似乎表明,不管自由社会多不成熟，无可置疑的事实是，独裁统治虽然较为糟糕，但多数人的统治或许才是最坏的暴政。对一位正常的成年人来说，对其自己负责，即“自己承担自己的错误”并担当起自己的一份社会责任，是一项正当的基本权利。与此相应，它也似乎证明，代议制政体与自由交换及自由企业制度两者，对于真正的社会道德秩序的一般架构来说，都是必不可少的。

所有这些都取决于道德评判或偏好，同时也很容易遭到一些人的反对，这些反对者要么相信一种特殊的意识形态，要么相信实行民主的集体主义可以保存个人的基本自由和责任感。英国和美国，或许还有别的一些国家，正趋向于国家全面参与管理经济生活，但表面上却在关注源自启蒙运动的理想，即在政治和经济上的自由与平等。这一问题也值得商榷；实际上，除非人们讨论到政治现实和历史经验的细节问题，理论才具有抽象的魅力。但我相信，从经济学上说，任何国家行为的重大扩张都与政治自由不相一致，这种“管制”会要求更多的管制，并趋向于陷入全面的严格控制——在没有走到极端之前，还要求对思想和言论进行严格管制——无论是否伴随着对权力的生死争夺，最终都会走向专制主义。此外，国家的扩张一定会损害到家庭以及民办和公办的机构，一定会使两国之间的冲突加剧，正是这样，一个巨大威胁，即人类的灾难性结局已经隐隐出现。

另一方面，自由企业本身也存在一种促使权力集中、不平等加剧的自然趋势，而政治行为似乎是仅有的一种抵御手段。通过把权力——物质的、知识的、组织的以及道德或心理的——交到人们尤其是普通人手中，自由主义在一个短时期内创造出的巨大的物质进步和知识进步，已经超过了它自身公平地分配权力并明智地使用权力的范围，成了促使其自身毁灭的征兆。在不久的将来，现代文明的问题，只有通过在相互冲突的善与相互关联的恶之间争取最大可能的相互妥协来加以解决。需承担责任的公民需要具备大量且多种多样的知识和道德素养。诸如本书这类读物就是希望在一个适当而且基本的方面作出一些贡献，即将开放市场的机制作为一种协作方法来进行理解。因为这样一种组织形式既不同于蜂巢中的蜜蜂，也不同于棋局中少数巨头争夺权力的棋子，这种组织形式自人之成为人以来，肯定发挥了极大的作用。

弗兰克·H. 奈特

1948 年 10 月于美国芝加哥

1957 年版前言

我非常快慰地得知，人们认为本书完全有理由再出一个版本，而且我还应邀在 1933 年版和 1948 年版前言之后再加写一篇新的前言(1948 年版前言中还包括一篇 1940 年重印增记)。现在的问题是，在允许的范围内，我说些什么为好。首先，我想恳请读者们读一下这些前言并考虑这样一个事实，即本书是一部年轻人的少作(*Jugendarbeit*)；原本，它是旧时意义上的一篇“杰作”，凭借此书，一位初学者才有了登堂入室的资格。现在看来，实际上本书该倒过来成为这几篇前言的导论才对。

后来的几年中，我有时也根据本人的思绪记一些笔记。我的思考主要围绕着如何使学术化的经济学更有益于社会来进行。因此我趋向于强调基本原理，并用普通术语来简化经济学的表述，同时，我也强调相比较于现实问题的复杂性而言，理论问题的局限性，而不是去强调理论本身的缜密和精妙。这当然不是专业杂志的主流方向——统计模型建构和数学分析。这一方面的例证大家可以在两本文集中看到：一本是哈珀兄弟出版公司出版的《自由与改革》(*Freedom and Reform*，1947)，一本是《经济学的历史与方法论文集》(*Papers on the History and Method of Economics*，芝加哥大学出版社，1956)。另外还有一篇讲稿，即《科学与社会：法律的形式》，刊载于《社会科学的现状》(L. D. 怀特编，芝加哥大学出版社，1956)。就理论本身而言，我还可以举出刊登在《政治经济学杂志》第 LII 卷(1944)上的两篇关于基础理论的文章，一篇是《论投资收益递减》，一篇是《需求理论的现实性和实用性》。

沿着我们首先提到的这一思路所作的思考倾向于强调三个事实：第一，经济学必须教给社会的东西也是对政策，即主要有一些不言而喻的事情及显然具有实用性质的事情构成的政策来说，最为重要的东西。积极的行为必须通过实证调查，尽可能让这些事情具有量的内容。但从准确性或可靠性方面来看，这种分析的结果永远不可能媲美于物理学定理。第二，经济学家的结论只是在全面分析的路上迈出了一小步；第三，作为经济现实和经济学原理，其明显而可能的用途是，它们不断地在政治行为中——即使是形式上的争论或对其实用性的否认——受到嘲弄。最严重的问题是，为什么这种问题是一个问题。公众或公众选出的政治家(亚当·斯密称其为"阴险而狡猾的动物")所关心的事情是，什么是管制政策，他们反倒不关心政策是否符合实际或是否恰当。为了支持一种客观的态度，经济学家必须面对与"偏见"斗争的任务。此外，在自由社会里，消费者至上的原则也适用于教育领域；公众理应得到他想要得到的东西。因此，任何人都能发现"经济学家"在某种程度上因了任何一种原因，对似乎能影响到选举结果的任何学说或政策进行吹嘘。所以，我们奉行的是诸如保守主义(对有益的专业化的阻碍)、"放松银根"(通货膨胀)以及人为稳定价格(为短缺或过剩提供法律依据)一类的政策。

由偏见引出的问题不在科学的经济学研究范围之内，但对于以教学和写作为生的经济学家来说，这是一个很重要的问题。他们面对的令人生厌的问题是，在所叙述的真理和其实用性之间如何找到平衡点。经济学家需要了解控制舆论的心理和社会力量，需要面对“推销自己的想法”的问题。他们必须考虑到，因“不切实际地”假定人的行为是理性的而招致的“理论”抨击。他们无法据理驳斥偏见和教条主义，但他们必须抵制由供需理论给经济科学造成的太多的谬误。他们还必须认识到，理论上而言理性的经济学原理，在理论运行中，事实上已经受到利己主义的和社会的利益的“损害”——协调与冲突——因此不适于用曲线和函数进行分析。其中尤为重要的是，不符合理论中的“经济人”特征的对待工作和娱乐的态度。政治家并不关心“竞争”，但竞争性动机却极大地损害了必须利用科学的政治家的理性。所有这一切并没有否定经济规律的价值，或者破坏经济规律的实用性，但极大地复杂了我们的理论分析，并限制了理论的应用。

因此，历史学派及其在美国的继承者——制度主义者，对分析性理论的批判，在某种程度上切中肯綮。但是，如果在解决问题的过程中，要对以合作替代了的“行为方式”(approaches)进行争论，他们还需要有大的改进。因为，这种争论最终会涉及到所有采用一定方法讨论行为的科学或学科。然而，经济学领域中的劳动分工问题相比较自然科学和技术上的劳动分工问题而言，其困难要大得多。

传统思路的价格理论(由于实证—计量的内容而更为完备)显然是研究有目的的人类行为的最为科学的学科，在引导社会行为方面也是最为实用的一种理论。它阐述简单，其不证自明的法则调节着消费中物品和服务的比例以及生产中生产投人要素或服务的比例，它还支配着市场上的价格并通过价格力量调节生产组织和分配。按照自由社会都是经得住推敲的假设，即按照与任何能够想到的专制管理相比较，相信人们能管理好自己的事务（个人事务或自愿合作中的事务）的假设，这些法则无论在事实上还是理论上，都是有效的。它们能使一个社会按一种可能的方式，预测采用无效行为与有效行为的过程结果，如果社会愿意的话，这两者都比别的东西更为可靠，比如说刑法学，尤其是"政治学"。普通人是否值得信任主要看他的能力和他尊重他人自由的基本道德，但这一点也只在一定程度上管用，在不同的社会条件下情况也会有所不同。这一事实提出了部分社会经济行为的问题——维护自由的问题。虽然这是一个难题，但从总体上看还是一个小问题。更难的问题是社会抵御外敌的措施，只要"社会"从根本上说是指一个君主国家，在不远的将来，人们就会提出这一问题。与此相关的还有国际经济关系中的诸种问题，尽管这些问题大部分都是虚构的，而且，如果人们更理性一点的话，这些问题也就不复存在。

在人类生活条件不发生变化的情况下，（对一个国家来说）经济政策的主要问题起源于相互矛盾的公平分配的理想——由于最大限度地认识到了公平分配的不可能性。在这里，必要的妥协是一个评判的问题，而不是什么准则的问题。自由主义的社会哲学以法律的定义取代了公正的概念，以对法律进行批评而促其更为"公正"的想法，作为神圣的、永恒的、不可更改的——甚至包括因其解释和强制实行所具有的神所赋予的权威而获得认可。自由主义的社会哲学还以人与人之间的公正理想，取代了与遗传的社会地位相一致的公正概念，即一个阶级的公正。而个人意义上的公正问题已经沦为一件不具有可能性但又不可或缺的事情——主要是因为一个社会只是部分由富有责任感的个人组成的。家庭在消费和生产中是一个最小的实际单位，在政治上也多半如是。在我们这个自由的文明社会里，人并不是生来就具有有效参与这种社会生活所必需的能力或素质，或者，生来即处于当然拥有这种能力或素质的状况。至关重要的自由是家庭的自由，即父母和不同单元的政治阶层之间，为了使自己的后代和行为结果具有一个公平的开端，进行传宗接代与责任分工的自由。另外，从一种尚可接受的标准来看，那些无力照顾自己的成人，为我们提出了更为紧迫的任务，超出了自愿救济的范围。而且，理想主义也不能止步于国境，因为国际关系问题或世界秩序问题已经愈发严峻并更为紧迫了。

从现实意义上讲，经济学肯定是"福利"经济学，因此它明显需要学科之间的合作。这就为我们提出了社会目标和实现目标的手段的双重问题，但这些问题又常常不可分割地混在了一起。说不存在人与人之间的"效用"比较或需求比较，是荒谬可笑的。所有的社会问题都起源于利益的冲突，每一种评判都关系到与这种比较相关的社会政策。其起因当然在于征税，无论人们想用税赋去干什么，税收至少为政府活动提供了资金。而且，除了保障地域规定范围内的自由和秩序并促进分配的公平（实际上是家庭主义性质的）之外，还有大量的必须靠统一的组织行为执行的职能。许多基本物品也不能分配给个人。这样，分享的条件必定强加于所有生活在这一区域的人身上，这就是政治行为。通过平等参与的讨论，人们一定会就详细的政策措施达成协议，在一致同意的范围之内，就不能“随意地”采取强制行为。一位明智的自由信奉者在理智地确定会出现这种收益之后，就会对组织行为的收益与不可避免的牺牲仔细地进行比较。

多数的行为问题是“经济学”问题，这就需要有效地利用各种手段，这就涉及到这些手段在可选择的使用模式间的配置（根据“最大化”所期望结果的方法，借助一定范围内的均等化）。很显然，这种方法主要适用于那些高级物品（higher goods），同样也适用于“低级物品”。社会行为在（a）比较不同个人（或作为整体的一个群体）产出物品的使用和（b）（在自由社会里）工具隶属于对其使用拥有假定控制权的个人方面是独特的。这些事实强制规定了一个社会（一致同意）的共同目标，即平衡不同的认知价值（传统上分类为真、美和善）的“福利”。控制着个人选择的偏好，在这里不起作用。与利益相对的主张虽然不能使人们意见一致，却一定会强化人们的对抗态度并驱使人们产生敌意。福利的实质内容有别于“道德”，是一个伦理的或社会伦理的问题。道德是在一种既定的社会秩序中，人与人的关系问题，而“伦理”，如我们这里的用法，探讨的是二者的改善，即社会的进步。在这一点上，我们用不着强调取得一致性的困难。

另一方面，问题可预见的一面是一个事实和一种描述性的规则（descriptive laws），从一种特殊意义上说，部分是科学的，部分是历史的。在这两个领域中，智力活动都需要只能在有限程度上拥有或具备的知识。要理解两种形式的因果性，一个群体需要采取的第一步，就是要了解两种形式的因果关系，即将不可改变的既定的东西，与可以由行为改变的东西区别开来。其中，历史的因果关系尤为含糊，就算我们获得了这种知识，也很难对之进行解释并加以利用。自由社会本身就是近代史上的一个神秘产物。中世纪之后，一场壮阔的文化革命，即起始于科学和知识的探究，继之在经济学和政治学（自由企业和民主）领域中的运动，带来了个人自由。这一斗争只是在几代人之前才渐渐变得非同小可，而且事实上一直持续到了今天。新的人生观在很大程度上颠覆了以往所有时代基于对人、律法和政府的研究而总结出的传统原则和权威。社会变迁中的重复性或连续性因素，正是不同的社会科学的研究领域。因为经济政策基本上是指经济学和政治学——后者准确地说是法学的辅助学科。除了历史学和人类学之外，构成这一基础的还有心理学、社会学以及其他“行为”科学。

历史之前有史前史，史前史之前是人类的生物进化史。因为社会性的智力活动需要大量这方面的知识，而这些知识似乎是我们从未有过的。弄明白人类出于本能的社会生活如何被“文化”所取代，如何通过人为的传统（imitative inheritance）而传递，是一件特别有益的事情。这种文化和传统包括语言的发展，人类特有的精神、知识和情感的基础。与人类基本的生物一致性相反，进化在人身上所产生的是文化—语言和其他习俗以及价值取向的巨大差异。在历史上，文化决定论已渗入当权者——教会和国家的思想之中。在自由社会里，这些东西必然会被群众的智慧（mass intelligence）所取代。就其他一切来说，最根本的还是知识本身的问题，即对于社会的因果关系以及各种价值，我们能了解什么，又如何去了解。基本的情况是思想之间的符号传递（symbolic communication）。这是人通过人获得知识的主要直接来源，也是所有自然知识的基础，因为知者并不能与自然交流，而自然也不可能知道他或利用他。

对社会政策问题进行任何客观的批评考察，其“教训”(moral)应是小心从事或慎思而行。智力活动的潜力是非常有限的；任何其他行为造成的结果，即使不是灾难性的，也可能是坏的多，好的少。要想明智地行为，人们必须约束自己爱对那些合意的变化和“做某事”匆匆作出不切实际的结论的习性。尤其是，他们必须学会尊重现有的最为扎实的知识，即简单明了的经济学真理，同时也要认识到它们的局限性。

与对智性行为的要求相比，迄今为止我所讨论的话题都是知识的有限性。这一话题与本书此次再版前言的话题，即“不确定性”的经济后果紧密相关。从理论上讲，这一讨论始于一个由于利润递减，即由所述原理定义的“纯”利润的递减，而趋向于均衡的理想的市场经济(误称为完全竞争)。在自由经济社会里，每个人所采取的完全理性而又有见识的行为，会使货币成本等同于销售价格，并在参与生产性投入的各要素之间分配全部产品。“企业家”不可能具有万能的先知先觉，他的职能就是增进知识尤其是改善预测能力，并承受知识有限所带来的后果。因此，论及利润理论的论文就成了对价格经济的分析，尤其在关系到企业家职能和收入——正的或负的，赢利或亏损——的问题时更是如此。如果要区别管理知识的缺乏和商业经营活动中的普通“风险”，“不确定性”一词似乎最合适不过了，因为通过归组案例的组织所运用的保险原则，普通风险即使不能排除，也有可能减少。因此不确定性可以解释利润和损失，但利润，当它发生时，并不完全是“承担风险的回报”，尽管获利的期望是对企业家职能的一种激励。而且人们也并不将企业家职能与其他要素一样看成是“生产要素”，因为从根本上讲，它完全不同于可计量的或易于发生比例变化及边际估算价值的要素。因此，利润（正的利润）不是其收受者提供服务的价格，而是一种“剩余”，是分配中的真正的剩余。

我们在讨论中提到过一个分析上的缺陷——“生产期间”的谬论。在写作本书之时，我并不明白每一种生产行为都一定会立即产生出价值产物，要么是待消费的产品（至于服务，马上就消费掉了），要么就是资本的增值。（不然就不会有生产。）如果现在写作本书的话，这将是我要做的重要改变。除此以外，企业与利润理论不会有根本的改变。特别是，我也没有打算拿出更为详尽的不确定性理论。那样做需要一本论述科学和认识论的专著。我现在仍然相信，偶然性或“机遇”是一个无法进行分析的自然事实。这一点因物理学的发展而得到了普遍的承认。概率论只是在不能凭经验确定的条件下，计算“概率”（另一种未经界定的概念）分布的一门数学。比如说，我们可以谈论一种“完全公平”的赌博条件，但根本没有这种条件存在，或者根本就造不出这种条件。偶然性远甚于人类对“真正”绝对意义上的因果关系的无知，这种看法再怎么说，也是一种教条，一种知识的偏见。我们不可能对理想的概率分类（原子裂变“或许”是一种）以及与某种偶然因素相关的每一种知识或选择都有所了解。因此任何组合起来的情况都需要有某种补偿(offsetting)。我们无法确定完全的随机或是它与所述“误差”——不是“自由”——的关系。从这里看来，偶然性似乎是一种先决条件，而“自由”却与某种更为神秘的东西，或在一种独特的意义上，与“意愿”的行为相关。

由这些关系所引出的问题确实也没有什么确切的答案，对它的回答在一定程度上也不太现实。也就是说，任何答案都可能荒谬之极，也不会获得人们的普遍认可。（没有人会对这种迫切要求得到答案的空想人士继续大量出现感到怀疑，相反，人们会热诚地让他们提出与其客观中肯的说法相关的问题。）偶然与不懂因果关系之间的区别，像自由选择与偶然或严格的因果性之间的区别一样，大概也可以“忽略不计”。这两种区别确实很小，小得超出了任何经验性考察所能涉及的范围。两者差别的大小也无关宏旨，因为我们熟悉的反应也会无限制地放大这种间断性变化的结果。

我力求在我的阐述中有一个稍微明晰一点的分析，我特别要强调指出的是，利润与财产的使用之间不存在任何联系。但我不能将利润与工资非常明确地分离开来。我在别处提出过两个人（“两个工人”）的例子，即两个人打算一起做一项工作，其间不涉及任何其他“要素”。他们也会有选择：要么他们事先会就每个人应做工作的诸项细节一一达成协议，并分享工作的成果；要么会采用一种更为简单的解决方法，即其中的一人负责这项工作，并确保另一人会得到一定的回报，他自己的“那份”（正的或负的）则取决于工作的结果。在自由契约社会制度下，除非双方当事人存在一种“家族”关系，否则，后者似乎是一种更合乎常情的办法。这一假设的例子说明了企业家职能与利润的所有理论实质。

弗兰克·H. 奈特

1956 年 11 月于芝加哥

第一篇

导论

第一章　经济学理论中利润与不确定性的地位 3

经济学，或更为准确地说，理论经济学，是社会科学中唯一的一门渴望以严谨著称于世的学科。在某种程度上，作为一门严谨的科学，人们在分享与其有关的荣耀的同时，也必须接受它的一些局限性，即它会因为力求严谨而变得像物理学或数学一样，必然具有几分抽象性和不现实性。事实上，它的严谨程度与物理学不同，因为虽然它不能弄得如物理学般严谨，但出于某些特殊原因，却会以更大程度的不现实性为代价，保证了其中等程度的严谨性。严谨科学的概念涉及抽象性，它的完美体现在分析方法上，分析和抽象实际上是一对同义词。我们交给自己的任务就是对大量复杂而相互关联的变化进行归纳和整理，也就是说，把这些复杂而相互关联的变化当成具有同一性，即所谓有规律的一连串事件或行为进行分析，并将各种基本的连续事件相互分离开来，以分别加以研究。

有时候，我们能感觉到，各种复杂现象的基本构成本质上就是 4
完全或部分分离的；有时候，人们可能会单独地，或附带一些易于控制的条件，设想出一些虚构的经验。当然，后一种方法是物理学的典型做法。但将其应用于产业社会的研究，通常是行不通的。一般而言，我们必须探寻一下，在不同的结合条件下，复杂现象中不同因素的表现形式，或者，依赖于对一般原理的直观知识，并借助于逻辑方法来探寻一连串个别事件的先后运行过程。

应用于任何一类问题上的分析方法总是非常不全面的。用这种方法来处理从数字上就占有极大比例并构成一般真实状况的各种复杂的因素，比如说，我们在现实生活中必须应付的各种复杂问题，根本就是不可能的。方法的价值取决于这样一个事实，即在大多数问题中，各种情况的某些因素是共同的，这些因素也不仅仅只在每种单独情况中出现。而且，这些因素虽说数量很少，但其重要性却大得足以主宰控制整个情况。因此，少数这类因素的规律，使我们对这一总体情况的规律有了大致的了解。它让我们得以说明，在“理想的”条件下，即那种存在大量而多变、但不太重要而且我们的规律并不加以考虑的“其他事情”完全不存在的条件下，什么因素“会”有用或“可能”有用的问题。

这样，如果我们在物理学的模型和严谨的自然科学的范型中假设了经过简化的条件，并排除了所有让人烦恼的因素，很少几条切实可行的规则或原理就能告诉我们所要发生的事情。该简化条件包括对规模、质量、形状、光滑度、硬度、弹性的明确说明，以及通常作用于物体的参数（properties）和通常在事实上完全不可能认识到**但绝对必须去认识的**特定性质的说明。而“令人不安的因素”则是任何没有包括在说明中的因素，或许，实际排除这些因素和认识这些因素大概同样是不可能的，因此，**同样需要对这些因素进行假设**。唯有如此，我们才能得到“规律”，即对不同现象和不同行为的原理进行描述。当然，这类规律在任何特定的情况下都不能准确无误地继续适用，因为这些规律并不全面，并没有将所有因素都
5 包括在内。然而，它可以使我们明智地处理一些实际问题，因为它

近似于真实，并且我们知道该如何降低这种不全面性。只有凭借这种近似性、凭借对现象更为重要和更为普遍的诸方面的分析探讨，我们才能对大量现行行为有一种理性认识（intelligent conception），才能取得现在这种对自然力的不可思议的完全控制。

我们已经用相同方式发展出了一门讨论“趋势”的理论经济学，即在永远不会成为现实，但总是多少接近于现实的简化条件下，讨论“将会”发生什么的理论经济学，尽管出于种种原因，这种理论不是这么完整并让人满意。然而，理论经济学在创立有用的方法方面却不如理论物理学成功，其主要原因在于，理论经济学没能明确而清楚地表明它的特性和局限性（nature and limitation）。理论经济学研究在“完全竞争”条件下将会发生什么，但并没有及时讨论什么竞争是不完全的，所以，它留下了很多工作有待进行，比如要对下列问题形成一个系统而连贯的看法：什么是完全竞争的必要前提条件，这一条件在什么范围内、在哪些方面偏离了现实生活的情形，以及将其结论应用于实际情况时要相应地做些什么“修正”[①]等等。

一旦涉及到理论方法的含义和运用，经济学家在此问题上的含混不清和模棱两可在不同的流行观点中表现得至为明显。从一个极端，即数理经济学家和纯理论家这方面来说[②]，如果有任何理

① 参看麦肯齐：《社会哲学导论》，第 58 页。另见白哲浩：《经济研究》，第一卷，《英国政治经济学的预设》。

② 数理经济学理论有三种类型或流派，分别与库尔诺、杰文斯和瓦尔拉斯相关。洛桑大学的维尔弗雷多·帕累托博士（瓦尔拉斯的继承人），是当今数理方法最杰出的代表人物。在“书斋”式纯理论家中，维克斯蒂德、熊彼特和潘塔莱奥尼最为突出。

论处于作为普遍法则所假设的极少数前提条件的封闭的演绎体系
6 之外，那么这种理论根本不被他们视为科学的经济学。在另一个极端，确实存在一股很强的、或许还在日渐增长的否定抽象和演绎的趋势，这一趋势主张一种纯粹客观的描述性的科学。在这两者之间是形形色色的观点。

按笔者的观点，要在两个极端看法之间找到对双方都公允的“中间道路”，并不困难。一种抽象的演绎体系虽然只是经济科学宏大领域中的一个小小的分支，但培育这一分支既有机缘，也极有必要。实际上，我们可以打一个比方，我们知道，理论机制是物理学的一个非常小的部分，但却是一个极其重要的部分。在某种意义上，是“首要”的部分，也是理解物理学的基础和先决条件。这一点也非常适合于经济学中的“纯理论”部分；对社会体系作实际的理解，就要离析并探究其逻辑结论，即在社会体系中所显露的为数较少的基本趋势，这或许是一小步，但却是**首要**的一步。如果演绎和归纳确实在理论上有区别，那么，与其他科学一样，经济学需要大量使用这两种方法。正如穆勒所主张的那样[③]，我们必须尽可能进行演绎推理，并应该在每一阶段用所观察到的事实来核对结论。如果资料复杂到无法用这种方法进行把握，我们还要使用归
7 纳法和公式化的经验法则，从推理上使这些资料与“行为学”（现在我们应该简单地称之为“人类行为”）的一般原则联系起来。这里要强调一下这两种情况下的限制条件，即使用演绎法时，所得的结论必须经常用所观察的事实进行印证，并根据印证的结果修正假

③　《逻辑学》，第六卷，第 IX 章和第 X 章。

设条件，而从归纳中得出的经验法则，在人们确信它们的重大意义或可靠性之前，它们必须反过来显示出符合科学的一般原则的一面，这样我们可以看出，这两种方法是没有多大区别的。④

---

④　演绎与归纳间的关系十分密切，对这两种方法进行严格的区别和对比，会使人产生误解，对科学方法的基本原理更为详尽的讨论将在稍后进行（第七章）。我们将会明白，不存在像演绎那种得到普遍理解的事情，演绎是从个别到个别，概括总是一种推测，是一种省事的方法。然而，事实上我们可以根据假设对资料进行理性的和富有成效的研究，而假设的价值或多或少与假设所依据的先前的具体知识是相当的。科学的实际过程就是由设定假设和检验假设组成。任何领域中的第一假设通常都是"常识"的影响，即靠与世界的直接接触而强加给人的表面知识。根据假设来纠正或驳斥导向性的概括，也可以提出一种新的可以用同样的方法加以评判和检验的观点，从事物质生产的组织化过程也是这样。概括的重要性出于这样一个事实，随着我们思想的形成，除非我们是带着需要解决的问题来接近现象，否则观察现象的尝试几乎是徒劳的。这就是说，假设其实就是一个问题。表面的观察提出了需要通过研究找出答案的问题。如果并且终于有了一个肯定的答案，并且这一答案与实际应用的检验或是一时的观察并不抵触，那么，我们就得到了一条自然法则，一个关于环境的真理，这一真理可以使我们在行为上理性地对环境作出反应。

然而，从培根意义上的全面而详尽的资料收集和校订上说，人们几乎用不上归纳，虽然在某些情况下，归纳可能也是必须的，并且也有效果。另一方面，视演绎不仅仅是一种易于证实的有所指的假设，同样也没有用处。但是，这里要指出的是，在某些领域中，常识性的概括有很高的确定性，比如说，就外部世界而论，概括就给了我们一个数学的"公理"。这一方面更为重要的是，在对人类现象的研究中常识或直觉的作用。在人类行为的大多数领域里，观察和直觉实在是难以区别清楚的行为。我们的知识基于内省观察，但内省观察过于直接，所以可称之为直觉。将这种直觉扩展到我们的同伴身上，还要基于我们对交流信号如言语、姿势和面部表情的理解，这就不仅仅是基于对行为的直接观察了。这一理解过程的特点大部分是本能和下意识的。因此，经济学的许多基本规则实际上是以"直觉"为起点的，所以它当然总是需要通过普通观察所做的归纳或是通过统计学处理的资料来进行修正。

与哲学问题打交道时，上面这些说法一定不在考虑之列。笔者与穆勒一样，是一位经验论者，认为所有的真理或公理最终是从经验归纳出的。作为一种分析方法的归纳是一种审慎的、科学的归纳，是以弄清实际例证"规律"为目的的有计划的研究。演绎则意指将一般规律应用于实际情况而获得的新的真理。以现在的观点看，这两种过程都只能视为提示性的，全面而彻底的归纳和结论性的演绎似乎都是不可能的。

8 经济学的方法就是所有研究领域的方法，即那些无论如何要应用分析并且不可能仅仅靠描述就行得通的领域的方法。这是一种科学的方法，一种不断接近真相的方法。⑤ 经济学研究始于只讨论研究对象的最一般方面的纯理论分支，并凭借在越来越受限制的现象上应用这些原则而传续下来。这一过程向前推展到什么程度，将取决于个人的旨趣和问题的现实需要。科学通常并不关注在细节上高度准确的严密法则。当演绎所考虑的要素的数量渐渐增多时，这一推演过程立刻变得无法掌握，而错误也悄然而至，这种种结果相较于在给定条件下通过对事实接近的描述而获得的
9 结果，失去的是广泛意义上的普适性。因此，最好的办法是在各种要素过分地增多之前，就不再对各种要素分别进行分析，而是通过运用靠经验来确定的校正法，分析近似性的最后一步。

在对一般原则的完整而独立的研究中，纯粹形式的理论方法，由于严格排除了所有波动、调整和源自多种因素的各种偶然事件，而比在调查的任何特定阶段处于调查之中的理论方法，少了一些普遍性。我们的问题是，在经济学中，以一种极为苛刻的形式使用这种方法是否明智。对这一问题的回答取决于在被研究的现象中，事实上能否发现一般原则的充分恒久性和重要性，以证明对其进行审慎的独立研究之合理。笔者坚决主张对这个问题一定要给予肯定的回答。经济学研究的是满足人类需要之活动的具体组织

⑤　读者会记起在孔德所建立的普遍性原理秩序中的科学解决方法。数学，这种空间和量上的抽象属性，虽然适用于所有的现象，但同样也没有告诉我们多少东西。物体与生命物体法则虽不具备普遍性，但却更加具体实际。同样的原理也适用于任何一门科学。

形式，这一组织形式已经在西方各国逐渐盛行，并已推广到了绝大部分行为领域。这一组织形式被称为自由企业制度或者竞争性制度。很明显，这种竞争并不是完全的或充分的竞争，但毋庸置疑，它的**一般原则**是自由竞争的原则。在这种情况下，对一种**完全**竞争制度的研究，作为一种近似真相的研究——其中各种程度的种种差异都以抽象法排除掉了——清楚地显示了出来。实际上这种方法尤其表明，因为我们最重要的社会政策问题直接取决于“自然的”(natural)竞争结果的特性，所以，对竞争的趋势是被推进和补充，还是被阻碍和替代，都要存疑。

于是，在理论意义上，这种最接近的理论表明是一种着手处理问题的自然的逻辑方式，与我们的思维过程的运行相一致，这种方 10
法也为这样的事实所充分证明，即自从这样一门科学或这样的社会制度得到研究以来，经济学家事实上一直在运用这种方法。当然，他们也因为这样做而一直受到指责，且是严厉的指责。但是依照笔者的看法，古往今来的理论家并不是因为遵循一定的理论方法并对简单化和理想化的竞争组织形式进行研究而受到公正地批评，而是因为没有以一种充分自觉的、审慎的和明确的方式遵循该理论方法而受到批评。实际上，在方法论讨论中，历史上的著名经济学家已尽可能明确而清楚地表明了他们的方法，⑥至于方法的

⑥　参见穆勒《论政治经济学的一些未定问题》第五篇，书中对这一问题已经论述得很详尽了。卡恩斯(J. E. Cairnes)在《政治经济学的性质和逻辑方法》中也对英国经济学家的方法论讨论做了详尽的论述。“经济人”的概念是强调科学假设的抽象特点和简化特点的一种方法。凯恩斯(Keynes)的《政治经济学的范围和逻辑方法》对这一主题的讨论绝对清晰且极具说服力。

运用，令人遗憾的是，我们就无法这样说了。

不言而喻，使用从简化的前提条件进行推理的科学方法，对于推理者以及那些打算正确地利用他的研究的人来说，必须弄明白的是，他的推理步骤如何？他有什么先决条件？过去，引起争论的两个至关重要的难题，就与方法相关。第一个难题是大众，甚至包括大部分“学者”，都对用一般词语进行思考很是反感；另一方面，第二个难题是与上述内容相关的事实，即那些在经济学中运用近似性方法的人，还没有让自己充分地、不断地认识到，自然更没有让读者明白，他们的结论的近似性特性，即他们的结论只是对趋势的一种描述，他们常常草率地将社会基本原理和商业政策建基于这种不完全的数据之上。他们没有着重指出经济学推测的理论特征将会带来的有害后果，这一点在实用经济学的每一个领域中都很明显。学者们在提出“基本原理”的时候，自己在心里都没有对假设进行清楚
11 的定义，所以他们以及那些以此为自己的基础的实际工作者，当然会忘掉原先提出的不现实的假设条件，他们会全盘接过这种原理，并将这些原理运用到自己的具体实际中，再从中得出完全没有保证的结论。这种明显站不住脚而且常常是谬误的推论，自然是根据这种不真实的理论本身推出来的。这种做法当然不对，我们不能用永恒运动体系来质疑每一阶段都建基于永恒运动假设条件之上的理论机制的真实性。然而在经济学中，只要理论的先决条件是如此之模糊而且变幻不定，那么，对一般原理的怀疑，注定就像清晰的思维一样，都是不可避免的。理论或许无法弄得一清二楚，但这些简化的假设条件和生

活的复杂事实之间的差别，却有必要弄得像在力学中那样引人注目且为人所熟知。

本书意在向上述方向努力。我们将尽力找出并公布理论经济学先决条件的非现实性，我们这样做不仅仅是为了质疑这一学说，而且还希望弄清这一学说的理论局限。我们之所以特别强调将理论经济学规律的近似性特点和它的没有根据真实性状况作出经验校正的不适用性与力学规律加以比较，有几个原因。第一个原因是历史的，已经在前面指出了。人们并不总是明白结论的局限性，理论家本人和实用经济学作者以及治国良才们，轻率地使用这种结论，他们没有认识到要使这种结论符合具体的实际，就必须对其进行校正。以永恒运动推理为基础，但又认识不到这一点的政策措施一定失灵，而且是灾难性的失灵。

第二，对理论经济学进行斟酌和修正的必要性，远远大于对力 12
学进行斟酌和修正的必要，这一点不可忽视的重要性相应地更为明显。而一般原理也并没能让我们更加接近于现实；因为在实际经济状况中，还存在大量易变和波动的因素。

再者，尽管与物质运动力学相比，在竞争机制的研究中，理论和现实之间还存在极大的差别，而且我们不太熟悉这种差别，也更容易忽视这种差别。我们一直以一种简单的方式对人类进行观察和把握，对这后一种现象的把握自人出现在地球上就已经开始了，但人们之间的竞争关系则只是在几代人之前才建立起来的。因此，按照科学方法进行清晰思维的习惯，对假设的使用和从具体事情中分离出基本原理的做法，在某种程度上已逐渐在人们心中、起码是在更有教养的一批人心中形成。或许，某种程度上在某些种族里，甚至是一种本能的做法。[7]

最后，与我们面对力学问题的情况不同，我们是否在人们中间
13 广为传播了人类关系领域中的正确理念，实际上是有极大差别的。无论如何，在后一种情况下，我们要服从于民主管制政策，但在力学问题上，我们不见得要倚靠它。至于具体的结果，比如人们通常是否打心底里相信，能量能被创造出来，或者，炮弹落入大洋底之前是否半途会悬浮在那里，以及任何其他根本的误解，相对来说都不重要。至少，我们已经建立了一个重视知识和培训的传统，以及迫使无知之人遵从有识之士的判断的传统。在自然科学领域中，大众对那些他们既不知道也不重视的科学原理，可以、也会高兴地接受、运用，并以之来设计各种设备。要在一个适度的范围内证明这种事情，一般来说还是做得到的，因为“结果”就能实实在在地让人们折服。然而，在社会科学领域，不知是幸还是不幸，事情就不是这样了。我们所建立的全部传统公开主张“张三李四、阿狗阿猫”对社会事务的了解与“自以为有很高教养的人”一样多，由于缺乏一个自愿服从的传统，无知者通常也不遵从有识之士的看法，所以我们通常也无法给出一个客观的说明。如果我们的社会科学要

---

⑦　必须承认，实际上仅有非常少的一部分人在力学领域中具有特别的理论感觉。事实上，绝大多数对力学有着基本经验的成年人对力的转换和等量的最基本的原理也没有真正理解。就他们自己的悟性而言，他们可以轻松地领会粗浅的永恒运动图式，在这件事情上，他们惊人的一致之处就是，他们宁愿坚持自己的看法，也不同意科学界的一致意见。国会中对这类问题的反复讨论是大家所熟悉的。某种力学上的“巧思”或许就是如此，这种巧思能在任何人头脑中出现，但就是很少在科学家脑海里出现。准确地说，这些能人是那些似乎最喜欢在明显荒谬的事情上浪费自己的生命和金钱的人。甚至大量称职的工程师也是既不理解也不欣赏物理理论。

在改善人类生活质量方面做出成绩，那么大部分社会科学一定要首先“出售”给大众。因此，它不仅仅有必要让自己的文献准确并可信，而且要尽可能弄得“让傻子都能懂”。

不管是否像笔者相信的那样，在社会现象领域中也有必要使用严谨的科学方法，但毫无疑问，即使是反对这一观点的人也会承认，自当代经济学建立之日起，这种方法就已经应用在大量的文献中了。人们也会承认，在我们的经济学指南和一般性讨论中，术
语、概念和思维模式已经是、而且长期以来在很大程度上也一定是 14
受业已建立的传统所左右。人们肯定也不会否认，如果遵循了根据假设条件或简化的前提条件进行推理的方法，这种方法的运用一定由于强调了假设条件和符合逻辑条件的特点，或者由于强调了所获结论的大体正确而得到了完全的保障。如果人们没能很好地运用这种方法，那么，麻烦和误解就会因为对假设的不严谨使用和对结论不加约束的应用而接踵而来，这样，当下对这种研究的需要就得到了确认。

虽然最近我们也在正确的方向上有了显著的进步，但我们仍然可以在有关这一主题的文献中找到经济学理论部分与经验部分更为显著的分离趋向和更为明确的假设条件公式化倾向，我们已经提到过数理经济学家和非数理纯理论家的著作。大部分严格地、有意识地建立起来的“理论性的”（即一般的和近似的）学说值得人们尊敬，公正地说也令人满意，笔者认为，其中帕累托和威克斯蒂德的著作尤其值得一提。遗憾的是，人们并没有认识到这一点，也没有在一般的科学进程中给予它们重要地位；数理经济学似乎只是一种旁门左道(cult)而已，是一种除了一些“入了门的人”，

其余所有人都一窍不通的理论。在浩如烟海的经济学文献中，确实仍然存在缺乏对一般性原理，甚至是对科学纲领(program)中一般原理的重要性和含义进行综合理解的迹象，也确实需要对实际生活条件的理论假设和对具体事实的理论结论进行彻底而审慎的对照和比较。经济分析方法的创造者和使用者一般来说必须明
15 白，进行理论推论是必须的，这倒不是因为其完全真实——从严格意义上说，理论推理之所以有用，是因为它并不完全真实——而仅仅在于，它们与完全真实是否具有某种关系，是否所有运用它做研究的人都一直考虑到这种关系是什么。人们一定会承认，即便是纯理论家通常也并没有坚持不懈地强调他们研究工作的实际意义，以及研究工作与科学之外的事情的关系，他们的兴趣过于集中在构建演绎推理体系(*a priori* system)上了，或许他们有一点倾向于将演绎推理体系视为与经济科学不太相称的一个部分了。这种偏向很自然，甚或也很有用，但是在一个从事理论探索的人和使用理论的人都没有在心里本能地对理论和实践的关系有所认识的领域中，凭借解释性著作对理论进行补充，就成为必不可少的一项工作。

这一领域中的进步迹象主要通过对英国马歇尔著作中的规范概念以及与之相关的美国 J. B. 克拉克教授所采纳的静态概念的讨论而体现出来。[⑧] 按笔者的观点，对基本概念的含义和意义表述最为清晰者，非马歇尔莫属。但马歇尔本人却对基本原理采取

⑧ 静态思想在奥地利的熊彼特教授那里，沿着一条严密的理论思路得到了进一步发展。

了一种审慎的，甚或是反理论（anti-theoretical）的态度，他拒绝进行阐述，拒绝遵从经过严格定义的假设条件，而是执着地坚持尽可能紧地贴近具体实际，并对与限制性趋势相反的“典型”条件进行了讨论。依我们的看法，从具体性和现实性中收获的东西，由于讨论的晦涩、含糊和缺乏系统性而遭到极大的抵消，因此，数不清的限定性条件和细节必然造成掩盖基本原理的结果。另一方面，克拉克教授明显精于理论，而且坚持抽象概念的审慎使用。然而，笔 16
者至少在应该有些什么抽象概念以及运用这些抽象概念的方式上，不能同意他的看法。虽然他对理论形态的阐述要比马歇尔更明确、更周详，但在我们看来，他写的东西不怎么准确。[9]

一般来说，对纯理论的反对主要出自对理论的不理解，其中最为常见的是对静态或一般假设的含义的误解。人们并没有认识到，科学的方法论中本来就要运用假设，事实上，运用假设在科学过程中是非常基本的。我们并不要求假设深奥难解或要有多少智性，我们只要求它符合实际常识。科学的目的旨在让我们的行为更为明智，因此要对未来进行预测。[10] 如前所述，智性的预测要通过分析，要分离出一定条件下的不同力量或趋势，并对分离出来的每一个要素的特点和作用分别进行研究。因此，静态分析方法和推论是并存的。除非我们在给定条件下对一种力量或变化的作用或结果进行描述，否则我们无法对这种力量或变化进行讨论。

经济学的“静态”分析方法就是这样。它探究的是现存的条件

⑨　我们试图指出，这里并没有如克拉克教授所主张的那样，表现出了古典经济学理论中隐含的假设。（见第二章。）

⑩　参见杜威对作为社会诊治方法的推理的定义。

是什么，研究在这些条件下产生的可识别的、运行中各种力量的后果(或是进步过程中的变化——我们对力一无所知，人们假设力是变化的“缘由”，这是唯一的事实)。它的“非现实性”只是它对问题的简化，即它只考虑比较而言更为明显的力量和更为重要的条件，对其他条件和力量则暂时不加以考虑。我们心智的局限使得我们这样做。我们每次一定是先讨论一种变化，并假定其他变化已经暂时停止，尽管这种变化与此同时正向其最终结果发展，然后，我
17 们再努力将运行中的各种趋势合并起来，并评估它们的相对重要性，从而做出切切实实的预测。这就是我们的心智工作的方式；我们必须逐一解决问题。如果我们可以全面地处理一种复杂的条件——如果这种情况发生了——“思想”就不会有存在的机会了。科学意义上的思想和分析是一回事。

提到了最终结果，我们就有必要对它进行进一步的阐述。均衡的概念与静态分析方法的概念是紧密相关的。众所周知，在既定条件下，每种变化自然都会有“最终”的结果，如果我们不对这些最终趋势进行阐述，对变化的描述就是不完整的。世界上的每一种运动都是，也可以清楚地视为一种趋向均衡的运动。水的流动寻求的是水平状态，空气的流动趋向于等压，电趋向于均匀电位(uniform potential)，辐射趋向于恒温，如此等等。每一种变化都是产生这种变化的合力的均衡化，每一种变化都趋向于引出一种不再发生变化的条件。水的持续流动和风的吹拂等等，都只不过是由于太阳的热力——太阳本身同样也在做着旷日持久的能量再分配——不停地修复由于这些运动本身的不断破坏造成的失衡。

经济现象中的情况同样如此。商品从需求少的地方流向需求

旺盛或价格高的地方，每一种这样的运动都在消灭引发这种运动的价格差异。商品的持续循环是因为人类的生活(财富的生产)要有源源不断的供给。这一点也同样适用于生产能力从一种用途向另一种用途的转换。假定以一组组给定条件为先决条件，我们所研究的静态正和变化一样多。这样谈论与消费品的供给和需求
(生产和消费)的给定条件相关的静态状态虽然武断，但还是较为 18
合适的。我们将会看到，事实上还存在另外两个根本性的静态问题：第一是假设一定的消费品的供给，第二是在给定的一般条件下，生产品的创造和需求发生变化。第一个问题是市场或市场价格问题；第二个问题则是社会经济进步的问题，而且常常是与动态经济相关的。

本书的内容将以一般规范理念为中心，并将此视为是为了对竞争性社会经济组织的本质或一般原理进行单独研究而做的一种尝试。本书通过征引经典作家们的“自然价格”理论，意在导出经济思想史中假设或假说的内容。这样我们就能明白，古典经济学家的思想中不仅确实存有假设，而且有必要用假设来定义完全竞争的条件，这是古典思想的目的之所在，其意义在于构想出实际经济过程的有限趋势。[11]

正如本书标题所示，我们的任务将按照分配理论中利润问题

---

⑪　我们在这里无需特别提出这一明显的事实，即理论方法可以应用于垄断，也适用于竞争，并与两者均有关。当然，从理论上说，这也是一种理论上“理想的”垄断——真正的假设是完全竞争体系中完全垄断的一种特例。理论与现实之间的差别以及前者的意义在两者情况下都是相同的，我们也要讨论本来就与此相关的完全垄断的含义。(见第六章。)

的当前观点来进行构想。竞争的基本特征，就是消除利润[12]或损失并使经济物品的价值与其成本相等的一种“趋势”，这一点已获广泛认可，而且一目了然。或者说，因为成本在很大程度上与分配
19 份额而不是与利润相等，所以我们可以用这种说法来表达同样的原理，即这是一种趋向于在对生产做出贡献的各种要素之间进行产品的无剩余分配的趋势。但在现实社会中，成本和价值仅仅是“趋向于”均等，事实上，只有在偶然情况下，它们才能确切相等，通常情况下，它们都是由一个或正或负的利润额区别开来。因此，利润的问题是考虑完全竞争和现实竞争之间差别的一个途径。

然而，我们对利润问题的初步研究将会表明，这一领域中的难题来自于一种混乱的观念，而这一观念又植根于我们的思想基础之中。我们将发现，这一团乱麻的关键都源于风险或不确定性概念，以及隐藏在其中的模棱两可的含义。因此，我们的讨论最终将重点围绕这一观念进行。对利润问题做出满意的解释，有助于厘清完全竞争理论和 20 世纪美国的实际竞争中所采用的间接方法(remote approach)之间的实质性区别。对此两方面的问题，我们可以通过对不确定性概念及其对经济进程的影响的研讨来找出答案。

但是，在某种意义上，我们必须将不确定性与我们熟悉的风险概念，完全区别开来，而这两者从未被严格地区别过。“风险”一词，它在日常语言中不够严谨的用法和在经济学讨论中的用法，的

---

[12] 应该指出，这里使用的“利润”一词，实际上是指“纯利润”，这是一种分配份额，不同于由于土地、劳动和资本的生产性服务而带来的回报。

确是两种不同的东西，起码在功能上，在与经济组织现象的因果关
系中，分属不同的范畴。这种概念混淆的性质在第七章中有详尽
的讨论，但这里可以用几句话略说一下它的实质。最重要的事实
是，在某些情况下，“风险”指一种能经受量度的量，而在另一些时 20
候，它又明显不具备这一特征。取决于两者之中哪一种情况真正
存在并起作用的现象，其意义具有重大而深远的区别。“风险”一
词中也存在其他歧义，这一点将会在下文指出，而且这是最重要
的。看起来，一种**可量度的**不确定性，或准确地用“风险”这一我们
即将使用的术语称之，与不可量度的不确定性是如此之不同，以致
可量度的不确定性实际上根本就不能称其为不确定性。我们因而
把“不确定性”一词限定在不可量度的范围内。正如我们已经指出
的那样，正是这种“真正的”不确定性，而不是风险，才是令人信服
的利润理论的基础，才可以用来解释实际竞争和理论竞争之间的
差异。

为了给有关不确定性的含义和因果关系的讨论提供一些背景材料，我们首先会对以往所提出的利润理论作一个简略的回顾。在对这一主题从古到今的历史做了简略的介绍之后，我们有必要稍微详尽地讨论一下最近进行的与以风险一词来解释利润相关的争论。在这一讨论中，可量度的风险和不可量度的不确定性之间的区别的重要特性，将渐趋明朗。

本书的第二篇（第三章到第六章）将致力于对一个理论上的完全竞争社会作一个概要性的研究。在讨论过程中，我们会日渐清楚，对事实上保证实际竞争只能“趋向”那些结果的完全竞争至为根本的，就是不存在不确定性（在真实的、不可量度的意义上）。其

他一些必须包括在内或隶属于它的预先假定还有，人们谅必**明白**
他们正在做什么，而不仅仅是作出或多或少准确的猜测。因为人
类是一种天生具有学习能力的生物，总想弄明白自己行为的结果，
21 但只要人类还不可能做到全知全能，无法达成这一目标的原因是
显而易见的，因此，趋向于完全竞争的“趋势”马上就得到了解释。
又因为风险从一般意义上并不排除完全计划（perfect planning）
（因为理由很容易就可以弄清楚），所以这种风险并不能阻止诸种
竞争性力量之趋势的完全实现，或者利润的产生。

在结束了有关完全竞争的扼要讨论之后，我们将在结尾部分用稍短的篇幅来讨论完全竞争的局限性，而不是知识的不完全性，然后从第三篇开始对风险和不确定性概念进行细致的分析（第七章），接下来（余下的章节）则对两者的后果进行稍微详细的讨论，但我们主要集中研究经济组织中真实的或不可量度的不确定性及其在经济理论中的含义。风险的经济关系，即狭义的可量度概率，已经在相关主题的文献中得到过充分的讨论，这里就不再进行详细讨论了。我们主要关心的是作为一种已知变化的风险和真实的不确定性之间的差别，对前者的讨论是本书附带的目的。

第二章　利润理论[①]，与利润相关的变化与风险 22

鉴于在导言一章中阐述了利润与理论经济学的关系，以及经济学者心中对基本假设的模糊认识这些事实，因此，对利润理论仍然是经济学说中最不令人满意且存在争议的部分，我们就不再感到奇怪了。然而，考虑到竞争有消除利润的“趋向”已获广泛的认同，那么，本书只将利润问题当成一个重要的特例[②]，没有直接对利润问题本身进行直接抨击，并探究一下事实上已获充分认识的完全竞争失灵的缘由，可能在某种程度上会引起人们注意。其实，也就是在最近这几年，利润作为一种真实确切的份额的存在，已经逐渐得到确认，也由此提出了对利润进行解释的问题。

与多数研究对象就是人类活动的某些领域的科学一样，经济理

---

① 在论述利润的几部专著的导论部分，可以找到精彩的利润理论史，所以我们无需详细深入利润理论的这一方面。请特别参见以下各书：

H. V. 曼戈尔特：《企业家利润论》(*Die Lehre vom Unternehmergewinn*)，莱比锡，1855年。

J. 皮尔斯托夫：《企业家利润论》(*Die Lehre vom Unternehmergewinn*)，柏林，1875年。

V. 马塔加：《论企业家》(*Der Unternehmergewinn*)，维也纳，1884年。

G. 格罗斯：《企业家利润论》(*Die Lehre vom Unternehmergewinn*)，莱比锡，1884年。

M. 波特：《企业家和产业利润》(*Entrepreneurs et profits industriels*)，巴黎，1901年。

② 例外是指克拉克教授的完全竞争理论，这是与“静态”理论以及作为进步结果的利润的“动态理论”相对应的理论。这一观点现在已得到人们的注意和评价。

论也一直受到现实的很大影响，尤其是不严谨地使用日常生活中的
23 语词，已经造成了术语学上的严重混乱。利润的概念与工业组织的某种形态有关联，即一种在不同的时间与不同地点、在不同程度上已实现的形态，一种一直在发生变化和发展的形态，有密切的关联。

正当英国古典经济学派的经济学家们从事写作的时候——18世纪晚期和19世纪初期——股份公司相对来说并不重要，实际上，它只局限在一些银行和贸易公司的范围内。当然，也存在一些以获利为目的的贷款，但是，产业主(industry men)使用自己资本的主要形式还是雇佣劳动和从别处租来土地。管理的功能主要集中在资本家手中。此外，英国的工业是新兴工业，扩展极其迅速，竞争并没有得到高度的发展。在这种条件下，资本似乎是，也确实是占据了支配地位的因素。只是随着时间的推移，资本的积累和金融机构的完善以及竞争的增长，才将利息的重心转移到了经商能力(business ability)上，这才使人在不直接拥有资本所有权的情况下，很轻易地或至少是普遍可能地，可以凭保证资本增值的能力而营利，绝大多数人在商业经营活动中使用借来的资源也就很普遍了。

在这些早期的条件下，将产业经理人的收入与资本的所有权联系在一起，是很自然的事。在所有经典著作中，我们发现“利润”一词就是在这个意义上使用的。混乱的深层根源就在于概念的含混以及早期作家思想中自然价格和市场价格观念的使用。触及经济科学的性质和方法论的基本问题核心的一个区别，在研究的初期阶段，虽然不可能完全弄清楚，但当然而且必须搞明白。直到晚
24 近，马歇尔才对长期规范价格作了分析，克拉克和熊彼特则分析了“静态”价格，也向经济学家们提出了一个更清晰的与什么是“自

然”或正常条件的真实含义相关的概念。对于早期的古典作家来说，这种含混的含义隐藏着资本家经理人的全部收入与合同固定利息之间的根本差别。在解释分配时唯一需要区别加以考虑的是，对用商业经理人收入理论来解释被认为是基本与合同固定利息相等的“正常利润”，要加以限定。另一个对利息与利润之间关系的系统阐述的障碍，就是缺乏对资本生产力的恰当理解，这些作者没能掌握资本生产力，也是最近几年才首次弄明白的。

然而，就古典的分析而论，对正常利润和利息的“近似的”或“实际的”性质进行确认，是很有必要的。甚至亚当·斯密及其追随者都认识到，即使在正常情况下，利润也包含一个不是出自于资本利息的因素。人们对工作的酬金和监管企业活动的酬金一直是有区别的。这里也涉及到了风险，但却是不能清楚地将利润与利息区别开来的资本损失的风险。[③] 亚当·斯密对这些因素非常清楚，马尔萨斯和麦克库洛赫（McCulloch）则更是如此。穆勒则试探着指出，管理工作的工资决定方式与其他工资的决定方式完全
不同，他还指出，所谓利润，也包含为风险进行支付的第三个因素 25
以及管理工作的工资（和利息）。利润中包含利息的说法遭到了白哲浩的反对，也遭到了美国的沃克的反对，但在英国，对这一词汇

③　对英国作者的观点更为全面的讨论，可以参考 E. 坎南的《生产与分配理论》第六章第二节；以及《帕尔格雷夫政治经济学辞典》中该作者关于利润的条目。坎南的观点与原原本本采纳古典经济学家观点的德国历史学家和批评家的观点不同，他确信，他们与其法国同行一样，其实主张的是利润工资理论。在两种观点中，这一种似乎整体上更好一些，但我们也不能据此断言，这种措辞上的差异没有代表思想上的差别。然而毫无疑问的是，这种差别很大程度上是措辞上的差别。虽然用旧词语来表达新事物一定会使意思变得含糊不清，但“利润”的几个不同含义的使用仍然是正确的。

的使用如我们在马歇尔的书中所见，依然不甚严谨。即使在美国，随着股份公司会计制度的发展，管理工作的工资已经与利润分离开来，但利润与利息之间又出现了新的混淆。

早期的法国作家，从J.B.萨伊开始，对利润采取了不同的观点，或者至少是对这一术语有不同的用法，他们坚持将利润与利息分开，并明确地将前者定义为工资。按照冯·曼戈尔特的说法[4]，这两种提法之所以有差别，或许是因为典型的法国产业所具有的不同的特点，以及相对于资本来说经理人的个人能力更大的重要性。值得指出的是，在《政治经济学新概论》的第四版中，萨伊将利润作为是承担风险的奖励；但在前一版中，他将这一收入视为资本家获得的收入，现在他却将它转给了企业家。尤其值得提及的是库塞尔—塞纳耶的说法，他坚持认为利润不是工资，而是出于对风险的承担[5]。

26 从前的德国经济学家对待利润的观点十分不同。有些人的观点，比如舍夫勒的，或许最值得一提，他谨守“英国”的利润观点，将利润视为是对资本的回报。其他人，比如罗雪尔采纳的是“法国”

④　参见第19页注释。（本书中的这类参见页码，均为原英文版页码，请参照本书边码使用。下同。——译者）

⑤　见科克兰和吉约曼编《政治经济学辞典》（*Dictionaire de l'économie politique*）“利润”条，巴黎，1852年版。实际上在另一本书（《论政治经济学》［*Traité d'économie politique*］第二版，1867）中，库塞尔说得没有这么明确，在辞典条目中，他说利润主要取决于企业家的智力（intelligence）以及他工作中的有利条件或不利条件。他的这种犹豫不决可能就是Fr.克莱因韦希特把他归为萨伊的追随者之列以及工资理论的信徒的原因（见《收入及其分配》［*Das Einkommen und seine Verteilung*］，第278页）。然而，情况也许更可能是库塞尔隐约感觉到了（而克莱因韦希特没有认识到）这样一个事实，即由于人本身在负责任的决策中判断失误所带来的“风险”的假设，与保险意义上的“风险”假设是不同性质的现象。我们将在下文逐步增加对这种差别的讨论。

方法[⑥]，将利润看成为工资的一种形式。罗雪尔甚至不使用“利润”一词，而是用企业家工资（*Unternehmerlohn*）取而代之。其他著作家，如赫尔曼和劳（Rau）则或多或少采取了一种中间立场。

从本书的目的来看，还有另外一组更重要的人士，这些人主张，利润应该被视为是收入的唯一形式，而不是资本或劳动酬劳的扣减（reduction）。胡费兰[⑦]稍显犹豫地采纳了这种观点。而里德尔[⑧]则更为肯定些，但最著名的倡导者是屠能和冯·曼戈尔特。屠能在其大作《在农业和国民经济方面孤立的国家》[⑨]中，将利润定义为满足以下三项之后的剩余：（a）利息，（b）保险和（c）管理的工资，是恰当的。这一剩余由两个部分组成：（1）对某种风险的偿付，尤其是价值的变化和不能由保险承保的整个企业失败的可能性的偿付；以及（2）经理人劳动的超额生产力，这一超额劳动生产力是由于这样一个事实，即他为了自己的利益，在为企业筹划时所度过的“不眠之夜”。屠能将这些因素分别称之为企业主报酬 27

⑥　这两个以国家命名的学派较为相近。唯一值得注意的例外（除了库塞尔外）是法国作者这边的罗西（入法国籍的意大利人），他极力拥护资本主义的或英国学派的观点，另一边是塞缪尔·里德，他在赞同从术语上采用英国通行的分析方法的同时，实质上又摈弃了这种方法，而赞同萨伊及其追随者的方法。里德坚持认为，“利润”等同于资本的回报，或者利息，并将企业家的特殊收入作为工资进行分析。他也强调了他所谓的“利润”（实际上是利息）中的“风险补偿”因素，但却认为风险不是决定性的原由，是“科学范围之外的”东西，因为这一主张实际上没有对保险费用作出解释，后一句话只表明了对这种风险的独特性的一种见解。请参见他的《政治经济学》，爱丁堡，1829年，第203页和第209页注释。

⑦　《新国家学说原理》（*Neue Grundlage der Staatswissenschaft*），第一卷，吉森，1807年。

⑧　《国民经济学》（*National Ökonomie*），1839年。

⑨　1826年初版，1876年第三版。参见第三版第二卷，第83页以下。

(*Industriebelohnung*)和企业主利润(*Unternehmergewinn*),总起来称为工商业利润(*Gewerbsprofit*)。

对利润最为详细且最为全面的分析体现在我们已经提及的冯·曼戈尔特的专著中。冯·曼戈尔特的研究是以产业组织形式的详尽分类为基础,并在对各种企业类型的经济优势进行讨论的基础上进行的。作者在分析中发现,工商企业的收入由一组独特的复杂要素组成。首先,他把这些要素分成三个部分:(1)对企业家承担的不能由保险转移的风险的酬金;(2)企业主的利息和工资,其中包括对除了企业主自己而他人不能使用的特别的资本形式或生产力的偿付;(3)企业主租金。最后这一部分又被分为四个子项:(a)资本租金,(b)工资租金,(c)大企业租金,以及(d)"狭义的企业主租金"。所有这些租金的存在都是由于特殊的能力或特性的局限性(最后一项是这种形式的特殊组合),因此被称为"对稀缺的酬金"(*Seltenheitsprämeien*)。当然,这是一个回避问题的术语(尽管有许多作者都这样使用这个术语),人们之所以使用这一术语,是因为所有的收入都以同样的方式取决于它们所归属的投入要素的限度。似乎每一个可想象到的收入来源都包括进了这一缜密而巧妙的分类之中。

在利润理论史上,德国社会主义学派,即所谓"科学"社会主义者罗德贝尔图斯、马克思、恩格斯、拉萨尔及其追随者,应该拥有特殊的地位。这些著作家是从一种狭义的字面意义上采纳了英国古典经济学对利润的分析方法(人们肯定会说完全批评不当而且失之肤浅),因为他们的利润包括所有得益于资本的收入,再加上土地。由于他们将这种利润与同样难以理解的斯密和李嘉图创建的
28 劳动价值论结合在一起,因此他们对收入作了简单分类,在这一分

类中，不是工资，而是利润，代表了对工人阶级的剥削。资本等同于财产，财产被视为是对其他人的经济活动起支配作用的权力，这种权力是由对劳动手段起支配作用的所有权的重要地位决定的。他们将其比拟于敛财大亨的贪心（robber baron’s crag），类似于天然道路上的过路费，或是政治上公民权的剥夺。皮尔斯托夫在提及上述观点的专著中，在批评了一些另类的观点之后，基本上是遵从罗德贝图斯的看法。[⑩]

1871 年，门格尔的《国民经济学原理》问世后，奥地利和德国对价值理论又产生了新的兴趣并出现了新的变化，在这两个国家中出现了一系列值得注意的对利润的讨论。其中最值得一提的是格罗斯[⑪]与马塔加[⑫]的著作，以及在舍恩贝格的《指南》中由米特霍夫[⑬]和克莱因韦希特[⑭]提出的分析方法，舍恩贝格《指南》一书的准

⑩　参见康拉德的《国家学说辞典》（*Handwörterbuch der Staatswissenschaften*）中皮尔斯托夫撰写的条目“企业家利润”。索尔斯坦·凡勃伦博士的资本和利润概念也非常倾向于同样的观点。

⑪　《国家学说辞典》，第 22 页注释。

⑫　同上。

⑬　G. 舍恩贝格 5：《政治经济学指南》（*Handbuch der Politischen Ökonomie*），第二版（图宾根，1885 年），第 670 页以下。

⑭　同上，第 220 页以下。文中提及的同一群体的其他人的著作是：

E. Aug. 施罗德：《企业家与企业家利润》（*Das Unternehmen und der Unternehmergewinn*），维也纳，1884 年（与格罗斯和马塔加的著作同期出版）。

A. 维明豪斯：《企业家利润和分享企业家利润的工人》（*Das Unternehmergewinn und die Beteiligung der Arbeiter am Unternehmergewinn*），耶拿，1886 年。

E. 聪斯：《斯韦·弗拉根的企业家收入》（*Swei Fragen des Unternehmer-Einkommens*），柏林，1881 年。

A. 克尔纳：《企业家和企业家利润》（*Unternehmen und Unternehmergewinn* ），维也纳，1893 年。

确书名已有提及。格罗斯以一个非常简单的事实作为他的出发点,即利润是商品成本与商品价值之间的差额,他从这一点出发,研究了企业主在两个市场上的地位,即在购买生产服务和原材料的市场上的地位,以及在出售最终产品的市场上的地位。他认为,利润受到了讨价还价本事的限制,当然,在讨价还价的本事中,他
29 认为高人一筹的知识和前瞻能力起了很大的作用,但是格罗斯并没有建立起一个对风险的含义或不确定性的本质进行分析的系统方法。他认为,根本不可能存在一笔因为承担风险而获补偿的收入,因为损失与收益一定是相互抵消的。其他一些作者也赞同这一观点。实际上,对格罗斯来说,利润是遵从经济规律的一个诱因,即尽可能最便宜地进行生产,并最大化商品的效用。

马塔加则是刻板地应用门格尔的效用价值理论对利润进行分析。他想用在制造不同的"低档商品"和不同的最终消费品时,"高档商品"的不同用途间的差别的方法,来解释价格差异。他的讨论除了对问题进行了一番叙述外,别无所获。

米特霍夫相信,企业主的收入由企业按市场价格提供的生产性服务所获得的租金、工资等,再加上"利润"而组成,利润可以被视为是因承担企业失败的风险而得的酬金。然而,他声称,这种利润充其量也就是一种抽象(abstraction),即一笔不确定剩余数字的综合,但从总体看,企业主收入具有确定的含义或现实的意义。

克尔纳是另一位用高人一筹的讨价还价能力来解释企业主收入的作者。他设想出一位塔楼上的看守人,概括地说,看守人的市场大于向其购买商品的那个人的市场以及他出售商品的市场,尤其大于他所雇佣的劳工的市场。这件事情的基本奥秘在于,为什

么其他类似的塔楼看守人的竞争没有减少他的特殊收益，这一点他没有提及。非社会主义的德国作家通常特别关注与社会主义者的争论，并为利润提供了社会的辩护理由。

克莱因韦希特是从社会的角度看待利润，他视利润为承担生
产的两方面风险的赔付，即由格罗斯出于管理的目的作了区分的 30
技术的风险和经济的风险。从个人的立场看，这是一种特殊的收益，这种收益是从经济物品价格与生产所需诸投入要素价格间的差异所获得的好处。在其书中关于分配的较为充分的讨论中，克莱因韦希特将大部分精力都放到了挖苦英国古典经济理论上了，按照他的说法，商品价格应该等于生产商品的成本，或是等于支付给用来生产商品的诸投入要素的工资、利息和租金的总和。但是，从书中有限的倾向性阐述而言，他既没有试图对这一理论进行认真的批评，也没有任何迹象显示出他理解该理论的真实意义。其总的结论是，利润的出现是理论诸条件和事实诸条件之差异的结果，而这正是我们当前研究的起点。当然，这只是问题的一种表述，而不是问题的解决；克莱因韦希特实际上是靠对必须加以解释的理念进行挖苦的方法来解释利润的。

除了德语国家以外，别的地方就没有这么多关于利润问题的专著和论文了，但在别的地方，利润通常是作为分配理论的一个组成部分提出的（在法国和意大利有一些例外，这些例子会在更为全面的历史概述中提到）。当然，我们不可能对所有国家的重要理论家的观点做一通述，同时，又论及不同学派或群体的分析方法，因为这样做不仅没有帮助，反而会让人产生误解。上面提及的诸位作者虽然已经非常出色地论及了利润的基本理论和基本观点，不

过在这里我还要指出一些例外。[15] 对利润最为常见的处理方法，
31 就是将利润当成是垄断收益的特例进行分析，或者，是将垄断的因素与其他因素结合起来进行分析。这种方法只是使两种收入分类陷入混乱而已。“垄断利润”一词的普遍使用也表明，直接挑起了这种混乱的就是垄断收益。

在利润理论方面，美国第一个值得注意的进展就是弗朗西斯·A. 沃克将军[16]的研究。沃克有效地唤起了人们对企业主或“实业巨头”的地位和重要性的注意，并有助于摆脱英国经济学著作中没有将利润作为利息的一个因素的做法。尽管他自己的“租金理论”在发表时风头占尽，但现在我们无需为此赘言。在沃克之前，马歇尔、克拉克[17]和霍布森[18]就已经表明，所有收入的确定方式都与租金相同，这一理论很清楚地表明，租金理论可以归结为一种工资理论，因此租金理论的特殊意义消失了。

---

⑮　在利润问题的分析中，一项值得提及的创新是由晚近法国作者 M. B. 拉韦涅在其《市场经济理论》（*Théorie des marchées économiques*，巴黎，1910 年）一书中提出的。他认为利润主要是对生产创意（*idée productrice*）的报酬，生产创意被他提高到独立生产要素的地位。他的著作勾画出一个巧妙的并富有建设性的分配理论。参见 A. A. 扬教授的书评，载《美国经济评论》，第一卷，第 549 页以下。

⑯　《政治经济学》，第四篇，第四章。也参见《商业利润的来源和对麦克文先生的回应》，载《经济学季刊》，第一卷，第 265 页以下，以及第二卷，第 263 页以下（麦克文主张的是一种垄断理论；参见《经济学季刊》，第二卷，第 1 页以下及第 453 页以下）。法国的勒鲁瓦—博利厄提出了一种与 F. A. 沃克理论相似的观点，参见《道德和政治科学学术论文集》（*Mémories de l'Academie des science morales et politiques*），第一卷，第 717 页以下，以及《论政治经济学》，第四篇，第九章。

⑰　《租金法则决定的分配》，载《经济学季刊》，第五卷，第 289 页以下。

⑱　《三类租金的法则》，同上，第五卷，第 263 页以下。较克拉克教授或霍布森更为详尽的阐述，可见 P. H. 威克斯蒂德《分配法则之协调》，伦敦，1894 年。

更晚近以来，在利润的讨论中，利息的核心又从沃克的理论转到了另外两种相反的理论上了，这两种理论分别是"动态理论"和"风险理论"。动态理论的观点由 J. B. 克拉克教授及其追随者主张并支持，风险理论则由 F. B. 霍利先生提出。[19] 在这些理论中，
利润和各种变量之间的联系以及利润与风险之间的联系都不是什 32
么新的思想，但迄今为止，两种思想在对企业主的特殊收入的解释上，都没能形成一套明确的、表面上充分的基本原理。所以这两种理论还需要有更为全面的讨论。

动态理论与 J. B. 克拉克教授无利润"静态"条件下的分配理论有关。[20] 克拉克教授从三个方面勾勒出了理论经济学的系统结构。

> 第一部分对一般现象进行讨论，第二部分对静态的社会现象进行讨论。我们的研究以那些不论在有组织的社会和没有组织的社会都起作用的经济规律为起点，然后再研究那些依赖于社会组织而不依赖于社会进步的力量。最后是对社会进步作量的研究。除了在静态社会起作用的力量外，我们还需要研究那些在社会运动和动荡的情况下起作用的力量。这

---

[19] 这并不意味着这些就是唯一值得一提的主张，也不意味着其他美国学者分析利润问题时，对分配理论就没有某种程度上的原创性见解。不同的作者，像达文波特、R. T. 伊利、F. A. 费特、欧文・费雪、约翰逊、H. R. 西格、E. R. A. 塞利格曼、F. W. 陶西格以及其他人，对此问题的讨论我们随处可见。或许尤其要提到的是，T. N. 卡弗在《财富的分配》一书中对利润的讨论。卡弗对承担风险的补偿与成功承担风险的结果间的区别，指出了我们所寻求的解决问题的方向。其他学者也看到了风险概念这一分析视角的重要性，但至今没有人做此研究。毫无疑问，最好的讨论当属 F. M. 泰勒教授未出版的著作《经济学原理》，这本书通篇突出地表现出对理论观点的正确推断和准确描述。

[20] 参见《财富的分配》，1900 年，以及《经济理论基础》，1907 年。

就是动态社会经济学。[21]

静态是指李嘉图和早期古典作家所认为的“自然”调整状态。

> 所谓“自然”价值标准与“自然”或正常的工资、利息和利润，实际上就是静态的标准。这些自然价值、自然的工资、利息和利润，与在社会被完全组织起来，但又不受社会进步扰乱
> 33 的情况下所可能有的价值、工资、利息和利润完全相同。……如果将社会定为静态社会，任凭产业完全自由、任凭劳动和资本的绝对流动……一个自然价值的制度就出现了。[22]

为了实现社会的静态，我们必须排除在社会进步方面不断出现的五种变化：

> 这里有五种不断发生的变化，其中无论哪一种发生变化，都通过改变团体制度的安排，对社会结构产生影响，而这种影响则是计量学研究的事情：
>
> 1. 人口的不断增长；
> 2. 资本的不断增加；
> 3. 生产方法的不断改善；
> 4. 产业组织形式的不断变化，效率低的工厂不断被淘汰，效率高的继续存在；
> 5. 消费者欲望的不断增长。[23]

㉑ 《财富的分配》，第 30 页，第 31 页。
㉒ 《财富的分配》，第 29 页。
㉓ 《财富的分配》，第 56 页。

在静态条件下，每个因素都获得自己生产的东西，又因为成本总是与销售价格相等，所以对日常管理工作来说，除了工资，别无利润可得。

> 在这些早期的理论中，只要商品价格与生产商品的成本相等，商品价格就被说成是“自然”价格……其实，他们所说的“自然价格”就是静态价格。㉔
>
> 既然商品的价格与生产成本相等，对于企业主来说，当然就没有利润可得。一个按照这种价格出售自己商品的商人，只能得到他所付出的劳动的工资，以及他所提供的资本的利息，除此而外再无其他所得。如果把他自己的劳动和他所使用的资本都包括在成本里面，那么，他出卖他的产品，只能收回他花费在制作这个产品方面的成本。我们将看到，商品价格中没有利润的情况与生产群体进行静止调整后产生的状态，恰好相符。㉕

因此，利润只能是动态变化的结果。“很明显，从这些变化中 34
我们可以看到两个一般性结果：第一，价值、工资与利息将与静态标准不同；第二，静态标准本身也一直在发生变动。”㉖最典型的动态变化是发明，“一项发明可以使某种东西的生产成本降低。这首先使企业主有了利润，其次……增加了工资和利息……这又促成

㉔　前引书，第68—69页。

㉕　前引书。在某些方面，约瑟夫·熊彼特教授对静态的分析比克拉克教授更深入一步，他指出，一般来说，静态中不存在企业家。他还说，其实消费者就是企业家；但这样说似乎更好一些，即由于不存在企业家职能，所以对此无须考虑（《经济发展理论》）。

㉖　《财富的分配》，第404页。

了另一项发明。……这项发明也产生了一个利润；这一利润与前面的利润一样，也是不能经常保持的，企业主只能暂时占有它，但不能长久保持它。”它“会从企业主的指缝中溜走，分布到全社会的成员中去”。[27] 因此，任何一种动态变化的结果都只是暂时地产生利润。但在现实社会中，这种变化不断在发生，调整的过程也一直在进行。“结果，工资的标准不断上涨，而实际工资也不断地随之增高，但实际工资总要落后一些。”[28]

从另一种意义上说，利润主要依赖于“阻力”(friction)而存在：“实际工资与静态标准的不同，主要是阻力的结果。因为如果竞争是放任的或无障碍的，纯粹的商业利润一产生出来就会被消灭……”[29]“如果没有这个不同，无论企业主对社会生产力有多少
35 贡献，他都将一无所获。”[30]

[27] 《财富的分配》，第 405 页。

[28] 前引书，第 406 页。

[29] 前引书，第 410 页。即使在假设条件下，这也是一种谬误，因为变化的利润很大程度上是以资本价值的重新调整形式出现的。当然，如果“阻力”被宽泛地定义为“完全机动”，意即缺乏对人类意志的阻力，那么也就避开了难题。但如果吹一口气就能将一座砖砌的工厂大楼改成一个铁路调车场或一艘远洋班轮，这种世界里就不需要经济活动或经济科学了。

[30] 前引书，第 411 页。在这一点上克拉克教授阐述道，如果始终按照他的说法来推理，就会在他的分析中引出一个严重问题。他说(第 414 页)“利润是改良的动机，改良又是增加工资的永久源泉。为了确保产业的进步，这种动机必须足以促使人类去克服阻碍并甘于冒险”(着重号是我标注的)。这里我们可以看出，努力和风险与企业家的收入以及变化和阻力存在某种联系。相同的思路还有他在第一章(第 3 页)中的阐述：“自由竞争倾向于将劳动创造的部分给予劳动者，将资本创造的部分给予资本家，而将企业家通过协调管理作用创造的部分给予企业家。”一旦我们提问，就像我们现在所做的，不论是与作出进步相关的“努力”和“风险”，还是由此努力和风险产生的收入，是否与任何其他努力和风险及其收入存在根本的区别时，我们就发现自己必须予以否定的回答，并且为了给企业家的独特收入一个解释，而将变化的事实排除在外。

对于这种将一定条件下的变化过程作为利润产生的原因，并以此来解释利润的做法，最重要的批评是，这一理论忽视了一个根本的问题，即在一段适当的时间里预见到的变化与没有预见到的变化的差别。因此，如果我们仅仅假设，克拉克教授列举的所有“动态变化”以及可能列举的其他任何变化，在其发生之前的一段足够的时间内是预知的，或者，这些变化是按一定的规律不断发生，而我们准确了解这些变化，以致在必要时，能对其未来进行预测，那么，基于变化的结果的全部争论，就完全落空了。如果有人反驳说，这种看法与事实相反，不能说明问题，那么回答就是，那也只是部分与事实相反。因为，有些变化是可以预见得到的，有些变化是预见不到的。有些规律可以准确地了解，有些规律则几乎不可能了解。[31] 预先知道的变化对我们区分这种变化的结果与其他变化的结果，是必不可少的，尤其在我们对形成这种情况的因素有 36
所了解之后。很明显，一个社会可能极具动态性，就像克拉克教授对这一术语的界定，不过在排除了企业主获取净利润的任何机会之后，这一社会所有的价格都是“自然的”或持续地与生产成本相等。但将“自然”状态定义为“静止”状态是荒谬的。

[31] 有人或许反对说，就某些变化而言，设想企业家能进行预测是荒谬的，因为预测会使这种变化立即发生。这种说法无疑是认为，就某些事实的发现来说，预测到哪个事实就会使哪个事实马上出现。但许多动态经济的变化并不属于这种情况。实际上，资本的积累和人口的增长，相对来说是可以预计的，欲望增长的主要特征也是可知的，知识对于变化本身也没有什么影响。我们甚至可以预言自然资源的发现，只是说不出将在哪里发现这些资源，我们实际上也可以在没有写出详细的规划说明书的情况下，作出一项创新。事实上，在商业政策的评估和决策中，常常需要考虑到将会出现的发明和可能作出的方法改良。假设所有的变化都可以预见，显然有悖于事实，但也并不自相矛盾，我们将在以后的讨论中证明这一问题的有用性和合法性。

由于进步性变化通常是可预知的，所以这种变化中不可能有损失，也不存在从中获取利润的机会，我们没有必要用推测的论证(*a priori* argument)对此加以证明。这是投机的第一原则，我们尤为熟悉的是土地价值预期增值的资本化过程。任何可预见的变化的结果，都会事先被适当地打个折扣，任何与此相关的“成本”，与相应的“价值”一样，都会以同样的方式受到影响，两者间不会有区别。

沿着这条思路深入下去，将是一件有意思的事情，正如上面指出的，与克拉克教授提出的利润特征相关的是，利润是一种诱饵，是一种吸引人们努力工作并甘冒与进步相关的风险的诱饵。事实上，这不过是从可预知的变化向这种事实靠近了一步，即向现实中通常很少发生、但其本身在很大程度上又是人类活动的结果的这
37 种变化靠近了一步。很明显，从经济学上说，如果这些重大变化的规律是已知的，那么，引起这种变化的那些人类行为，将与产生直接效用的行为一样，受到相同的动机的控制，对有利可图的工作进行的资源竞争，将使两个领域中资源的使用调整至均等。在这种条件下发生的产业进步，就像引起进步的行为那样，容易产生出完全不可预测的结果，但是由于这种行为的间接投机性，发明以及发现新的自然资源等等的报酬，将与任何其他生产活动中的工资、利息与租金一样，没有根本性的区别。它们在量上是相等的，并且会在同一竞争市场上，由相同的方式所决定，总之，报酬只会表现为工资、利息和租金，而不是利润。这就是我们所说的可预见进步的含义，至少在很大程度上是这样。动态变化仅仅在变化的范围内产生出收入的特殊形式，变化的结果实质上是不可预见的。

但是，这不可能是产生利润的变化，因为，如果变化的规律是众所周知的，就像在多数情况下那样，利润就不可能产生。变化与利润之间的联系是不确定的，而且总是间接的。如果对变化带来的未来结果一无所知，变化或许会产生一种能产生利润的条件。同时，如果没有某种变化，就确实不会有利润，因为每一件以一种绝对始终如一的方式运动的事物，现在就完全可以预料到其未来，而且，竞争一定会将事情调整至理想的状态，在此状态下，所有价格与成本相等。正是基于这一事实，我们才说对未来的一无所知是变化的必要条件（无知不一定必然与变化相伴，它仅仅是一种限定条件），由这种变化产生的误差，才是利润的来源。

不仅所发生的变化不能成为利润的起因，而且，在克拉克教授
所列举的种种“动态的”或进步的变化完全不存在的情况下，利润 38
也可能会产生。如果情况属于没有预见到的波动[32]，其结果同样也会是对未来的无知，竞争调整也会有误差，利润将是不可避免的必然结果。一个预期要发生的变化没有发生，其效果与发生了一个没有预期到的变化效果相同。在这种条件下，引起利润的不是动态变化，不是任何一种变化，而是实际情况与预期情况的一种偏差，正是在此基础上才出现了商业管理活动。要对利润有一个满意的解释，我们似乎要从“动态”理论转向未来的不确定性，即一种可以大致用日常语言和商业用语中的“风险”一词来称谓的情况。

除了在一两处顺便提及了风险外，克拉克教授并没有在我们

[32] 这里有必要规定，波动的程度一定要充分且无规律可循，这样，在一个与人类生活期相比的一个短暂时段里，波动就不会抵消而变成始终如一(uniformity)或有序的周期发作。

所引证的著作中论及风险这一主题。在一篇题为《保险与利润》[33]（为反驳霍利先生而作）的短文中，他采用的观点是，承担风险能导致一种特种收入的产生，但这份收入是资本家的所得，而不能归于企业家。他并没有告诉我们，他会如何对待这份收入，以及这份收入与利息是什么关系。但这份收入不是利润的组成部分，因为利润被定义为“商品价格超出成本的差额”。[34]“不言而喻，这是由资本家承担的商业冒险，企业家本人是空手的。没有东西可以失去
39 的人，是不能承担风险的。”[35]他在后一篇论文《经济理论基础》中，又一次忽略了对风险这一主题的讨论。[36]他之所以简单地将风险排除在讨论之外，是因为“绝大部分风险产生于动态原因”，静态风险产生的“不可避免的剩余”，可以通过拨出“[每一企业]年收入的少许部分进行处理，……这种方法可以赔付风险造成的损失，并使企业活动处于这样一种状况，在这种状况下，企业的产出就是股票所有者、资本借贷者和生产真实产品的劳动者的固定收入。”

很清楚，克拉克教授承认，他的完全竞争状态实质上意味着，现代社会的所有成员的完全知识和对建立其商业行为规范具有重要意义的未来事实。A. H. 威利特博士[37]也对这一领域中的静态理论作了补充，A. S. 约翰逊博士在他对租金的研究中[38]，也对此有

[33] 《经济学季刊》，第七卷，第 40—54 页。

[34] 《经济学季刊》，第七卷，第 41 页。

[35] 前引书，第 46 页。

[36] 前引书，第 122—132 页脚注。

[37] 《风险和保险的经济学理论》，哥伦比亚大学政治科学研究室，第十四卷，第 2 期。

[38] 《当代经济理论中的租金》，美国经济学联合会出版物，第三辑，第三卷，第 4 期。参见第六章：“租金、利润和垄断回报”（这些专论都是由克拉克教授指导的博士论文）。

过一些讨论。威利特认为，令人烦恼的进步结果并不是构成现实社会和理论想象之间差距的唯一原因；“静态的概念是通过抽象的过程形成的”，进步“不可能”由于排除了五种动态变化而“停顿”。

> 如果所有的动态变化停顿下来，那么人类社会的理想静态状况永远不可能实现。这里还必须作出另一种假设，比如资本和劳动的高度流动性，经济动机的普遍流行，以及**准确预测未来的能力**……
>
> 正是最后这些让人不安的因素，影响到了我们打算确定的工资和利润的静态比率(static rates)。理想的调整只有在
> **预期的经济活动结果和实际的经济活动结果之间没有差异时** 40
> 才能实现。生产和消费要么是绝对统一地发展，要么是按规则周期性地发展。[39]

根据以上摘录，静态并不是理想竞争状态合适的形态，总体上，它只是根据静态理论所作的一种从容的推理，但在分析利润时，总体上还需要作某种修正。但是这种推理不是通过作者的引证提出来的。作者并没有寻求也没有发现利润与风险之间有任何联系。作者明确地赞同克拉克的观点，即企业家只有像资本家一样承担风险，由此产生的收入才不是利润。威利特在对承担风险的报酬的讨论中，甚至比克拉克更明显地强调了这一观点，即只有资本家本人才能承担风险，或者才能获得假设的风险酬金。对他

㊴　威利特前引书，参见第 13—14 页。(着重号是我标注的。)

来说，这“似乎是一个不证自明的命题”，[40]但是，他没有考虑到人们耳熟能详的一些事情，即人们或许会用其他方式来为自己的责任(obligations)作保，而不是通过抵押自己拥有的或投资的物质资源，例如，抵押他们得自各种资源的当前收入，以及他们未来的赚钱能力。

约翰逊博士在上文提到的对利润的讨论中，对风险有所论述，但他还没有试图从中找到对利润的解释。他只是发现了“一个幸运的、称职的企业家其收入”的四个组成部分。

> (1)因为运气，靠一笔较小的耗损(但由其他一些企业家负担了)而获得的收入；(2)由于拥有一种比通常使用的方法更为有效地整合劳动与资本的能力，而得到的一笔收入；(3)经济改善的最初成果中的一个具体份额；(4)由于企业家作为一个阶级所提供的服务，相对于对他们的要求来说极为有限，所以他们获得了一部分利益。

41 我们不必制止对这一分析作详细的评论；应该指出的是，(2)和(4)是相同的，既没有系统阐述利润与工资的区别，(也没有如我们上文所说)将(4)与其他收入区别开来；(3)与利润的“动态”解释相关，但并不清楚，也没有作进一步的评述；(1)似乎指出了利润与风险之间的联系，但并没有讲清楚。很显然，作为动态理论的一种修订，这些对风险的讨论不能自诩是对利润与不确定性之间的联系作了解释，而我们在对克拉克教授的分析方法的讨论中已经表

[40] 前引书，第72页。

明，对这种联系的解释是必须的。实际上，两位作者反对并试图反驳这种说法，即利润是假设的风险的结果。

利润要确切地用风险来解释的说法，得到了 F. B. 霍利[41]先生的有力支持，霍利先生发现了企业家承担风险的基本职能，以及由此而来的企业家特殊收入的基础。在霍利先生的分配理论中，企业家，或是如他所称的“创业者”，起着独一无二的重要作用。实际上只有企业才是生产要素，严格地说，土地、劳动和资本都被降格到生产“手段”的地位。至于利润这种企业的报酬，霍利说：[42]

> ……在满足了土地、资本和劳动（由其他人或企业主自 42
> 己提供）的要求后，承担任务的利润，或是产品的剩余，并不是管理或统筹工作的酬金，而是承担者承担风险和责任的

[41] 霍利的理论在其《企业与生产过程》（1907）一书中有最完整的表述。在《经济学季刊》上发表的早期文章也有简短的论述。

[42] 霍利先生曾尝试以最简洁的形式陈述他的理论要点，其中某些方面较为出色，值得引述如下：

“最终消费者不得不把他对所有产品的支付都列入价格之中，其支付不仅足以涵盖企业家的所有成本项——在这一价格之中，成本项是一笔总额足以涵盖精算的或平均的损耗，并附带有企业家及其保险人所假定的所有不同的风险的损失——而且更有一笔作为激励的数额，没有这种激励，企业家及其保险人将不愿经受或忍受经历风险时的烦恼。”

“通常，我们将消费者的耗费超过企业家耗费的剩余，视为利润，根据常理，企业家(entrepreneur)或企业主(enterpriser)设想，这笔预先不确定的剩余，是无论属于何种性质都为生产过程所必有的所有风险的诱因。由于这种对任何给定行为的激励和报酬是同一回事——两者的差别不在于事情本身，而只在于看问题的不同的时间——一笔预先不确定的剩余，作为任何业务自开始之日就必须具有的对风险承担的奖励，一旦在业务结束时被兑现，就被当成是承担风险的一种结果和报酬。”（《经济学季刊》，第十五卷，第 603—620 页。）（被引用的部分在原文中都是斜体。）

> 报酬。事实上，没有人会因为相信风险的精算价值等同于——对这种计算，一般来说他是正确的——产生自经营企业的一笔净收入，等同于承担风险的收益与由此而带来的损失的差额，而挺身出来承担风险。这笔明显没有预先决定好的剩余，即这笔净收入，一定是利润，因为，承担相同的工作，不可能存在两笔没有预先定好的剩余，利润被认为是对责任的报酬，而且尤其是与所有权相关的报酬，虽然这点并不明确。[43]

霍利先生同意克拉克教授及其追随者的意见，也将利润定义为“剩余收入”，霍利将这笔与假定的风险相关的特殊收入的本质和基础，当成一种风险的精算价值之上的超额支付，之所以需要这笔超额支付，是因为承担风险是“令人生厌”的。但霍利坚持认为，剩余收入和不确定收入是可以互换的概念，[44]而克拉克也同样确信，承担风险的酬金必然归于资本家，因此，企业家的纯利润是一种垄断收益，这笔垄断收益与动态的波动性相关。实际上在静态条件下，企业家的唯一收入就是管理或统筹工作
43 的工资。霍利则主张这种收入只是工资，不是利润，而且也没有对“静态”和“动态”条件进行区分。然而，按他的看法，由于存在所有权这一事实，管理统筹工作与劳动是有区别的，“这就是争论的实质。”[45]利润不可能是管理工作的酬金，因为如果经理人没

[43] 前引书，第106—107页。

[44] 《经济学季刊》，第七卷，第465页，第十五卷，第88页。

[45] 《企业和利润》，载《经济学季刊》，第十五卷，第86页。

有风险可承担，管理工作就可以雇佣劳动来做，但这种人就不再是企业家了。

人们承认，企业家在某些情况下可以借助于保险来摆脱风险，这种情况下的保险就是一种固定成本。但是，通过保险这一行为，工商人士则放弃了他的大部分企业家职能（entrepreneurship），“因为很明显，一名可以借助于保险来减少所有风险的企业家，也不会得到一笔无法说成是管理工作和垄断收益的收入”（即没有利润）。[46] 一旦工商人士做了保险，他就限制了其特殊职能的执行，但风险只是转嫁给了承保人，承保人因为承担了这种风险而使自己变成了企业家，变成了预先没有确定的剩余或利润的接受人。“承保人的报酬并不是他收到的保险费，而是保险费和他最终承担的损失之间的差额。”[47]如果陷入混乱争吵的双方发现了争吵的由头，并对事实进行了解释，如果假定企业家知道了承担风险的“精算价值”，那么，承担一种已知风险所获得的报酬与承担一种未知
风险所获报酬之间，存在着本质的区别。实际上，如我们将看到的 44
那样，其本质区别如此之大，因为一种已知风险根本不会给人带来任何报酬或特别的赔付。虽然威利特对“不确定性”和“风险”以及损失的数学概率[48]作了区分，但他在整个研究中，仍然视不确定性

[46] 《经济学季刊》，第七卷，第464页。应该这样解释，霍利先生的“垄断收益”包括因限制因素（limitation）而来的所有收入，他发现，这笔收入构成了工资和利息很大一部分，全部的租金，以及大部分利润。我们反复观察得到这种谬论的实例，指出没有一笔收入不是因投入要素的“缺乏”而产生的。

[47] 《企业和生产过程》，第111页。

[48] 《企业和生产过程》，第27页以下。

为一个已知的量。[49] 这一描述同样也适用于约翰逊，约翰逊也在不同的场合隐隐认识到了真正的变化或风险的精算价值不可能为人所知。我们再看屠能，[50]屠能虽然强调了可保险风险与不可保险风险间的区别，但他在对利润的讨论中，也完全没有考虑到这样的事实，即与企业家职能相关的风险，不是、也不可能是一个已知的量。

同样，霍利也反复谈到不能保险的风险，以及“纯粹的幸运”和“无人能预见到的变化”，但他没有探究其含义，或是认识到它的理论意义。[51] 他一度甚至说：“垄断利润的大部分来源可以从这一事
45 实中发现，即任何指定承担的精算风险，对不同的企业家来说是不相同的，这是由于他们之间存在着能力上和环境上的差异”。[52] 他

[49] 风险被定义为“主观不确定性的客观关联物”（第 29 页），根据最大化原则，一旦某一事件的胜负机会确实相等，这种风险随损失的数学概率的变化而变化。但我们仍然视它为一个可知的量，因为我们假设数学概率是可知的。威利特在任何地方都没有像霍利那样（上文第 40 页的引文），对这一点作出明确阐述，但他的讨论清楚地表明，风险可以视为一种可知的量。他举了彩票博弈或是保险领域中的实例为例，他谈到了“给定级别风险”（第 65 页）对投资者的影响，等等。他甚至认识到了这样一个事实，即风险的级别事实上并不总是可知的，他还讨论了对风险级别进行评估的方法，等等。但在对风险真实价值的评估中（第 66 页，第 76 页），他明显将误差的结果排除在讨论之外。

[50] 前引书，第 112 页。

[51] 读者应该还记得较早时候对利润问题的许多讨论（在本章的前一部分），其中值得注意的是曼戈尔特和屠能的讨论，他们已经认识到了这一事实，即某些风险可以保险，某些风险不能保险。然而，除了“根据常理”这种意味着不需要解释的句子外，没有对这些事实给出任何解释。

[52] 《利润的风险理论》，载《经济学季刊》，第七卷，第 468 页。

还说："利润是明智地选择风险的结果"。[53] 然而，即使在这种情况下，他也没能发展他自己的观点，并根据这一事实得出结论，即由任何冒险家承担的风险的精算价值，对冒险家本人或是他的竞争对手来说，都是未知的。

从某种意义上说，霍利先生坚决主张将责任和所有权风险作为企业家职能的基本特征，他已经接近了问题的关键所在。企业家是所有实际财富的拥有者，所有权与风险直接相关，管理人员(coordinator)"作出决定"，但"接受决定的后果的"[54]人却是企业家。霍利也承认，除了已经得到确认的企业家之外，其他人也有风险；地主也是业主，他的土地价值也会发生变化；资本家尤其要求要对自己冒的巨大风险进行赔付，与租金和利息相应的部分，就是利润。一个人，他把自己的资本投资于任何一种形式的机会中时，他必然兼有资本家和企业家的两种职能。这一事实同样也适用于劳动者，劳动者也要冒风险。

霍利先生并没有将"风险"作为需要特别定义的术语，但很显然，他与其他作者一样，将风险作为一个可知的量进行分析，这一点他说得十分明确。[55] 他和他的对手一样，都没有充分意识到确 46

[53] 《企业和生产过程》，第 108 页。参见卡弗《利润的风险理论》，载《经济学季刊》第十五卷，第 456 页以下，以及《财富的分配》第七章。还可以参见 A. A. 扬收入伊利编《经济学概要》中的文章，见第三版，第二十五章。"成功的风险承担"是卡弗和扬的用语，这一用语同霍利使用的"明智地选择的风险"一样，都是对利润来源的描述。现在需要的是对风险承担的含义进行研究，这种研究是要阐明能够成功地承担风险的条件，揭示成功与失败之间的重大差别。

[54] 《企业和利润》，载《经济学季刊》，第十五卷，第 88 页。

[55] 见前文，第 42 页。

定的不确定性或风险，与不确定、并不可量度的不确定性或风险之间的根本区别。至于霍利认识到了的、风险的价值是否可知之问题的唯一实际意义在于，要确定这一风险是否做了保险，这就是说，只有那些假定风险存在的人，才会获得“利润”；但就是这种观点也没有得到十分明确的阐述。我们只需稍作思考就能明白，面对一种可以保险的风险，不可能存在太大的对风险的“厌恶”，因为如果有风险，就可以投保，因此，不可能有什么特别的收入出自于这类所谓的厌恶。如果风险实质上仅仅是一种可知的偶然或数学概率，就不可能存在承担风险的酬金，风险也不可能在任何方面对收入的分配有太大的影响。因为，不管采用什么方法，事先计算也好，还是根据以往的经验应用统计方法也好，如果任何一笔交易中的收益或损失的精算概率可以确定的话，支付一笔只限于保险费的固定成本，就可以避免承担风险了。

事实上，在一种将已知风险看成为“不确定”的个别条件下，不确定性很容易就会转化为实实在在的确定性；因为在大量类似的案例中，结果会由于符合有关偶然的规律而变得可以预测，而这类预测的误差也会随着案例数量的增加而渐趋于零。因此，将大量情况组合起来，以便将不确定性减少到期望的范围内，就是企业组织发展的基本问题。当然，这是要借助于保险制度才能实现的事。

的确，那些容易遭受这类风险的人，可能会自愿选择不作保
47 险，但是，我们很难把这一过程与经过深思熟虑的冒险活动(deliberate gambling)区分开来，经济学家在分配理论中将此冒险所得认作一种特殊收入类型，也不觉得有什么勉强。如果有人反对说，就算在风险已被确定的地方，实际困难也会对保险有所妨

碍，我们的回答是，从技术意义上讲，保险才是应用同一原则的唯一方法。在对风险和不确定性的一般讨论中，我们最终会表明，如果风险是可量度的，但是“道德因素”或某些其他考虑使我们做不了普通的保险，那么人们将会开发出一些能保证相同结果的其他方法，并且加以应用。当商业组织的技术达到一个相当高的发展阶段时，一种可知的不确定性实际上就不再是不确定的了，因为这样成群地产生的风险，其数目之多，多到甚至可以将这种不确定性减少到基本上可以忽略不计的地步。

上面分析的结果将会表明两种对立的利润理论的不足，并指出这种理论不足的原因，以及从哪个方面入手去寻找站得住脚的利润理论。首先，我们已经知道，如果变化的规律是可知的，这种变化就不会打乱竞争性的调整；其次，如果一种没有预见到的变化发生的可能性（*chance*）可以用任何方式计算出来，这种不可预见的变化对竞争性调整也同样无效。在一个组织良好的社会里，如果企业人员不是知道（1）实际上会有什么变化发生；就是知道（2）他们所承担的“风险”——即发生任何不寻常事件的概率——那么，从长远的观点看来，其结果是一样的。这种变化的唯一结果将是生产能力的某种再分配，生产能力的再分配将连续地出现，而且不会对完全竞争条件有任何干扰。[56] 事实上，预测也涉及到成本， 48
对将风险归类以减少其不确定性的组织来说，同样也有成本问题，由于这些成本是竞争性条件下的给定因素，所以这一事实并没有

[56] 我们必须了解，关于规律和“已知的”概率，我们的意思是，它们一般是已知的，对所有关注它们的人来说是可知的。

否定我们要解决的问题的真实性。

但同样明显的是，“动态”理论和“风险”理论中都有真理之原(a principle of truth)，真正的理论在很大程度上一定是这两种观点的调和。一方面，利润实际上与经济变化有密切的联系(只因为变化是不确定性的条件)，另一方面，利润则显然是风险或无论用什么习惯用法来称之的风险的结果，而且只是不可能量度的那种风险的结果。克拉克学派将变化混同于一种平常但并不普遍或必然的变化的含义。两个学派都采用了日常用语中的风险含义，并将风险作为基本同质的东西进行分析，因而陷入了理论上的谬误。事实上，风险与风险的实质差别是理解整个谜团的关键。

“不确定性”和种种不确定因素的含义及其在竞争性经济关系中的重要意义，最终构成了我们在本书的讨论中要进行彻底研究的首要论题。讨论过程的下一步，我们要力争对价值和分配的竞争机制有一个清楚的看法，弄清不确定性与利润是否完全不存在关联，以便为这种研究奠定基础。因此，以下三章的重点是对完全竞争社会的条件和运作的研究；在这些条件中，最为重要且不断重复出现的，是所有竞争者所具有的、对整个经济状况准确无疑的认识。

第二篇

完全竞争

第三章　选择理论与交换理论 51

现在，我们从历史的和批判的考察转向真正的理论构建。我们已经知道，从历史上看，主流经济学理论是以完全竞争假设为依据的，但是这一假设的准确性却没有得到完全的表述，也从未进行过充分的系统阐述。我们并不会批评早期的经济学家为了简化和分析他们那个时代的问题采用了抽象假设方法，但我们主张，应该将实际上已经提出的假设及其重要意义呈现出来，加以强调。我们已经说过，之所以要将理论推理的内在假设前提公开摆出来分析，是为了解释利润的问题，而存不存在利润这一问题是理论的经济社会与现实的经济社会之间根本区别之所在。这一解释将直接采用对“不确定性”进行全面探究的形式，不确定性之存在与否将显示出理论被迫假设的条件和现实中存在条件之间最为重要的内在差异之所在。[①] 本章以及以下两章将致力于对完全竞争进行定义和分析。其内容是对古典经济学理论进行扼要阐述，尤其重在对古典理论中未予强调并极易逃过读者视线的假设及其含义进行分析。除了这些特别值得强调之处之外，本书的观点将极大地不同于J. S. 穆勒的著作，并与马歇尔的《经济学原理》也略有区别。

经济学是一门关于人的科学，它以人类行为的原理为其基础， 52

---

① 对垄断的研究除外，可以参见第六章。

因此，我们必须把对控制经济生活的人类行为心理的某些观察作为研究起点。准确而言，经济分析研究的是“行为”（conduct），在斯宾塞意义上适应于目的的行为，或行为对目的的适应，而与一般意义上宽泛的“行为”（behavior）正相对。这一理论假设，人的行为受有意识的动机所支配，更一般的说法是，这种行为的目的是为了“人的欲望的满足”[②]。因为我们的行为，甚至我们的经济行为，只在一个有限的范围内具有这种性质，[经济]科学从一开始就受制于相当多的约束因素。大多数的行为多多少少具有冲动性和多变性。只要人的经济活动是理性的或有计划的，通常人们就要承认，经济理论的结论一定会受制于该前提条件。

这种局限性从范围和重要性上比我们所能想象的更大一些。它提出了一个带根本性的问题，即人类行为在什么范围内可由科学方法进行探讨。在这一点上，笔者属于极度的非理性主义者。按照这种观点，把人类生活只解释成为获取任何真正想要的东西

② 这里只是想阐述一下历史事实，不是对必然性或必要性下武断的结论。在某种程度上，从任何其他种类的行为准则中，我们都能发现非常一般的适用性，从这里我们可以得出一个有用的结论，即这种准则没理由不包含在纯理论的假设前提中。另一方面，假设我们所分析的所有行为，都一定具有从属于大部分行为的特征，并以此作为对现实的初步接近，毫无疑问是一种适当的开端。在任何情况下，如果我们想要单独了解这些行为，我们都必须通过这样一种分析方法（即抽象的分析方法），将它们的各种基本趋势分离出来。在这里，我们对探究本能的和内省的经济学的可能性不感兴趣，更遑论要建立这门科学。我们的研究只是依据这样一个事实，即历史的思考部分已经对我们称为“品行”（conduct）的行为方式的一方面作过研究，并且，我们根据我们的主要目的，指出通过推理得出的结论的相对局限性。再要坚持认为局限性不能令人信服地用来反对一种理论（对那些还没有领会关键之处的人来说）是没有意义的——或许这是一种值得考虑的条件——但我们一定要认识局限性，并对其作出正确的评价。

而采取的行动，是很肤浅和不真实的。诚然，如果时间很短的话，这种描述对一个在给定时间和地点活动的个体来说，还是适用的。53
这是一种我们想象的我们自己的行为方式，不是为了行为或经历本身，而是为了某种别有意味的目的。然而，如果这种目的只是偶然的和暂时的，那么，这种“需要”对于解释一种遥遥期待的经济过程几乎没有作用。笔者相信，这种行为观，就算是行为主体本人采取的观点，充其量也是一种肤浅的观点。看来，认为文明人用相对较少部分的活动来满足自己的需要或欲望的看法，唯独没有看到的是当时行为主体的心中存在冲动这一事实。

大多数人类动机趋向于细察，以使自身符合游戏的精神。如果是这样的话，我们让自己做什么并不重要，重要的是在做打算的时候要有某种目标，我们多多少少是随意地抓住和建立我们自己的目标——获得受教育的机会，掌握某种技艺，赚钱或是诸如此类。但我们一旦给自己树立了要实现的某种目标，这一目标就成了具有绝对价值的目标，并使之成为我们生活的一个组成部分，同化在生活里了。这就好像是在玩一个游戏，在游戏中，一个具体的目标——如抓住对方的某个部位，或带球越过某一位置，或无论什么可能的目标——是一个偶然的事情，但实现这一目标，是暂时的目标，也是人生的目标。生活通常也像游戏一样，社会环境中也提供了很多驱动力，虽然许多人可能对独处(solitaire)兴趣日浓。

行为**科学**的基础必须要由行动的基本原则以及持久而稳定的动机来决定。然而让人产生疑问的是，这是否就是人类生活的基本特征。人类想做的事情与其说是想得到他们想要的东西，还不如说是想要富有意趣的经验。事实似乎是，我们对事物感兴趣的一个重

54 要条件，就是一个始料未及的因素，一个让人新奇的因素，让人惊异的因素。我们必须留心一种诱惑的存在，即我们总想通过我们对行为的思考来评价我们行为的性质。当然，对行为的思考是对行为的理性化，换一种更好的说法，这至少是一种科学意义上的“思考”。逻辑思维从本质上说是一种手段，一种掌握和利用周围环境的工具。或许，这也是西方文明的一个缺点，即人们趋向于将决定了我们巨大物质成就的思维习惯扩大到我们的个人生活范围。笔者大胆推测，如果这种情况还没有达到极限，那也正在接近极限。对我们外部成就的狂热(fever)现在主导了我们的生活态度，可以预期将会让位于一种更为明智的享乐主义的观点。人类会为了自身的利益更多地依据思想、美和快乐等来思考，而较少依据什么事情值当做、什么事情可以做或用它可以获得什么之类来思考。③

经济学，如我们前面所说，是关于人类活动的一种确定的组织形式的科学。组织这一事实仍然极大地限制着对人类活动指向满足欲望的理性主义观点进行讨论的范围，欲望被认为是确实而持

55 久的存在。行为本身必须具有预见性，而有组织的行为更是如此。任何一种组织机制都意味着相对来说更多地进行思考，因为组织的

---

③　沿着这一思路以求证明这一思想的重要性是不可能的。按此思路所做的一些思考在帕特里克·格迪斯的讲稿《作为一名经济学家的约翰·罗斯金》中已经提出过(圆桌系列讲座)；还可以参见 H. W. 斯图尔特教授的论文《经济利益的诸方面》，收录于杜威教授等人编撰、题为《创造性的智慧》(*Creative intelligence*)一书中。还可以参见威斯利·C. 米切尔的《人类行为与经济学》，载《经济学季刊》，第二十九卷，第 1 页起。

从另一个极端看，我们可以从 T. N. 卡弗教授的文章中发现，经济学呈现出一种不加批评的理性化，了无生气到了近似于化学提纯的地步。以往的经济学家审慎而明智地使用经济人的概念，卡弗则真的是一个平常人。

发展需要时间，组织的运作也需要时间。经济组织的最基本特征正如它的存在一样，是它对一段长时期甚至更长时期的生产时间内，消费者欲望的预期；这种预期意味着欲望本身具有稳定的特性。

想对我们所做的事情有一个清楚的看法，需要特别强调作为一门组织体系的科学的经济理论的这一特性。人类活动相对来说可能是无组织的，或者也可能以许多不同的方式进行组织。历史，尤其是当代史，在很大程度上是一种组织的进步以及组织形式变化的历史。组织与劳动分工几乎是同义。在有组织的活动中，各个个人完成不同的任务，每个人都享受他人的劳动成果。因此组织的两个基本问题，一是任务的分派，一是报酬的分配。在无组织的行为中，每个个人都要从事所有的工作，各人从自己完成的工作中获取利益，报酬就是他自己所从事工作的直接的实物收益。然而，只要人们在一起工作，就一定要有某种机制，这种机制可以让每个人从事各自的工作，并决定他能得到的他人劳动成果的量，以及他将给予他人的、他本人生产的量。

现代产业社会，即“现存的经济秩序”，主要通过私人之间的自由协约和自愿交换来完成这两方面的任务。经济理论就是对这种机制进行分析，并从简化的科学目的出发，将这种机制视为是人类关系的唯一形式。如果我们追溯一下中世纪或美国开发边疆的时代，我们将会发现，除了两性之间和家庭内部的劳动分工以外，合 56
作活动相对较少。因战争、宗教等原因而存在的组织，则不是按自由交换的方式出现的组织。但是，不同地区之间也一直存在贸易往来，这种贸易往来在很大程度上也一直是通过交换达成的。随着时间的流逝，我们发现，最大的变化莫过于组织的发展，尤其是自愿和自由的交换形式的发展，当然，政治国家的职能也随之发展了起来。我们可以想象，产业进步或许采取了一种非常不同的形式。对一个复杂的技术文明来说，任务和报酬的分配问题，通过专制、神权或军事所致的生产秩序和配给来加以解决，在这种生产秩序和配给中，个人哪怕在最小的细节上，也不会对其工作或享乐拥有任何发言权。[④] 或者，我们还可以从形形色色的民主社会主义中再举出一种来。某些人（无政府主义者）甚至想象过，组织无需交换关系或者中央权威，只需简单地通过一致同意的方式，就可以实现了。然而，组织从来就是并且主要是通过竞争的自由契约而产生的，我们的任务就是要研究这种机制，而不是其他任何东西。

现存制度的首要实质在于，它将两个基本问题**合起来**一并予以解决。这种制度的解决方法是个人主义的；它通过对报酬的比例分配来分派任务；它是一个自发的（*automatic*）制度，在这一制度中，各个个人之间的相互关系就每一方而言，都是通过追逐私利而决定的。这一过程的基础是生产资料的私人**所有权**——个人自由的同义语。个人对自己的能力（power）的所有权和对其他生产资料的所有权之间，原则上不存在差异（越往后我们将看到更多的例子）。所有权的实质是这两种因素的统一或结合：(1)对投入要
57 素的控制；(2)对投入要素产品的处理权。当代社会（在经济方面）是根据下述理论组织而成，即生产资料的所有者将为生产资料找到最佳用途，并将生产资料投入进去，因为只有用这种方法，他们才能使自己获得最大的回报。因此，这一制度与这一前提相关，即

④　据说，已灭绝的墨西哥文明，尤其是秘鲁文明，就具备这种特征。

就算在一个复杂的组织里，每一种单独的生产要素的单独贡献都能得到确定，自由竞争关系会将每一种要素的具体贡献作为它在生产活动中预期的回报，归于每一要素。在某种程度上，只要这一制度能运转，我们就能保持经济秩序不出混乱，但我们必须对这种前提条件给出证明。

从另一角度看，我们也可以分三步或三个阶段设想一下组织的任务：

1. 社会，作为一个有组织的实体，必须决定不同消费种类相比较而言的重要地位，并以此作为引导生产的根据。与这一任务紧密相关，并与这一任务一起进行的，是为了满足现有欲望，对现有的商品储备，即过去生产的产品进行比例分配。这两方面的问题天天都在消费市场上产生。对这一过程的研究，构成了经济科学的最主要部分，即市场价格理论。

2. 社会实际上必须组织生产。就成功的制度而言，每一种可资利用的生产要素都会以这样一种方式与其他生产要素组织起来，并被分派以特定的工作，也就是说，这一方式将使生产要素对社会可分配额做出最大可能的贡献（即商品的分配额从量上与消费品市场确认的价值的比例相等）。引导生产资料从事于不同用途的机制是在生产资料市场上形成的。对其运行方式的研究，是经济科学第二个基本组成部分。这一部分又分成两个子部分，即
短期分配理论和长期价值理论。⑤ 为了这一研究，生产资料的供 58
给必须视为是固定的，而且还要能满足它们将要满足的需求。事

⑤ 完整的阐述请参见第五章。

实上，消费品价格和分配份额都会受到包括两个其他问题在内的第三个一般性问题的极大影响。

3. 这一社会在使用现有资源来满足现有欲望的同时，还要拨出一部分现有资源来增加这些资源本身的供给，还要开发出更好的生产方法，以改进这些资源的使用效果，并且还要通过为净增人口提供生存资料，通过教育和培训，从人口数量和质量两方面增加社会的成员。因此，这里还存在另一方面的相对重要的组织问题，这就是人们必须决定，要从当前的消费中转移出多少社会收入，以用于社会的进步，这笔转移出来的收入如何才能尽可能有效地应用于这一目的。第一部分的问题通过当前物品的竞争及其投资的预期收益在市场上得到了解决，但引出了一个资本化率或利息率的问题；第二部分的问题是通过储备产品间对不同的使用机会的竞争解决的。[6]

理论推理必须采取长远的人生观(long-run view of life)这一
59 事实，导致了分析人类欲望的一大难题，欲望正是多数混乱的源头。我们的欲望有种周期性反复的特征，在短期内，欲望可以通过所想要的相对少量的东西得到满足，接着我们便转向满足一些其他的欲望。但是，如果一种根深蒂固的欲望又卷土重来，那么，从长期的观点看，这种欲望的满足就呈现出持续性的特征。如果我

---

⑥　这里绝不能理解为我们主张或假设，这些事情都做得很完美了，或是通过组织的自由交换制度，用一种最切实可行的方法解决了。尤其在第一和第三个问题中，社会价值尺度的形成，以及资源在进步中的使用，资源的使用方式和结果，都极易受到尖锐的批评。但我们并不认为，实际上还有什么更好的方法或切实可行的解决之道。我们的任务只是分析和描述与组织的根本任务相关的一种纯自发的、个人化的、竞争性制度的运作。

们预先考虑一个相当长远的时间，长到足以包括一个“完整的周期”，那么，任何一种情况下的欲望与满足之间的周期性和替换性，以及相继出现的不同欲望之间的支配性地位，都会消失不见。这种长期性观点，是一种必须要用有计划的满足欲望的规划来达成的观点，很显然，我们在某一时刻的活动不会受到我们碰巧在此一时刻所“渴望”(hungry)的事情的影响。我们进入商店购物的时候，就任何特定的需要来说，不会考虑一时的欲望或餍足，而以我们现有的眼光来看，欲望的长期重要性是一个持续的过程。

因此，欲望满足的问题就是一个比例或者相对率的问题。这一问题不是指这种东西或那种东西绝对是多少，而是指有多少时间或收入——即多大一个份额——被专用于各种需求或活动，以及每年要多少时间，或某一时间段要多长才足以摆脱波动的问题。想象一下我们不得不在 1 月初为一年的生计作出计划，并按周详的计划度日，我们就能理解这种看法。在作为直接欲望的动机的影响之下，依据成果或满足欲望的“量”或二者之间任选其一来进行经济学讨论，不免失之简略，而且多少也有些危险。准确地说，经济学上的量应该是比率(rates)，直接呈现在意识中的是动机而不是欲求，是对需要或价值的独立判断。

关于欲望的一个基本事实是，欲望与欲望之间有一种相互冲突的倾向。事实上，从一种有意识的欲望的实质看，冲突似乎是绝对必要的。除非我们处于一种必须进行选择的条件下，也就是说 60
处于一种不得不选择一种行为方式而摈弃另一种行为方式的条件下，否则，欲望作为行为的自觉动机能否存在，都是值得怀疑的。欲望必须与需求区别开来，需求并不是我们设计的生命序列的组成部分。我们“需要”碘化物和维生素，以及无数其存在完全被人类忽视的东西；但我们对它们并没有“欲望”，原因是它们并不会引起冲突，因此不会有“行为”。冲突的一般基础，或许我们说的是欲望的存在，在于满足某些冲动或需要之手段的有限性。一旦某些满足欲望的手段在量上受到限制，致使我们必须对它的使用作出计划，打算增加它的供给，那么，这一手段就进入了行为领域，我们就有了欲望。最普遍和最基本的冲突是我们对自己的时间和精力的需求，其次涉及到在满足我们自己的欲望中，作为辅助物使用的一些有限的物质投入要素或工具。当然，我们个人的力量绝对是有限的，事实上，由于费心费力会让人变得不快的趋势，这种有限性会有条件地进一步深化，从而产生出一种避免这种费心费力的“欲望”。[7] 这欲望，准确地说，与自觉的、有计划的行动相关的欲望、对选择的权衡以及假设的需求或对眼前事实的抽象解释之类的事物之间，存在着必须加以避免的混淆状态。

61 满足自觉欲望的能力，或是被需要的性质，就是经济学意义上的**效用**。效用与“支配行为的能力”意义相同。当然，效用也必须具备与欲望相同的基本属性或维度(dimensions)，因此，效用不是任何

[7] 试图对欲望进行详细的分类，并不是我们的目的。我们可能碰巧注意到区别真正不同的需求和满足同一需求的不同手段的困难。比如，我们可能谈到过对食物的欲望，或者，对不同食物的种种欲望；在有限范围内，一种东西可以充当另一种东西，但只能在有限范围内做到这点，最终，对不同东西的需求本身，会成为一种欲望。按我们的看法，欲望必须按经济学的要求，根据商品的实际市场分类来进行分类。我们没有必要装成要去考察作为欲望基础的心理学问题。我们的讨论涉及的是与品行(conduct)有关的东西，这里不关注是否我们想什么东西，或我们期望从中找到什么意识状态，还是别的什么，只要行为本身和行为引致的物质变化之间的关系是清楚的，就行了。

简单意义上的一个量，而是具有一定强度或等级的一种属性(quality)或一个比率。我们谈到过一个事物的定量的效用，但这种说法也比较晦涩；事实上心理变量就是某一等级物品消费的效用级别。因为欲望与冲突相关，效用与有限性相关，而欲望的强度又与满足欲望的手段之供给比率有极大的关系，而且每种欲望都与另一种欲望截然不同，这就是说，作为一种用来满足任何欲望的商品，在很大程度上对它的使用使它丧失了效用的等级或强度，而对它的争夺性使用才能使它获得(一定程度的)效用。[8] 欲望与需求或具有欲望的假设性理由之间的混乱，在于把经济效用归于“自由”物品，而这些物品过于丰富的效用领域，是显而易见的。这种混淆是一种致命的错误。这种商品与行为方式没有因果关系，在行为科学中也没有它的位置。这种混淆毫无疑问出自这样一个事实，即现实世界中有许多诸如空气和水之类的东西，在某些条件下，会具有支配行为的能力，或是具有效用，尽管在一般情况下，它们不具备这种能力。这一事实，即如果切断或限制它们的供给，它们**就会具有**极大的效用这一事实，非常清楚地让我们意识到了它们的潜在效用，但是，也只有在它们不是自由物品的时候，它们才具有效用。

效用递减在一般情况下是一个科学的指称，这一指称是指，任何 62

---

⑧　情况似乎如此，或许也有其叙述与事实不符的例外；情况似乎如此，就是说，绝对欲望基于绝对有限性，而不是基于由满足手段的冲突性需求所引起的有限性。然而，这些意义在经济学上肯定无足轻重，通过仔细探究，已经出现了丧失“欲望”的特征的趋向。我们很难弄清楚一门学科如何才能以一种积极的方式富有成效地处理这些变化无常的现象。当然，科学要在承认它们存在、在理论的完整性上构成有限性的意义上来处理这些现象，但很难用理论本身来加以考虑。

一种相对其他欲望来说被满足了的欲望[⑨]，其效用的强度会递减，或者，从满足手段的角度看，是指一种效用的丧失与他种效用的获得。冲突与效用相对性的基本关系，在某种程度上，因满足的中介“手段”的存在，甚至是一系列这类手段的存在，而有点含糊。但是，分析的进一步发展将会表明，如果没有重大的例外，我们真的怀疑现实世界是否一直存在**最终手段**从一种用途向另一种用途的转换；其实，这是一个**二者选其一**的事情，一种欲望或满足之所以成了另一种欲望或满足的替代品，其根据就在于满足手段的一般性和有限性。

由于渴求与满足像波浪般交替，所以欲望的周期性倾向于让人产生一种效用递减的错误概念。这和常见的谈论孩子们不停地吃橘子或在席间拈食无关。严重的错误来自这样一种方法，这种方法给人的印象是，供给品不同部分的效用之间，存在差异。正像大家将会看到的，如果我们对这样一种情况和长时间存在于供给方面的情况之间的差别，预先做片刻的思考（甚至对一次普通的购物作一思考），对于澄清思想来说十分关键。任一单位的效用，从它对行为的作用来说，其实与任何其他效用一样，仅仅是一个相应的考虑因素。其本质在于，由于存在相对较多的单位，所以每一单位的效用或任一单位的效用就相对少一些。

63 相对性是重要的，因为我们通常轻易就会忘记相对性。每一种评价**都是**相对而言，我们没有绝对效用的概念或效用的绝对标准。价值

⑨　我们使一些欲望得到完全满足，因为这些欲望耗费的努力较少，少于那些需要精确计算出一旦临近绝对满足限度的临界点时，何处停止努力最为合意的欲望，例如进食面包的情况就是这样。这一事实有助于表明完全“理性”的生活态度实质上是“非理性”的。我们最重要的一种“欲望”就是摆脱计算或作出近似评估的烦恼。参见 J. M. 克拉克:《经济学与当代心理学》，载《政治经济学杂志》，第二十六卷，第 1 期与第 2 期。

概念除非涉及到二者挑一的选择，否则就毫无意义。不仅效用要通过另一种效用进行量度——所有的事物都要以同类事物作为标准进行量度——而且效用的存在也取决于可供选择的其他效用的存在，就像物理世界中的力一样，作用力与反作用力是相等的，我们不能想象一个力会与一个大小相等而方向相反的力或阻力相分离。

经济分析中最为关键的效用冲突的情况，就是常见的，是选择以努力为代价来享受效用，还是选择为了摆脱努力而牺牲效用。从一种反向的、实证的意义上说，“劳动”通常被视为是无效用(disutility)。搞清楚这一点非常重要，即采用这种用法不仅有充分的实际理由，而且，没有种类的区别，就选择的一般原则来说，实际上也不存在例外。如果没有选择，就没有牺牲，也就不会有动机、评价或任何种类的“问题”。实际上，痛苦和缺乏快乐之间的行为是没有区别的，它只不过是在二种可供选择的行为中作出选择，即一种“偏好”选择而已。快乐—痛苦问题专属于内在意识领域的问题，与经济学意义上的这类问题无关。[⑩] 要对不同的抉择以及对我们为什么在某种情况下专注于所选择的某样东西，在另一种

⑩ 即使对愉悦与无痛苦以及相反感觉之间的差异“意识”来说，情况虽然真实，但仍具有一种“偶然的”、难以捉摸的特点；我们无法系统地阐述两个系列之间的区别或对它们之间的经验进行分类。同一件事对一个人来说是快乐的，对另一个人却是痛苦的，甚至根据人所处的环境，尤其是根据人的期望，对同一个人在一时间是快乐的，在另一时间却是痛苦的，这太显而易见了，无需讨论。一旦仔细考察，这一区别就会逐渐消失。一笔上十万的遗产，突然降临到一个毫无准备的人身上，对这个人是一种快乐，但如果此人期望的是一千万，那这笔遗产带给他的只能是极大的悲伤。一项蹲监狱的判决，对一个原以为会被判绞刑的人来说，无疑是一份快乐之源，我们不妨说它“实际上”只是逃脱了更大的痛苦，或者，继承的是一份对更大愉悦的剥夺。可供选择物的比较和偏好的存在是一件实实在在的事情，愉悦和痛苦却是偶然而任意的事情。

情况下却避开某样东西作出令人信服的解释，如我们在稍后将更
64 为详尽地指出的那样，是因为我们对选择进行量度感兴趣，而且，如果生产（可量度的量的）商品的劳动还没有进行，我们也能对所用时间和劳动的量估计个八九不离十，而不是无法确定生产商品中用了多少时间和劳动。

现在，在与我们的研究目的相关的范围之内，用广义的“选择法”对完整的行为理论作一总结，这一选择法则就是：在面临选择，即面临具有量的可变性的行为或经验时，我们倾向于按这样的比例将它们组合起来，即每一种自然相关的量或程度，对选择者来说，效用相等。[11]

65 选择原理的一种多少有些不同的表述，或许更好地强调了可供选择的行为的选择性基础，即人们不仅必须放弃更多的这种选

⑪ “均等效应”一词，正如我们现在看到的，仅与无差异选择这一事实相关，并不是在真正意义上对数量的比较。我们避免使用“边际”效用一词，是因为它意指同一供给的不同部分所存在的不同的重要性。然而，说到供给的效用，一些可以区分每单位效用和总供给效用的词，有时候也是有益的。在合适的时候，我们将用“特定效用”（specific utility）一词来表示每单位的效用。

采用选择原理作为经济推论的起点，并在比较意义上对“效用递减”进行分析的一般方法，在威克斯蒂德那儿运用得相当地道，令人折服（《政治经济学常识》），费特在其近作（《经济学原理》）中也采用了这一方法。一般来说，经济学家已经逐渐认识到，有关这门学科的心理学就是行为主义学派理论；他们也认识到，一名经济学家不需要是一名享乐主义者（尽管杰文斯和埃奇沃思是），经济学家甚至也不需要考虑选择的对抗性（rival）心理问题。参见米切尔《经济理论中货币的作用》一文，见美国经济学联合会第二十八届年会《论文集》。效用和价值的相对性原理同样抑制了动机理论。B. M. 安德森（在《社会价值与货币价值》一书第一章中）提出了一种绝对社会价值理论，并像我们所做的，将价值定义为激励行为的推动力量。很难解释他为什么没能看出这一概念与其他任何概念一样是相对的，事实上具有最为明显的相对性。行为的动机意指“这种”行为而不是某些其他行为，抛开必须在何种比较和选择之间作出选择的情况，显然是无法想象的。达文波特也坚持在经济推论中相对效用的重要性，将效用本身作为一种绝对量值进行分析（《企业经济学》，第七章）。笔者发现，不可能设想出这样一种实体。

择才能获得更多的另一种选择，而且从量的意义上说也是这样，即放弃了一个既定的量，才能换回另一个既定的量。其原因我们已经从这种条件中找到，即两种满足都要依赖于某些共同的“手段”或“资源”。因此，我们可以用以下这种方式将行为的基本法则重新阐述一遍：在竞争性的使用领域对有限资源的利用，是所有理性行为活动的形式，我们倾向于以这种方式在各种可供选择的用途中公开分配资源，即在所有领域中，等量资源获得等量回报。

这种系统表述可能更为清楚地表达出，这一基本原则是对理性计划之目的的真实表述。因为很清楚，如果一种既定资源的一个既定单位，在一种用途上产生出的欲望满足，大于同一资源在他种用途上产生的欲望满足，那么，这种资源的产生可以通过将某些这类资源从第二种用途转移到第一种用途、直至一种用途重要性增加而另一种用途重要性减少、达至均衡来获得增加。[12]

很显然，效用曲线如通常所描述的那样，作为一种绝对的、独 66
立的量值，它表示的是递减的效用和递增的牺牲，要将不同的效用归因于接连增加的商品单位（和努力的无效用），我们还需要对其进行重大的修正或是重新解释，如果我们以前的推理站得住脚的

⑫　严谨的考察令人产生疑问，即从资源利用的角度看，能为组合选择原理增加了多少实实在在的解释价值。在我看来，我们所称的“资源”并不是因为它是资源，而只是因为我们能指出它的用途和它的量的方面，有多少资源，很明显只有依据其用途才能确定。但是，起码资源这一观念，正如我们习以为常地使用资源这一事实所揭示的，有助于我们在思想上调和两种对立的效用在量上具有的可选择性。与牺牲或“成本”相关的纯精神病态，事实上有一些令人费解。如果我们想知道一样东西所值几何，我们往往喜欢用货币或努力等词语，即用“资源”来回答；但这样说时，我们就喜欢研究后者，而且反过来用这种资源所拥有的一些其他效用来评估这一资源。资源概念的“实体化”似乎是“工具性概念”的一个说明，但没有它我们很难继续进行讨论。

话。如果效用是相对的，而且本质上是一种对比，那么，这条曲线只能表示用另一个变量量度的一个变量，或者说，每条曲线都以其他已经绘出的曲线为先决条件。在这一过程中，货币的作用就是趋向于进一步复杂并混淆这一阐述。

如果我们如经济分析中惯常所做的那样，用一个在可供选择的条件下进行选择的简单问题为例开始分析，那么，上面这种用一般术语表达的原理就可以与这一主题的流行分析方法和具体事实联系起来。马歇尔有一个男孩采摘草莓和吃草莓的例子，[13]我们以此为例，但条件是重新阐释必须使[马歇尔的]解释更准确地适用于一种广泛的、长期的、计划行为条件下从选择之间（即选择的组合）进行选择的情况。我们很难设想，这个男孩会作出类似绘出曲线或对效用与负效用的程度作出估算的智力运算。就他在可选择范围内
67 的思考而言[14]，关于他的“商品”的连续的量，他所做的是思考每一个增量抵付其“努力的成本”的效用，并对其正的或负的最终结果进行评估，要么具有促进这一单位的生产和消费的联合行为的特征，要么就不具备这一特征。很明显，“努力的成本”实际上就是对努力的某些选择性使用或多种使用的牺牲。即使这种仅能称为懒散的难

[13] 《经济学原理》，第五篇，第二章，第一节。

[14] 实际上，这走得并不远。我们也不能对这孩子有任何指责。恰恰相反！显然，这里所做的理性的事情是非理性的，因为慎思和评估的成本超出了它们的价值。这是极为常见的事实，人们还常常（或许是）一如既往地行为，但这种做法并没有使经济推论无效到我们想象的地步，因为这些非理性（不是理性的就是非理性的！）趋向于相互抵消。在特殊情况下，一般行为“理论”对特定个人的适用性，其效果就像给风格怪异的画作加个边框一样，但总体上（*en masse*）在长期内就不能这样做了。市场行为就像人们在作出自己的选择时，通常都要极为准确地进行算计是一样的。在很大程度上，我们无可避免地按规矩盲目地生活着，但结果一般说来却相当接近理性。

以描述的行为也仍然是一种行为，一种任选的动机，从属于效用递减规律或其他相应的比例。然而，一旦我们用批评的眼光来审查，我们必须承认，在经历过的非效用递增和往昔的效用递增之间，没有“逻辑”上的区别，只有“心理”上的差异；起码对我们在金钱上的老于世故来说，不存在行为上的差异，只有意识上的差异。

如果需要以图表的方式来表示这种情况，而又不至于对各个单独的绝对变量进行对比的含义产生误解，我们可以省略掉附有数字的商品轴。OY 曲线只是用来表示垂直方向上的“偏好”的增加。商品数量如图中所示，是用相同比例的刻度来衡量的，但这种

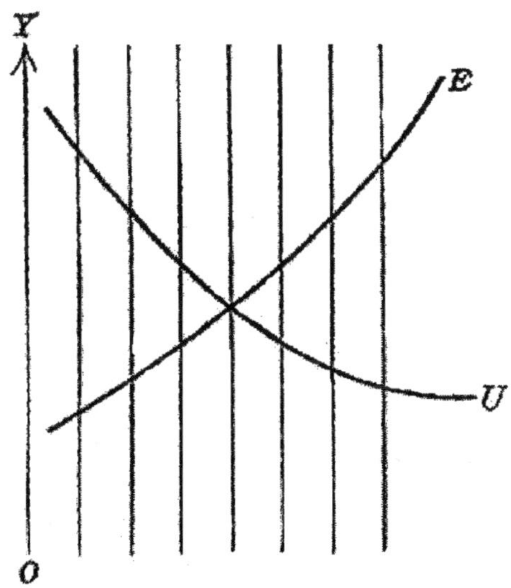

刻度完全不适合用于效用。如果我们让表示所期望商品的曲线为 U，表示努力的曲线为 E，那么，随着商品生产和消费的增加，U 曲线将显示出价值的
(相对)下降，E 曲线将(相对) 68
上升。图中，不管向上倾斜的曲线是否被看成是牺牲或明确的劳苦，不管将精力从有问题的用途中转移出去的不断增长的动机是否被设想成为诱惑还是排斥，都无关紧要。图中的交点表明，在某一点上(商品的刻度上)将发生转换。

除了这一点之外，图中的两条曲线仍然意义不大，其原因在于，E 曲线实际没有表示出什么确定的东西，而只是任何一种无论是什么的选择。如图所示，它们只表示出对这种具体的活动曲线

的急剧递增的压力。曲线并没有表明任何种类的绝对价值，但曲线之间的垂直间距却有自己的含义，每一条直线都是另一条直线的“基础”。这一间距表示的是，与所有可供选择的行为相比较，人们所称谓的不断采摘草莓和连续不断地食用草莓的“净效用”。

对这一事实的一个同样简单但更为明确的表达方式是，我们也可以在笛卡尔平面上绘一条单独的“净效用”曲线作为补充。这条曲线将在某一点上与 X 轴或商品轴相交，在这一点上，某种其他的选择变成了人们偏爱的选择，穿过该点之后，曲线迅速下降，进入“负效用”区域。我们可以发现，Y 曲线的价值在数量上表现极为含混不清。这个男孩不仅不问多少牺牲与多少草莓的价值相
69 当，他仅仅知道，这些草莓值这些牺牲；他甚至不问“按多少计算”这些草莓等值于“这些”牺牲。这里并没有涉及相关的准确心理数值，这里涉及的只是被量度或能被量度的商品。从偏好程度上讲，这里还存在对数值变化的某种感觉，这样的曲线并不完全与意识的事实不符。很显然，曲线上唯一的决定点是零点，但让人怀疑的是，这一点可否用来解释两个相对的刺激行为之间的数量均衡，或仅仅是都缺乏刺激而达成的均衡。[15]

---

⑮　这一讨论假定，可供选择物品之间的数量关系保持不变，选择了另一个就以相同比率牺牲了这一个，或者说，两者内含的“资源”可按相同比率转换。实际上，这也只是一种罕见的可能；一般来说，随着供给的变化，不仅已知的可供选择物品的量的相对重要性会发生变化，而且随着供给最初的增加，为了获取一定量的其他物品而必须牺牲的一种物品的量，也会随之增加；也就是说，除了效用递减规律以外，“生产率递减规律”（同样也仅仅是一种比例规律）也开始产生作用（并向相同方向运行）。

帕滕教授对效用分析提出了反对意见，他认为消费也需要时间，这一时间必须保留在生产运行之外。（参见《美国政治和社会科学学院院刊》，1892—1893 年，第 726—728 页。另参见埃奇沃思《数理心理学》，第 68 页。书中对消费所需的时间和精力作了考察。）然而，将除了实际满足体验之外的每一件事情都包括在生产中，似乎在逻辑上更为准确，如果做到了这一点，反对意见就失去了力量。按我们处理问题的方法，我们将其视为是在可供选择物品（即选择物的组合）之间进行选择的问题，同时，在这种情况下，可供选择物品也只是被简单地看成为无论何种东西，这样，整个问题就失去了其现实意义。

从心理变量的非数量性或量的不确定性马上就可以看出，如果不是完全不现实的话，我们马上就能得出这样一个结论[16]，即“剩余”这一在经济学讨论中颇出风头的概念，是一个非常模糊且 70
难以捉摸的概念。如果上面讨论的曲线的纵坐标并没有确定的含义，那么，曲线下方的区域当然也不会有任何含义。如前所述，我们已预先对事物之相对重要性作了评估，因此，剩余这一靠不住的概念，自然是出自于暂时的饱和(momentary satiety)与正确立场间的混淆。在效用递减阐述中滥用“席间拈食”的例子，也显示了相同的错误。一般来说，我们不能过于主张这一观点，即人

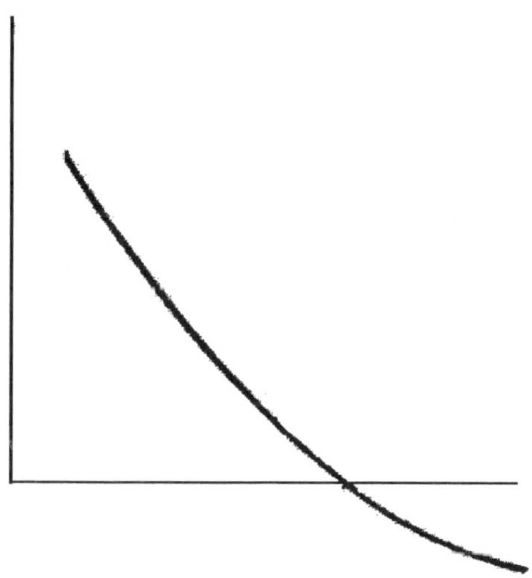

[16] 与其用技术术语将其说成是“序数的”，还不如说成是“数量的”。它们是可变的，但不可量度，可以进行排列，但不能添加。如果我们暂时考虑一下任何简洁感，作为一种感觉，这一属性的本质将失去其神秘性。我们很容易就能说出这一盏灯比那一盏灯亮，但我们说不出亮多少。灯光的亮度其实可以由科学来进行“量度”，但也可以通过与上文讨论效用的基本原理相类似的方法做到。我们可以移动一盏灯的距离，以使灯光的亮度渐渐与标准相等，这段距离是可以测量的。很显然，这种做法完全不涉及对感觉的量度。同样，温度计不能对热的感觉进行量度，或者说，秤不能称出重量的感觉。对序数变量更好的说明可以在美学(当然是另一种形式的“价值”)领域中找到。我们可以说，这首诗或这幅画比那首诗或那幅画好，但没有人会认真地提出对这个优势进行量度。当然，我们在学校里和竞赛中，可以凭借百分制检查这些事情(甚至于举止风度)的“品级”变动，但没有什么人的观点有资格对这种信以为真的结果施加特别的影响。

们不能比照即时消费某样东西的瞬间渴望，来决定自己收入的开支。一个在糖果店里的孩子也不会这样做。从这种角度看，一个商品的不同单位中存在着心理差异，这一差异就有可能成为证明剩余学说的根据。但这并不是经济推理的角度，因为只要人们做了计划，那么根据这种计算，他们就不会花销掉自己的收入，就能固定物品的价格，并决定社会资源的利用以及竞争性经济体系的完整结构。[17] 如果我们对价值问题采取一种理性的态度——比如
71 就像我们上文主张的那样，将我们自己放在一个必须预先决定是在一年或是五年中分摊自己的资源的位置上——我们就能对此问题有一种不同的看法。这样，从收支平衡表的两边看，较早的单位与较晚的单位就没有什么不同，而且一直到某一个点上，收支表都是正数，过了这一点就突然成了负数，但只要收支平衡，借方和贷方就是相等的。这是一种适用于每样东西的爱默生式补偿原则(Emersonian principle of compensation)；即每一样东西都等值于其成本，反过来，成本也就是它的所值。

我们完全不能据此证明，生命的快乐正好与生命的痛苦相等。这一问题与我们的问题无关，我们的分析用不着在此节外生枝。要在“快乐单元”或任何其他单元确定生命的价值，不在经济学的研究范围之内，但我们要根据行为的一般原则及社会状况的基本

[17] 在很大程度上，购买其实是基于一时的冲动而不是基于对相对长期的重要意义的评估，当然，随着“反社会”的橱窗装饰艺术、广告宣传和推销术的发展，这种冲动购买不仅实实在在存在，或许还在增加。在经济学的进步将这种现象归纳为一般规律并将其纳入演绎体系前，这是将经济学理论应用于现实情况时必须考虑的一个重要“因素”。(参见前面第 52 页及脚注，亦参见第 61 页脚注。)在大数法则条件下，其效用与近似的理性不相上下。

事实，弄明白决定商品价格和社会经济进程之方向的规律。[18] 因此，满足的量，甚至满足的程度，或无论何种绝对值，都不是我们所考虑的（虽然语言的局限迫使我们时不时使用这些词汇），我们要考虑的是对可加以选择的选择方案的比较意义作出纯属相对的评价。那么，*对行为来说*，任何东西之所以重要，是因为必须靠努力或牺牲才能得到它，这是不言而喻的。有两样东西，每一样都可以任意通过牺牲另一样东西而获得，从这一角度看，除了说它们同样重要以外，想象不出还能说些什么，在这里谈论剩余也就毫无意义了。这种情况在固定价格的交换体系中尤为清楚，因为在这种体系中，所有的东西都可以由买方和卖方根据已知价格随自己的意愿进行转换。我们认为，在这种条件下，我们显然不能把这些东西设想为行为的动机，而不是已确定的折换比率或置换比率。 72

要理解评估的心理，有两点是同等重要的：(1)从逻辑上讲，所谓选择，是按照上面所阐述[19]的理性程序规则，比较可供选择的二者和结合可供选择的二者的问题；(2)在普通情况下，在两种选择

⑱　剩余学说是马歇尔理论中笔者所不赞成的少数几个观点之一（见《经济学原理》第六版，第125—133页，尤其见第129页脚注）。然而，这一问题与“范围和方法”有关，而不是与事实或逻辑有关。我根本领会不到这一概念对理解人类行为或解释经济现象有什么作用。我确信正是这种观点的混淆导致了严重的错误并据此推导出了完全不相干的结论。而且，求助于“简单常识”似乎也完全不可能证明这一现象的存在。比如说，一个人宁可为“第一片”面包付出一千美元（无论是哪一片），也不愿没有这片面包，但我们不能由此得出结论，认为当他付出一角钱获得了一块面包的时候，他获得的免费满足值999.90美元，这种说法并不正确。很多思想家都察觉到了这些所谓剩余的神秘性质，我希望上述观点将表明错误的根源，并使其更容易识别和避免。

⑲　第64页，第65页。

之间，还是存在着实际的差异。这一差异或许与我们的痛苦和快乐这两种感觉之间的区别相关，但在本质上，它和可供选择之物的数量属性相关（在其物理方面，而不涉及心理状态）。在刚才考察的有关男孩和草莓的例子中，其差异明显是出于这样一个事实，即我们是用可供选择的草莓来量度可供选择的安逸。我们谈到了一
73 定量的草莓，谈到了与之相应的被牺牲的选择，而没有谈到一定量的独立决定的选择。“麻烦”、“努力”或诸如此类的东西，从其自身讲都是不可以量化的，这个量是由草莓来量度的；努力等等的“量”是与可量度商品的具体的量相关的。正如上文所说，这种结果是无法避免的，因为，“这种”选择事实上并不是某种特指的选择，而是任何选择；这种选择不仅不能量度，而且是异质的，完全不可确定的。正是这一事实，使我们为了理性化这一审慎思考的过程，而回到了“资源”概念上，并使其具有了量的可比性；也正是这一事实，使努力的“时间”量度具有了极为重要的意义。从任何真实意义上说，时间都不能对选择或牺牲进行量度，而且如我们所知，时间的任何一种使用首先是一种牺牲，仅仅是因为时间还存在其他的用途，这才是真正的牺牲；然而，就像谚语中所说的，要给行将淹死的人扔根救命稻草一样，时间的可量度性以及我们的知识，都迫使我们要有某些定量的东西作为依靠。

因此，尽管痛苦和快乐只具有相对的属性，尽管所有行为选择的动机本质上是相同的，但在生产活动中对收入的“经济”效用与通常（表示）非经济、非特指的选择的牺牲掉的（资源）进行区分，对效用与非效用，或商品与成本进行区分，实际上很有必要。这种意义上的“成本”就像人的偏好一样，是“劳苦的成本”或“机会成本”；

这两种成本之间在含义上没有真正的差异。

正如在交换关系领域所表明的研究基本原理的方法那样，通过这种冗长但显然必要的对心理评价之基础的讨论，我们可以对 74
某种程度上更为复杂的情况继续进行思考了。我们将假设在大量“商品”的生产和消费之间进行一次个人选择，除此之外，还有对这些商品的非生产性选择，但其时间等因素被放到了“非经济”用途上。这是身处荒岛的鲁滨逊的处境，很多经济学家都用过这个例子。这里，我们仍然遵守以前提到的相同的选择原则，任意两种选择之间或所有选择之间都是自由的，某人将选择这样的数量，或以这样的比例在这一数量上分派他的时间和“资源”，以致实际上的选择或所有相关的量，在他来说都是同样称心的。唯一的差别在于，这里可供选择的东西比之男孩和草莓例子中的选择品，要复杂一些，而且在某种程度上还具有一种多少不同的属性；尤其是涉及具体的、可量度的满足来源的一些经济选择品的存在，是重要的。

如果鲁滨逊试图在他现有的条件下获得满足的最大化，毫无疑问他脑子里可能已建立了某种价格体系或价值尺度。因为他没有其他的方法可以使自己“睿智地”使用自己的机会。他必须首先确定比率，即他想要获得的不同商品的比率，在主观上与“努力”相应的牺牲之比率，与此相同，他还要按商品对自己的相对主观重要性，形成对商品的评价，并还要努力将这两组比例合二为一。但是，一组等价比率或财货的等量尺度是一个价格体系的核心。交换是一种方式，通过这种方式，财货可以方便地以确定的量相互转换或相互牺牲，实质上，在鲁滨逊经济中，在不同的生产间进行选择得出的是相同的结果。很显然，与这种计算相关的量是财货的量，不是满足的量或任何心理数值。

75 “资源”观念和“成本”概念的作用，在鲁滨逊条件下也具有其特有的形式。评价每件事情是依据其他所有事情来进行的，其中的精神劳动必然会竭力求助于对“努力”的大致量度，把努力作为共同的价值标准或调和比较的“交换媒介”（大概如此）。很清楚，这只是一种“工具”，而且还是一种非常重要的工具。“实际上”，这纯粹是一个综合性选择的问题，在综合性选择中，有那些未经确定的“非经济”事务，比如到岛上探险、与鹦鹉饶舌、做任何吸引人的运动或消遣，或者“悠游于山水之间陶然忘忧”。但是，这些新事物模糊不清、杂七杂八和不确定的性质，以及作为对它们所形成的论题进行大致评价的基础的“时间”上的便利，使时间成了经济问题，并把时间的利用当作了选择的共同标准。认为以相同时间生产出的所有东西都会是等价的，并不正确，因为这里还必须考虑到“厌倦”之类的因素。鲁滨逊的价值尺度或许就是以时间这一“首要估算因素”，连同对所考虑的其他因素的精神补偿为基础的。

既然这样，量度关系始终也是一种相互对应的关系。用努力来量度其它东西，等于是用其他东西来对努力进行评价。这样，我们就得到了一个数量上的支出成本的概念，意指超出了**任何**牺牲了的选择品的某种东西。如我们前文所指出的，用“资源”一词来阐述选择物的一般规律时，成本这一概念并没有多少实质性的独立含义；“一旦有人坚持要求”，我们就会用已有的实际选择物来重新阐述资源的成本或努力（或货币）的成本；但作为一种媒介，一种工具概念，成本仍然是一个有用且通用的概念。然而，谈论支出成

76 本和价值回报的可能的偏离，谈论类似从经营活动中产生的“利

润”，是没有理由的。

在连续进行的复杂的选择中，还有许多中间阶段尚须讨论，这些中间阶段也有助于了解经济关系的不同方面；但就当前的目的来说，我们最好马上转到一群人为了在自由市场进行交换而生产财货的例子。大多数从事满足欲望的活动的人相互之间的关系，取决于他与别人的“冲突”，即不同个人之间相同欲望的冲突，在很大程度上，还取决于共同的直接的满足手段，而这些直接的财货又几乎完全取决于普遍适用的最终生产性资源。交换可能出现的结果是多方面的，而且极大地复杂了对任何个人提供的可能的选择。个人在这里是自由的，他不仅可以对商品的生产和消费作任何可能的组合，而且还可以用任何消费组合来组合某种生产——通过已经确定的交换比率平等地进行，对这一问题的调查是摆在我们面前的主要问题。为了首先研究交换关系的最基本特征，我们有必要用一种“大胆”的抽象过程尽可能对条件进行简化。因此，我们对这个想象社会的特征，明确地作出下列假设：

1. 假设这个社会的成员在先天遗传和后天养成的性格方面，都是正常人类，他们之间的差异在方式和程度上，都为现代西方社会所常见——是当代工业国家人口中的“随机样本”。

2. 我们假设，这个社会中成员的行为是完全“理性”的。理性的含义并不是指这些人是“能分清善恶的天使”；我们假定的是普
通人的各种动机（有保留地在下文里表明），但我们假定他们“明白 77
他们想要什么”，并且“明智地”进行追求。他们的行为（behavior）就是我们在前文已经作了定义的全部品行（conduct）；他们所有的举动，都是对现实、意识以及稳定而持续的各类动机、意向或愿望

的反应；这不是什么变幻无常或实验性的事情，每一件事物都经过深思熟虑。我们还假定，在他们从事某项工作时，他们绝对知道行为的后果，他们就是根据结果而从事工作的。

3. 人们正常情况下能自由地按他们在财货的生产、交换和消费中所产生的动机而行为。他们“属于他们自己”；任何个人都不会受到其他个人或“社会”的约束；每个人带着期望这些活动能为他个人带来收益的看法控制着自己的活动。每个个人都是他自己的福祉和利益的绝对的和终极的评判人。[20]

4. 我们还必须假定，对于人们按照自己的意愿制定、执行和改变计划，完全不存在有形的障碍；这就是说，经济调整过程必须是“完全流动”的，在活动或变化中不涉及成本耗费。我们还要承认这一设想，即所有构成经济计算的要素——努力、商品，等等——必须具有持续可变性和无限可分性。生产行为一
78 定不能形成习惯、偏好或厌恶，也不能发展或是减少从事生产的能力。另外，生产过程必须是持续而连贯的完整过程，不存在由于突然的重新调整而被打断或是造成过程不完整的经营周期。每一个个人都在连续不断地生产一种其消费速度与生产速度一样快的完整的商品。商品的交换实际上是瞬间完成的，并且没

---

⑳　社会从属成员一定完全依附于社会中某些特殊的个人。这样，任何从属成员的欲望只能由他的监护人代表他感觉到他的欲望来起作用，所以我们完全不必对其加以考虑。我们只需关注那些对其家人等等具有正常关怀之心的社会独立成员，但每个人都要在相互绝对平等的基础上参与经济生活。

上述假设的含义并不一定是对人们及其关系的完整描述。这只不过是一种强调的说法，强调我们在这里只考虑他们的市场行为，他们的市场行为才被假定为符合这些描述。

有成本。

5. 根据第4条的推论，我们可以得出一个结论，即存在完全竞争。在社会所有个体成员之间，一定存在完全的、持续的、无成本耗费的相互交流。[21] 每一个潜在的商品购买者都确切地了解所有潜在的商品出售者所提供的商品，并从中进行选择，反之亦然。每件商品都可以分为数量不定的单位，分别为人所拥有，相互之间还存在有效的竞争。

6. 社会每个成员的行为都只能是一种完全独立于所有其他人的个体行为。为完整体现其独立性，他必须不受社会欲望、偏见、偏好或厌恶，或是其他完全不能在市场交易中显示的价值的约束。成品的交换，只是个人之间关系的唯一形式，至少，这里不存在其他影响经济行为的形式。在个人与个人的交换中，我们不涉及人们之间、群体之间的交换利益，不论是好的一面还是坏的一面。个人行为的独立性也不包括所有形式的串谋，以及各种程度的垄断或垄断的趋势。

7. 我们还正式地将个人相互之间的所有掠夺排除在外。除了生产和在公开市场上的自由交换以外，再没有其他获取财货的方式。这一说法实际上是从第2条和第3条推出的结论，而第2条和第3条已分别排除了诈骗或欺骗以及盗窃和抢劫，但这一点 79
应该明确提出。

8. 劳动分工和交换的诸种动机肯定会出现和起作用。这些

㉑ 不言而喻，我们设想的这个社会是"孤立的"。每个有事情可做的人，都是在这一社会里做，所做之事与其他所有的事都是等价的。

动机在经济学文献中从来没有得到过充分的分析，尽管从柏拉图以降，无数著者在论及社会问题时多多少少对这一论题进行过讨论。重要的条件是与生产能力或生产配置的专门化相关，或是与生产活动的范围的自然局限性相关的欲望的多样化。现实世界中一个与此相关的重要事实是，地球各种资源的空间分布以及人类流动方面的局限性。另外，生产过程的物的属性也经常要求若干经营活动同步进行。为简化起见，我们假定，头两个条件就是充分限制了每个个人，使其只能在任一给定时间内，从事一个单个商品的生产。（参见第 11 条）

9. 所有给定的因素和条件，目的都是为了本章和下一章的讨论，在明确提出相反的含义之前，这些因素和条件都绝对保持不变。而且，这些因素和条件不受周期性的或进步的改良以及非常规波动的约束。这种说法与第 2 条（完全知识）的联系是清楚的。在静态条件下，每个人如果不是早就明白，也会马上明白他所处的环境中的每一件事，以及影响他的行为的周围环境。

上述假设，尤其是前 8 条，是现实中或多或少存在的一种趋势的理想化或完美化。它们是完全竞争的必要条件。第 9 条，就像已经证实的那样，基于一种有些不同的基础。它的结论是，完全知识只有在变化发生时才会出现（第 2 条有说明），才是完全竞争的
80 必要条件。除了这些仅在程度上才存在的与实际生活的差别外，为了眼下分析的方便，我们还必须作出两条与事实相反的进一步的假设。

10. 首先我们暂且假定，社会中不存在通常意义上的生产性财产。每一种生产要素或生产能力，都是社会某些成员个人禀赋

中不可分割的一部分。生产中所使用的物质工具，要么就因为存在大量的供给，因此是一种自由财货，要么就完全与其所有者结合在一起（不需要租或卖），并且不容易增加或减少。当然，后一种属性，如果不是不可分割的那种属性，事实上暗含着对静态条件的特别说明。在这里，我们也一定会明确地说出，个人的诸种力量，在量和质的方面同样是**固定的**。生产性财货在个人之间转换的社会结果，尤其是通过“投资”而增加的生产性财货，将在稍后作进一步讨论，现在我们必须通过对不存在这种情况的社会的初步研究，将这一问题分离出来。

11. 第二种“分析性”假设也包含在前面“理想化”归类中。在第 8 条中我们曾表明，劳动分工会延伸到每个个人都只生产一种单一商品的地步。当然，在当代产业社会中，分工已走得更远了。但重要的是要独立研究一个社会，在这一社会中，生产是通过制成品的交换组织起来的。[22] 稍后，我们会对所谓二度劳动分工的组织化的进一步发展之特殊问题，进行讨论。

一旦生产诸要素协力从事一种单一商品的生产，产品的分配就成了非常复杂的问题，单一生产要素生产的产品，再也不可以直接予以识别了，从这一事实出发进行思考，这种分离尤为重要。当
然，分离多种要素协作生产的单一产品的问题，实际上是我们所熟 81
悉的技术意义上的“价值估算”（imputation）或分配的问题，这个问题一直是经济学讨论中最具争议性的核心问题。

---

[22] 我们可以将这个社会描述为与“企业”制度相反的“手工业”制度的社会，在这一社会中，熟练工人失去了其重要地位和人生乐趣，并不是因为他只生产和出售一种商品，而是因为他把自己的生产服务出售给了企业主。

上面罗列的诸项假设和人为抽象过程确实有点让人望而生畏。虽然罗列这些假设的意图实际上是必要的或有用的，但它绝没有减少假设的虚构程度，以及假设条件与我们实际经济生活条件的差距。这些假设的绝大部分，尤其是前 8 条和第 9 条的大部分内容，其实在经济学文献中，在很多地方都或多或少地有所涉及。如果我们提出来了这些假设，而且这些假设是必要的，或者，我们提出了这些假设而不管它们是否必要，都不会贬低对其进行抽象的重要性，以及彰显其非现实属性的重要意义。

我们下一步的任务就是为以这种方式运转的社会勾勒出一幅图画，以期发现均衡的条件或在这一社会中运行的各种力量和趋势的自然结果。因此，我们打算设想有这样一群人，他们处于我们所描述的这种环境中，在满足自己欲望的企业中重新开始了自己的工作。每个人接受了这种大概的处境，都会从事某种商品的生产，并期望通过与他人的交换，来获取满足自己多种欲望的手段。一段时间过去后，每个人都会积累起一小部分自己生产的具体财货的存货，我们可以设想，他们所有的人都会到一个中心市场去碰面，并相互交换东西。

现在呈现出来的这种情况，即一组人有一定的存货需要出售的
82 情况[23]，在经济学讨论中是耳熟能详的，我们没有必要在这里详细

[23] 我们将全部存量视为只供出售而没有储蓄的量。财货所有者对构成了保留价格的他们自己的财货的需求，事实上与其他人的需求没有什么区别，由于他们的分配问题与将要建立的价格体系无关，所以这种情况最为真实和有意义地集中反映了与给定的分配相对应的给定的财货量。当然，我们必须将眼前这位所有者的需求列为对每种财货的需求的一部分；这是由财货本身，而不是由手中所掌握的与结果无关的其他财货所作的“支持”(backed up)。（参见达文波特《企业经济学》，第五章，第 48 页以下。）

叙述在所有商品中建立固定的交换比率的过程。[24] 一旦这一过程完毕，所有商品将被简化为一种单一而同质的等量交换的资金或价值。我们也不必操心资金的表现形式和处理这种资金的方法；实际上，一定会有某种标准的交换媒介凸显出来，但就现在的目的来说，是有一种货币还是有与商品种类一样多的种类的货币，都无关宏旨。

如果相互之间的交流实际上是完全的，交换就只会按单一价格进行。[25] 我们可以设想这一价格是通过询问这种方式一一决定的。由于每个人根据其他所有东西，都了解自己所拥有的每样东西的价值，因此实质上，每个人与那些在销售价格已由销售者固定且加以公示的市场上花费一定的货币收入的人一样，都处于相同的地位。个人手中的财货代表的是一种交换能力，一种“资源”，他将按照选择法则，在所有可能的用途上对它们进行分配，这样，每一单位的财货都可以换来等量的效用，欲望的满足，或是任何“重要的东西”。

表明价格尺度如何产生于这一事实，即个人如何按照选择原则，在价格给定的条件下，分配自己的购买力的行为，是经济学的 83
一个分支，市场价格理论的任务。**在任一给定价格条件下**（为另一财货而牺牲一个财货的比率），为了另一商品而耗费的购买商品越

㉔　完全市场问题最好用数学（即用符号）进行分析，数理经济学家对此问题作了出色的讨论。参见埃奇沃思《数理心理学》第 40 页以下；马歇尔《经济学原理》附录六，以及数学附录和注⑫乙。

㉕　可以用证明其反方不能成立的方法轻松地予以证明。如果交换被认为是在不同价格条件下发生的，那么，面临较高价格的买者，和面临较低价格的卖者，这些人将会在一个中间数字上取得一致意见。

多,用每一单位商品所购买的满足欲望的量就越少(相对于满足欲望的能力来说,要不就放弃这一财货,要不就放弃可以用来进行交换的任何其他财货)。从这里我们可以得出一个结论,任何财货的**价格越高**(相对于其他财货,包括购买财货),个人对其的购买将越少。[26] 因此,从理论上讲,我们就有了为任何人根据其他商品的价格条件将会接受的任一商品的量画出表格或曲线的可能,再通过所有这些个体的量的相加,我们就可以画出社会总量的近似表格。然而,在任一给定的较短时间内,每一适合出售的财货都有一个固定的量,这个量都必须以一种价格售出。因此,在一个完全市场中,每
84 一个商品都拥有一个确定的价格,这一价格是现存所有存货可以售出的(包括被现场所有者带出市场的存货)最高的统一价格。

市场价格均衡的图解表述既简单又明晰。在下图和分析中所涉及的效用关系,可运用于前述之男孩和草莓情况下的分析。[27] 交换的情况可见附图。图中,横线为价格。“需求”曲线 D 表示,任一个人或社会整体,按照已有的价格标准,在每一个价格水平上

[26] 这两种主张在经济学讨论中常常是同等对待的,但两者之间的关系却并不如此简单。为了从第一个主张证明出第二个主张,我们假设,在任一给定价格条件下,每个个人都要确定合适的购买量。(由于经济状况的相似,我们不考虑物品的买卖,只考虑对用没有商品价值的货币所购买的两个商品进行比较。)现在,我们让一个商品的价格相对于另一个商品上升。如果这个价格上涨了的商品是非常重要的商品,或许人们会为此商品花费比以前更多的资源。但他不会购买用物理单位计量的尽可能多的商品。因为这样做的话,他就必须相应减少在其他可供选择的物品上耗费的资源,要少买其他的商品。但他如果在这件商品上购买的量与以前相同,在其他商品上购买的量减少,两者之间的效用比将会被推翻(因为效用比以前是处于均衡状态的),一个已知的资源的量购买的效用越少,在所购买的物品上花费的资源量就相对更多,资源将因此而从这种物品向其它物品转移。这就是说,他将更少购买价格(相对)上升的物品。证毕。

[27] 第 66 页以下。

的潜在购买。用于销售的量，是一个固定的实物量，这个量独立于价格，由一条切过垂直线或商品轴某一点的水平线来表示。水平交点的价值决定了现有条件下的市场价格。[28]

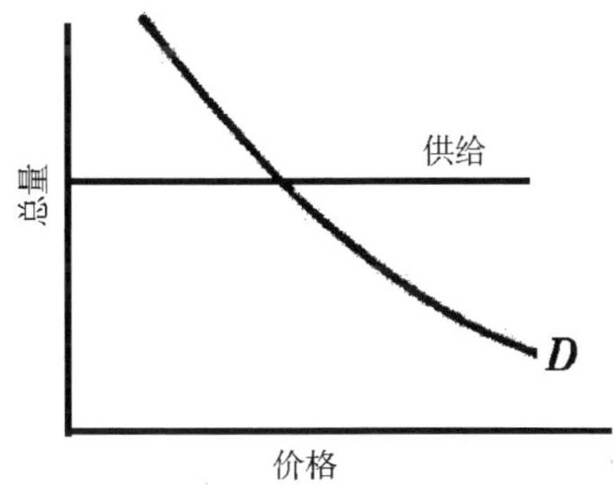

这里特别要注意，全部分析中所涉及的所有的量，是实物的量，不是心理的量。如果像我们所说的那样，个人意识中的效用不是一个真实且可量度的量值，那么很明显，从任何社会意义上说，与个人效用升华为一种“社会”评估相关的效用，就是一种完全不可接受的假定。实际上，社会效用的概念仅仅是一种分析的替代品。全部问题是要明确地
展示出这一点，即一个客观的、统一的价格如何从主观的、可变的 85
个人偏好中产生出来。通过展示现实市场上个人讨价还价的相互往来，我们一定能做到这点。[29] 事实上，我们对于任何个人的绝对

[28] 尽管我们没有必要使问题复杂化，但在需求曲线上标出其他人的需求，而不是面前这位商品所有者的需求，在考虑到面前这位商品所有者的保留价格的同时，再绘出一条向上倾斜的曲线，以代表不同价格水平上的出售，也是可以的。无论使用何种方法，相同的数据都将给出相同的价格，正文中所描述的情况是对这一情况更重要的描述，因为，在保留价格和需求价格背后的原因或动机上，不存在实际的差别。

[29] 塞利格曼的分析(《经济学原理》，第 179 页以下及第 192 页以下)是组织谬误的一个显例。B. M. 小安德森的《社会价值》也有相同的错误。安德森明显混淆了个人评判背后的社会影响，以及带有社会评判的偏好和本来意义上的偏好之区别。当然，个体是一个社会的产物，但是意识仍然是一个个体的现象，经济学家所考虑的与此相关的行为就是这样。除非是在社会主义国家或以某种其他方式而不是通过经济学探讨的那种个体间自由交换的方式组织起来的国家内，否则，确定价格的，只能是个体的买和卖，不能是社会的买和卖。

效用或任何个人所购买的绝对量，是一无所知的。对产生于完全竞争的这种调整，我们所能说的一切都可以由以下三点来表达：(1)在(可供选择的价格已被固定)这种条件下，每个个人按照选择法则，在各种可供选择物中分配自己的资源，并以他特定的购买力资源(不管是什么)，最大化可能满足的欲望，以达到理性行为的目的；(2)这一条件本身，即价格或交换比率，对所有个人都是相同的，相对效用就是据此而调整为均衡，由此可见，所有财货的相对效用(即任何个人真要购买)对每个个人都是相同的；(3)交换比率将因此被调整成这样的比率，在此比率下，没有哪一个人会愿意用他的所有物来与他人的任何所有物进行交换。

之所以在这里着重说明，是因为当前对完全竞争结果的利益，存在着含糊其辞甚至实际上是相互混淆的结论。将这一结果称为是全社会最理想的或最佳的可能结果，还涉及到与这一过程本身

86 的运行相关的所有理论条件以外的假设[30]，即初始条件，也就是交换开始之前的财货的分配，就已经是最佳的可能结果了(即，要么绝对理想，要么绝对超出人类的改造力量之外)。所有这些之所以正确(坦白地说，简直就和不言而喻的事情一样)，是因为自由交换有助于财货的再分配，因此最能满足经由多方自愿同意而获得的任何方面的需求。

在理想的交换条件下所交换的量，在价值上是相等的，这里没有为诸如“利润”之类的东西的出现留下机会，这是不证自明的。

---

[30] 参见第76—80页。

在现实生活中，完全交换的主要条件之所以没有实现，是由于“完全的相互交流”没能实现，这就是说，对所有交换者正在做的事情之完全知识没能得到相互交流。[31]

在我们的现实制度中，中介人在不存在垄断的条件下确定的价格是其对理论价格的最佳**估算**——刚好分配完可得到的供给——并且，他们可以时时根据出售价格所指示的价格太高或太低来改变价格。由于明显存在着不完全交流的缘故，在一般市场领域中，同一商品在不同时间里可能具有不同的价格，这是为我们所熟悉的事实。还有一些因素在干扰理论调整过程的同时，也加 87
重了不确定性的后果：(1)由于习惯、漠不关心以及数字的取舍等等而形成的价格的惰性或无弹性；(2)“商品”的不同形式（以及并不存在的不同形式的欺骗性表象），这两种现象不仅存在于具体货物上，更通过附加的额外效用、销售地点的便利或时尚、华丽的包装、商品名称以及销售者的个性等等体现出来；(3)消费者的投机性；消费者并不会为当前的需要而持续进行购买，而是根据他们对市场的预测，储存货物或推迟购买。

我们一旦确定了合适的术语，并对商品的实际差异也做了考

㉛　如果价值没有发生变化，货币的使用并不能影响到理论，流通信用的使用也不会使讨论失效。

从一个方面看，实际情况与理论相比极其简单；从另一方面看，差异也会减少。通常，这一过程的**连续性**和公布的价格的稳定存在，意味着除非卖者愿意接受现有的牌价（或更高），否则他就不会进入市场；买者除非愿意按此价格或更低价格支付，否则他也不会进入市场。因此我们很容易就明白，商品的供求将如何使价格下降或上升直至达于均衡。也就是说，真正的实际的问题与价格的**变化**相关，与价格的确定无关。这一问题远不如后面的问题复杂。

虑(包括上述第 2 条的所有因素),同一商品倾向于具有确定而且统一的价格之趋势,不仅增强了,也更明显了,一般来讲,也更接近于这一结果。当然,相对于这种标准化,商品中还存在着极大的差异,小麦和棉花是一个极端,艺术品是另一个极端。

在我们所设想的这个完全竞争的社会中,一旦交换过程完成,商品被消费掉了,每个个人都要重新开始从事生产。但不会像以前那样对所从事的行当进行选择,现在每一个商品都会有一个相对于其他商品的已确定的价格尺度。按照这一价格尺度,每个人当然会依据制定决策时的选择原则,做出自己的努力并评估努力的强度。已生产出的商品将被简单地认作通常意义上对财货的购买力,因此当前的选择很简单,就是生产"财富"和不生产财富的选择,其含义是指,做什么或什么也不做(这也意味着在做"什么")完全在量的比较之外,而眼下是指在市场范围之外。因此,每个人都会像鲁滨逊或采草莓的男孩一样,使自己的努力付出达到一点,在
88 这一点上,效用和负效用——"真正"牺牲了的效用,但属于没有特别说明的非数量性的那种——从相互选择的量上来说,是同等重要的。

随着生产的进行以及财货在我们经济人(*homines oeconomici*)手中的积累,财货将会与以前一样,被用来进行交换,并根据选择法则在交换活动中进行分配,交换活动通过相同的过程,不断调整,以保持在使每件商品暂时的效用比率能够与价格比率达成相等的那一点上。但是,这一调整和再调整过程也有一种趋向于均衡的趋势;对这一趋势的研究,即对于所有商品的生产和消费将会达于一个不变比率的状况的研究,属于经济学理论的第二大分

支——即规范价格理论(normal price)的研究范围。[32]

在我们所描述的这种情况中,由于商品的生产、交换和消费的继续,商品的价值尺度或均等数量体系,就比一个人的鲁滨逊经济中的情况更为客观和明确。已公布的交换比率尺度的固定存在,以及按此交换比率运行的完整组织的产生,都必定会对经济活动的“理性化过程”产生巨大影响,也使人们对其数量特性产生深刻印象,并迫使人们进行精确的计算和比较。其结果是,所有的商品都被简化成了一个同质的集合体,或各种价值单位的储存。这笔储存的价值,作为解决选择问题的中介,当然让人明确地认识到,要将每个人的经济过程划分为两个部分或两个阶段。他所生产的 89
财货只被认为是用于交换的一定量的价值,生产中组合各种选择的问题,如我们上文所谈到的,出于只考虑两种选择的必要,而被分离和简化。同样,人们也对消费问题进行单独考虑,消费问题表现为交换中的消费价值问题,这一问题可以根据理性选择原理或竞争性用途中各种资源的分配,按照自身的利益加以解决。这样,关于支出方面的交换价值,变得类似于鲁滨逊的努力的概念,成了一个没有本体论内容的工具性概念,但这一概念对解决选择问题却极为有用。由于实际生活中交换价值的积累,生产以积聚为目的来抵御未知的意外风险,而根本不考虑所生产物品的任何**特定**用途,经济问题两个部分的分离趋势更加严重。由于财富的生产倾向于失去与消费效用概念的所有关系,并且采取了

---

[32] 另一个理论分支是静态条件下的分配理论,但在我们现在的假设条件下,因为不存在合作生产,所以不存在这样的问题。

一种竞争的形式，在这一竞争中，交换价值仅仅是成功的一种尺度，竞赛中的一个筹码，所以，财富生产的分离趋势更进一步增大了。

价值体系的进一步确立和客观化也与对生产性牺牲或“努力”的更为确切的评估相关，事实上，人们放弃了可供选择的“非经济性”职业转而从事生产劳动。虽然在我们现在的讨论条件下（只讨论独立的个人劳动），生产性劳动实际上还没有进入市场并进行交换，但评估是依据交换中的价值来进行的，在这个意义上，生产性劳动成了一般的价值储备。对生产努力的评估，即根据业已建立
90 的经济选择的等量程度，在数量上或价值意义上，为“支出成本”的概念提供了相应的实质性内容，毫无疑问，这一概念在很大程度上会在人们的脑子里起作用。

在这里指出以下这点尤为重要，即在建构假设的这一阶段，我们首先设定了一组条件，在这组条件下，一个特定商品的支出成本，并不必然且理所当然地与商品本身的价值相等。因为，在趋向于规范价格或均衡条件的重整过程出现的同时，劳动的“价值”片刻间会由市场价格状况所决定，而劳动生产出的产品的价值，将在稍后时间里决定，因此，两者之间通常存在某种差异。生产性努力的价值，是用于生产商品**以前具有的**价值，而实际生产出来的商品的价值，是商品进入市场后的另外的东西。一个商品的价值与其耗费（的价值）之间的差额，不管是正的还是负的，都等同于“利润”。差额的出现显然是由于这样一个事实，即人们必须以过去的条件为自己的行为依据，以对未来的不确定预测为行为依据——这个未来又基于过去的条件，而不是基于与他们确实相关的实际

未来条件。一旦人们准确无误地发现哪些物品在生产出来之后会值钱，他们将据此而使用他们的生产能力，而利润之差额将随之消失。因为这是他们一直努力去做的事情，取得了一定程度的成功，所以，价格体系将趋向于这种均衡调整，在这种均衡调整条件下，没有利润存在。

规范价格调整理论之所以与市场价格理论极为相似，是因为通过在交换中牺牲另一种物品来购买一个物品和通过在生产中牺牲另一种物品的生产来“购买”物品之间，原则上（只是一个复杂些）没有什么差别。规范价格理论和市场价格理论不过是一种基本选择规律的必然结果而已。

就双重选择的生产方面而论，任何物品的效用或重要性，就是 91
物品的购买力，物品的价格越高，对该物品的生产就越多，出于同样的原因，鲁滨逊将会更多地生产更想要的物品，或者，市场上的个人将会更多地购买类似的物品。但是，任何物品的价格越高，卖出去的这一物品将越少。这样，由于已生产的数量和已卖掉的数量大体上是相同的，物品的价格将会趋向于一点，在这一点上，平常的生产数量和以这一价格出售的数量是相同的。如图所示，我们仍然以价格为横轴，向上倾斜的曲线代表在不同的价格水平上（相对于其他物品）的生产（比率）或供给，向下倾斜的曲线代表销售（比率）或需求。曲线的交点是确定的价格。

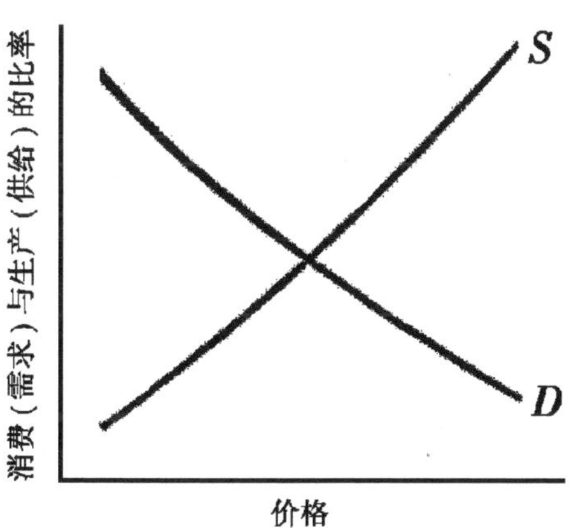

用一种略为不同的方式来考虑相同的问题，将会使我们对个人动机的概念更为清晰，并且揭示出价值—成本思想的含义。如果我们从另一个方面来考虑，或者将轴线换一个角度，需求曲线实际上就成了生产成本曲线。任一价格水平上产出的量(单位时间的生产率)，就是在该价格水平上所能生产的既没有利润也没有亏损的量。因为，如果任一给定价格条件下产生了利润，资源将被**转入**这种物品的生产；如果有了亏损，资源将会从这一物品的生产**转出**。因此利润的真实含义非常简单，即用于生产其他物品(以及其他价值)的资源的使用，将比该物品原来的生产产出更多；同理，损失意味着，用于当前物品生产的资源，在其他用途上的(它们的价
92 值由最优使用的价值决定)所值更多。根据这一观点，需求曲线表明的是不同供给水平的可能销售价格，均衡的条件是指成本和销售价格的均等。曲线的交点表明了一个轴线上生产和消费的均衡比率，以及另一个轴上的均衡价格。不用进一步的详细解释，这种根据选择法则进行推论的完整分析方法的特征，就很清楚了。[33]

限于篇幅，我们不能对这些重要原理作更多的考察，我们必须允许保留上面这种简洁的、或许在富有争议的问题上多少带点教条化的分析方法。由于这种分析很难弄明白成本与价值之间因果

---

[33] 应该注意，这里的成本曲线是一种**递增**成本曲线。这是唯一一种从当前角度考虑问题而出现的情况。在分析的稍后阶段，在更为复杂的条件下，才会引入递减成本的问题。很显然，要增加任何一种物品的生产，都涉及到资源从其他物品的生产的转移，这一过程将会在降低前一个物品的价值的同时，提高后一物品的价值。其原因是，资源是按照最适合的用途来确定价值的，这就意味着，随着产出的增加，成本也在增加。在讨论的现阶段，我们不讨论任一单位商品的成本或任一单位生产要素的产出，因为，在制造任一商品的过程中，我们只使用了一种要素。

关系问题的真正含义，所以关于这一问题的其他争论一直很激烈。在竞争条件下，我们可以非常直接和确切地观察到，一个等量成本的价值和一个等量价值的成本（因为这纯粹是按照二者相等的方式进行相关选择的问题），因此这二者只不过是从不同角度看待相同现象的不同措辞而已。成本是体现在一件东西上的资源的价值，这就是说，这样东西对他们有**某种**有用的价值。这种用途可以是“经济的”或“非经济的”（可以量度并可供出售或相反），然而，如果某种“资源”不存在一种竞相争夺的诱惑力，就根本不成其为“资源”，正如同一件东西本身无人想要，这件东西就没有（**交换**）价值
一样，并且，我们甚至还可以说这件东西根本没有效用，如果该词 93
也作了恰当界定的话。

上面所有的内容只不过是对选择法则（效用原理的正确形式）的一种详细阐述，可供选择物间的偏好比（preference ratios），通过按必要比率对可供选择物的组合，将首先在市场上，然后在生产中，与外部给定的实物等价率相等。这种**大部分**可以在生产中相互替代的“物品”，就是我们具有的一种经济秩序——即在自由生产和交换的基础上从事满足欲望活动的组织——的条件。接下来，我们将转而考察在制作单一商品时，从多个生产要素的组织中产生出的更为复杂的竞争状况。

94 # 第四章 合作生产与资本化

本章将在上一章已部分建构起来的、假想的、高度简化的经济体系中，引入一些现实现象。许多因简化而抽象掉的日常生活特征，现在可以一并引出，并可以对它们的关系和关联意义分别进行研究。用这种方法，我们最终将会确定，什么是完全竞争的必要条件，什么不是。我们将会发现，我们可以在不破坏完全均衡必要条件的情况下，即在成本和价值始终同一的条件下，减少迄今为止所作出的多数简单化假设。只要我们遵守已经强调过的基本条件，即人们确切地知道**他们正在做什么**，并且不存在不确定性，那么，其他抽象掉的现实因素，仅仅是复杂化了调整的过程，但并没有使结果的属性有所改变。排除这些因素符合我们简化研究经济行为之基本原理的目的，并使我们有可能对现在要研究的复杂因素(consideration)本身，分别进行研究。

如果要进一步发展这一假设的社会结构，第一步就要对有**组织的生产**的本质和含义进行研究。迄今为止，我们的社会被武断地限制在无组织的或个人的物品生产范围内；在这一范围内，只存在通过产品交换的“初级的”劳动分工。现在，我们转而考察“二级的”劳动分工，或者是相互独立的行业内的职业分工，即大批人在
95 一种单一产品的制作中的合作。在这种情况下，增加的因素带给我们两个新的重大问题，尽管这两个问题是紧密相关的；第一，通

过自由合约而形成的生产群体的实际组织机制；第二，在对产品生产中做出了不同贡献的个人中分配合作产品的问题。后一个问题是我们熟悉的“归属”(*Zurechnung*)问题，或技术意义上的“分配”问题。

实际上，我们现在正转而讨论经济学的第二种一般性问题，这种问题在现实生活中常常见到。出于方法论的原因，我们实际上已经发现，我们有必要讨论一个已产生了专业化生产，但没有合作生产的社会。当然，在现实中，生产无一例外是合作进行的。因此，现在讨论的论题是，在自由交换条件下，即在为满足**既定**欲望而(在物品的生产中)使用**既定**资源(以及在就技术或组织等方面的适用方法而论的既定条件下)，社会组织的一般基本原则。这是一个“静态”问题。为了使生产的组织和产品的分配问题尽可能简单，也为了一次只引进一个复杂因素，这里对我们正在研究的这一体系的独断规定不做其他变动。至于生产，我们假定它是一种完整物品的绝对意义上的持续生产，并且在生产完成后马上用于交换和消费，这里不存在一般意义上的生产性“财产”[①]。这就是说，这里不会存在物质生产要素过剩因而可以随意使用，或者是生产要素严格与其所有者联系在一起的情况，没有什么方法去增进人或物的生产效率，也没有方法通过使用而减少其生产效率。在现有条件下所引入的唯一变化是，至少在我们这个社会中所生产和 96
消费的大部分商品，是由从事若干不同的生产工作的**一群群**个人所生产的。我们没必要让每个个人都只履行一种独特的职能，我

① 参见第三章，第76—80页，我们在此假设条件下讨论问题。

们宁可这样，即让相当数量的人从事相同种类的工作，同时，在不同的工作中存在着各种相似的等级。[2]

个人之间通过自由协议而自动形成生产组织的可能性，取决于管理合作生产的技术原则，这种技术原则至今尚未引入。这一新的原理，与选择原则或效用递减一样，是经济思想和方法的基础，在表述上也很相似。这种生产诸要素的比例变动的原理，以“收益递减”之名而闻名，为时久矣，尽管用一般术语对其进行清楚而大体准确的系统阐述，只是相对晚近的事情。这种新的法则是根据物质的属性做出的概括，而前者则是根据人的属性做出的概括。与所有其他“法则”一样，这是一种近似性，在将据此而得出的结论作为理论前提进行实际运用时，一定要记住这种近似性。与经济学中的其他伟大公理一样，这纯粹是一种相对性原理，仅仅与比例相关。在这一方面，对这一原理的通行阐述比之效用递减条件下的阐述，给人的误导一般要少一些，同时，也很少有人试图对其进行绝对意义的阐释。然而，有些奇怪的是，它花费了经济学家们这么长的时间（近一个世纪）才认识到其按比例变化的内在可逆性，并根据这一事实得出确切无疑的结论。最终我们可以观察到，
97 新的原理更具“真实性”，即与其心理学原理相比，在普遍性与准确性方面与事实更一致、更可靠。

在其他许多方面，在均衡性的两个基本原则——即效用递减的心理法则和收益递减技术法则——之间，也存在着相似性。任何一种条理清晰且严谨准确的表述都是以可变要素的持续可分性

② 参见第 86 页脚注，论及货币的出现和用途之无差异问题。

为先决条件的，这一点虽然在某些特定情况下不现实，但却符合一个大市场中的实际情况。在两种情况下，物质的可分性都可以使其完全分拆为最小数量单位（在一种特殊情况下）。由于一定的最小量的消费物品也需要有自己的意义，所以，将会产生出无论何种效益的生产要素的比例也会有个限度。至于消费品的最小化，即不同意义上的生活必需品的最小化，尽管只是一种假设，但一般情况下并不真实。只有在非常特殊的情况下，任一特殊商品，由于市场对商品的界定和区分（这是唯一合理或适当的方法），才是必不可少的。

说到效用递减法则和收益递减法则，就像我们所看到的，在物品或要素停止进入生产行为，成为“自由物品”(free goods)——最好称为潜在的物品之前，还要考虑最大化的问题。最好的方法当然与我们对消费中的过剩要素所做的分析一样，分析生产中的过剩的要素；即，既视其为绝对属实，又完全无视其存在。只有出现了无剩余的“可能性”，这种情况才有意义，或者，才能使人们无论任何对它的存在进行自觉的考虑。

在讨论收益递减原则的过程中，出现了一个难题，这一难题的产生，是由于在一个整体组合的绝对量之中，对产生变化的组合中的不同比例之混淆。按照笔者的观点，人们迫切需要将这些事情 98
分离开来，因为在分配理论中，这一方面产生的错误多于任何其他方面产生的错误。**如果**一个组合中**所有**要素的量都是无限制的自由可变的量，那么产品也就具有了持续可分性。这就表明，一定规模的组合与其他有类似构成的组合，其运作极为相似。但在这种条件下，每种物品生产过程中的垄断趋势就难以遏制了。为了竞争制度的运行，我们有必要假定，要素分配的条件是，任何一个要素的交易单位，相对于与这一单位进行有效竞争的全部投入要素的存量来说，是相当小的，而且，一个比例上相对较小规模的企业，要比较大规模的企业更为有效。在这种条件下，竞争的第一个结果一定是导致一个行业内的所有厂家都趋向一个最为经济的规模，并且在对生产要素的有效竞争过程中，使行业内的厂家维持在一定的数目上。[3]

收益递减规律在某种程度上是以现在这种形式，按如下方式运行的：在一个投入组合中，随着任何一个投入要素相对于另一固
99 定投入要素量的不断增加，这一投入组合的物质产出将随之增加，但在到达一定点之后，产出的增加将按比例少于该项投入要素的增加，而且最终将会绝对减少。[4] 一种更为一般的阐述，即强调与绝对规模相反的比例性以及规律的可逆性(reversibility)的阐述，可以表述如下：当一个投入组合中各种投入要素的比例持续大幅度变动时，一般来讲，在第一阶段任一单位投入要素的产出都将增

③　在现实生活中，相类似的企业间的竞争关系由于以下这一事实而更加复杂，即每个企业实际上都在一定程度上享有部分的垄断。也就是说，企业并不能生产出与其竞争者切实相似的产品(效用集)。一个极端的例子是铁路，在铁路方面，其部分的产出，即通过运输的产出是竞争性的，而另一部分产出，即地方运输，是垄断性的。这种行业规模与企业规模的关系问题，就笔者看来，已在文献中被不适当地混淆了。布洛克(Bullock)教授对生产要素间的比例变化、一个产业总体上的成本递减或大规模生产的经济节约措施所引起的收益递减三原则作了区分，(参见《经济学季刊》，第十六卷，第473页以下。)但就我所知，还没有人充分理解了这些成本规律(亦参见达文波特《企业经济学》，第二十四章)。达文波特对问题的分析还没有超过布洛克的分析。

④　见F. M. 泰勒《经济学原理》，第四章。这是对可变比例和收益递减规律的一个缜密而充分的非数学讨论。但我必须指出，我认为，泰勒对大规模生产的经济与否的讨论，是基于错误之上的。

加；然后进入另一个阶段，在这一阶段内，每单位递增的投入的产出相对减少，每单位递减的投入的产出相对增加；在最后的第三阶段，产出相对于每种投入来说，都在减少。因为每一种投入都可能是递增的，另一种投入都可能是递减的，所以第一阶段和第三阶段的含义相同。[5]

对一个明智的生产组织和通过竞争性价格的影响在各要素间确定生产的部门所必要的是，不仅产出的增加比例要低于生产要 100
素的增加比例，而且生产要素的算术平均数的增长导致了产出的递减。这两种原理当然具有完全不同的含义，但在收益递减理论的众多阐述中，却被严重混淆。然而，第二原理是可以从第一原理推导出来的，如下所示，这是根据经济情况的性质得出的结论。我

⑤　这一法则的第二种表述方式可以从第一种推论得出。所有这些涉及收益递减法则的阐述，实际上都被认为是下列假设的推论：

1. 一种组合中的投入要素的比例可以在不破坏其生产力的情况下，各不相同。

2. 如果在一种既定量的投入要素（比如说劳动）的基础上，持续增加另一种投入要素（比如说土地），其增加的量从零直到无限，那么，第二种投入要素的确定的量或量的幅度（既不是零也不是无穷大），将产出比预计的量更多或更少的一份更大数额的总产出。换言之，如果一种投入要素相对于另一种投入要素的比例无限制地增加，那么，每单位递减投入要素的产出先会增加，然后会减少，即，这里存在一个最大点或范围，除此而外，无论哪种投入要素的产出趋向（每单位递增投入）将会减少。

3. 分配理论的必要条件是，无论哪一趋向上的极端变化（除了无穷大），都将会是零产出。

就这一法则而言，最为重要的是，它只与比例上的变量相关，并与任何投入要素的绝对量和变化的方向无关。传统的劳动之于土地或土地之于劳动的常例，可以轻松而形象地解释我们的说明。让我们设想出一组来到一片处女地的垦荒者，他们面对的问题是，他们有限供给的劳动，可以有多少用于无限供给的土地。情况无疑非常清楚：a. 他们可以利用不同的量，并且能得到一些产品（公理一）；b. 他们不可能利用过少或过多的量来获取最大量的产品（公理二）；c. 他们或许会有运用过少或过多土地的尝试，以致根本不能获得产出（公理三）。

们所讨论的不同要素的关系，可以通过上页图示给出最好的表述。

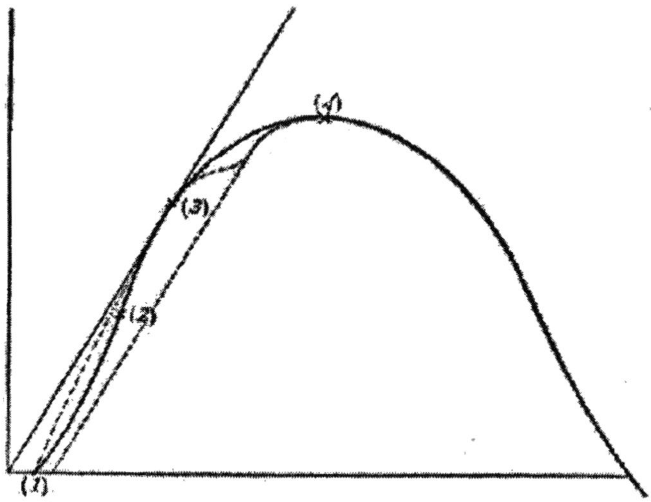

在上页图
101 中，横轴或X轴代表一个投入组合中单一可变生产要素的量，纵轴或Y轴代表了一组相应的全部物质产出。图中，收益递减点开始于交点(3)处，在这点上，曲线与通过原点的直线相切。小于这一比例的可变投入要素，就算可以免费获得，从理智上也不能加以利用，因为，如果不能以同一价格获得更多的可变投入，产出也可以因舍弃一部分其他要素而增加。从逻辑的必然和推定上，曲线上也确实有这样一点，在这一点上，在一个更大的比例上，产品增加的量要低于要素增加的量。这就是说，在交点(3)上和曲线与X轴相交之间这段曲线的任一点上，切点一定是正向与X轴相切。那么，如果在交点(3)之下与曲线相切的切线正向与X轴相切，如果在这一点上，切线又穿过起点，在越过起点后，又与Y轴正向相切，那么很明显，曲线则向下倾斜凸向该点。这就是产出增长递减的图解条件。假定从交点(3)到最大点(4)具有相同的情况(下凹)，也是合理的，但这是不可证明的推定(*a priori*)。如果整个产业领域处于图中交点(3)和点(4)

之间虚线表示的某一具体阶段，那么，在竞争条件下，这一阶段就存在某种程度的不可预见性，但这是相当不可信的假定。

只要切线总是与 X 轴相切，那么，交点(3)之下的曲线具有什么形状根本不重要。毫无疑问，任何一个产业的曲线都将在收益递增阶段中间杂有收益递减阶段，而且，不同比例的要素组合是理智而稳定的。[⑥]

如果假设人们都明白自己在做什么，那么这里就不必对第一 102
阶段和第三阶段加以讨论了。第二阶段的边界代表的是一种极限，在这一点上，一种投入要素或其他投入品会成为自由物品，这超出了我们的思考范围。除了这一点，看情形增加一种或另一种投入所带来的产出，会绝对减少，这是荒谬的。第一阶段和第三阶段的含义显然具有**同一性**；第一阶段向一个方向行进的时候，如果按相反的顺序读它的数据，就成了第三阶段。这不过是结果的安排问题，而不是结果本身。因此，在“收益递减”阶段的范围之外，或是在该法则无法运行的条件下，就不可能存在一种“经济的”状况。除非任意投入品每单位收益确实在递减，否则投入要素就完全不具有生产性，其使用对要素组合的产出也毫无增加。如果我们设想的是收益递增，那么，投入要素的生产性为负。这一事实在对土地的一般性讨论中已经被人认识到了，即在已经利用的土地

⑥　这里应该指出，我们必须假定个体企业的规模差不多是一个不相干的问题。

上述推理也证明了曲线本身如我们图中所绘那样正向切过 X 轴，但并没有经过原点。这也是从各要素关系的对称性得出的结果，即曲线将在最大点之外，再次与 X 轴相交，并不会成为渐近线，但如果曲线经过原点，则会成为渐近线。泰勒曲线在这一点上有误，因为曲线要么就成为渐近线，要么就不会经过原点。

发生收益递减之前，⑦人们不会对增加土地产生兴趣。

生产组织中各种投入要素按比例发生变化这一事实，以及根据收益递减原则产生相对于不同投入要素发生变动的事实，不仅
103 使通过自由合约组建社会经济组织成为可能，而且如果没有这些情况，全部的组织问题就会毫无意义可言，也不会有这样的问题存在。由于存在对生产力的不同组合进行比较的可能性，所以，除非可以无限制地利用不同生产力的不同组合，否则不会存在使用这种组合不使用那种组合的问题。组织是必要的，是可能的，只有通过各个投入要素对一个协作产品的各自的贡献是可以识别出来的这一事实，才能实现这个组织。就一个制度打算将投入要素的各自贡献给予各要素的所有者来说，在竞争条件下通过自由合约形成组织，不仅可能，而且也是现实的和有效的。现代社会就是通过对拥有自己产出权的生产要素的联合控制而组织起来的。这一组织之所以能存在，完全是因为组织起来的收入和产品都多于没有组织的条件。缺少一种与有效贡献的分配额相关的法则，我们的社会制度就不成其为制度，而只能是一团混乱而已。因此，对经济学家来说，只提出能否识别一个协作产品中各自的贡献，恐怕不太妥当；因为它做到了，我们的任务是解释完成这一识别过程的机制。

⑦　其他应用于土地的投入要素也是这样，但我们还是沿用成例进行解释。首先我们应该记住这一假设，即人们知道他们在做什么，并且其动机都是最大化自己的生产。事实上，这一结果会由于无知而发生扭曲，从土地稀少的地方到土地充足的新国家，传统的影响养成了人们根深蒂固的对土地的饥渴，在美国，对土地的垦殖和先占(preemption)也归于传统的影响。

企业家们肯定了解，生产过程中值得使用多少不同的投入要素或多少单位的生产能力，否则，他就无法继续经营。很显然，企业家在对各个投入要素的出价过程中，一定是根据增加单位投入便增加贡献来考虑的——按经济学的行话就是“边际”产品——显而易见，一旦各个投入单位小到了各自的极限，全部投入要素的具体贡献会拖垮全部协作产品。[⑧]

我们可以看到，在一个生产组合中增加一个新的生产单位时，104
收益递减的技术法则并不能完全描述出产出的变化。仅仅由于这一法则的存在，相同投入要素的额外物质产出在某种情况下将会增加，即在我们所讨论的要素撤出的情况下，将会增加，在其进入的情况下则减少。[⑨] 但加之，由于这种转移减少了投入要素撤出行业的商品总产量，增加了投入要素进入行业的产出，因此前者的**价格**将会相对上升，后者的**价格**将会相对下降。在一个有组织的自由交换的社会里，生产者自然会以其交换价值而不是以其实物的数量来评估产品。一旦任何种类的投入要素有了增加并且是向相同方向运行时，物质贡献的变动程度和这一贡献的价值变动程度将会导致价值产品的整体减少。我们将用价值生产力递减或者简单地以**生产力递减**来称谓这一总的变动程度，而且必须将它与

⑧　参见第108页及脚注。

⑨　具体的或边际的贡献的下降很轻易从每单位产品的变动法则中推导出来。详细的证明可以参见泰勒的著作（前文已征引），尤其是第101页，第102页。上文中所提及的一个单位“增加的产品”，就是泰勒和大多数作者所谓的“要素”的“边际产品”。为了下文将会出现的原因，我觉得还是避免完全误导要素和边际这两个术语。

物质收益递减区别开来。[10]

为了研究价值归属(imputation)机制，除了劳动以外，没有必要再往我们这个社会里引入任何要素或投入品。各个群体的个人
105 在同一商品的制作中，过去多多少少专门从事于不同的生产职能，现在则日趋专门从事不同的生产职能，而这一商品则基本上代表了与不论何种本质上毫不相同的投入要素的协作有关的所有商品。因此，我们可以将这些不同职能的人视为不同种类的投入要素，或当作生产的“诸要素”，这样，我们现在就可以发现避免使用这一术语的原因，即它所具有的让人产生误解的含义。一旦我们正确地制定了“静态”社会的条件——即物品生产和消费的给定条件——像已经证实的那样，就没有为任何意义上的财产，即完全有别于财产所有人与生俱来的生产能力之财产，留下空间[11]。

这个问题将在稍后展开更为详尽的讨论。现在我们只需了解，我们谈到的任何类别或族属的投入，或生产“要素”，都是在客观实际的基础上形成的，其中包括那些在生产过程中实际相互交

---

[10] 这一术语多多少少有些武断，但却是澄清当前混乱现象的办法，并且也给不同的事物起了不同的名称。泰勒(前引)采用了两种表达方式，即与工具性法则相关的“收益递减”和“生产力递减”，事实上，它们几乎意义相同，而且也没有说清物质产品的变动和价值产品的变动之间明显的差别。说来也怪，泰勒并没有运用他在分配问题的讨论中论述得那么系统的收益递减原则，而是舍弃了在一个单一行业里对比例的变动进行分析的方法，采用了一种在不同行业里通过不同的要素比例进行推理的不同思路。这里所涉及的相同的原则已经为泰勒所认识，因此他显示出远远超过威塞尔的进展。这里我们要指出，威塞尔使用的是泰勒所用的相同的归属理论(theory of imputation)。但将其单独应用于多个产业，以替代他所否定的特定的生产力理论。(可参见第 110 页。)

[11] 参见第三章。

换的东西。如果我们说到“诸要素”，那就因此而不是三个，而是极不确定的若干个。[12]

事实上，围绕着价值归属问题出现了很多不必要的让人困惑的事情。但这只是一个共有需求(joint demand)的问题，相同的情况对消费物品来说极为普遍。其实，由于我们并不是只使用劳动，所以，区别对劳动的需求或对任何特定种类的劳动的需求，实际上不存在更神秘之处或特别困难之处，我们甚至可以为总是与其他商品一起消费的黄油建构一条自己的曲线。在这两个条件下，可变比例的原理是解决问题的关键。就我们考虑的消费来说，总在一起使用而且总是按相同比例使用的商品是不能分开的商品，但 106
对于一个商品的不同部分来说，如果生产的情况是各自有别的，商品就有可能分别计价。

请记住上述事实以及我们据以进行研究的简化条件，这样，我们要描绘出组织的实际运行机制就没有什么困难了。我们现在接着上一章，从随机调整和连续不断地向均衡状况的重新调整开始分析。我们假设，生产者群体是以任何一种凭猜测的偶然方式形成的，每个群体的产品整体上是通过我们已描述过的方式决定的，群体成员之间的分工是依据不论何种基础完成的。很显然，每一个个体想要优化自己的欲望，将立即引出三类问题。第一，每一个人都将竭力确定他在他所属的那一群体中的价值，并将这一价值与他所获取的份额进行比较；第二，他同样还会探究他在其他群体

⑫　如达文波特所谈的那样(参见《企业经济学》，第二十二章)。但后来达文波特又持批评的立场(参见第 124 页)。

中的可能价值；第三，作为一个群体的成员，每个个人都会让自己对该组织中的其他个人的价值感兴趣，也会对组外的个体会取得的价值感兴趣，如果这些价值会被他的群体得到的话。因此，(1)酬劳将迅即重新调整，即按个体对所工作的群体的产出所做贡献相适应的价值重新调整；(2)所有个体都将转向这类群体，即他们能在这一群体中对产出做出最大贡献的群体。任何从群体所获价值超过他自己价值的个人，将被解雇或被削减薪酬。任何所得少于自己价值的个人将会获得他的全部价值。[13] 其原因在于，我们
107 是在已定条件下阐述问题，即群体之间存在的是完全竞争条件。

因此，所有的生产群体会为了实际的和潜在的成员所提供的服务而发生竞争，社会中的众多个人会为了在群体中谋得一席之地而采用类似于现有秩序的方式进行竞争。一个群体对一个人的给付标准，明显是这样一个量，即他用这个量生产出的产品，要超出没有他时所生产的产品。在最后的调整中，个人对群体收入所做的贡献，就是他对社会收入所做的贡献，他这个贡献是他身处压

---

⑬　我们这里不用理会集团的内部组织化形式。内部形式可以采用任何可以导致有效的共同行为及共同责任的形式。当然在现实生活中，共同行为和共同责任的产生一般是通过一名负责任的企业家为媒介而实现的，但在我们讨论的这一阶段，我们必须排除这样一种职能，事实上，除非要做临时性调整，否则他的服务就是多余的。组织成员间完全竞争的规程，注定使更为剧烈的波动成为现实。这一假设首先涉及的是完全知识和全社会的相互沟通。另外，完全竞争还要求有大批的利用每一种服务为自己谋利的群体，而且这些群体间完全没有共谋行为。任何一个生产行业内的企业数目主要依据于每一企业的规模，而企业规模又依据于被组合起来的各要素的可分性。因此，上文(第 98 页)才强调，竞争依据的是生产要素的可分程度。事实上，分工受到了市场范围的限制，但在不同市场中出售的商品并不代表相同的效用累积，它只是不同的商品。

力之下所能做出的最大贡献，是他将自己放在一个实际上最优效率的位置上做出的。[⑭] 因此，一个竞争性组织所具有的趋势，就是趋向于我们在论述自由放任的文献中已经熟悉的理想调整（ideal 108
adjustment）。在最后的调整过程中，如果没有出现未得到补偿的损失，组织就不会发生变化，并且全部产品都将按各人获得各自的加值产品（added product）的方法，在所有权利人（claimants）之间进行分配。[⑮]

这一假设结果的先决条件确实较为抽象，但这就是完全竞争的条件，多多少少也是接近实际社会条件的。因为社会的确多多少少把自由竞争视为一种理想，这对理解自由竞争和充分认识到实际自由竞争之必要条件的人为努力，是非常重要的。

另外一种系统阐述均衡条件的方法是，将调整视为对生产服务的一种持续不断的重新定价过程。这一过程更近似于消费物品价格的决定过程。我们可以把每一个生产者或生产群体设想为一

⑭　至于对一个社会所做的全部价值贡献的含义，这里存在一个难题。交换价值本质上是一个比率，所以交换价值的累积基本没有多少意思。我们无法肯定由市场所量度的社会的价值收入，亦即在达成最终调整之时，一个特殊的商品价值就会大于在其他任何安排下的商品价值，当然，我们也不能说个人得到了他为社会所生产的物质商品。回答是，他将得到他所做出的物质贡献的价值，一份足以购买他的贡献的价值收入。理论上，实际的物质贡献由社会中所生产的所有商品的微小增长所组成，这里或许还包括“闲暇”的增长。

⑮　如上文所述，对分配过程从理论上进行全面而彻底的讨论和证明（尽管在某种程度上有不同的背景），可以参见威克斯蒂德《政治经济学常识》，第二篇，第六章，以及《分配法则的协调》，全书各处。读者将会发现，按上文设想的调整思路进行分析的方法完全不同于人们在美国经济学文献中常见的“单位分析方法”（dosing method）。（尤其可参见克拉克的《财富的分配》，第十二章。）后一种分析过程在笔者看来是一种不必要的抽象，比之勾画企业间竞争结果的实际方法，更加困难而且不现实。

种在市场上手持一定数额的货币，为了抽象的生产能力进行花费的人。在任一时刻的既定价格水平条件下，人们当然会购买那些能够在既定价格支出条件下，对产品做出最大价格贡献的生产投入要素。但是，由于所有投入要素的量在现实中都已固定，所以竞争将很快迫使价格重新调整到这样一点，在这一点上，相同价格的所有投入要素会对产品价格做出相同的贡献，这和我们前面的例
109 子一样，相同价格的所有物品对所有消费者一定代表着“相同效用”。作为一个整体，生产体系的组织事实上相当于一个耗费收入的组织。因此，生产性投入要素现在是一种给定的资源，对这一资源的最佳使用就是在所有企业中对其进行分配，以保证所有企业中相同单位的报酬量。在作为一个整体的组织中，这两项原则是结合在一起的。货币收入作为一种工具性媒介可以被排除在外，其结果可以表述为，社会的真实资源趋向于在所有企业中这样分配，因此各个地方相似的物质单位，对这一体系中处于对它们进行选择位置上的所有人来说，做出的贡献在心理上是相等的。

现在才能提请大家注意在生产力分配理论中已经提出的更重要的异议，尽管这些异议多数或全部有了解释，而且也不会有损于前面所表达的理论形式。我们首先还是坚持将分配理论与从分配理论中推导出来的有决定性影响的道德信条和社会信条完全区分开来。该理论在美国的杰出代表 J. B. 克拉克教授由于在《财富的分配》中[16]的一些不甚严谨的言辞，应对这种混淆关系负有部分责任。然而，这些合乎道德的演绎的不合理之处，已由这一理论的另

[16] 特别参见第 8 页，第 9 页。

一位阐释者卡弗教授[17]给予了出色的诘难，J. M. 克拉克教授亦就理论本身作了论辩。[18] 因此，我们可以不去理会那些不喜欢这种理论中不具备社会含义的作者的非难，甚至包括达文波特教授[19]和阿德里安斯教授[20]颇具分量的批评，我们打算在第六章再对竞争体系的伦理问题扼要地作一阐述。 110

一种老套但又很普遍的对生产力理论的批评是由威塞尔提出来的，[21]威塞尔试图就门格尔对该种理论的阐述进行反驳，晚近，霍布森又大体上按照相同的思路，特别对威克斯蒂德提出了批评。[22] 其论点是，特殊的或边际的生产力理论，无法从理论上提出一套合适的分配方法，其理由是，如理论所解释的那样，各个投入要素的产出总额，不会与总的共有产品相等，而是相当大的。按他们的说法，只要从总产出中提取“一个单位”就会发现，从全部产品中减去的量将大大超过能够归为该投入要素的所有的量，因为任何投入要素的损失都将多多少少使组织产生混乱。因而，要用这种方法按照每种要素的特殊贡献，准确地将全部产品分成为归属于各个“要素”的所得部分，基本上是不可能的。威塞尔提出了一种可供选择的方法，这种方法与 F. M. 泰勒教授对生产力理论的

[17] 《经济学季刊》，1901 年 8 月。

[18] 《政治学季刊》，1915 年 6 月。

[19] 《企业经济学》，第十章。

[20] 《特殊生产力》，载《经济学季刊》，第 XXIX 卷，第 149 页以下，尤其见第 159 页和第 160 页。

[21] 《自然价值》，第三卷，《来自生产收益的自然归属》。

[22] 《产业体系》，第五章附录，第 112—120 页。R. S. 帕丹也提出过一种目的相同但思路略有不同的（准数理方法）的观点，载《政治经济学杂志》，1901 年 3 月号（第九卷，第 161 页以下）。

表述完全相同。[23] 霍布森宣称这一问题绝不可能解决，不免有些武断。

这种推理的错误在于，将注意力固定在相对较小的组织和相对较大的生产服务集团或单位上了。当考虑产业社会的实际规模和多数投入要素的一般单位的大小时，我们将会看到，“混乱”是微
111 不足道的；因为从理论上说，诸单位在规模上确实必须是无限小的，而且分别有自己的归属并有效参与竞争，即在数学意义上，比例必须是持续可变的。然而，在一些典型的情况下，与其他一些在竞争性调整中产生的误差相比较，从这一假设产生的错误并不太大。实际上这里是存在一些特殊情况，即投入要素不具有高度可分性，甚或是根本不具有可分性，在这种条件下，竞争将让位于一定程度的垄断。从总体上看，这些例外相对来说在大多数产业中较为罕见，但却极为重要，因此我们将在稍后论及独特的（unique）和不可分的投入品时，再作论述。[24]

在论及相关问题的文章中，帕丹进一步抨击了克拉克教授对生产力理论的表述，即任何要素所获得的量，都要基于分派给边际单位的假定的规模。这种观点在假设上是合理的，但却不太恰当。单位的规模不是一个随便的方法论问题，而是一个实际问题，克拉克教授或许仅仅是因为有相反的含义，才容易受到批判。事实上，

---

[23] 参见第 104 页脚注。泰勒提出的观点是对的，即不用分别考虑各个产业中比例的变动率，只需考虑不同产业中投入要素比例的差异，就可以估算出特别的生产力。事实上，两种要素都有用。我们已经注意到并将进一步讨论与生产“要素”概念相关的谬说。

[24] 参见第六章。

理论的合理性，竞争性分配的可能性，都要依据于生产性投入要素实际分割成的小规模的交易单位(bargaining units)。[25] 我们应该 112
相信，说“劳动”或任何“要素”得到了或倾向于得到了自己的产出，是一个错误。这一说法仅适用于现实的个人或其他投入要素。

达文波特和阿德里安斯还提出了第三种批评，即有点哲学意味的批评。这一批评认为，劳动的“边际”产品，除了边际单位外，和任何其他投入要素的边际产品一样，也是一种共有产品。那些使用无租金土地的劳动者，仍然不得不使用这些土地，因为没有这些土地，他们就什么都生产不出来，所以，产出不能只归属于劳动。尽管陶西格教授与达文波特一样也有某种程度的保留，但他还是主张，所有产品都是共有产品，不可能分成一份一份的归于不同的投入要素，但同时，他又趋向于将所有的收入都视为劳动的“产品”。[26] 对这一推理过程的考察将使我们面对生产的含义和因果关系的问题，这也是我们不久就要着手处理的问题。但我们暂时只要指出，这一问题与经济机制和经济生产力的混淆有关，就已经

[25] 这里我们或许可以提一下帕丹提出的另一个观点，即收益递增的理论内涵。人们通常认识到，在假设的单位分析过程的早期阶段，人们所获得的递增的收益将达于某一点。由于“假设”收益递增的这个阶段会持续整个过程，所以帕丹轻易地就使这一方法的适用性显得荒谬不堪。然而，他的这一推理思路比他早期的观点更为武断，但我们不必在此多作纠缠。我们已经够详尽地指出了，收益递增是一种荒谬的说法；因为一种在此条件下运作的投入要素的生产性是负的，而且没有很好地得到利用。A.兰德里教授在批评卡弗教授的时候，也对这一看法做了很多分析。(见《经济学季刊》，第二十三卷，第557页以下。)

[26] 《美国经济学联合会第二十二届年会论文集》，第143页。陶西格的说法是，劳动生产出了所有的财富，但并不具备获取所有财富的权利，我们则最好掉过来说。劳动不能声称是财货的逻辑上的唯一创造者，但表面上可以声称有权消费全部财货。

足够了。由边际劳动使用的土地,对于前一种意义上的运行或许是必要的,但于后一种意义上的运行则完全没有必要,因为从理论假设上说,如果不让使用这块土地,这块土地马上就会被另一块相同质量的土地所替代;不然,这就不是自由土地了(free land)。这一谬论与“效用”(像通常所定义的)和经济价值之间的混淆相同。自由物品像空气一样,可能对生命来说是必需的,但不是必需品的特殊组成部分,这种物品不具备经济价值(像我们在前面已说过的那样,也不具备效用,如果这个词的使用包含有任何经济意义的话)。

113 最后,我们还需关注一下霍布森对“边际主义”的一般性原理提出的另一个反对意见。[27] 按照霍布森的基本立场,边际主义是理性选择分析方法的必要形式,理性的人生观受制于极为苛刻的限制条件,笔者对此也深表赞同。我们不能确定霍布森是否想把他的非难应用于生产力的分配理论,但我们只得指出这种应用会是一种错误。通常我们认为,在经济行为中对选择物的量的权衡,要比我们的讨论谨慎得多,注意一下我们就会相信这点,但这个题目太大,不能在此深入讨论。我们似乎并不觉得生命的构成就和霍布森所描绘的图画或蛋糕一样,其中各种成分的比例严格按照食谱或预先构想的范本。无论如何,由企业所从事的物品的生产显然是一个理性的过程,是生产者根据不同投入要素所产生的不同成果而做的调整过程。霍布森在别处[28]所提出的理由,即技术条件限定了应使用的投入品的比例,也并不切实。劳动与土地的

㉗ 《工作与财富》,第二十二章。

㉘ 《产业体系》,前引文。

比例和资本与劳动和土地的比例,在它们自己中间很大程度上也各不相同,而且至少在一些重要产业里,其比例的变动在一定幅度内也不受技术的约束。再者,最终这是要取决于实际情况的。对于生产者来说,增添到组织中来的只能是价值,正是价值决定了他在市场上为使用任一单位的劳动、土地或资本的出价,或者,决定了他将以已知的价格所购买的任一投入的量。因此,正是这种“特定的产品”支配了全部生产性投入要素的全部收入的分配。

如上所述,对生产力理论的多数异议都与生产和产品的含义有关,总而言之,与其说在论及分配机制实际如何运行时有什么根本不 114
一致的地方,不如说它涉及的只是用词的得当与否。现在我们想指出,在称呼由任何投入要素对一个大组织的全部产品所作出的添加的时候,即称呼特定的或各自的产品(specific or separate product)的时候,我们是在相同含义上使用“产品”这个词,其含义是“原因”和“结果”或类似语词所具有的含义。在一种绝对的意义上,说一件事情是另一件事情的原因,绝对不会可靠。宇宙在这一时刻的全部状态或许可以说是下一时刻全部状态的原因,但是,当我们说 A 是 B 的“原因”时,我们总是假设,其他的事情也是一样的;我们绝不是指,如果宇宙的其余部分被移走,只要有 A 就能产生 B。将任何一个单独的事件作为原因或结果而归因于另一事件,总是有很大的随意性。每一事件都有无数的原因,它依赖于环境、视角以及有待处理的问题,我们才能从中挑出表示“那个”原因的名称。一种现象的“那个”原因仅仅是它的一个必要条件,通常从控制的角度来看,出于一些实际的原因这一条件是至关重要的。它是我们必然关心的一个条件,而这一环境也使我们将其他条件视为当然。按此观点,我们将一打各不相同的前件称为一特殊事件的“那个”原因，或许是相当正确的。其他的投入要素，甚至整个社会体系可能与一个具体物品的生产都有关系这一事实，并不反对把一个物品看成是某种具体投入要素在某种实际条件下，依据它的活动产生出的（特定的）产品。[29]

115 运用价格术语并在供给和需求的基础上，对静态组织的原理进行的一般性分析阐述，主要由两个部分组成。我们必须考虑分别与消费物品和生产服务相关的两个评判问题。这两个问题通常被称为“价值”问题和“分配”问题。为方便起见，我们先着手处理第二个问题。我们已经知道，要素比例变动的有效形式就是价值递减的生产力规律。很明显，所有的重新调整都涉及到生产资源的转移，并且，每一次这种转移都意味着一次价格的变化，即由资源被转出的组织所生产的物品的价格上升，转入了生产资源的组织所生产的物品的价格下降。这种价格变化的结果与实物收益递减的结果，在方向上是一致的。我们现在或许只能满足于在消费物品方面这种肤浅的价格反应的观点，进而从分配份额方面着手解决体系均衡的价格条件。然后视角将转移到思考这些份额上，

㉙　按笔者的观点，对生产力理论的敌视主要是由于这样一种观念，即劳动和资本的生产力代表着它们在分配中的道德报酬，但他们又确信，现有秩序在道德上并不理想。那些将生产力报酬当成是与理想的公正同义的理论家们，仅仅是不加批判地说出了大众的观点。而这种大众的信条正是难题之所在，同时，这种信条还代表着一种异乎寻常的混乱状态，而且，他们为了避免在事情的公平问题上作出矛盾的结论，在事情的因果问题上，也同样出现了杂乱无章的推理过程。这个问题不可能在这里深入讨论，但稍加考虑我们就可以指出，在分配中用道德报酬来识别或吸收对生产的理所当然的贡献，几乎找不到什么理由。从好几个方面都可以看出，在财产和机会的继承方面，存在着明显的不平等，但我们也必须认识到，个人能力的天生差异同样无力在自己偏爱的分析方法中弄出一个站得住脚的道德主张。

但不是将这种份额看作投入要素的报酬，而是看作投入要素的服务加入其中的物品的成本。一旦调整及其均衡被作为消费物品的 116
价格和成本的关系进行过研究之后，我们就能将这两种分析结合起来，搞清三组价格事实——物品价格、物品成本和生产服务的价值——的关系。总起来看这三种概念显然完全相同，事实上它们是从不同角度着眼的社会收入。

从眼下“静态”问题的角度出发，所有生产投入要素的供给都已严格固定，对其服务进行评价的理论，与前一章在消费物品问题上论及的市场价格理论完全相同。任何一个特种投入要素的供给和需求问题，都可以用表格或图形的形式来表示其在每一价格水平上可以得到和售出的各自的量，还可以通过这种图形标出均衡点。有关供给和需求关系的情况要远比消费物品的情况更为复杂。在供给方面，我们甚至不能将某一时刻的存量视作为给定的实际数量。因为我们分析的是一种具体种类的投入要素的**服务**，而不是这个投入，投入要素的量是固定的，但从该要素中可以得到的市场服务的量，可能会因出价的不同而有很大的不同。两种方法都可以自由选择。我们可以依据投入要素的实物特性，即让这种投入要素成其为投入要素的特性，或根据其所产生的实物结果，来对服务进行定义和分类。[30] 我们首先从实物意义上对投入要素进行定义。在这种情况下，在标出需求曲线时，我们多少要考虑一下相同投入要素的替代效果；供给指的是一种具体的投入要素的服务的供给，那些完全

[30] 在我看来，像 J. B. 克拉克教授那样用价格一词对其进行解释，显而易见是件荒谬的事情（《财富的分配》，第六章）。如果用价格进行量度，将只会有一个因素，而且分配理论将会成为一种纯粹的臆说（*petilio princippii*）。

同质的、普遍可相互交换的东西，可以归为一类。

117 假设一个人会为了获取一份更高的工资而不是更低的工资做更多的工作——即更努力地工作或每天多做几个小时，这是正常的，因为从表面上看这种假设是"顺理成章的"。但是，一些考察会表明，这一假设对理性行为人来说并不正确。就人们的行为是理性的——即，出自由效用递减规律所决定的固定动机——而论，他们将根据赚更多的钱，但少工作几小时这样一种方式，在赚钱养家和非赡养用途上分割自己的时间。在什么地方达于均衡，取决于货币（代表用货币所能购买到的东西）和闲暇（代表所有非钱财上的、时间运用的选择）之比的曲线的形状。因此，我们可以根据价格的下滑斜率，画出货币供给线。[31]

[31] 如果在稍加考虑之后，还不明白这一结论，我们或许可以用如下推理来说明。假设先前那个人像以前一样，在完全均衡调整条件下工作，但每小时或每件东西上的收益率更高，比较而言，他赚得了一份更大的收入。现在，在他花费这份额外的货币时，他自然想在旧有的消费品上增加他的开支，并还想增加一些新的消费。为了用这样一种方式分配他的资源，即相等的开支在所有领域中要有相等的重要性，他显然必须在增加的闲暇上花费部分新的资金，即他要买回一些自己的工作时间，或用不赚钱的方式来消耗一些钱。出于下面的考虑，我们必须强调这一结论，即花费金钱也需要时间和精力，这样，如果要获得最佳结果的话，我们就要从工作时间中节省出时间和精力。

落后国家，尤其是赤道国家那些本地工人的雇主，非常清楚已知劳动力的劳动供给曲线的形状。先进工业国家的白人并不总是如此理性地行为，相对于内心和精神的享受来说，他们的传统使他们更偏向于那种用钱能买到的满足。自世界大战爆发后，这一结果预料会更加明显，一旦某项具体工作的工资上涨到前所未有的高度，并因此而产生出更多的闲暇和消遣，而不是更多的生产（重要的是要记住，我们说的是一种永久性的变化；这种变化也与为在以后能购买更多的闲暇，在很大程度上临时理性地更努力工作并行不悖）。

谈论这一主题的时候，我们或许注意到，如果假设在这一方面土地或其他财产的服务与劳动不同，也是一种错觉。这些投入要素也具备非金钱用途的选择，如果说，土地的租金提高了，地主就有能力将更多的土地用作草坪、花园、运动场、野生动物保护区和娱乐公园等等，将更少的土地用于耕种和种植供出售的谷物；如果地主进行了严密计算，他们就会这么做。

第二种选择方法是根据投入要素或生产要素所产生的物质成果来对它们进行定义。当我们这样做的时候，一定时间里的供给曲线的形状将完全依据于我们所讨论的服务的专业化程度。从一个极端来说，我们也会获得一种非专业化的服务，比如在某个具体行业中的非熟练劳动。对这种服务来说，在低于已确立的竞争性价格时，不会存在任何这种服务的供给，高于此价格时，就会出现基本上是无限制的供给。这就是说，作为价格函数的供给曲线将会是一条垂直线。在另一个极端，也会存在一种绝对专业化的服务，比如钻石切割者或是飞行员。对这种服务来说，低于某一最低价格，就不会有这种服务的供给，这些人将会做其他工作赚钱，随着价格的上升，供给也将会急剧增加，直到受过这种训练的人全部受雇为止。除这两者之外，曲线将会并入以前讨论过的由给定投入要素所提供的服务的供给曲线（见下列图形，每一图形表示一种价格函数的供给）： 118

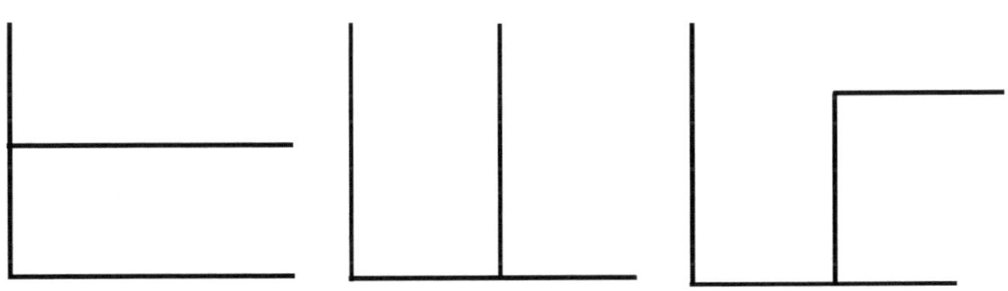

已知投入的服务　　非专业化的服务　　专业化服务

就需求而论，生产服务的情况要比消费物品的情况简单；需求(a)总是间接的或派生的，是需要投入要素产品的一种反映；(b)其 119
性质总是关联的。与第一种事实有关，需求也是高度复合的；同样的生产投入要素交替满足范围广泛的欲望，而极为不同的投入要素则能满足同样的欲望。就算没有棘手的问题，生产服务使用中的这种复杂性，也使我们非常难以对其进行逻辑分类。正如我们所见，共有需求仅仅是在程度（degree）上，并且是在一个相对有限的程度上，对生产者物品和消费者物品进行了区分。

作为一种价格函数，任何具体种类投入要素的服务其可能销售之需求曲线的形状，与消费财货需求曲线的形状是相同的。这就是我们已经描述过的价值生产力递减曲线，其下降是物质生产力递减和价格下降的结果。这就是说，如果任何生产性投入要素的供给有了增长，那么，使用该要素的组合中的该种要素的比例将会增长，同时，在组合中这种投入要素的使用占有相对重要的比例的商品的生产也会相对增加，其结果是这些商品的相对价格相应下降。静态条件下，均衡价格点实际上就是该投入要素的**给定**供给的特定生产力（尽管我们必须谨记，**服务**的供给在一定时刻也会随着价格的变动发生某种变动）。这就是说，在均衡条件下，每种服务的价值等同于它对全部产品所做贡献的价值，并且在整个体系中，相同投入品的贡献在价值上是相等的。很明显，这种调整在调整了生产服务价格的同时，也固定了消费物品的价格，在**规范价格**理论与上一章所研究的市场价格理论截然不同的条件下，我们也可以将供给与需求分析应用于消费物品的分析。

120 在某一时刻，任一物品的理论价格都是**现有**供给的（“边际”）需求价格，即市场接受供给的最高统一价格（uniform price）。供给是一种既定的具体事实，不是一个经济变量，但却是方程式中的一个常数。在一个长时期内，一个物品的均衡价格是一个有差异的问题。在这里，并不是说物品的量是一个常数（再加上需求的情况），而是一般物品的生产条件（以及需求的条件），（在“静态”条件下）是个常数。任何具体物品的供给都可以自由地发生变化，这种变化在其他条件相等的情况下，随价格的变动而变动。对价格的调整不是为了对固定的供应进行配置，而且要让生产率等同于消费率，[32]两种变量都与价格函数相关，或就是价格的“函数”。

我们不需要对需求曲线作任何特别的重新解释，唯一的新问题出在供给一方。假设某一时刻，供给率和需求率事实上就是一个价格函数，很明显，价格必须移向两种比率相等的均衡点；由于物品的消费不可能快于物品的生产，因此物品的生产也不能快于物品的消费。两者如有任何差异，都将立即在价格上得到反应，价格也将根据与假设的函数关系相一致的生产和消费比率，做出反应，如此这般下去，直到需求和供给都与现有价格一致为止。

为了研究供给与价格间的基础和特性，我们必须考虑一下控制生产的动机。已经组织起来的生产群体或企业，必须给它的成员（生产性服务的所有者）支付足够的报酬，以使他们留在本企业，即支付必须满足竞争的要求。任何群体根据一定利润雇用一名新 121
成员时，很显然，它也可以用略高于该成员在别处所获报酬的办法来得到任何新成员。同样明显的是，企业也会弃用已被它雇用的任何成员，即其竞争群体开出比它所能支付的更高的报酬时，它就会放弃它雇用的成员。因此，在任一价格水平下所能生产的任何商品的量，将很快趋向于这样一个量，即一个既无利润也无亏损的量，因为，一旦生产中哪怕产生出一点利润，生产都将增加，反之亦

㉜　马歇尔正确地将长期需求与供给作为时间比率（time rates）进行了分析，但没有清楚地将这种形式的变量与市场价格有关的绝对量进行对比。

然。为方便对这种调整进行研究，我们可以将先前图形的轴相互交换一下，将成本和销售价格看成是供给规模的函数。

人们通常假设，成本要么增加或保持不变，要么就随供给的增加而减少[33]（当然，销售价格实际上总是在下降）。这一问题实际上是最为困难的一个问题，或许还是经济学理论中最含糊不清的一个问题，以致不能在这里进行充分的分析。但我们的考察似乎表明，在完全竞争的必要条件下，成本一定总是随供给的增加而增加。如果存在竞争，情况一定是这样，一个在行业中比较而言相对规模较小的企业，一定比大的企业更有效率；否则就会产生垄断。因此，新的供给将通过无数小规模企业的增加而出现，不是通过任何小企业规模的扩大而出现，大规模生产的不经济，将由此而被人们所认识。

相反，增加的供给一定意味着生产资源从其他用途的转移，这种转移将通过该生产资源在该用途上的产出的减少而提高它的价格，其结果是提高了竞争性产品的价格。当然，如果竞争的存在使
122 价格对所有生产者都无一例外地上涨，不言而喻，所有供给单位的成本也将同样上涨。[34]

成本函数的正确形式将由生产性服务的需求中特定物品的重要性来决定。如果特定物品的生产在所有这些服务中，只构成了几乎可以忽略不计的一个部分，我们将视其为实际的固定成本；如

[33] 参见陶西格《经济学原理》，第十二、十三、十四章。

[34] 经济学文献中充满了相反的假设，在分析长期规范价格的时候，这是一个确信无疑的错误。在一个行业中不同的企业存在成本差异的情况已经获得证实，只要在会计处理中不存在差别，竞争性调整就是不完全的。流行的边际成本概念会通过相同的推理而消失。生产者所作的计算根据的是每单位成本和每单位销售价格。

果占了很大部分，就是一种增长极快的成本。在已知技术条件下，由于代表收益递减规律的成本函数的特性不同，成本函数也会有不同，因为随着生产的增长，相对于供应上更为有限的投入来说，供应更为充足的投入的投入比例也将会增加。第 91 页的图形表明了函数的特性和均衡的含义，该图形也适用于协作生产的条件。

均衡的条件或者静态的长期趋势，现在已经从许多不同的角度、用三种方式进行了系统阐述。从分配的角度来看，每一种投入要素都必须处于这样一种情况下，即在这种情况下，它能够对社会收入做出最大可能的价值贡献，并且还要通过自己所做的贡献得到评价。从消费物品的角度看，价格一定是这样的情况，即生产和消费的比率是相同的，或者每单位的成本和销售价格是完全一样的。这里重要的是要搞清楚，这些叙述从逻辑上说是相同的，但代表的是相同现象的不同方面。不言而喻，物品的成本与贡献份额从整体上说是相同的，两者都与物品的价格相同；事实上，这三者全部都是
社会总收入的不同称谓。一种包含所有这些叙述在内的系统阐述 123
是指，消费物品和生产性服务将如此定价，等价和等量的生产性服务能做出与消费物品等价的贡献。只有这种情况能稳定下来，任何其他组合力量才能依此带来这一结果，这是不言而喻的。

迄今为止，我们只是将种种不同的人类服务，作为引发竞争性归属的现象，来进行研究的。下一步则需要注意经济组织中财产的含义和作用。我们已经知道，只要物质生产财货不容易增加或减少，而且不与其所有者相分离，物质生产财货就不会对组织的基本原理有所修正，对所有者的个人能力，我们也必须应用相同的约束条件。

相反，生产要素分为土地、劳动和资本这三个范畴的传统分类

已经在前面提过几次，现在开始更为仔细地着手分析其准确定义和分类上的难题，正当其时。很明显，所有这些类别都不能视为是同质的，不同的人、不同的机器和不同的自然投入要素，在其特性及所从事的服务中，显示出了极大的差异。卡恩斯（Cairnes）试图将劳动归为更为近似的同质体（bodies），因此有了著名的“非竞争集团”（non-competing group）一说。更为突出的是，不同自然投入具有的千差万别——麦田之于菠萝地，耕地之于牧场或林场，而且所有这些都与矿产储地完全不同，后者更是种类繁多。资本在某种程度上也有这方面的特殊性，其“流动性”主要由所考虑的时间的长度而定。

124　另一方面，一个更为重要的事实是，不同范畴的投入要素和差别极大的物质财产，就它们所获得的结果而言，或许是相等的和可交换的。如卡弗所观察到的，一名挖沟的（人）从经济上说比他作为一名簿记员更近似于一台蒸汽挖掘机。[35] 实际上，一个竞争的社会组织取决于多样化程度的事实表明，没有哪种具体的投入要素是必不可少的，在有限的范围内，它们可以相互替代，因而，每种投入都一定会为了自己的位置，与其他不同种类的投入要素竞争。很明显，从其他方面看，生产者要不是为了各不相同的投入要素出现在市场上，他就不会通过竞相出价分别对它们进行评价了。分配问题的存在，取决于产品制作过程中实际上起着不同作用的不同种类投入要素的协作，解决这一问题的可能性取决于在价值成果的贡献中，几种确定的服务量的等价。正如我们已经看到的，我

[35] 《财富的分配》，第 85 页；亦参见达文波特《企业经济学》，第十一章和第二十二章。

们立刻就能明白，根据生产服务的贡献对生产服务进行分配或量度，对生产分配问题毫无意义。按照这样一种标准，所有的生产性服务都成了一笔巨大的同质性资金。[36]

实际上，这个问题是我们不能忽略的一道难题，因为我们不能 125
在讨论定价问题时根本不知道被定价的东西到底是什么。但我们也能回想起来，大多数相似的难题，是在消费物品领域中碰到的，同时，这两道难题的解答一定出自相同的来源——都要求助于市

[36] 谈到双要素分析的荒谬之处，我们可以以 J.B.克拉克教授的著作为例。克拉克教授的谬误在于用各个投入要素的生产性贡献对不同的投入进行量度。他实际上已经认识到这一难题并对此做了清晰的阐述(《财富的分配》，第 374 页脚注)，而且他显然是通过建立一个绝对主观的量度标准来解决这一问题的。对笔者来说，因篇幅所限，要评价这一推理过程非常困难。我只能说，在克拉克教授的书中我所看到的，除了未能建立起逻辑关系，明显不符合逻辑外，没有任何其他内容。人们也可以看到，这一谬误同样也与其他所有利用"诸种要素"的分配理论——数目并不重要——相关，这也包括大多数该主题的文献在内。

我们已提及的达文波特的讨论(《企业经济学》第十一章和第二十二章)是一个明显的例外，达文波特的讨论在这一问题上非常出色。其不足之处在于没有充分地分别长期分配和短期分配的问题。在笔者看来，正是这一不足解释了迄今为止经济学家们在分配问题的科学解释上，而不是在财产或政策问题上，所存在的大多数有争议的差别。重要的是要考虑这样一个事实，即从长期的观点来看，分类问题就呈现出不同的方面，变成了一个不同种类投入要素的供给条件的问题。传统的三分法(或更特别的是土地和资本的分离)在 A.S.约翰逊的《当代经济理论中的租金》(尤见第 35 页以下)中得到了详尽的论证。这一问题不久将提出来以供讨论。需要指出的是，这里也存在过于简单化的危险(见下文第五章)。

或许要提请读者注意的是，在三分法遭到断然否定的时候，我们仍然在本书中将诸要素称为"土地、劳动和资本"。如果需要做出解释，我们会发现，仅仅为了解释，就有必要对明显涵盖了全部族属的表述做出某种解释。这种解释的重要意义与分类的意思正好相反，要不是在这方面它们不为人所熟悉，那么，"动物、蔬菜和矿物"或者"固体、流体和气体"都可以加以利用。那些熟悉的用语如果没有严格的经济学含义，也要具有社会的和道德的含义。

场的基本事实。用相同名称报价的东西和价格相同的东西,可以视为是相同的东西,反之亦然。然而,这里应该提及这一问题的某些特别之处。首先,生产性投入的可替换性取决于其用途;两样东西对一个目的来说可能是相同的,而对另一个目的来说则可能是完全不同的。这一点对消费财货来说几乎是不切实的,实际上,消费物品通常并没有这么复杂多样的用途。可替换性也有一个时间问题。生产投入要素的形式变化和使之适应新用途的问题,促使
126 我们对长期报酬尤其是资本的含义进行分析,我们将在下一章对这一问题进行讨论。我们将会看到,我们的研究将极大地拓宽资本的分类;多数生产性服务最终代表的是某种资源的以前的投资。

不同用途间可替换性的变动,引出了导致理论混乱的特殊复杂问题。最终确定要考虑的问题,不是在制作任何具体物质产品时的可替换性,而是一定的价值量。事实上,具体物质产品的多种多样的可替换性,并不是竞争分配活动的必要条件。如果投入要素是由不同用途的东西组合而成,实际的替换则通过不同产业的相对成长或衰落而达成。我们以前曾经提到过威塞尔,威塞尔实际上驳斥了基于比例变化的生产力分配理论,提出了基于不同组合中不同比例的实际上相当的理论。而泰勒却用后一种方法来解释自己的生产力理论,但他也指出,这两种理论实际上是相同的。当然,两种比例的变化都涉及到了生产性服务市场的实际运作,两种变化都成体系地出现在我们刚刚做出的分配理论的阐述之中。[37]

为了结束对生产性服务的简短讨论,我们或许可以注意一下通

㊲ 参见第 119 页。

常对劳动和财产要素所假设的四个区分理由的无效性:(1)主动性之于被动性。企业组织的特点是,劳动和物质设备一样,都直接属于雇主所有,不属于劳动所有者所有。在这一方面,一名自由劳动者与一匹马之间,确实没有明显的区别,更不要说一名本来就是财产的奴隶了。与此紧密相关的是(2)投入要素本身关于(a)种类以 127
及(b)投入工作的服务的量的偏好问题。但这里至多也是一种模模糊糊的程度上的差别;财产所有者通常出于道德的或情感方面的原因而限制财产的使用范围。我们切勿将实际从事工作的投入要素与投入要素所有者的人格相混淆,在这一方面,一件工具、一幢楼房或一块土地,看起来与人的一只手或大脑相同。这一点对(b)即所完成的工作量来说,也是如此。人们可能会强调指出,物质要素并不在意它们是否工作。但限制劳动的工作时间或给予劳动者一定的假期,对一个人的个人资源或希望保护该资源使其不受损伤的愿望来说,都是一种可能的选择,相同的考虑也适用于财产资源。[38]

㊳　牺牲这一概念在经济学中已经用得过滥。经济学家及雇主往往倾向于假设,主观意愿是对从给定人群所获得的劳动的量,或对一个给定支出的主要约束。雇主们及经济学家们都对高薪劳动的效率逐步有了认识。毫无疑问,雇主们作为一个阶级,总是在高于物质效益最大化之点使唤自己的雇员,在低于物质效益最大化之点付给雇员饮食、衣服及娱乐的费用,花费了更多的金钱(甚至不用提及更高的报酬)。对一个不能说话的动物恐怕根本不用做这些!当然,对个别雇主来说,支付维持一个低于最大化效率所必需的工资或许是有利可图的,而且也能获得一代一代充足的劳动供给(如果工人阶级部分依靠自己的牺牲来维持劳动供给的话);其含义是,甚至从一个短期的角度来看,他们所支付的低工资也是不经济的,为此他们不得不与相同的个人劳动者打交道。闲置设备的存在对雇主是一个极大的诱惑,过度使用的弊端却难以引起注意。当然,工人的无知与轻率同雇主也相差无几。有意思的是,利弗休姆爵士最近提出一个观点,他说如果工人们同意把一天 24 小时分成两班的话,那么,不降低工资的 6 小时工作日对英国许多产业的雇主来说,非常有利。

(3)细察之下，另一个表面上的差别与“不够标准的”(sub-marginal)投入要素——质量太差而不能使用的投入——相关。人们或许会指出，不存在与无租金土地(free land)同质的没有工资的劳动。但是事实上，够标准的人和不够标准的人与土地上存在的现象一样常见和重要，而且这一方面远远超过了资本。每一
128 个人在其一生中两头的大部分时间里都是一个不够标准的劳动者，各个公共机构(institutions)里就满是不够标准的人。一年中有数以百万计的空闲工时本来应该用于可以多少带来一些超过竞争性收益的任何事情上，但却用在一些必须使用的设备上。另一方面，与我们所注意到的同样错误的推理有关的是，繁重的工作无疑会导致雇用大量能使用可以生产出更多产品的设备的人，如果是在“更深入利用”的意义上雇用更称职的工人的话。[39]

(4)财产与个人能力之间最为重要的所谓差异，即道德差异，并没有严格地局限在像现在这样的纯叙述性讨论的范围之内，但我们可能正好观察到，这一差异在很大程度上并不现实。作为“劳动所得”(earned)的个人服务收入和“非劳动所得”的财产收入间的区别，在很大程度上是由“改革家们”弄出来的。这种区别，明显使人产生误解；要在两者间为道德真实性的区别找到理由，不能说不可能，但也非常困难。“有的人生而伟大，有的人赢得了伟大，还有些人是送来的伟大”，这句话实际上也适用于财富。将一份产品

---

[39] 许多雇主已在童工问题上认识到了这一问题，这些人拒绝雇佣童工的原因很简单，即其支付不是商业意义上的支付。这一问题随着增加每个工人而来的资本量的增加而变得更为重要。机器使用的增加也使完成任务所要求的人的能力越来越低。最终的结果是难以估计的。“不能被雇用的人”(unemployable)的社会问题——如何对失业者进行鉴定以及拿他怎么办的问题——确实很严峻。与许多新出现的麻烦一样，这一问题部分是家庭解体和产业变化的直接结果。

或由于勤恳的努力甚或遗传优势或幸运所带来的生产能力各自区 129
别出来的任务，几乎是不可能完成的——作出错误区别而导致的灾难性结果的可能性更大一些——两种情况都一样。在这两种情况下，在实现再分配的实际可能性上，也存在带有几分重要性的区别，为了把复杂因素排除在分析之外，我们认为有必要回过头来对财产再作一个明确的说明；财产是与财产所有者分离的，劳动通常并不与所有者分离，或者说，没有达到类似的分离程度。至于社会政策的唯一结论，我在这里要插一句，我们坚决主张"社会"必须抛弃这样一种看法，即由于收入是"劳动所得"，所以收入是"理所应得的"(deserved)，而不是其他。从对大量"勤劳"所得不加区别地征税，对不幸者和无能力之人的不加区别的补助中，我们可以看出，事实上我们已经远离了这一观点。如果我们打算将社会组织起来，并打算维持人们的生活标准，我们就必须从根本上根除缺陷，或是根除强加在弱者身上的不堪忍受的负担(尽管这样，弱者的容忍还是有限的，但命运的因素仍然不变！)。

现在让我们再转而思考一种经济组织的因果关系，即在因果关系上对财产属性的区别有重大意义的经济组织进行考察。首先我们假设，在我们这个社会里，某些财产可以通过租赁而不是通过出售与所有人分离。这里唯一的区别是，这种财产的所有人或许属于一个以上的生产集团，并同时为产品贡献出一种以上的服务。从总体上说，这一体系的组织原则绝不会受到竞争性措施诸项条件变化的影响。

通过交换产生的永久性财产转换的可能性，虽然并不属于增加或减少的范畴，但在我们的问题中引入了一些新的因素。这些结果

与我们迄今为止所具备的另一个抽象概念的含义，即生产—消费过
130 程的连续性和永恒性，紧密相关。因此，我们必须首先排除简单化，考察被抽象掉的因素的作用。这样，当我们将条件按现实情况作过修正，而另一方面仍继续保留完全知识和静态条件，生产过程也被延长并划分为复杂的阶段和再细分的阶段，更有甚者，物品在生产出来后也不再需要马上进行消费，而是为了未来的用途或未来的交换而储存起来，那么，我们所研究的这一社会将会发生什么呢？

在不同的集团或工厂中，将生产过程划分成阶段进行经营，在细节上与生产过程的时间长度相关，但我们可以略加考虑就不予理会了。事实上，这是组织问题上相对次要的问题，而且，在现在假设的“无摩擦”条件下，在一件产品的制作过程中是通过一个单个集团的内部组织进行要素整合，还是通过集团之间的外部市场交易机制进行要素整合，其连续性过程都不会有实质上的区别。在这种条件下，任何时候都存在一大批半成品，即制作过程中的物品，这当然是一批会有价值的物品。我们必须从半成品价值中分离出某种要素，这样做只是在产品进入消费之前，由于时间流逝所产生的直接心理影响，致使产品中所包含的储存的生产能力的价值发生变化使然。

物品的生产和消费的时间关系是一个复杂且有争议的问题，我
131 们在这里只能做些非常简略的讨论，也有必要做一个粗略的概述。对人性普遍偏好现在物品而非未来物品的假设，是如此普遍和确定，以致我们需要鼓起一些勇气，才能对有关这一论题的全部学说的理论基础进行质疑，而这是一定要做的。按笔者的观点，有关这一主题的多数讨论，都由于这一问题中的一个错误概念而没有实际

意义。现实社会中存在利息这一事实,被错误地拿来证明人们是低估未来的。实际上,按我的观点,利息和时间偏好的关系被颠倒了。在一个可以获取利息的自由市场上,因为一件商品可以自由地与其他商品进行交换,所以人们自然会做出现在的一元钱按现行利息与未来的一元钱等值的估计。人们并没有将所有财货的消费推延至不确定的未来这一事实,也并没有为一种偏好现在消费而不是未来消费的根深蒂固的抽象观念提供理由。人们也不愿意将一生的所有快事都压缩到现在,此后就永远戒绝满足了,[40]根据同样的推理,上述行为也能证明一种偏好未来而低估现在的倾向。

当前推理中的错误在于,错误地选择了量度时间偏好的起点。正确的基本准则是,不要将所有东西放到现在,而未来却一无所有。一个更为合乎情理的问题应该是这样的:如果一个人不得不在今日享受而明日禁食与今日禁食而明日享受之间做出选择,在其他所有条件都相同的情况下,哪个选择更为可取?或者说,如果将一个人一年的全部收入在一月初就一次性地付给了他,那么,他会怎样分配他的全年花费呢?这里明显不存在这样的问题,即他在第一天就将钱全部花光,或是把钱全部储蓄起来直到一年的最
后一天才花,零时间偏好(zero time preference)显然意味着时间 132
上的均匀分配。任何一种早期的集中消费,都要用后期消费的减少来补偿,这就是真正的对未来的轻视,而为了未来的富足或奢侈

[40] 这一观点可以用一个流浪汉的例子来说明,这个流浪汉发现了一张 100 元的钞票,他直奔最近的快餐店,激动地订了价值 100 元的火腿蛋。如果这位流浪汉没有按上述方式做出反应,也不能证明比起相同数量的当前满足来说,他更偏好未来的满足,其他事情也是如此。

而在现在克俭，就是对现在的低估。当然，我们也就未来抽象出了一些不确定性因素。如果在两种选择中其他的条件都相同，我们似乎可以证明两种倾向的非理性都是正当的。[41]

至于人类本性，我们可以有把握地假设，由于人与人的差异，所以每个人都有极为不同的分配形式。毫无疑问，其中少数人的分配形式将与直线或平滑的曲线相一致，向上倾斜，向下倾斜，或水平发展。但多数人在时间和幅度上多少是波浪式地前行，在一段平和或甚至是有节制的阶段后，则出现不同种类和程度的“爆发”。事实上，无规则似乎成了人类自身的优点，至少对那些精力旺盛的人就是这样。[42] 至于这一趋势是上升还是下降，则取决于个人。对许多人来说，双鸟在林不如一鸟在手，而另一些人则对其
133 后的日子考虑更多。像马歇尔指出的，有的孩子在吃布丁之前先把上面的草莓捡来吃了，另一些孩子则在吃布丁后再吃草莓，而许多孩子则根本就不吃草莓。成人的情况也与此类似。野蛮人的无远见则众所周知。当然，生命的身体条件从两个方向对预计过程

[41] H.西奇威克同样采用这种观点，即以时间为理由的偏好是非理性的，他批评边沁将“近似性”也列为在其他相同享受之间的偏好的基础。参见《伦理学史》，第 241 页脚注。也可参见杰文斯的讨论，见《政治经济学原理》第 72 页以下。杰文斯在书中采取了相同的立场。他以海上一艘轮船的储备品消费为例，非常有效地揭示了这一问题。

应该指出，未来不确定性的后果是非常复杂的。为防备由于死亡或残废所造成的未来享受的损失，所以必须估计由于其他不测而造成的未来一贫如洗的危险。我们更倾向于忍受赚钱能力的丧失，而不能忍受享受能力的丧失，没有能力去消受需求是非常不快的。完全理性的经济人或许会在这一点上低估现在，即他要尽早为他以后活着所必要的更为紧迫的必需品做好准备，增加的程度超出了这一点，他又会低估未来。这一点之所以重要，主要是因为它显示出享乐的理性主义作为一种现实的行为理论的荒谬。

[42] 参见斯宾塞《第一原理》，第十章，“运动的节律”。

(discounting process)设定了范围,除非我们今天活着,否则就不能享受明天,许多人付出了代价才明白,现在太高的生活水平会对未来享受的能力产生同样的影响。我们似乎不值得对大多数人做出判断,尤其考虑到围绕选择条件所做的任何简单假设的非现实性时,更是如此。人们一方面挥霍,另一方面吝啬,都是无可否认的事实,所以,不必试图打破任何精确的平衡就可以对其进行研究了。

在这一点上,或许更为重要的是要坚决主张,作为对储蓄现象的一种解释,消费中的时间偏好问题相对来说并不重要。花钱或存钱的意向,消费当前收入或积聚财富的意向,事实上都更多地受到其他动机[43]的影响。与人类行为的其他方面一样,这主要是一
种社会标准的问题,什么是"得体"、什么"事"该做什么"事"不该做 134
的问题。拥有一大笔财货会赋予人显赫的社会地位以及控制别人的巨大权力。如我们现在所假设的那样,即使在这里,生产职位也并不向富人开放,富人能够提出自己所偏爱的请求,他所不喜欢的担忧,当然还可能把他的工作转向物质利润,如果有这种倾向的

---

[43] 对资本积累的实际现象来说,非常重要的是,这笔本金一旦储存起来,就**永远不能用于消费**;如果稍后将本金消费掉了,资本的社会供给就不会有净增加。人们进行储蓄,在很大程度上不仅没有想去消费资本金,甚至也没有想到消费资本金带来的**收入**。因此,在我看来,"节制"(abstinence)这一陈词与其当代的替代词"等待"(waiting)相比,更能说明问题。诚然,每年5元钱的永久收入代表的是比现在的100元更多的消费,但没有人会消费一笔永久收入或是希望这样。就算储蓄者一生中消费的是得自投资的全部收入,他或许会、也或许不会消费掉与他所储蓄的本金完全相等的一笔钱。资本的形成是节制的结果,不是等待的结果。

实际上,"储蓄"一词本身就是一种误导。人们通常并不是生产出本来要消费的财富,然后再反过来决定用它进行投资。多数投资对象都是首先定好了要投资的目标,不然根本不会被生产。

话。另一方面，我们必须假定，在那些只限于对消费物品进行积累的地方，积累还因为储藏、保存、保护及不可避免的质变，而必须对成本进行考虑。[44]

很明显，社会各色人等在经济处境上的差别，以及与财货的使用时间有关的偏好，创造出一种交换对双方都有利的局面。对于一种人来说，一种当下或更早的货品分派在他自己的生产开始之前就要进行，他可以用以后将有的收益作为还债的抵付；而对于另一种人来说，由于手中有笔已经积累起来并仍在增加的闲置资本，有一份就未来一定价值量进行交割的可靠的契约，[45]都可能会感觉自己现在拥有的财货更为称心如意。

如果在整个人口中，时间偏好的重心偏向于当前，就不会出现可观的财货的净累积。那些乐于累积财货的人，会把他们的剩余成品尽快转给那些乐于支取未来的人。供给与需求的情况将决定现在财货与未来财货间的市场交换比率，在这种情况下，现在财货
135 将会获得一笔升水，升水的大小取决于对未来预期渴望的程度。很显然，现在财货的这笔升水会形成增加剩余生产的动机，并遏制了剩余产品的现在消费。在市场确立的交换比率下，现在生产的剩余量将与现在消费的剩余量相等。贷款的偿还对相关原则并不发生影响，因为它只是最初交易的重复，而最初的交易中包含着交易人相互交易的作用在内。当然，从总体上看，超过现在生产的过

---

[44] 我们这里不考虑由于体积、易变质性、吸引力的普遍性与需求弹性等方面的差异所形成的不同财货累积方面合适与否的差别程度。

[45] 这里我们必须假设，借助于保险或其他方面的手段，所订立的契约是绝对可靠的。

多的现在消费，是不可能的。

另一方面，如果时间偏好的重心偏向于向后推延，其结果将是在社会的净累积中生产暂时超过消费。现在财货与未来财货间的交换，将为后者确立一个升水。促使交换发生的比率，必然固定是这样一个比率，即与市场上所提供的各种接受此价格的服务的量相等的比率。由于未来财货的升水，累积会部分地依据升水的量，按这一比率持续不断地发展下去，这一持续过程一直要到升水消失或是与保存累积财货的成本相等为止。任何未来财货的较高升水，都不可能是恒久的事。但累积的情况可能是需要一个无限的长期来达成均衡的结果。在这种情况下，任何时候的实际条件是，未来财货的升水是累积产生的结果。

在上述条件下，我们所描述的"升水"或时间偏好率，虽然与（正负）利息相似，但却必须与这种现象区分开来，因为它必须符合当代产业的实际，事实上，它只是一个因素，但却是一个相对来说意义不大的因素，一个影响生产资本借贷利率的因素。[46]

[46] 关于这一点，威克斯蒂德有十分精彩的分析（见《政治经济学常识》第七章）。值得指出的是，道德家们通常怒斥前工业社会里与我们刚才所描述的现象相同的"高利贷"，但却不排斥现代利息。累积财富的生产性投资在早期几乎无人知晓，甚至现存的已有生产财产的买卖也罕有人知。事实上，唯一的已知生产要素就是土地和奴隶。在当代意义上，土地不是私人财产，也很少用于商业的买卖，而奴隶的使用却明显与土地相关，即使在法律上与土地没有关系，奴隶的使用也归其主人所有。如果曾经有过一个消费贷款的自由市场，那么除了风险因素以外，其余所有地方都与我们描述过的事情完全相同。竞争性市场的缺乏是多数高利贷罪恶的根由，毫无疑问，高利贷确定的赔付在很大程度上是一种敲诈勒索。如我们观察到的那样，历史地看，现代利息是经商业冒险中的消极合作之手，从消费贷款中产生出来的，而不是从某一学派的利息理论家们所陶醉的幻想中，即从小木船和渔网的交易中产生的。

136 时间价值，不管是现在的还是未来的，或许最好看成是一件物品中的特种效用，就像营养价值或审美价值或任何其他可以赋予或提升欲望的属性。对其进行支付的比率，即区别于其他报酬的地方，明显由供给与需求双方的“心理”考虑而决定，心理学派中通行的利息理论，就是在将这一现象与作为一个分配份额的利息相混淆的基础上形成的。严格意义上的利息问题，将在稍后的讨论中论及。我们将会看到，正确意义上的利息，根本不可能在不存在不确定性的社会里出现，即使累积的财富被用于生产之中，即使社会在资本积累方面是渐进的，如果知识和预知知识是完全的，也不可能出现利息。

考虑到在经济行为中所获得的有关时间作用的知识，我们现在可以按生产要素与其所有者相分离并易于出租和出售的简单意义，转而讨论财产的关系。我们现在必须记住，我们暂时排除了财产增加或减少的任何可能性，也排除了由于改变其功能而在属性
137 上发生任何物理变化的可能。这种变化及其结果属于经济学的第三部分，该部分专门讨论财富的生产和消费条件变化的问题。为了认识静态条件，我们必须分离出这些变化。我们将这类财产作为“土地”来进行考虑是很便利的[47]，因为传统上对土地的分析就像它在质和量上都已一劳永逸地由大自然定好了一样。这完全不是我们将在下文讨论到这一主题时所要提出的土地观。但对于一个已被描述出某种特征的生产要素来说，这是一个合适的称谓。

---

[47] 当然，我们并不关心财产的真实历史。毫无疑问，最近似于私有生产财产的是人。奴隶，或者女人或孩子，而最后真正成为私有财产的则是土地。但就我们的目的来说，合适的顺序并不是按年月顺序来排序的，而是按复杂程度的高低来排序的。

我们现在假设，这种财产在数量上是有限的（即属于“收益递减”类），而且现在社会上也没有其他种类的财产。在生产方面及需求方面，以及与其职能相关的分配方面，土地实际上与其他要素（如人的服务）一样，但它的存在在很大程度上或许会影响到收入的个人分配。

假设生产组织中已经完成最终的调整，任何一种如我们所说的财产都可以视为是对一个商品或永久性货币收入的权利或所有权凭证。就其本身来说，其行为的含义与消费的时间分配紧密相关。一块土地集中体现了未来财货在整个未来时间里，按一种非常特殊的价值形式对收入进行分配的情况。不用进行论证我们就可以假设，这样一种财产是值得拥有的，因此，在自由契约条件下，土地和消费物品之间将形成一个确定的市场交换比率。更准确地说，这一价格将是得自土地的收入（除了土地收入之外，没有其他有效的量度方法）与也是按价值进行量度的现在财货的量之间的 138
比率。因此，我们可以将此价格确定为若干具体年份的购买量或是每年的一个百分比，并用以表示我们熟悉的资本化这一现象。我们现在的问题就是要系统阐述决定这一资本化率的条件。

对土地的需求，尤其体现在那些倾向于为未来而储蓄财富，即低估现在的人身上。因此，土地实际上是未来财货，但土地在未来的分配方式，又为土地的需求条件增加了一些新的特殊的限制因素。我们已经知道，在一定范围之内，与一定时期内的统一分配相比较，人们更喜欢未来财货而不是现在财货，这种情况不仅合理而且很普遍。事实上，对多数有教养之士来说，希望一生中生活水平不断提高，甚于生活水平恒久不变，而且极少有人愿意生活水平下降。但一旦进入对无限时间(infinite time)的考虑,情况就有了不同。

任何在无限时间里均匀分配的有限的消费或享乐的量,会表现为比率为零的实际收入率。因此,对未来终生享有收入财货的需求,就必定存在一个明显的折扣。实际上,未来收入的折扣率一定大于零,或者,它们具有无限的现值,都是不言而喻的。偏好未来而折扣现值,只有在一个社会的有限时间内,在现在财货有限的条件下,即在经济条件下,才能持续存在。然而,我们也必须指出,一旦资本化和土地的市场价格确定下来,土地就可以随意转化为一笔现在消费财货的资金。对永久收入财货来说,自由市场的存在为所有现实的(有限的)一段时间,制定出了统一的时间偏好率。对那些不愿继续将消费延迟到一段时间之后才消费的个人来说,
139 他知道除非自己愿意,否则他不必这样做;因为他可以在任何时候用他所愿意的最快的速度,卖掉他以现在消费形式积累的财产。在市场上,对永久收入财货来说,现在市场财货一定有一个高出未来财货的升水,但这个升水率就算很高,也不会不能与任何一个有限的时间期间内的未来财货的升水相比较,而且这一升水也会非常合意地存在于这样一个社会里,在这个社会里,每个个人和集团最终会按时、按既定斜率的向下倾斜的曲线分配到自己的消费。

在这种条件下,一个人可以凭借收入财产的买和卖,对任何具体时期的任何所期望的消费分配做出安排,或者,他还可以通过一家合适的人寿保险机构,为自己不确定的一生时间做好安排。对那些希望推延消费、并保证实际收入的分配可以有所提高的人来说,他可以在早年购买这种财产,然后在以后的日子里逐步将其卖

掉。对那些希望提前支用未来生产，并希望有一条向下倾斜的消费曲线的人来说，他可以逐渐出售自己的土地。（那些没有土地的人，只能用我们前面讨论中所描述的方式，即在不存在这类财货的条件下，为自己做出预先的安排。）从整体上说，社会不能预先支用未来的生产，除非还存在它可以向其借贷的其他社会。社会作为一个整体，只有在前面所描述的情况下，通过实际的消费财货的累积，才能延迟其消费。净积累的过程再次趋向于与当前的生产和消费相等的均衡，尽管达成这一目标还有遥远的一段距离。通过已确定的贴现率以及我们提到过的净累积率，两种动机在任何时候都必然处于均势。

永久性收入在市场上被资本化的这一比率，还不是一种分配
份额意义上的利息率。在我们已经谈过的、对与收入财产的利用 140
或转换有关的货币借贷的条件来说，这里还没有任何必要条件（虽然消费贷款多以这种熟悉的形式出现）。如我们不久将看到的，以生产为目的的资本贷款是一种手段，一种将生产物品中价值权益的所有权与物品本身的直接所有权相分离的手段。而且，主要是由于风险或不确定性因素的出现，才使这种分离成为一种需要。在一个进步的社会中，对某些个人而不是储蓄者来说，某些专业化的动机即制定投资的职能，甚至在不存在不确定性的社会里也可能存在。在一个我们所描述的既没有不确定性又没有进步的社会里，也不会存在为生产投入要素的购买而借贷价值资金的动机。

141 第五章　在缺失不确定性条件下的变化和进步

现在我们转到理论经济学的第三大分支，即对因为财货制造、又因为欲望的增加而引起的资源增加过程中资源利用的研究，以及在消费品制作过程中，对资源的使用所作抉择的研究。这三个理论问题的关系在某种程度上既复杂又含糊，所以一直是经济思想中大量错误的缘由。第一个问题是，在满足既定欲望的过程中，对给定财货的利用（始于给定财货的分配及自由交换），以及在对这一问题的分析和解决中形成的市场价格理论。除了决定给定储存财货和过去生产的产品的分配以外，市场价格同时还表明，按照解决第二个问题时所指出的资源分配的条件，对不同财货相对重要性的社会评估。在理论的第一部分，我们还没有开始对生产品的研究，因为已经发生的成本并没有对价格产生影响，这正如杰文斯所说的："过去的就永远过去了。"

第二个问题研究的是在满足既定欲望时，在所使用的物品的生产中（一直依据市场价格原理）对给定生产资源的使用问题。这一问题现已作为静态社会或是"静态"问题（static state）而为人所知，并且具有两个方面。第一个方面只与生产服务的价值相关；第
142 二个方面则是特殊消费品的价值问题，其中涉及进入消费品的生产服务的价值，或生产服务的成本；这就是消费品的长期价格或规

范价格的问题。在某种意义上正如马歇尔所说，这是相互交叉的两种分类问题。第一个问题的分类以消费品为基础，表示一个商品的价值等同于包含在商品中的一批生产服务的价值。第二个问题的分类以生产服务为基础，表示每单位生产服务的价值等同于在制作消费品时所使用的每种消费品的那部分相应价值。前一个问题是长期“价值”问题，后一个则是短期“分配”问题。被研究的消费品（价值）供给的变化，与生产的固定条件相关，其中尤其包括了固定供给和生产资源的组织方法。

第三个问题通常也与这两类价值和分配现象有关。财货“供给与需求的基本条件”的变化，引起了马歇尔所谓的“规范价格的长期变化”。但是，容易发生变化的主要的“基本条件”是不同生产服务的供给，即生产服务的供给显然直接影响了生产服务的价格，即分配的份额。我们的讨论与马歇尔一样，实际上局限于这种更为简单和直接的结果，即分配条件的改变，以及趋向于均衡的趋势。[①]

① 马歇尔经济组织理论中有关的基本问题并不是很清楚。我们已经知道，他并没有揭示出消费品问题上市场价格与规范价格的关系。他谈到了规范价格的长期变化问题，但却将这一问题的讨论放到尚未出版的下一部书中了。在对分配问题的讨论中，他没能弄明白，短期分配问题是同样重要的对消费品规范价格分析的一个方面。更有甚者，他对短期分配问题根本没有兴趣。《经济学原理》第六篇差不多全都在谈分配份额的长期均衡趋势，只不过在视供给为固定供给的给定时间或短时期内，从分配的角度略略谈到了均衡的条件。他并未确认、或甚至没有明确地将分配中的长期趋势问题与规范价格的长期变化问题联系起来，而对社会经济组织中同样重要问题的分析，其状况或看法就是如此。按笔者的观点，对价格组织问题的清晰阐述和基本理解，都可以因对这些关系的认识和强调而变得豁然明朗起来。另外，这种分析也有助于强调价值的短期价格理论与分配理论之间在方法论上的相似之处，以及与两种长期或规

143 首先，让我们试着清楚而准确地对进步所涉及的问题进行系统阐述。在我们的研究中要加入什么新的变量？什么是“供给与需求一般条件”的确切含义？或者，什么是我们先前分析所假设的“在满足给定欲望所使用的给定资源”的含义？最后，为了使我们
144 所研究的社会更接近于现实，我们需要加以考虑的这些要素有了

范价格理论相关的相似之处。

在这一方面，我们将马歇尔与在美国以使用静态假设条件而闻名的J.B.克拉克教授相比较，是饶有兴味的事情。克拉克教授的组织理论实际上更不充分，尤其突出的是，他并不明白他的方法与马歇尔方法之间的联系。克拉克的“静态状态”与马歇尔的长期规范价格是同一个问题，而克拉克的经济动态却与分配理论中的长期趋势和价值领域中的长期变化相一致。但在奥地利和德国历史学派的影响下，克拉克与在英国古典经济学影响下的马歇尔一样，提出的都是采用短期分析的分配理论，而且几乎没有对进步性变化的问题以及差不多被马歇尔排除在外的长期结果或均衡的条件，有更深入的认识。顺便说一下，实际上，与马歇尔的短期理论分析相比，他在这一领域中的分析让人更不满意，因为，马歇尔的短期理论分析在生产力问题上还是有一些非常公允的阐述。当然，将克拉克的“静态状态”(static state)混同于古典经济学家的“静止状态”(stationary state)，是一个严重的错误。这些古典作家的静止状态是一种自然的静态或均衡条件，是进步的目的，或本书第三篇的主题，而不是作为一种方法论的手段，靠随意抽象造出来的静止状态。然而，对静态条件的所有讨论都因为没能适当地区分这两个概念而缺乏说服力。我们仍然缺少一种同时重视短期问题和长期问题的对分配的完整分析，即，将生产要素的固定供给假设与供给是一种价格函数的假设分别开来的分析。下面我们就理论的自然分工做一个粗略的表格，这有助于我们澄清理论之间的关系：

	价值 （即，消费品）	分配 （生产服务）
问题一：给定的商品供给与给定的要满足的欲望（某一时刻的情况）	市场价格	不涉及分配的问题
问题二：给定的生产资源与给定的要满足的欲望	规范价格（马歇尔的长期规范价格）。每种物品的供给都是一个价格函数	短期或市场价格分配理论。（已定价物品的固定供给。）
问题三：为增加资源的资源使用以及在满足现有欲望基础上改变欲望	规范价格的长期变化	长期或规范价格分配理论。作为一种价格函数的供给

什么变化？马歇尔，这位在我们现在的研究中尤为注意、超过了其他任何人的作者，即使不说是在逃避的话，似乎也是在避免明确地回答这一问题。他一度已开始了对生产要素的逐一研究，但立刻又用上面所引用的综合性表述中断了这种研究。② 一系列众所周知被排除在外不加考虑的静态或动态要素是由 J. B. 克拉克教授提出来的，在美国，克拉克教授的名字尤其与静态和动态问题的对比联系在一起。克拉克教授提出了进步的五个要素：③(1)人口的增长；(2)新资本的积累；(3)技术的进步；(4)商业组织方式的改变；(5)新欲望的出现。西格教授对这一排列作了修改，按笔者的观点，西格教授的改动使之有了很大的提高，因为他将第三和第四 145
要素合并起来，并增加了一个新的要素，即自然资源的减少或新的自然财富的发现。

如果我们首先分别考虑财货供给与需求的条件，将会有助于澄清一些问题。需求条件看来应该包括以下基本事实在内：

1. 作为消费单位的人口；要对它的数目以及有关年龄、性别和种族等具体构成进行考虑。

2. 人口的心理属性，即人口对所有种类的物品的消费行为态度，这一行为态度是指遗传的“本能”(无论何种意义上这种本能都存在)以及习惯、风俗、嗜好、标准、道德观念以及诸如此类的东西的“社会传承”，当然，也包括对商品真实属性的实际知识或看法。在这里，我们还必须将任何制度因素包括在内，如某些人的消费是

② 参见《经济学原理》，第六版，第 379 页。

③ 《财富的分配》，第五章。

由其他人所控制的，像父母的权威和节约法令，等等。

3. 人口的货币收入与积累的量和分配有直接的关系。在均衡调整中，收入以及收入的分配最终取决于财货供给与需求的全部条件，尤其是社会中生产资源的量和生产资源的分配。必须记住的是，竞争调整的最终结果取决于所有这些方面的最初的情况。

4. 为完美起见，考虑与作为消费单位的人口的地理分布相关的已知事实也是重要的；当然，人口的地理分布是由生产资源的分布和影响到居住的环境条件所决定的。这里的差异也会对整个组
146 织产生出繁复多歧的结果。

给定的供给条件尤其包括生产诸要素的供给，但也存在其他重要的需加以考虑的因素。我们将这些因素分类如下：

1. 人口的考虑，包括劳动力、劳动人数以及组成。

2. 先天的或后天养成的对生产活动的心理或行为态度、嗜好、偏见等。

3. 直接的货币收入及其分配，以及最终每种生产资源所有权的分配。在这一方面，个人能力和生产财产间不存在差别。很明显，收入影响到从事生产活动的意向，并且成为独立于嗜好的一种变量。

4. 虽然本条在逻辑上置于第3条之后，或在很大程度上是第3条的必然结论，我们还是根据私人财产的意义和内容，分别说明制度的情况。这里的制度与以下所有事实有关，(a)对生产服务使用的控制，以及(b)对收入的有效控制和强制权利。但在个人权力和其他生产要素间，仍然不加以区别。

5. 现存物质生产要素的量和形式。迄今为止，在静态条件下

所讨论的这些要素仅仅包括狭义的自然要素，或无论何种同样的东西，即从上几辈传下来的工具，并且这些要素既没有过时不能用，也没有什么改进。

6. 生产要素的地理分布。

7. 技艺的状况；技术和商业组织的发展，等等。

将两组因素合并起来，并去掉重复的内容，我们就能发现下列我们必须加以研究的因素，即变化或变化的可能性等因素： 147

1. 人口，数量和构成。

2. 人口的嗜好和意向。

3. 现有生产能力的量和种类，包括

a. 人的各种力量；

b. 物质诸要素；

i. 天然的。[④]

ii. 人工生产的。[④]

4. 这些要素所有权的分配，包括人控制人或控制物的所有权利。（由法律或道德观念所实施的客观的控制很难与第2条中的嗜好和意向区别开来。）

5. 人与物的地理分布，这种分布状态必然和技术状况有紧密的关联。

6. 技艺的情况；关于科学、教育、技术和社会组织等等的全部情况。

---

④　这一区别是遵循传统的用法；现在我们可以对它进行检验，并表明这种区别其实是站不住脚的。（见下文，第159页以下。）

为使体系完备，我们需要对这些要素中每一个要素的可能变化以及这种变化对价值和分配现象的关系，以及消费品和生产服务的价格进行全面考察（还要对它们与资本化率以及生产要素的销售价格进行考察）。然而，对这样一个雄心勃勃的计划我们不能在这里多作考虑。我们只能指出这些变化的某些更重要的价格含义，并且作出对阐明理论之晦涩似乎具有特别意义的评论。之所以强调这一点，是因为真正意义深远的变化结果不是变化本身的结果，而是这一变化中的世界所包含的不确定性的结果。如果任何一种变化或所有这些变化有规律地发生，那么，不管这种变化是渐进的或周期性的，还是按照无论什么已
148 知的规律发生的，变化在价格体系和经济组织中的结果都可以进行简单的处理。通过现在价值与未来价值的交换机制，所有的变化在发生之前，在一段不确定的时间里都不会充分加以“考虑”。这样，变化就不会扰乱人类的计算，也不会毁坏通常存在的可选择之物的完全均等。因此，如果可以预见的话，变化根本不会对生产服务的完全竞争前提有所妨碍，只是由于不存在利润，变化尤其会使成本与价值切实相等。

事实上，在商品生产和消费的一般条件下，依据消费品价格而产生的变化的结果，既没有这么明显，也没有这么复杂，也无法对其进行实际预期，因此，我们似乎并不值当对其进行系统的分析。我们的讨论差不多将完全局限于分配理论中。我们也要指出，在这一领域中，我们通常能对**渐进的**变化进行充分的预测和考虑，在短期内，这种变化的结果通常也不重要。相对来说，这种变化在竞争性调整中产生的干扰也较少，也不是意义重大的利润来源。恰

恰相反，意义重大的干扰和利润的来源是短期的，是一种稳定的波动，是一种无规律可循的渐进变化，但不是变化本身。人口的增加和新资本的积累在任何可估量的范围内都不会是干扰因素，由发明和改良引起的干扰是由于发明和改良发端时的局部性(local)和爆发性，而不是由于一般的趋势。

在讨论短期分配理论时(生产要素固定供给条件下的分配)，我们反复强调过，生产要素的一般性分类缺少一个令人信服的基础，无论从传统的三要素分类法还是从其他任何方法来看，情况都是这样。这就是说，在需求方面，由于无数细微的程度差别，需求各有相似与不同，尽管从短期看，供给的条件——现有的已知的量——明显是相同的。然而，从长期的观点来看，供给中存在的真 149
正的差异，会引出供给变化的新问题。供给条件中的这些差异，在某种程度上是沿着三分法的思路，为合乎逻辑地进行分类提供了一个基础。从表面上看，我们也有理由承认这三种在类型上有差异的供给条件。首先，我们看这样一种要素，这种要素的供给在长期内永远都是既定的，这种要素具有既不增加、也不减少，既不能改善也不会变质的属性。传统上对土地的定义符合这种描述。(在这里，我们不提是否有任何可以适用这一定义的东西存在的问题。)其次，在供给已成为供给服务价格的确定函数的条件下，某些生产物品可能、也明显可以用与生产消费品的同样方式随意地再生产。传统的资本观点赋予了它这样一种特性。(至于这一观点正确与否，我们这里仍然不作评断。)最后，其他要素的供给或许是可变的，但不是价格的函数，或者，并不以直接的方式与价格产生联系。在这一方面，对劳动长期供给的传统分析(其中的优秀之处留待稍后考察）也使劳动与其他诸种生产力量有了区别。这种传统分类，即使从长期观点看，也不能令人非常信服地接受，随着我们讨论的深入，我们将对其进行详尽评价。但是，传统分类表面上的一致以及它在人们的思想和科学术语体系中已经得到确立这一事实，或许可以成为我们拿它当作分析起点的正当理由。

任何特殊变化的结果所造成的支脉纷衍和相互联系，最终都会变得相当复杂，直到我们对调整的每个方面都做了一定程度的修正，我们才能将这些支脉和联系弄个水落石出。这明显与所谓静态特性的第一条相符合。历史地看，人口问题的讨论，是通过人口与
150 劳动供给的关系，再联系与工资理论相关的分配进行的。当然，人口的增长就是对财货的需求的增长，因此，也是包括劳动本身在内的任何生产服务的需求的增长。但对任何生产服务的需求最终取决于两个因素，即行业的全部产业和相关服务在增加产出方面的相对重要程度。根据收益递减规律及以此规律为基础的具体的生产力理论，劳动供给的相对增加将使这一行业产品的增加在比例上相对减少，而且还会降低相对的劳动生产力。这两种结果都趋向于降低人均工资。同样的推理适用于劳动，也适用于其他生产服务。

在经济学讨论中，由于对分配的份额给出了不同的含义，所以引起了许多混乱。比如，我们谈到了工资，如前文所说的人均工资，就与生产它们的具体要素相关的其他诸种收入相类似。根据坎南的观点，分配的问题应称为“伪分配论”（pseudo-distribution）⑤，这似乎是一个不太恰当的用词，但这确实也是我们最感兴趣、最直接的

⑤　《生产和分配理论》，第七章。

一个问题。由李嘉图领头的古典经济学家们，通常将注意力集中在所讨论的“要素”所获得的全部社会产出这部分问题上。另外可能的含义显然是指，用绝对术语单位量度的一种“要素”的积累额。

一种要素的增加（指一组实际上可相互交换的生产单位），取决于该要素将获取的一部分社会收入，取决于该要素按已有的大致比例应用于其他要素时所实现的收益递减比例。如果总产量的增长接近于与要素的增长相称（请记住，不能等于或大于），那它的 151
部分分配额将会增加；如果过分低于要素的增长，其分配额将会下降。除非产出的减少与要素的增加在比率上相等或更大，否则，相对于要素下降的总收入的绝对份额，将会增加。然而，这两点都与我们当前关注的问题相去甚远。如果每单位收入是已知的，那么，要素的相对份额和绝对份额当然就会间接确定下来。

显然，任何生产要素的量的变动，将通过它对收入的影响，在对财货的需求上反映出来，并且最终会影响到产业组织和价格体系的几乎每一个方面。消费品价格中的这一变化结果就是马歇尔所谓的规范价格的长期变化。如果这一变化确实可能发生，那么，在理论抽象中对这些变化进行讨论似乎没有什么益处。唯一值得一说的一般性看法是，在其生产中由任何具体要素占支配地位的物品的生产，在其他投入不变的情况下，随着该要素供给的增加，该物品的价值趋向于下降。

进步理论中真正的难题并不与诸种具体变化的结果太过相关。这些结果虽然复杂，但也能借助于市场原理，即供需“法则”，勾画出来。困难来自于对变化本身的预测。什么是生产服务的供给条件？不同服务的供给中，哪种变化可以进行理性的预期？这些变化趋向于什么目标或均衡点？这一问题之所以有意思，是因为正是这些经典分配理论排除在外的终极均衡水平，才是我们要弄明白的事情。按照我们的看法，古典经济学对这些均衡条件的含义理解有误，均衡条件的重要性在某种程度上或许被估计太高。早期作者将我们
152 一直在讨论的均衡条件视为是某种意义上与消费物品的生产和消费、成本和价值之间的规范价格均衡相类似的事情。它们的“静态状态”如果不是社会的实际状况，也是一种持续地接近于静态的状况。[6] 正如实际情况所要求的，一旦我们认识到，均衡是一种不明确的东西，而且通常在未来也会有很大的差距，那么，它在理论中的作用就非常不同了。均衡的条件只能视为是一种特殊趋势的理论性结果，它在任何程度上都能加以修正，或者由于其他趋势的影响而发生逆转，或是其条件在接近业已形成的均衡很久之前，由于不可预见的发展情况而完全被改变。因此，在特定条件下，均衡实际上不是可预期的一种结果；对所有事情未来过程的具体预期，必须考虑到起作用的所有趋势，并估计出它们的相对重要性；另外，我们还必须一直为不可预见的各种影响留下宽松余地。事实上，如我们将会看到的那样，不同进步因素的相互关系是如此之复杂，对它们的作用我们了解得如此之不确，其作用又受到如此多的未知变量的影响，以致任何延续到未来的明确的预测，都是绝不可能的。

我们现在转而研究影响进步诸种变量的条件，以及与每种进步相关的所预期的诸种变化的问题，我们可以再次从人口因素开始分析，并将前面所列内容从头到尾讨论一遍。当然，这一计划并

---

[6] 穆勒《政治经济学原理》，第四篇，第四章，第四节。

不是将理论前提随便地考察一番，而是要严谨地探究一下我们所生活的这个世界的现实。在这一过程中，唯一武断而不现实的因素就是对明显占主导地位的特征的选择，以及如果有可能的话，为了确定其各自内在的趋势对这些特征的离析。这种研究所得的结果与所有的理论推论——所有一般性原理——一样，我们不能不 153
加鉴别地运用局部真理，而必须根据情况对其进行组合，并补充一些经验数据。历史人口理论或称马尔萨斯人口理论，将劳动力描绘成等同于在固定成本条件下所供给的一种商品。相应地，工资也一直趋向等同于这一成本——即维持一个静态人口的（实物的或商品的，而非货币的）成本——的均衡水平。当然，其前提条件并不是指，劳动力的生产是以金钱利润为动机而发生的，⑦而是指，这是人口生理一心理规律的结果，在这里，供给是以一种完全相似的方式发生变动。工资趋向于维持生存所需的最低限度，实际上是根据人口不断感受到生活必需品供给的压力这一趋势而作出的自然而正确的推论。⑧

⑦　一个忽略了的事实是，在社会的“较低”阶层，孩子的生产绝不是与一般所假定的经济计算无关的。事实上，婚姻的年龄和家庭的规模或许更多地取决于对孩子的预期收入和养活孩子的成本间的经济收益与损失，而这一成本除了取决于一代一代维持生活水平的可能情况的计算之外，还受其父母的控制（当然，两种考虑是相互联系的）。用城市和乡村以及不同社会环境中的生活条件与出生率所做的比较，还有对童工的后果的研究，以及以出生率为基础的义务教育法的研究，也对本书极有启示。

⑧　这里几乎没必要指出，拉萨尔和马克思派社会主义者的著名工资“铁律”是已经完全被取代的古典均衡工资理论，尽管该理论所依据的逻辑基础让人不能接受。如果工资趋向于减少的趋势是基于人口原理，那么，由于人口的增加，所有的社会重组方案（除了对原理的影响之外）因为后来贫困程度的增强，都无助于产生任何可能的临时改良的结果。这使我们想起，这就是《人口通论》中最初提出来以回应葛德文在《政治正义论》中所提出的千禧年希望的论点。

154 人们很快就认识到了这一早期劳动成本理论的经不起推敲之处，因此该理论让位于生活水平理论，生活水平理论的正确性建立在一个假设之上，即当工资水平发生变化的时候，生活水平依然是固定不变的。古典经济学家认识到，劳动供给的增加将引起食物供给的增加，但他们却坚持认为，食物供给的增加将以一种更小的比例增长（马尔萨斯的算术级数增长被后来的几何级数增长所替代，后来又被穆勒科学的收益递减原则所替代）。

穆勒也认识到，如果工资水平提高了，生活水平**不可能**固定不变，但他却对工资的永久性提高非常悲观（事实上比马尔萨斯更悲观），因为，除非在实际工资和控制人口的心理水平之间产生出一个巨大的差距，并维持住整整一代人的时间，否则对工资永久性提高的说法，只能持悲观态度。实际情况似乎是这样，如果通过产业的综合改良或者大量新的自然资源的开发，工资突然提高了，人口当然将会增加，但是，限制人口增加的心理水平线同时也会上升。因此，新的均衡由于工资水平高于旧有水平而得以确立。历史数据也具有这一特点。现代产业时代始于迈向欧洲文明的大量新区域的出现，尽管现在步伐已经放缓，但自那时以来，这一运动一直在持续进行。或许，技术的改良直到现在都在加速进行。当今世界的欧洲人口已经翻了四五倍，平均生活水平（如果我们能为这一概念给出确切含义的话）也提高了很多。相对而言，这两种变化的量都是无法量度的。笔者的观点偏向于马尔萨斯，认为他对自己假设所作的证明从整体上看是合理的。两种变化确实都还在蓬勃向前发展。[9]

我们已经在前面谈到了古典经济学推论中最为严重的疏 155
漏，就是在解决长期调整的时候，忽略了时间长短的讨论。这样，不仅是大量的“其他事情”(other things)会妨碍事物的逻辑进程，而且，在任何给定时间里都把均衡的条件看成是一种近似性描述，是一个严重的错误。产业社会中人口仍在继续急剧增长的事实证明，工资水平一直是而且现在也仍然是远远高于心理最低水平。就算在其他事情仍然不变的条件下，对引起均衡调整所需要的时间长度进行考虑，也是毫无根据的。除非我们准确地知道当前工资水平和心理最低水平有多大的差异，否则，系统阐述均衡的条件，从理论上讲是不可能的，再者，也不可能系统阐述两者的相对变化率，以及据此相对变化率两者之间日益减小的差异。

在本书简要的概观中，并不要求对人口的实际构成的变化进行详细的讨论。这里值得注意的主要事实是，人口增加和人口减

⑨ 上面关于人口问题的讨论无疑有些肤浅，但其他因素在这里是故意不加考虑的。学者们会记得，由卡恩斯对非竞争集团的讨论而引出的、将劳动作为在其供给条件上同质的东西而进行的过于简单的分析，在某种程度上更接近于现实。今天，社会在这一问题上的兴趣已完全发生了转移。让我们忧虑的并不是马尔萨斯主义作为一种普遍的主张——或许正好相反，是民族人口的自我减少；但超出这两者的，是问题的不同方面，即无能力者的成倍增长和上层阶级再生产自己的失败。下面这句话表面上听起来似乎有些道理，即低于某一标准，工资的增长就意味着人口的增长，但在超出物质舒适这一临界点不远，相反的关系即开始发生作用。教育普及的结果再加上工业化和城市生活以及时代精神(*Zeitgeist*)中不可预见的因素，使这一问题更加复杂了。尤其是，第一次世界大战使人们的态度产生了变化，即除了那些他们确信是意义深远的事情以外，人们倾向于轻率地对任何事情做出反应。

少之间的差异，以及由于向内移民、向外移民和国内人口流动
156 而造成的诸种变化。如果我们并没有对在市场上有效地显示出来的所有人类利益进行抽象，并假设人们有完全的信息沟通和移动的自由，那人口迁徙的诸种因素很快将达于均衡。

第二个进步的变量是心理因素，即人们的倾向和嗜好。与人口的数量和构成一样，心理因素也对我们所讨论的消费和生产的条件产生影响。当然，变化和大的变化发生在对消费品的欲望以及对不同生产活动的态度上。[10] 这些变化多数都不能作为价格函数进行分析，也不能对其均衡条件进行系统阐述。它们仍然属于外部干扰原因，很少能预测，尤其是在生产方面。有些趋势我们经常可以看到，如“城市的诱惑”，就是以农业为代价而对工业生产的增长产生影响。在美国，对白领工作非理性的偏好使机械工人的工资高于需要更多能力和教育才能胜任的文员的工资。其他的偏好和风行一时的特定工种，因为我们仅仅指出它们是经济过程中的部分给定条件，它们的变化会产生出繁复多歧的后果，从而肯定被忽略了。所有这些考虑都适用于财产的使用和个人权力，尽管是在一个极低的程度上。

在消费方面，存在一个非常重要且更经得起科学分析检验的问题，尽管对此问题的研究仍然很不牢靠。我们这里谈到的是一个常见的事实，即凭借私人企业的开发、创造或引导消费欲望而产

---

[10] 社会对任何行业或职业的强烈非难，一旦被那些对社会的嘉许和非难满不在乎的人（社会从来不乏这种人）所掌握，无疑会倾向于使任何与其相关的实际坏事更加糟糕。非常明显的例子就是中世纪的放贷（以及现在相同类型的放贷）和现代酿酒业。

生的对经济资源的使用，也就是广告这一现象。[11] 通过发布广告，157
不论是传播信息还是仅仅是劝诱，其价值的增加都与任何其他形式的生产，或者说“效用的创造”，有相当的相似之处。这种价值在很大程度上是从其他商品上转移过来的，但是，这种增加在一定范围内是对竞争商品的实质性诋毁的结果，也只被看成是广告商品中的附加效用而已。[12]

当然，创造欲望的企业具有很大的不确定性和偶然性或“风险”。但与其他诸种变化相比，其行为的结果在一定范围内显然是可以预见的，竞争将使收益与其他领域中的收益相等。因此，在整个体系范围之内，成本将等同于价值，无利润调整的情况将会出现。不论欲望的创造是否受制于收益递减规律，这一过程的最终结果都将会趋向于均衡，在均衡点上，将不再产生收益递减，或者不管欲望的创造是否是导致持续变化的恒久的内在缘由，都是一个我们不能

---

⑪ 为了以认可的思路指导消费，由社会、公众以及有组织和无组织的集团所做的努力，被排除在对私人竞争组织的研究范围之外。

⑫ 对竞争商品的诋毁因同样的理由，如金砖、酒类等的分配类似盗窃和赤裸裸的欺骗行为一样，必须排除在考虑范围之外。这里应提醒的是，我们已经明确地将无法在市场交易中体现出来的利益排除在外了。

这种提法似乎有些空想的性质，但我发现，要在诸要素的具体形态和一个商品的外观之间做出区别，几乎是不可能的，因为一方面，从其原本的目的来说，形态和外观在效能上是区别不出来的（比如相同的颜色和经常与其用途发生冲突的装饰性点缀，以及花哨的外包装等等），另一方面，一种要素的吸引人之处是由于有一个动听的名字或任何其他形式的“吹嘘”。这些事情使商品在消费者那里产生了差异，在一个交换体系里，消费者才是终极裁决人（the last court of appeal）。如果消费者认为商品有差异，商品就有了差异；如果他偏向于购买这一个商品，而不是另一个商品，那么第一个商品就优于第二个商品；第二个商品就含有了另一个商品所不具备的“效用”。我并没有看出这些效用是否在商品本身或一些相关事实上有什么真正的差异。

根据其是非曲直进行讨论的问题。笔者的推测偏向于后一种选择。

158 至于第三种进步的因素，即从供给变化的角度考虑的与这些资源的分类相关的第一个问题，是现有生产资源的量。我们在前面已经指出，在某种程度上，必须按传统的三分法思路才能对差异有所认识，但我们必须强调指出，这些差异被过分夸大了，因此，按传统思路，我们无法继续进行确切的分类。[13]

劳动供给的长期条件由两个因素组成:第一是我们已经讨论过的人口。第二个是广义的教育因素。我们说，导致生产效率增长的训练，明显与物质生产要素、或者与通过资源从当前的消费性使用转而创造出的资本品相似。甚至人口本身，如我们上文所评述的，在社会各阶级主要通过劳动维持生存的情况下，很大程度上也要取决于对金钱利润的考虑。因此，劳动与资本的区别，显示出一种逐渐消失的趋势。实际上，一定程度的区别仍然存在。技术训练不能出售或租用而与其所有者分离开来，也不能在任何直接意义上超出其所有者的工作生命而长存下去。至少，资本更不会附着于其所有者身上(要知道从来没有绝对意义上的分离)并永远发挥作用。另外，教育投资也更多地受到逐利动机以外的其他动机的影响，因此，教育投资并不能通过有效竞争将其回报调节到与其他投资形式的回报接近相等的地步。[14] 改善人的能力方面的投资更是一个长期的

---

⑬ 应该记住，从短期的角度看，供给方面的变化不在讨论之列，需求方面的变化才决定分配关系，所以没有哪种分类是完全有效的。

⑭ 在人类潜能的发展中，如此多的资源获利投资的机会被错过了，而又造成了如此多的资源浪费性的投资，这一事实或许是对当前社会最严厉的批评之一。然而，这是家庭制度的缺点，而非私人企业组织的缺点，所以从各种意义上都要对两者分别进行考虑。

问题，但它并不像其他许多形式的投资那样，能预见好前途；但从其 159
他方面看，人力投资很容易受到极度的不确定性的影响。毕竟，就像在不同情况或种类的劳动生产之间，以及在各种各样的物质产品的创造之间存在那么多差异一样，两种类别的资源投资，也存在很多不同。在不存在不确定性而存在竞争的条件下，投资将在两个领域内进行分配，投资的所有方面以这样一种方式，不断平衡其净收益，是很清楚的。这就是说（请记住，成本只能代表一种竞争性诱惑），由于不存在不确定性，整个体系内的成本和价值将会相等，即存在一种完全的、无利可图的生产和交换组织。

一旦涉及资源的投资，所有生产服务的供给条件都存在着基本的相似性。在每种情况下，都存在生产力从制造当前消费品的使用，向创造新的消费品收入源泉的转移。因此，在我们能将所有的均衡条件放在一起讨论之前，对任何一个均衡条件的讨论，都将推后。事实上，在这一条件下，一般均衡理论就是长期利息理论。

古典经济学家将土地或自然要素，作为一种既定的供给进行分析。这一假设为提出一个不同论据的地租理论奠定了基础，凭借这一假设，不仅其他分配份额得到了解释[15]，而且也在地租和成

[15] 长期以来，人们就认识到，级差地租理论同样可以很好地应用于其他分配份额。参见 J. B. 克拉克《租金法则决定的分配》，以及 J. A. 霍布森《地租三法则》，载《经济学季刊》，第五卷。但人们通常并没有认识到，地租理论最终也没有对所有的地租做出解释。尤其值得一提的是，弗朗西斯·A. 沃克将军提出的分配理论，沃克将军的著作长期以来一直就是美国大学里的标准教科书，其全部含义不过就是对一个主题的详尽解释，即每一个要素所获得的是支付其他要素后所剩下的部分。它很容易就能表明，级差理论一旦以一种有效的形式进行阐述，就与具体的生产力理论完全相同。可参见 A. A. 扬《伊利的〈经济学概要〉》，第三版，第 415—416 页。

160 本之间设定了一种特殊关系。对土地的定义要符合对这种固定供给的描述——原有的用之不竭的土壤之力——在一定范围内，确实有些极端。后来，这种无条件恒定供给的理论，又成了单一税宣传的基础。我们虽然不能详尽讨论这种观点，但我们必须拿出一定的篇幅对其绝对谬误之处进行简短的评论。不言而喻的是，一旦新的自然资源的发现、占用和开发是一种公开的、竞争的活动，那么，资源在此一用途上获得的回报与资源在彼一用途上获得的回报，就不可能存在任何差别。再者，任何差异的存在，要么就是一种偶然的结果，而且与其他事情一样，也是偏向一个领域，要么，就是由于在不同领域间存在的心理诉求上的某种差异；即，用他们的净收益去抵消某些其他差异。从总体上看，通过一些历史的过程，土地才被用来作为生产之用，人们一定会说，这一用途是“制造出来的”；也就是说，人们赋予了它一种与任何别的可交换物品相同的效用。当然，这又是从不确定性因素中抽象出来的。在现实生活中，存在大量的投机性因素，但一般来说，这一点不能被说成是土地与任何其他种类物品的区别，尽管其结果在很大程度上与土地上的结果相符。

在现代社会中，一种新形式的生产资源，不管它是申请了专利，还是处于保密阶段，或者只是“尚未”在整个生产领域拓展其使用，只要它形成了特别的生产方法或独有的技术制造程
161 序，都会变得非常重要。这种制造程序与任何其他要素一样，都是收入的来源，都是首先以相同的方式，凭借当前资源的投入（投入于研究和实验）而产生出来的。然而，它们与多数资本品并不相同，它们的维持成本和多次再生产的成本是如此之

低廉[16]，以致大量增加这种程序的使用致使它成为自由财货都能有利可图，当然属于其拥有者个人所有的除外。这样，除非有某种程度的"垄断"，否则就要将它们归为增强的个人能力范畴。新的生产程序有些类似于在赌博因素较大的条件下被投入生产的自然资源，但其运作的结果在一定程度上是可预见的，与其他领域的投资收益相比较，这种收益也趋向于均等。

因此，我们现在转向在新的生产能力的创造过程中普通而简单的资源投资问题，即转向资本品问题的研究。在这一方面，我们可以适当地讨论一下一般性的情况，接着再回到上文已经提到过的人力、自然要素和生产方法的诸种问题。这种讨论与上一章关于时间偏好和生产品的买与卖诸论题紧密相关，事实上，可以说是对那些论题的重提和继续。现在，我们的问题进一步复杂化了，生产品的供给不再是固定的，但要出现无限创造这种财货的机会，却要通过资源从当前消费品生产的转移而实现。因为我们会明白，对于个人来说，用当前财货进行投资（用它们来支付生产要素，而生产要素则 162
通过"预付"而解放出来，[17]专门用于新设备的制作）与用现存的生产服务交换其他财产，是完全相同的事情；这是为保证相同的结果而

---

⑯ 然而，正如有时所假设的那样，观念是没有这些成本的。因此，A. S. 约翰逊主张（《当代经济理论中的租金》，第 120 页），一种观念不能被视为是生产性的，因为，使自己无限地扩展是"其本性"。如果是这样的话，教育的问题就简单了！但在一般观念的扩展过程中，我们也希望进行一些鉴别！即使这样，如果其"自然"的趋势受到阻碍，在应用方面受到局限的观念似乎由于任何别的东西都是生产性的而变成生产性的了（见下文，第六章）。

⑰ 经典作家视资本为"对劳动力的预付"的观点，除了没能——从他们的劳动理论的观点来看是很自然的——把劳动力以外的其他生产要素包括在内以外，都是正确的。

做的选择。因此，以前所涉及的关于动机的讨论，可应用于现在的问题；也就是说，它适合于通常对资本形成动机所做的假设。我们应该强调，在先前的假设条件下，不存在新动机的重要意义，即我们为了自己的利益而去创造机会的动机，明显不同于只是为了拥有所创造东西的欲望，或起码远远超出了这一范围。然而，在本书的研究中，我们似乎有必要将储蓄动机中的复杂因素提取出来，并视新的生产设备仅仅是一种永久性的价值收入（与先前的问题一样，这份收入也具有在任何时候出售变现的可能性）。[18]

163 因此，对资本品的需求，只是我们已经讨论过的对未来收入的需求。假定有一种稳定的且广为人知的技术，与创造它们的必要投资相关的所有这种财货的形式，都保持一种相同的生产力水平，因此我们可以将它们视为是同质的类别。产业中对资本品的需

⑱　除了这样一种信条，即保障从资本获得的收入的愿望，是储蓄的唯一动机之外，动机的强度与所期望的收入的多少相比，很是不同，或者，通过某些简单的法则与其相关，这还是一个进一步的、值得怀疑的假设。为方便起见，我们还是作一个传统的简单假设，只是利用这一机会来表明我们对这一传统做法的正当性的重大怀疑。对我们而言，资本的储蓄事实上似乎主要是两三个动机的结果，其中，期望增加未来的消费物品只是一个动机，而且或许只是一个不太重要的动机。与社会中人的其他行为一样，这种行为在很大程度上只不过是一个公认的社会习俗、合乎体统、该做之事和道德观念的问题。接下来我们必须强调一下创造的冲动。或许，储蓄最大而且唯一的原因就是出于对企业的纯粹的关注以及要让企业壮大的愿望，而将收入又投回到企业中去。增加收入的愿望不是主要的动机，这一点在很大程度上可以通过这一事实来证明，即人们就像投资于一个最兴旺的企业一样，不顾死活地投资于一个似乎永远不会带来利润的企业，这一点还可以用这样一个事实来证明，即社会中的大部分再投资，都是由那些自己得不到投资回报的公司董事们做出的。我们相信这样一个真理，即人生的真正动机，至少是那些做大事的人一生的真正动机，具有理想主义的性质。企业家与艺术家、发明家或政治家一样，具有基本相同的心理。他自己专注于某一工作，并沉浸于工作之中。工作就是他人格的体现，企业的成长就是他的生活，他按自己的计划完善自己的企业。

求，就像产业中对任何其他生产要素的需求一样，受我们所熟悉的生产力递减二重法则的支配，根据物品本身的物质量度看，这种物品的生产越多，产业所获得的价值收入越少。然而，投资者据以估价的基础，却不是所创造的物质生产品。物质产品对他的计算来说是不存在的。他的兴趣专注在以下两个方面：(a)他所放弃的当前财货的量（即价值），以及(b)他所获得的价值收入的多少。因此，在这一问题上，我们实际上得到了一个有效需求递减四重法则：(1)生产者物品的创造，意味着资源从消费品制作上的转移，这种转移之所以发生是受实际收益递减的影响。消费品的种类以及给定的量的牺牲，使任一种类资本品的一个较小量的制造成为可能，这一过程也更为扩展。[19] (2)那些更容易通过资源投资成倍增 164
长的生产品，相对于在这一生产中所组合的其他投入要素来说，一定会增加，其使用也会受到实际回报递减法则的支配。(3)在一定程度上，进入某些商品生产的投入要素的相对增加，会使这些商品的供给相对增加，并使其价格相对于其他商品而下降。(4)最后，由于未来收入的创造而牺牲的现在财货越来越多，对未来收入的偏好一定会因为其容易获得而减弱。

假定其他条件相同，资源的投资将最终达到一个均衡点，在这一点上，价值收入的量和必须要牺牲掉以创造价值的现在价值的

[19] 这种说法也适用于资源投资的其他方法——新的自然要素的开发、劳动的培训和技术的改善——以及狭义的资本品的创造。由于人口本身依靠消费品存活，所以，资源在增加人口数量方面的作用，似乎是个例外，同时这里所涉及的生产形式没有变化。但在极为有限的范围内，这种行为对当前财货与未来财货交换的计算，非常重要。

量，在体系内对每一个人来说都是相同的。由于靠牺牲一定量的现在财货所产生的收入对新的储蓄有充分的吸引力，所以，新的储蓄一定会持续出现，并使得通过一定量投资所获得的价值收入的量减少。这种情况最终会达到这样一点，在这一点上，投资的产出刚好足以吸引已经储蓄的现有资本，而不再需要新储蓄的加入。当然，有些人可能任何时候都在消费以前储蓄的资本，而另一些人则正在储蓄和投资，两者正好相互抵消。[20]

165 上面是对"折衷的"利息理论的简短叙述。由资本品，即为了创造价值而牺牲掉的现在价值所创造的资本品，产生出的年价值收入的均衡比——即不会再产生净转换（储蓄和投资）的比率——就是理论上的长期利率。正如马歇尔所说：[21]量值（magnitude）才是利率不断"趋向"的东西。当然，我们必须假定"其他条件"是"相等"的。但问题的实质是，其他条件不是、也不可能是相等的。随着投资的发生，得自投资的新收入使得任何给定数量的储蓄变得越来越容易了，并因此而逐步改变了新资本的供给条件。另外，在这种调整过程自我发展的同时，我们很难设想欲望和嗜好，甚至是技艺的状态，

[20] 这里应该提醒一下，不能把这种均衡看成是与一种消费品的规范价格完全类似的东西。一种消费品在使用中会被损坏。至于消费品的均衡条件，由于这一商品实际存有的量微不足道，所以其均等是商品的消费和生产的比率之均等。（当然，耐用消费品事实上就是资本。）另一方面，资本积累就是对过去的全部净产出不停进行增添的新生产。在这一条件下，均衡是一个实际存在的固定的量，均衡条件中通常的生产和消费量，反而只是损耗的替换物。在这一方面，资本就像是黄金估价理论中的黄金一样。再者，就像我们接下来要讨论的黄金一样，其均衡条件实际上是未来的一段确定的间距，新的生产则是固定而实在的，但与现有的供给相比，其数量仍然很小，因此，生产条件对于有限时间内产生的价值，只有微不足道的影响。

[21] 《经济学原理》，第六版，第 536 页。

都会依然静止不变。如果理解正确的话，理论从逻辑上说就很合理。这种理论也描述了利率不会产生变化的条件，因而有利于预测利率的未来运动。但是，它会使人对事实有一个不完整的看法，这是我们在实际预测中须加以考虑的。其他条件的变化——尤其是花钱和储蓄的心理(部分属于收入多少的问题)——不用提战争与灾难了，就是在一定量的投入要素不能通过投资和技术的发展随意再生产出来的条件下，就像由于不断的储蓄和投资会趋向于均衡一样，事实上也会对利率产生极大的影响。[22]

但是，对这种折衷理论最为严肃的批评，像通常所表述的那样 166

[22] 这里还应该提及银行业务、投机以及变化多端的对外贸易，这些都可能在极短期内完全支配利率。由于没有考虑像拆借率及国际交易与利率的关系这些现象，所以我们在这里稍微谈一下银行利率的问题。在其他条件不变的情况下，银行通过扩大贷款而创造的新的资本货币供给，趋向于降低利息率。这一结果主要限于那些主要由银行大量交易的短期贷款，但或许也并不完全如此。我们必须认识到，通货膨胀是通过实际的储蓄，即通过收入从当前消费向资本品创造的转换而产生出效果。银行贷放给投资者的新的货币，从社会的角度看，并不是新的购买力。流通手段的实际总价值，独立于构成流通手段的单位的数量，这是一个理论上的公理。因此，一旦发生通货膨胀，购买力就不是被创造，而只是从前一个流通手段所有者的手中转到了将新的货币作为第一笔开支的人手中。通货膨胀政策在历史上的巨大作用及这一异端邪说的持久存在，依赖于这样一个事实，即新的货币支出效果，比现有货币支出已被减弱的效果更为惹眼。这是另一种我们熟悉的情况，即“人们看得见和看不见的事情”。(语出巴师夏，他写于 1850 年的文章标题。——译者)

然而，这里也要强调指出，商业心理在经济过程中是极为重要的，这是一个极为复杂、敏感甚至变化莫测的事情。因此，我们不可能从基于任何简单或理性的人类行为假设的单纯因果推论所提出的政策中得出什么结论。毕竟，银行贷款或许创造了更多的超过资本供给的需求。但是，商业条件和经济循环中错综复杂的变化问题不在我们考虑之列。这一领域中一些有意思的提法我们可以在 H. G. 莫尔顿和迈伦·W. 沃特金斯所撰写的关于“商业银行贷款和资本形成”的一系列文章中找到，文章见《政治经济学杂志》(1918,1919)。

(例如在马歇尔的书中),是说它没有认识到均衡及这一理论所假设的实际条件在一个给定时间内接近均衡状态的真正意义。相反的情况也是正确的;这一问题与我们讨论过的人口问题相似,但更为突出和重要。在一个发生了新投资的社会中,在一个给定的时刻,资本化率就是即期财货向未来收入转换的技术比率。这就是新投资的"生产力"比率,即所创造[23]的资本品的年价值收入与为
167 创造资本品而牺牲的即期财货的价值之间的比率。在存在转换可能性的地方——通过不充分的维持,储蓄与投资的转换可能性或现有的消费资本的转换可能性——不可能再有其他的形式。储蓄和消费的心理,对某一刻的利率,不可能有什么可观的影响。资本的供给在短期内也不会是利率的函数,而只是一个确定的客观事实。心理态度的变化或许会使人们的储蓄(或消费)多一点或少一点,但与一个社会全部的资本供给与需求总量相比,其效果简直不足为道。时间偏好比率确定了新资本的积累比率,并影响到未来时间的利率,而不是眼下的利率。转换的可能性迫使每个人都要使他的时间偏好比率与现有的生产力比率相等,这一结果是由于人们或多或少地储蓄自己的收入,或是,或多或少地消费已经储蓄

[23] 在存在不确定性的现实生活中,它是市场上通常预期的产出,可能与随后在任何具体情况下所实现的产出并不相同。

生产力理论的正确阐述如我们在正文中给出的那样,显然是转换了费特教授和贴现学派(time discount school)的主题,即资本的产出与资本并不是同质的,因此在将资本化过程应用于资本本身之前,这一比率不可能存在。在做出投资决定之前,资本和预期的资本产出是同质的东西,资本虽然还没有进入市场投资,但利率已被确定。当然,资本品一旦创造出来,其价值由资本估价来确定;这种作用必然是以利率为先决条件的,因此,根本不会受到资本品和资本收入之间关系的影响。

的资本这一原因造成的。

即使我们假定其他所有条件都是静态的，对于无论什么时候引发均衡调整所需要的时间来说，也没有什么限制。在整个现代产业时期，利息率一直高于均衡水平，社会条件既然这样（包括人的心理因素、道德观念，尤其是收入在少数人手中的集中），已经为资本一直表现出持续而急剧的积累态势的事实所证明。如果对资本的需求和其他条件仍然不变，要花多长时间才能达成均衡，取决 168
于与实际利率和均衡利率间的差异相关的人们的储蓄率（要对收入的增长和心理储蓄成本的减少加以考虑），以及将新资本应用于社会上已有的其他生产投入要素的过程中，收益递减规律发展的速度。当然，从历史上看，其他条件离均等是如此遥远——尤其是通过人口的增长和新自然资源的开发，对资本的需求增长得如此之迅速——以致利率的增长表现出惊人的稳定。我们还应该注意到，技术的改良一般趋向于节约劳动和土地，并相对增加对资本的需求。我们可以对均衡的条件作系统阐述；能引起这些条件产生的事件的实际过程如何，或者这些事件将要占用多长的时间，或许纯属毫无意义的猜测。完全没必要相信存在任何真正的趋向均衡的进步，不言而喻，这种进步的失败，既不会对逻辑的合理性，也不会对理论本身的实际效用，产生不利的影响。

上述分析并没有涉及到利率这一术语的一般意义，涉及的只是现在消费品与收入财产权之间的资本化率，或交换率，这一比率也是投资的生产力对有投资机会的投资的比率。按一定利息借贷自由资本的现象是否会在缺乏不确定性的社会中出现，现在并不清楚。资本借贷是将生产要素价值的所有权与具体事物本身的所有权相互分离的一种制度与手段。如果不是为了这种分离这唯一的重要动机，那么，从要素价值的未来变动来说，这笔本金是不确定的。在价值不易发生变化的场合，或在价值会发生变动、但其变
169 动却是可预测的条件下，要素的销售价格必然会达到这样一个程度，以致对未来的使用者来说，不管他是租来的要素，还是用借来的资金买来的要素，要素的销售价格都是一种完全无差别的东西。借贷合同是对租赁合同的一种选择。生产者借来资本并用此资本进行投资，因为他将此资本付给了提供资源进行新设备制作的劳动者、地主和资本家，所以，他因为这种"预先支付"而将资本转换成了生产品。显然，资本的原始所有者可能也会自己用它进行投资，他可以根据货币贷款所创造的东西来出租这些要素。在一个未来可完全预知的世界里，投资实际上是一个无成本的行为。然而，假定一些无法避免的最低程度的管理和烦恼足以使投资的职能专门化，并将它与提供资本的职能相分离，或许也是合理的。如果是这样的话，资本借贷和适当的利息将会出现，当然，刚才讨论过的利率、资本化率和生产力比率都会存在(如果还有什么的话，那就是投资成本将减小)。

投资行为完成后，我们就可以看到，收入不过就是商品的价值收益而已，而投入要素的价值则是这一收益的资本化率所决定的，即由市场为自由资本所确定的利率所决定的。但是由于有大量的可供再生产的生产品，这一价值可能永远不会明显地偏离生产的成本。事实上，在一定的时间内，人们根据需求的变化，需要极为不同的资本品以调整供给。如果有任何不易于通过投资而再生产的要素，那么这些要素与对土地的经典描述相符。按笔者的观点，

这种要素实际上可以忽略不计，因为在长时期内，土地也与任何其他资本品相同。勘测方面的投资和开发工作也与其他领域中的投资相互竞争，这种投资和工作类似于其他生产成本的各个基本方 170
面。对供给方面相对有弹性的商品和供给方面相对无弹性的商品的区别，以及对后者的一种特殊收入（马歇尔的“准租金”）范畴的认可，可能都是合适的。但由于不存在不确定性，所以这种区分当然毫无意义。

我们现在必须简要地讨论一下要素清单上还剩下的项目，即在静态状态的讨论中假定不变的要素。第四项是生产服务所有权的分配。这里唯一要指出的一点是，与影响财产的方式完全相同的影响人力（劳力）的条件，以及**完全**依赖于社会制度的情况。这只是因为，我们已经习惯于依据权利来看得自遗传财产或得自遗传能力的收入。对于一个靠即期收入的投资而发展出生产能力的个人来说，不论他是靠他本人或靠已经生产出来的资本品，还是靠自然资源的发现和开发，他并不必然拥有因此而被赋予的在一生中完完全全拥有的所有权（几乎无限的控制权再加上对全部收入的权利）。[24] 我们在思考中将这两个类别作了区分，就所继承的人的能力来说，我们视财产权为理所当然，但指认继承的物质财货的

[24] 值得注意的是，在资源投资的第四大领域中，通过研究和实验而导致了生产方式的改善（我们这里没有包括人口数量的增加），但并不会赋予推动这一改善的人由改善获益的永久性权利。只要他能保守自己的秘密或防止被人占有，他就可以保留对自己想法的垄断。但从时间上讲，这样做通常是行不通的。以一些具体的技术发明来说，社会会以专利的形式授予并保护这种暂时的垄断。（我们发现，在美国有一种日渐增长的趋势，限制利用暂时垄断的手段获利。禁止附有限制条件的租赁专利机器合同即是例证。）

收益为“非劳动收益”，似乎相当费解。社会总要找到某些方式去
171 鼓励一切生产能力的开发及慎重的、获利性的使用（就像社会总要认识到，家庭关系要保证一代一代控制的连续性）。虽然其实际的可用性并不属于我们这里讨论的范围，但要做这些事情我们还有许多其他方式可供考虑。这里要指出的是，社会在所有权的限制方面，即在控制和收入两个方面，进步都很迅捷，围绕财产的使用也有了越来越多的约束因素，以个人同意工作的诸项条件为限，越来越多的收入也为了“社会”的目的，通过赋税被拿走。

至于地理分布——对这一被忽略的话题一定有很多话可说，但本书的篇幅和计划不允许我们多说。仅仅人口集中的问题，且不考虑人口集中在什么地方，即不考虑人口是集中在城市还是乡村，就是一个意义深远而令人着迷的问题。移民、殖民和人口的内部迁移也明显是一个重要而且复杂的问题。在这一领域内，我们也能辨识出一种基本的均衡条件，在这一条件下，所有安置点的优越之处都是相等的；在这里，趋向理论目标的进步，相较于在任何特殊时间把我们与之分开的间隔来说，是缓慢的。欲望的变化以及导致欲望脱离私人获利动机而变化的活动，在这一点上尤为重要。我们说美国的政治史和经济史一直受到房地产投机买卖和低息资金争议的主导，在很大程度上，后者又是前者的一种衍生，或许并不过分。当然，人口的实际分布在很大程度上是由自然生产资源的分布，以及与运输条件相关的乡村地形所决定的；部分也取决于居住地就居住
172 目的来说是否称心如意。但值得注意的是，即使在一个物质条件绝对相同的世界里，人们也会出于消费和社会动机的考虑，而以各种规模和程度成群地居住在一起，这是令人感兴趣的。

最后，静态条件还包括静止的技术和一般知识，作为科学讨论的一个主题，这是最不可相信的概念之一。能使得知识增加的活动**可能**是一种富有成效的活动，但对想象力的要求太大，以致我们无法在某个具体的事例中试着将它看成一种具有可预见性结果的事情。然而，在成批的事情中，我们差不多具有预测能力。在许多领域，即在行动规模足够大的领域，研究都能或多或少“明智地”进行下去。现在看来，认真地谈论一种均衡的条件，即在这一条件下，通过进一步的努力获得回报或回报的机会，将不再能充分吸引生产要素进入这一领域，似乎也毫无根据。但即使这样，我们也很清楚，在可以预见其结果的范围内，资源的分配将以保证整个投资领域中的均等回报为准，在竞争条件下，每个已实现的价值都将等同于创造该价值时所发生的成本。在这一领域里，不确定性实际上是进步的不可避免的伴生物。虽然我们接近具有预测能力，但不可预测意义上的量的变化独立于进步意义上的量的变化，因为它们的结果极不相同，所以在因果关系的分析中，这两个因素必须分开进行研究。

这样我们就结束了对一揽子进步性变化的分析。在每一种情况下，产品完全而无剩余地在事关产品创造的诸要素间进行分配的必要和充分条件，除了完全竞争本身以外，还指在与生产者的计算相关的整个时间内，能够预测到的变化。在这种条件下，资源使用的结果也能预测到，竞争将迫使每一个生产资源的使用者为他 173
负担得起的资源进行支付，这一支付就是对行业总产出的具体的净贡献。如果变化的规律为人们所知晓，就不存在任何扰乱无利润调整的变化了。

174 第六章　完全竞争的小前提条件

在第二篇，我们为了确定私人财产理论性趋势的准确含义，试着对完全竞争社会和自由交换的社会组织，尤其是实现这些趋势的必要条件，进行了分析性的解释。在第三章首次列举出的抽象条件，只是在一定程度上部分反映了对现实生活的背离，部分是为了分别对构成要素进行研究，而人为地对货币组织的主要特性进行了抽象。后面这种类型的要素在第四章和第五章中进行了分析，就当前的研究来说，其结果还只是对完全竞争制度的实质进行了概略的描绘。① 首先，就笔者的心理准备或这样分析适当与否的感觉来说，这项研究的第一个目标、也是初步的目标已经达到。第二个或更为重要的目的就是拿这种理想的完全竞争与日常生活的事实来进行对比，以展开对一般性原理之局限性的检讨，并且在得出完全适当的结论之前，对一些必须用精细的实证数据进行补
175 充的方方面面进行探讨。

但是，本书并无意全面而彻底地穷尽这一领域，只打算对一个

① 这段表述有一个重要的例外。如我们在第一章和第二章中所评述的，各个单独的事件中所存在的不确定性并不必然妨碍竞争的运行，或者，并不能阻止在生产要素之间进行企业产品的无剩余分配时理论上的结果的实现。如果我们能对特定情况下的不确定性进行量度，那么，不确定性实际上就会通过对足够数目的事实进行归组或聚集以保证群体的确定性来排除。除非我们对风险和不确定性的一般理论作过了阐述，否则我们无法对此进行分析。（见第八章。）

理论性简化，即完全知识的假设，进行详细的研究。本书的第三篇将集中讨论不确定性的含义和逻辑上必然的结果，以及经济行为所依据的信念和观点的不完全性和不准确性。但作为一种背景，对其他一些抽象的因素略作评述，也不无裨益。[②]

不难看出，我们在第四章谈到的对纯分配理论的许多反对意见，都与这些必要的科学理想化相关，并且，这些反对意见作为理论概括在完整性和准确性方面的局限条件，实际上具有重要的含义。因此，对理论来说，这些反对意见不一定站得住脚，并且，因为没有理解科学推理的实质，即一般性原理的含义和使用，所以我们还要做进一步探讨。这种情况尤其适用于已经提到过的第一点，即在我们所讨论的所有重要因素中，持续可变性的假设。“边际单位”的大小问题显然与产业组织的灵活性相关，所以这两个问题必须放在一起加以考虑。一旦我们放弃将投入要素(agents)转化为 176
“生产因素”(factors)的不适当的传统做法，转而分析各自独立的实际竞争单位，这一问题才有了实际意义，同时，也构成了对理论

② 第三章中所列出的第二条和第五条——即人是完全理性的，并且人们之间存在着完全的相互交流——显然是本书要在第三篇中进行分析的完全知识的问题。本章中我们特别关注的是第三条和第四条——即具有完全可分性的合乎规定的行为自由和完全的流动性；第六条和第七条是不存在垄断和掠夺的情况。第八、九、十和十一条已经做过分析，但是，对第八条的第一点，即与个人欲望截然不同的社会关系做进一步的评论也还是合适的。我们在这里要强调的是，我们在第四章的第一个方面已经讨论过，生产过程永久性的必要条件就是保证完全的流动性。另外，由于完全流动性反过来会有利于诸项生产力的变化，所以，人们可以通过掌握在一段时间中具有某种用途的诸种生产力，放慢再调整的速度。但这种做法并不会影响到最终的结果，即调整达成时的调整特征。对中间效果的一些讨论必须与利润的研究相关联，在不确定性的分析为利润的讨论扫清了道路之后，才会探讨整个“摩擦”问题。

的应用的有效约束。尤其在劳动这一我们特别关注的问题上,人的个体就是非常有效的单位,其作用不仅在于他可以作为一个单位讨价还价,而且他实际上也不能在不同的企业间进行分割,他在任一较短的时间间歇内所能从事的职业范围,也受到了非常严格的限制;他也可能是一个身处高位、相当独特的人;他并不总是会为满足完全竞争的归属需要、从一种类别转到了另一种类别所造成的微小差别而失色。他的人数(与异类者的人数相比)远远未到足以使一个个人成为一群同类中微不足道的一部分的地步。[③]

由于自然要素的规模是可估量的,所以经济组织的灵活性从总体上受到了约束,J. A. 霍布森先生和威塞尔教授对生产力理论所做的批评,在很大程度上确实是许多单个情况下的实情。现在有许多只由使用单一要素的少数企业组成的生产组织,这些企业可以非常有效地互补不足,但不能非常有效地满足任何地方的需求。在这种情况下,竞争并不能提供一种可以在集团成员之间分配这一群体全部收益的方法;因为收益中极为可观的一个部分无

177 法自行分配,属于一种协作产品,这种情况取决于特殊组织的实际作用。许多合伙企业的经验都说明了这一点。就这一群体的价值估算而言,虽然这一收益是这一群体的正当收入,但却无法在群体内部准确地对其进行分配。假如是一个合伙企业,那么,成员之间的这种分配通常是依据道德基础,或"议价能力",即绝对的个人力

③ 人并不一定就是某一具体企业的生产力的一个微小部分。通过企业对不同要素的竞争,价值估算过程(imputation process)证明了自身的有效性。如果若干企业中的某种类型的要素都存在无差异边际,那么所有相同要素的收入都可以准确确定下来。

量。在行业中，一般来说超过凭借竞争而分配给其行业成员的组织之特殊产品，起码多数都到了企业家手中，尽管议价能力或策略一直在这一过程中起着极大的作用。

在分析收益递减规律的过程中，同样的因素引出了一个特殊的难题。当任何要素出于其物质属性或在任何特殊情况下都只能大批量使用才合适时，那么，在一个单个的竞争性组织中只能使用一些或只能使用一个的情况下，这种特殊组合物的技术性特征在某些点上可能导致了明显的"规律"之外的情况；也就是说，出于简单的原因，这些例外对曲线的某些部分的影响可能是明显的，这个原因即如果一种要素不受递减规律的支配，那么最佳组合比例只有依靠另一种要素的增加才能得到保证。一个明显的例子就是铁路的情况，即作为通行权（right of way）的主要的关键"要素"。如果对运输的需求大到足以需要更多的铁路道轨，该曲线将会平滑展开，并将最终在设备中的其他要素上，显示出成本的增加。煤气和水网管道，还有许多例子可以说明，在达到一定的规模之前，情况都是这样。有限可分性（limited divisibility）这一事实才是不同规模的企业在经济运营中具有差异性的原由。在企业经营中，某些要素的量并不是持续可变的，其他要素必须与它们成比例地投入才能达到最佳比例，因而要对企业的整体规模强加上一些限制。最终，如果不说是大多数，那么，也有许多这类规模问题让我们回
到了作为一个相对不可分割的人的身上。 178

要对掠夺性活动（predatory activity）或非生产性的获取进行初步讨论，我们必须再次涉及生产力分析中的伦理含义问题。在对经济现象的科学解释中，纯粹意义上的生产力因果含义，非常容

易与属于完全不同领域的社会或道德问题相混淆。我们主张，具体的生产力分配理论中的“生产”一词，与一般科学讨论中“原因”(cause)一词的用法完全相同。但“原因”一词本身在日常语言中的含义是含糊不清的，在经济学同义异名方面出现混淆，也是自然而然的。比如说社会主义者，由于从非社会主义学派经济学家对语词的宽泛使用中不乏建议和解释，因此一直强调，所有的财富都是由劳动“生产的”。这里，我们甚至没有必要提出亚当·斯密和大卫·李嘉图的名字，在当代作者中，陶西格教授即是一例，他就明确说过，劳动生产出所有的财富，但可能却无权得到所有的财富。[4] 我们认为，反过来说或许更为准确，即劳动并不“生产”所有的财富，但从理想的立场说，劳动可能有权得到全部财富。

鉴于具体事物之间任何因果关系的断言，都是(如我们已经指出的那样)以某种具体的人类利益或“嗜好”为基础作出的，因此采取这种用法有很多理由，但这只能要求我们更有必要清楚地区分这种“科学上的”使用和因果术语意义上的使用。在平常的说话中，这样说是适当的，即烹调是“准备”饭食，而火车司机拉开了机
179 车的阀门，就是火车启动的“原因”，火车司机没能看见信号，就是火车失事和乘客死亡的“原因”。类似地，人们出于某种目的，将一个大企业的几乎全部产出都归于少数要素；“在其他条件同等的情况下”，产出取决于它们的协作。

但是很显然，科学的经济学不能在这个意义上使用“生产”一

④　会议论文，题为《工资理论概要》，美国经济学联合会第二十二届年会发言稿，见《论文集》第143—144页脚注。

词。出于科学研究的目的，任何生产服务的产出只能是，即我们已经定义的，真正取决于上述那种服务的产出；通过服务的帮助**才能**生产的产出，以及没有服务就**不能**生产的产出，在实际的社会情境下，还要考虑到随着服务的撤出而使组织发生的变化。由此可知，即使是从一组物质上可交换物的可能合理的意义上使用“要素”一词，我们都不能正确地谈论一种经济“要素”的“产出”。从总体上说，“劳动”、“土地”或“资本”的产出，涉及的是一个更不正当且没有意义的用法。唯一能被人们承认的产出就是一种名副其实的单个要素的产出，一个个体的人或机器，或一块土地的产出（或流动资本的产出），正如在生产过程中实际使用并交换的那种（从完全竞争考虑，规模必须忽略不计）。

然而，更为重要的是将任何道德含义强加给经济生产力的错误。生产力是一种物质的、机械的属性，它附着在无生命的客体上，也附着在人身上，除了后者有道德活动以外，生产力谈不上道德或不道德。这种抛却了因果关系上的混淆，是一个不可饶恕的大错，因为，虽然生产力理论家并不是无辜的，但现代社会的资产阶级心理学或许最终会因它而受到责难。[⑤] 我们必须警惕竞争体 180
系“自然”调节的想法，因为这里面有一定的道德含义，虽然在科学

⑤　值得提出的是 J. B. 克拉克教授，参见前文第 109 页。在我看来，J. M. 克拉克教授对此问题的认可（在上述引文中）仅仅涵盖了该领域的一个部分。从道德上讲，我不认为按照天赋的个人能力进行分配是一种理想的状态——当然，我们也没有能力对其产品的需求用金钱加以量度，除非我们将其余的人都理想化了——依我看，这样的分配会产生出一种比现有秩序更不平等、更让人痛苦和失望的状况。理论上，我也看不出天赋能力与道德赏罚（deserts）之间有什么联系。由遗传获得的能力就比由遗传获得的财产有更良好的道德基础吗？

意义上“理想”当然是稳定的一个条件。称之为“最合理的”安排只不过是回避了问题的实质，或是误用了语词。自然的安排只能是由于物品的供需条件，尤其是现有生产能力的分配都是给定的，没有任何人能在任何诱惑下作出任何变化。如果我们忽略了个人对具体事物的欲望实际上在多大范围内支配人的行为的问题，同样就忽视了对某些社会关系和其他个人利益（不绝对属此）的所有类型的欲望，何况我们又假定了（我们现在将研究这一点），除了与交换有直接关联的那些利益——其结果只能是相互作用的个人私利拉拉扯扯的机械均衡，在任何交换中都不涉及利益。

我们必须记住，蛇类是首尾相连的，这就是说，竞争性体系趋向于皈依的，正是以先天的或后天的或赠与的人的动机和力量的方式置于体系之中的东西，其本身并没有什么道德属性。在现实生活中，拥有财产（或高级技能）被认为代表了对社会进步的储蓄或发明或某些贡献。但在这些服务与对服务的全部成果的永久权利之间，以及将财产授予其继承人和永久性转让之间，不存在技术上（更何况道德上）的等价——尤其是当我们考虑到，在所有这类行为中存在大量纯侥幸因素时，就很清楚了。给服务支付报酬在

181 伦理上的意义和程度仅仅在于，为了实现服务，就必须支付报酬。根据这一观点，对大部分现有体系的唯一辩护，就是难以提出一个切实可行的替换选择。

现在我们必须简要回顾上文已经提到的观点，即外部利益不能代表受外部利益影响（而不是通过市场上的直接竞争）的各个个人之间的协约的情况。在已知条件下，竞争性自由契约的单纯机械作用要产生出个人之间利益的协调，在很大程度上取决于对此

问题的回答。很显然，外部人受到的影响，要么就是有益的，要么就是无益的。前一种情况，自发性协议的履行不足以保证最大化的社会（全体个人）利益，而后一种情况，则会走过头。这些事实形成了要求社会干预的最重要的原由。许多服务，像通讯和教育，更不必说审判工作，除了给个人带来具体好处之外，还带给社会一种普遍利益，所以对这些服务要通过津贴的方式加以鼓励，或者由公共机构接管和实施，否则它们就不会被发展到利益最大化之点了。在我们的社会中，我们最熟悉的反面例证与实际上破坏邻里关系、或被认为是破坏邻里关系的土地使用相关。或许几乎同样重要的是，土地的改良和产业的发展通常可能对相邻的地产大有裨益，如果有一些切实可行的评估这些利益的方法，土地的改良和产业的发展会进行得更顺利，涉及的方法也会更加公平。显然，这一点尤其适用于造成了大量未获得补偿的价值转移的公共事业和准公共事业的行为。我们或许会质疑，是否个人之间实际达成的任何协
议，除了影响到直接的当事人之外，并没有不分好坏地影响到许多 182
人，以及广泛遍布“社会”的大多数人身上。

在这一简短的描述中，我们只能提出并强调这一事实的至关重要性，即人们的很大一部分欲望都与社会中的其他人直接相关。人终究是一种群居生物（*zoön politikon*），这等于说，他的个人需要就是推动他所赞成之人的计划的各种兴趣，相对来说总是、通常也绝对地妨碍着其他人的计划，沦为萨克雷所谓“他是外人；扔砖头砸他！”或“杀了这黑鬼！”之流。其他相关动机和需求，即不是指向物质，而是形成社会关系的动机和需求的相对重要性，肯定被那些用“科学的”方法分析经济现象的人低估了。

经济制度的道德特性问题的一个极端方面，实际上与掠夺性活动相关。在凡勃伦之后，达文波特也强调指出，（私人）获得和（社会）生产之间的对立，使雇用打手、刺客和杀人放火者，以及强盗与强盗手段及诸如此类的生产能力，成了劳动需求的一部分。在大多数情况下，对那些喜欢做这些事的人来说，要在偷盗或抢劫行为与自由契约间做出区别，实际上并不很困难，或许，我们在对合约组织理论的讨论中，有必要谈到它们，因为它们明显是合约之外的问题。评论家对现有制度的指责，大部分可归纳为对个人想要他所缺乏的东西，而不是想要对他来说的好东西提出异议，这些批评家想要做的是法官的事，他们甚至没有觉得，除了要给自己据之做出判断的偏好建立标准外，还有责任为批评建立一个标准。如果我们少做一些这类事情，多一点努力去阐明一种标准，并确定
183 在什么条件下自由契约可以或不可以和谐地促进个人利益并实现社会理想，这对科学的进步是大有裨益的。另外，有些努力是值得做的，即分辨组织形式中多少理当指责的恶行与自然和人性中固有的、或组织本身——不考虑其形成——的缺陷，以及在交换制度的评价中，牢牢把握住是否有其他任何能想得到的制度，为变化或改良提供任何可能机会的问题。⑥

⑥　见达文波特《企业经济学》，第九章，尤其见第 127 页，并参见 L. H. 黑尼《社会的视角》，载《经济学季刊》，第二十八卷，第 319—321 页。

虽然扒手的例子没有给我们提出真正的难题，而且我们似乎也不必过于认真地对待它，但这里也有许多凭借生产力标准难以界定的情况。比如说，赌博就显然是一个含糊不清的问题。如果赌博者知道自己打算干什么，比如说只是在一场“公平”的游戏中为了取乐而赌，而且，他们所谓的风险也不会超过他们为了取乐而支付得起的部分，我就会认为，庄家的收益代表的是一种生产。如果所有的人感兴趣的只是输赢，只是

经济秩序的道德方面与垄断的问题之间存在着紧密的联系。184
这一观点在利润理论中显得尤为重要，其原因正如我们在麦克文和克拉克学派的例子中已提及的那样，利润常常是全部或部分地归因于垄断利益。“垄断”是用来涵盖这样一种状态的一个语词，即为了眼前的利益而与人保持区别的一种状态，我们必须首先搞清楚这段话的含义。垄断通常被定义为是对一种商品供给的控制。一个常见的但却是灾难性的错误就是将这种控制混同于供给

因为想赢钱而去赌博，我认为这种行为就是非生产性的，它只是产生了一种转移，而不是财富的生产。毫无疑问我们必须承认，现实世界里存在这样一种完全能与生产区别开来的财富转移的活动，否则，接收礼物也可以归类为生产工作了！

其他的例子更难以用来说明问题，因为，我们无法清楚地在遭人哄骗和沉溺于有悖常理的嗜好之间画出一条界线。困难在于，我们根本不可能说出什么是一个人“真正”想要的东西。在每个人都知道自己得到的是什么，付出的是什么——不存在“强迫”（对选择的人为操纵）——并且确实拥有满足自己实际欲望的手段的情况下，我们一定认为，这种行为在经济学意义上说，是一种效用的生产。但我们必须将所谓“赤裸裸”的骗局，与强迫转移一道，排除在交换关系之外。有人将威士忌酒、秘方药和腐朽的文学或艺术等等出售给想得到这些东西、并愿意为此付钱的人，这些卖家是生产性的；但那些拿镀金铅块当金砖，卖给毫无机心的乡下人的人，明显是非生产性的。如果买家处于这样一个地位，即他永远不能区分这块金属是铅还是金，并且永远弄不明白它是什么，则很难对这种行为进行归类，但我们必须考虑到，如果他明白的话，他就可能为他的所得付出非常少的钱。那么，那些拿着假冒珠宝和古董赝品当作真货的买家，那些永远搞不清其间区别的买家，就真的上当受骗了吗？假如利阔松公司（Liquozone）或佩鲁纳公司（Peruna）产品的购买者真的治愈了自己的疾病（真的或想象的）！又假设他没有治愈自己的疾病！那么，他购买的到底是药呢？还是一种治疗用剂呢？

我们又回想起常常反复谈到的看法，即关于行为的任何科学思考，都预先假定欲望是一种给定的实体，满足欲望的交换组织也以欲望的特性是已知的为先决条件。那些变化无常的实验性的行为，根本经不起科学分析的检验（除非可以按大类进行预测，这种情况我们稍后再做考虑）。用抽象的逻辑语言来说，在整个讨论中，a 必须仍然是 a。要做到这一点，要么就明智地保持原样不变，要么就根据已知的法则而发生变化。后一种选择实际上又回到了第一种选择，因为这样一种变化只能被认为是一种内在的表现，是事物变化的无变化属性。

的自然局限性。我们不必多费时间来叙说比如将土地地租描述成一种垄断收入的错误用法。甚至 J. S. 穆勒也犯了将垄断定义为有限性的错误，极端形式的例证还可以举出 F. B. 霍利先生，他差不多把所有的收入都称为是由于生产资源的“短缺”而来的垄断回报。因此，从分配的角度看，因为所有收入都取决于生产收入的投入要素的短缺，而且所有收入都完全是以同样的方式决定的，所以，这种描述显然毫无意义。当然，不论这种收入称为垄断收入还是其他，一般都同样适用于“稀缺性收入”。在自由竞争条件下，无论在质上还是量上，都不存在其他种类的收入，这一指称既不能辨别，又不能以任何有意义的方式描述任何事情。

185 对垄断进行全面而彻底的讨论，不是我们眼下的目的，我们可以非常简略地浏览一下常见的现象。垄断一词的最初含义意味着生产或销售一种具体商品的专有权，原本这是一个法律概念。在现代产业中，这一类型的“合法”代表就是用于消费的专利品——而不是稍后将会考虑的专利的生产过程(包括机器等)。垄断也可能仅仅是基于财力，基于地方低价竞争、联合抵制以及其他“不正当竞争”的形式的威胁；这实际上等同于是对属于别人或其法人的财产拥有一种发言权；也就是说，把所有权分开了。当然，自由竞争涉及的是对每一生产要素或自然单位的完整的、独有的所有权，以及利用每一个人来保证所有权的价值收益最大化的方式。对竞争的任何形式的强力干预都明显与这种假设相违背，大致上也可以称之为垄断。

在同一范畴的垄断范畴(对消费品的控制)中，我们可以找出在现代经济世界中具有重大意义的其他两种变体来加以考察。第一种是"囤积居奇"(corner),这种垄断只是对所获取商品的一种暂时性控制,其现实意义是控制住一种商品一定库存量的交易时间,让其不能在一定时间内通过扩大生产而急剧增加。另一种是商标、商品名称和广告宣传等的使用,这里,我们还要把拥有既定声望的专业人士的服务包括在内(不管他们的真实基础是什么)。买者作为他自己欲望的评判人,如果商品的名称对他产生了影响,那么商品的名称就构成了商品的一种特权,然而,在物质属性上它可能与竞争性物品是类似的。物质属性上等价物品的差异是很真实的,人们越来越确信这一点。这样的物品就是其供给受制于生产者的商品,这种商品与其他同类产品或牌号的竞争,是那种多少
有些相似的物品的替代问题,也是一个垄断者不得不加以考虑的 186
问题。

上述范畴的垄断,从经济的或机械因果关系的意义上说,显然具备"生产性"。或许还可以将它视为一种单独的生产要素,在这种情况下,它就是具有极佳商业信誉的一种资产,并可以根据收入原则与其他资产相交换。为了保障收入,就应该制定定额,但这种定额或许更有利于垄断。或者我们可以这样看,即一种消费品的垄断赋予了生产该消费品的要素更高的生产力,理论上甚至高于同一要素在其他用途上的生产力。一旦在任何情况下禁止了垄断性物品的生产,这些生产力的效果就和没有能力去生产一样的,就像贴了商标的物品一样,尽管实际上是相同的,但在经济意义上产生了差别。如果垄断具有专利的性质,并能与工厂生产商品的过程相分离而自由出售,我们最好将它作为一种独立的生产要素进行分析。

再者，垄断或许是对某种生产要素供给的独家控制，实际上，我们可以说它是一组可用于交换的单位。获得这种垄断的唯一动机，就是希望获得前一种类型的垄断，即获得限制某种消费品供给的权力。当然，在听任该要素在其他用途上自由使用的同时，通过可以在任何具体商品的制作过程中停止使用该要素或限制使用该要素的权力，对那种要依靠这种要素的使用进行生产的商品供给进行控制。不论垄断者是自己生产这种商品还是将这种垄断要素出租给他人生产商品，他都能从最终商品中获得全部新增净收益，
187 即一种受限的要素和仍在受限的要素的租金。很显然，在这个问题上，要素使用的限制，不论其根据是什么，其结果都等同于一种具体的特权，要素生产力增长的原因是要素的有限性，这就好像部分要素已不复存在，或经过了某种变化被剥夺了一样。我们没必要再坚持将社会政策问题与这种情况中的因果关系分开来考虑了。

对一种特别有效的方法或生产组织制度的独家控制情况则有点不同。通过专利或保守秘密而受到保护的一种特殊生产过程的生产力问题，是一个研究的难题。经济学文献中对此问题的分析与拉韦涅对此问题的分析截然不同。[⑦] 拉韦涅主张，生产创意(*idée productrice*)是一个独立的因素，它总是与土地、劳动和资本一起出现；而 A. S. 约翰逊则主张，一种创意或方法，不能视为是生产性的，因为一个创意的本质就是不确定地使自己成倍增加。[⑧]

---

⑦ 贝特朗·拉韦涅：《市场经济理论》，巴黎，1910 年版。

⑧ 《当代经济理论中的租金》，第 120 页注释。

这里，最为重要的检验还是事实。靠方法或创意获得的产出归于方法或创意吗？在很大程度上，这是一个方法或创意能否供出售并且能否靠此而增加资本价值的问题。如果是这样，那么，从经济学的因果关系意义上说，它就是生产性的。如果它不能供出售，它代表的就是其拥有者的生产力中的一个因素，其产出将以工资的形式归他获得。不管方法或创意是否“一定”是收入的来源，其中的道德问题当然属于另一个问题了。很显然，[⑨]一方面，社会最高利益要求最迅速而且最普遍地推广最佳方法的使用，其重大意义在于，这样做从理论上讲几乎没有成本。另一方面，同样明显的是，公正和私利由于**发明了**更好的做事方式都要求得到公平的回 188
报。为这类服务提供一种较好的回报方式比之对其使用的暂时性垄断来说，似乎更像是一种政治上的发展；但这种研究属于进步理论，是一种社会政策问题，不在当前研究的范围之内。

然而我们必须再次强调，必须把方法作为一种生产性的东西来加以认识，或者，作为使用了与方法有关的生产要素所带来的优越的生产力来加以认识。[⑩] 再者，一种人为专断的限制从因果关系上看等同于实际的有限性。方法或观念所产出的物品，会少于其不加限制地运用所本应产出的物品（和更多生产性的交换价值）。类似的悖论也适用于任何一种生产物品，因为，如果是无限

⑨　假定我们需要的东西是最有可能消费的商品。假定需要的是幸福的最大化，这种情况就不是那么清楚了，因为，与我们相关的“福利”最大化的问题，仍然具有较大的不确定性。

⑩　过于强调这两种生产力观点之间的差别也有危害。请记住，所有的生产都是协作生产，很清楚，任何一种具体要素的单独的生产力，最终意味着赋予了与它相关的其他所使用要素的更高的生产力。

制地成倍增加的话，那它会在物质单位上生产出更多的物品，但却完全不具有价值。在生产的方法上，唯一不同之处是生产方法可以无限制地倍增，（一旦计算出来之后）不用增加更多的成本，从社会政策角度看，这（或许）是一个重要的特性，但从对事物进行因果解释的角度看，却毫无意义。我们必须再次强调，在试图就社会政策做出结论的时候，对社会交换价值的总额做逻辑推论是危险的，更不必说根据诸如经济效用这种概念对人类福祉进行推论是极不可靠的。[11]

189 上文所采取的立场，即垄断是一种生产性的立场，与J. B. 克拉克教授及其追随者的学说相反，他们认为，垄断者只是侵占了由其他投入要素所创造的产品。但是，一旦垄断收入被说成是“从收入的真正生产者转移出去的”东西[12]，或被称为是“剥削的”，即意为“并

⑪　现在似乎适合谈论作为经济生产力的条件与阐明“占用”(appropriability)或称竞争专断(competition self-assertion)相关的一种混乱。生产力是一个有限性的问题。如果一个要素相对其使用需求来说是有限的，它一定会被某些人所占用、操纵，只有这些人才能决定谁能使用它以及谁不能使用它。任何靠占用而赋予物体的生产力，必须有所体现并与其使用上的限制性相关。因此，A. A. 扬教授认为(《经济学概要》，R. T. 伊利等编著，1908年版，第555—556页)，如果英国政府能负责管理直布罗陀海峡的使用，该海峡将是一种生产性财富。但如果他们不能减少过往海峡的船只数量，他们就不能为其使用负责，这就只能是垄断的情况了。这种混乱与其他几种混乱都与凡勃伦的一个观点相关(《论资本的性质》，载《经济学季刊》，第二十二卷，第917页以下；第二十三卷，第104页以下)，即现实世界的知识储备是这个世界最重要的“资本”，这种资本之所以没有价值，只是因为它没有被私下里开发利用。只有限制它的使用，即只有通过垄断，知识才能被开发利用。这种观点，即资本的意义在于它是对现实世界的技术知识储备的有限权力的观点，是一种荒谬的说法，根据我们已经提出的理由，生产是一种协作生产，任何东西的生产力都可以视为一种为其它东西赋予了生产力的东西来看待。

⑫　威利特。

非靠生产它的投入要素所获得的”东西[13]，那么，“创造”和“生产”这两个词就不是在准确的（因果）含义上来使用的。除非在一种商品的生产中，对一种基本要素有某种程度的控制，否则不可能存在垄断，如果可以与其他情况区别开来，那么，额外的产出理所当然地要么就归于这一基本要素，要么就归于使控制得以可能的条件。

出于种种原因，迄今为止，在实际生产中生产要素的垄断其重要性一直受到限制。多数生产资源只能在有限程度上做到限定，而且有很多替代品可与其进行有效竞争。按迄今为止现实世界中未开发的状况和急剧变化的条件，多数要素，甚至那些最专门化的种类，其供给也会由于新的发现而急剧地、无序地增加，通过勘察和开发方面的适度开支，要素的供给也在有条不紊地增长。最后， 190
大规模组织的技术所需要得到的统一控制一直不太成熟，也不完善，而公众的反对意见也在大量增加。从这个方面来探究绝对自由竞争的含义，一定有些意思。

在完全相互交流的条件下，因为组织化的成本自然会趋向于低水平，所以要想假设串谋不存在，似乎是非常不切实际的事情。在静态条件下（所有要素的现存储量是固定的，而且是已知的），大力发展垄断明显是不可避免的。甚至假设在缺乏有组织的社会干预的条件下，研究由马克思派的社会主义者力图辨明的结果，即垄断的普遍存在，或至少在一定程度上的盛行，会引起竞争性组织体系的完全崩溃，也不是没有理由。

如果回过头来对有效竞争条件下边际单位的极小规模的必要

[13] 约翰逊，第106页，第107页。

条件做进一步的思考，我们将更倾向于强化这一看法。一般意义上的垄断，除非集中控制很彻底，否则就无利可图。但是，由于不存在组织成本或组织成本很小，所以可能会有不断增加交易单位(bargaining units)规模的诱因。事实上，正如某些生产力分配理论的反对者所主张的那样，因为交易单位的增大，从理论上说，取决于交易单位的产品也会以更大的比例增大，这一事实甚至对一种极小规模上的合并以及无限制地增大单位的规模，也是一个小小的刺激。如果集团(block)的组成单位是各独立的交易单位，那么，集团超出其所能获得的部分超额回报，将会来自于与受影响要素相关的其他所使用要素的份额，而不像在垄断情况下那样，来自于侵吞消费者的增加的报酬。

这种观点或许可以借助于J. B. 克拉克教授所熟练使用的，解释特殊生产力的"单位分析方法"(dosing method)，以图式表示出来。如果我们所说的生产"要素"只是意指一组物质上可以相互交换的
191 东西，而不是那种靠使各种杂七杂八的东西经受竞争过程本身的考验，并将它们简化成价值生产力单位而获得的一种劳动或资本的糊涂浆，那么，在这种分析中就不会出现什么谬误。我们一定还记得，这种方法纯粹是一种逻辑手段，绝不代表生产服务实际获得估价的过程。因此，如果我们想象出一个静态的社会，并将我们的注意力固定在这样一组竞争要素上，我们就能看出，构成这组要素的不同单位或成分可以视为沿着我们熟悉的生产力递减的下降曲线分布的点运行。与效用递减曲线和需求价格递减曲线一样，[14]这条曲线

⑭　参阅第三章。

纯粹是一种假设；如果全部数字变成用相应的横坐标和“自然”线的延长线来表示，纵坐标上的每一点就只表明，在这个系列的**每个数**上生产力**会是**什么。在这一时点，图形并没有表示出生产力的差异或**其他任何东西**的差异。我们也可以考虑这样一个事实，即除非在已知条件下和极为有限的范围内，否则我们不可能建构这样一条曲线，过分超出这一范围（对一个重要的生产服务来说）就会将我们带入纯粹的幻想领域。

然而，只要不理会这些困难，想象一下所绘制的曲线，很显然，任何一组竞争性要素中的每一成分，按照理论的归属都将获得一份直接取决于它所占据的最不重要的位置所该得到的东西，当然最终还要“取决”于每一种要素。但是，如果两个或更多这种要素为方便竞争而合并成一个单位而不是分别进行竞争，那么，它们可以用最小的组合，获得这些单位的全部产出，这些产出将多于它们 192

各自的“边际”产出。因此，在完全竞争条件下，**它们会联合起来**，作为一个单位进行谈判；相同的诱因也会迫使它们不断进行合并直到达成垄断。

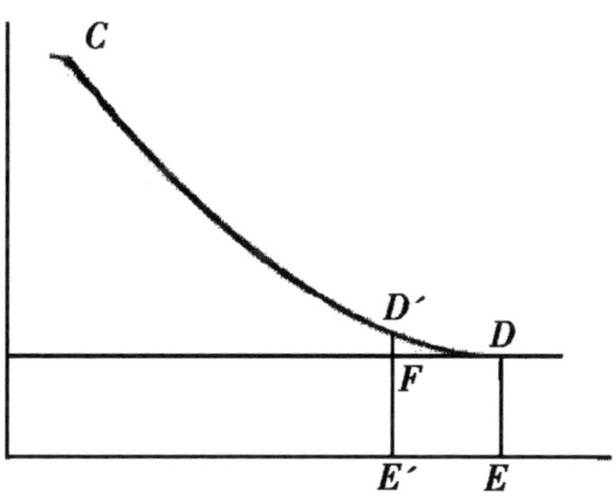

通过传统的图形我们很容易理解这种情况。如果曲线 CD 代表的是一组依次排列的要素的相对重要性，或某些可作为积累的要素的单位，那么，在完全竞争条件下，每一单位将得到产出 DE，某一群体 $E'E$ 将得到 $FDE'E$。现在，如果这些 EE' 单位联合

起来，组成为一个群体，它们就能获得超出 $FDE'E$ 的 $D'DF$，因此得到的是 $D'DE'E$。这一群体的所有者也能因此阻止在群体外部用一个（边际）单位替换群体内部任何单位的做法，这一情况说明更多的产出主要取决于群体的作用，而不是群体中所有成员的边际总产出。在这一联合体之外的相同诸要素就只能获得工资 DE，由我们这个联合集团所获得的剩余收入则来自于组合起来的诸要素份额，而不是来自于产品出售给消费者时的加价。“集团”（block）的老板们所使用的要素并不比以前多或少，其获得的产出也不比以前多或少；因此，他们一定是以相同的价格出售相同的供给。但这就迫使其他诸要素减少了自己所提供服务的收益，其原因在于，其他要素不可能每次都从边际上替换集团的一个单位，它们只能通过相同数量的边际单位一起进行替换，这是一种将会沿着曲线提高其价格的转换。在现实社会中，只有“摩擦”（人力局限性），即“企业收益递减法则”能阻止这一切的发生。

193　这里我们没必要指出，事实上，在人们不得不做出某种事情来制止这一过程之前，这一过程会一直向前发展。毕竟，从理论上说，完全竞争思想中似乎具有某种黑格尔哲学的自我否定思想。至于结果会怎么样，只进行思辨是徒劳的，但是，在某种社会控制下，这种结果将会是某种专制的分配制度，无疑，这种控制是根据当时的条件，基于道德或政治力量或非理性的力量所决定，——这就让人想到社会或社会中的某些人有足够的智慧和力量来阻止我们回归到 *bellum omnium contra omnes* ［人人相互为战的状态］。竞争性产业受到，或者说，迄今为止，竞争性产业一直受到这样一个事实的保护，即一般来说，我们会发现，人类个体比之社会借助于法律和道德约束，在总体上小心翼翼地允许个人所拥有的企业的力量，根本就没有能力控制自己的利益。根据当前企业的发展，这种起着保护作用的有益的约束还能在多长时间内起作用，可能会引起一些质疑。虽然这一问题我们在这里并未予以特别关注，但这里似乎还是值得指出，由于它与理想的完全竞争制度的讨论相关，这一制度天生就具有一种自我毁灭的特性，因此是不可能存在于现实世界的。完全竞争所指的条件，尤其是关于人的有限性这一同时会促使垄断产生的因素的存在，不仅使通过自由契约形成组织变得不可能，而且还会将一种专制主义制度强加于社会。[15]

与生产力的含义相关，这里提出政府的经济价值问题是值得 194
注意的。如果通过政治组织来行为，社会本身坚持自己作为经济个体的权利，并为社会事业承担"日前情况下所许可的责任"，那么，什么会对我们的经济生活产生影响呢？很显然，政府要对绝对意义上不可或缺的商品拥有垄断权。没有财产的保护和契约的强制性执行，商业企业根本无法从事经营。在这里，要对这一有意思

---

⑮　除了依靠通过增加交易单位的规模所获得的收益来提供合并的动机以外，另一种趋势也在向同一方向运行。在许多情况下，对一个大型生产要素集团的所有者来说，虽然不能做到对一种重要的生产服务提供全部供给，但限制其使用并因此而增加产品的价值，或许是有利的。部分供给的所有者能否通过扣押部分供给而获利，主要取决于他所持有的供给的份额，以及可从竞争性资源获得的供给弹性和产品的需求弹性。由于实际上每个企业都存在部分垄断，所以值得引起注意的是，经济学的理论分析只是与完全垄断和完全竞争相关联。

我们的注意力现在可以转到对假设条件下的自由竞争非常关键的另一种趋势上。这就是信用膨胀的问题。由于所有形式的摩擦都已消除，用作为交换媒介的任何种类商品来作为信用的替代品，几乎不存在限制，而且，稳定的价值标准显然也不可能确立。

但却错综复杂的问题做详尽的讨论是不可能的，但看来政府可以拿走社会的经济产出，却很难加以限制。[16] 笔者对于为了最大限度地保障经济平等，置多数在合约关系中进行社会干预的提议于不顾，实行严厉的税收计划的可能性，持非常乐观的态度。

---

[16] 关于某些作者，尤其是霍布森所提出的“经济剩余”，前面所做的评论(第 188 页注释)是合适的。为保证服务工作而必需的支付，取决于对此服务有多少需求。由于人终有一死和遗产继承这一事实，这一问题变得更为复杂了，但一般来说，如果不减少服务的份额，就不会有剩余。这种情况不太适用于被垄断的或高度专门化的要素，毫无疑义，确实有许多报酬过高了，如果能减少的话，就可以有效地增加它们所支付的服务的份额。

第 三 篇

因风险与不确定性而导致的不完全竞争

第七章　风险和不确定性的含义 197

我们从个人的价值评估心理出发，并一步步增加新的因素，现在，我们已经在完全竞争高度简化的必要条件基础上，建立了一个涉及价值评估和分配的竞争性产业社会。为显示摆脱了所有干扰影响的诸种力量的运行，有必要做出一些极端的假设；尽管这些假设条件是不可能存在的，但这里涉及的基本原理并没有被歪曲或改动，而只是纯粹地孤立地展示了出来。如我们一直强调的那样，在为实现完全竞争而对现实前提条件所做的简化中，最主要的是假设竞争体系中每个成员实际上是全知全能的。本章的任务就是更加全面地对这一假设的含义进行研究。我们必须对知识论这一领域做一个扼要的概述，并从知识的本质和限度以及知与行的关系这两个方面阐明我们的观点。在具备了一定见解的基础上，才有可能解释与不完全知识相关的大量的经济现象。

这一问题可能已在考虑之列，其重大意义已通过前面的讨论得以阐明。在第二章中我们已经指出，竞争的失灵和利润的出现，与经济条件的变化相关，但这种关联是非直接性的。因为利润的出现是出自这样一个事实，即企业家预先以固定比率签好了生产服务的合约，利润的实现取决于产品创造出来后在市场上的出售。198
因此，对生产服务的竞争取决于预期。由于生产服务的价格就是生产的成本，所以，条件发生变化所引致的利润，是通过打破预期，从而使成本和销售价格间产生出一个差异而出现的，但这一差异将通过竞争趋于均等。如果所有的变化都是依据那种始终不变且广为人知的法则而发生的，那么我们就能在一段不确定的时间里，在变化发生之前，预见到变化的发生，我们也不会为在诸种贡献要素之间进行产品价值的完全分配而烦恼，利润（或亏损）也不会产生。因此，正是不完全知识，即对未来和对变化的结果的不完全知识，才是理解我们问题的关键所在。

再者，在第三章和第四章中，我们已经知道了，为了实现完全竞争，我们必须假设出静态的条件。但是，正如我们已明确指出过的，做出这种假设并不是因为问题本身的需要，而是为了说明未来是可以预知的这一结果。*可以想象得到*，所有的变化都是根据已知法则发生的，事实上，绝大多数变化的发生极有规律性，在很大程度上也的确是可预见的。因此，有理由也有必要在我们的研究中，将变化的结果与由于对未来的无知而导致的结果区分开来。第五章就是对不存在不确定性条件下，这种变化的结果的分析。这样我们就能发现，在这种条件下，对生产服务产出价值的分配或估算，一直是完全而且彻底的，并且不存在利润。

此外，如我们在第二章中所主张的那样，假如所有可供选择的可能情况都是已知的，而且每种情况发生的概率都能准确地加以
199 确定，特定事件可以预测，就是没有必要的完全无用的断言。就算商人不能预先知道个人冒险行为的结果，但如果他对每种可能结果的概率了然于心，他就能行动起来，并根据自己对未来的准确预知而提出竞争性报价。因为，从他根据大量冒险行为（不论是在他自己的企业还是在一般意义上的企业）所做的估算来看，他可

以把亏损打入固定成本。当然，这种特殊成本必须给予充分的重视，但这与其他任何必要的支出一样，也只是成本而已，也不会产生出利润，即成本与销售价格之间的差异。这种近似纯形式的情况在日常生活中也很常见，处理这种情况的各种策略构成了当代商业组织的一个重要方面。某些更为重要的策略在下文会稍加讨论。眼下，我们只是重点强调这样一个事实，即在某种意义上，知识有一定程度的变化，因此，实际问题并不是有没有知识，而是知识的程度。

大致来说，生活的现实在这方面尤为突出，也是人所共见的事实。我们生活的世界是一个变化的世界，一个充满不确定性的世界。我们在生活中只能知道未来的某些事情，而人生的问题，或者至少是行为的问题，就是因为我们所知如此之少而出现的。这一点在商业领域中与在其他活动领域中一样。这种情况的实质在于，行为是以看法为依据的，这种看法多少是有根据并有确切含义的，这就是说，我们既不会对事物一无所知，也不具有完整和完全的知识，我们只有不完全知识。如果我们打算理解经济体系的运行，我们就必须研究不确定性的含义和重要性，为此，我们有必要对知识本身的性质和作用进行研究。①

① 当然，经济学中的不确定性和风险问题，并不是新问题。经济学文献中已有一些相关论述。人们已经从三个方面认识到并讨论了不确定性和风险问题：(1)保险；(2)投机以及(3)企业家活动。要对每一个列举的内容进行详细的分析，有必要求助于在本书的历史部分所征引的德国学者的著作。英国经济学过于专注于长期趋势或“静态”经济学的研究，所以没能对这一问题予以适当的关注。除了已经征引的著作之外，就对不确定性的一般性讨论而言，可以参考罗斯的《作为一种生产要素的不确定性》，载《美国政治和社会科学学院院刊》，第八卷，第304页以下。还可以参见莱斯利和

200 研究知识和行为的第一手资料就是意识本身。很显然，高级心理推理活动只是在程度上有所差别，只是在内在于“意识”的最初一闪念的细微程度上有差别。从实用的角度来看，心性的本质似乎就是其具有预见性。生命，可以被描述为对外部共存与次序的内在适应性。就植物或无知无觉的悬铃木来说，内部的变化与外部的变化是同时发生的。以动物或有意识生命为例，其本质的差别在于，在情况出现之前，有意识生命能对情况做出反应，能够“见到事物的来临”。在生物学意义上，这就是整个神经系统复杂机制的“意义所在”。有机体使自身适应环境所借助的再调整是需要时间的，有机体“预见”得越早，就越能充分地使自身适应外部环境，越加完满和称心地生存。

201 与意识相关的东西无疑仍然是一个不可思议的谜。[②] 一个严酷的事实是，我们无论在什么地方发现了复杂的适应性变化，都能发现意识的存在，或起码我们不得不做出这种推定。科学中不可

T. E. 克利夫的《经济领域中的已知与未知》，载《政治经济学论文集》，第221－242页；F. 拉文顿《与利息率相关的不确定性》，载《经济学杂志》，第二十二卷，第398－409页；以及《投机中的社会利益》，同上，第二十三卷，第36－52页；A. C. 庇古《财富与福利》，第五篇，约翰·海恩斯《作为一种经济因素的风险》，载《经济学季刊》，1895年7月。

从对知识论的粗略概述中，我们似乎没有感到将参考文献拓展到整个哲学文献的重要性。显然，这里所涉及的学说是一种有所保留的实用的或讲求实效的看法。通过进一步的“保留”，我们将指出，讨论的基调只是这一事实的结果，即与我们眼前感兴趣的行为相关的意识和知识的作用之结果，引用的文章不能作为用以表达不论是现实的基本本原还是任何其他哲学立场的观点来看待。事实上，笔者是一个彻底的逻辑实证主义者，这就是说，就所涉及的理论推理而言，除了眼前的经验事实外，在所有问题上都持不可知态度。

② 参见E. 杜波伊斯－雷蒙出色的讲座：《跨越自然认识的界限》(Uber die Grenzen des Naturerkennens)及《七大世界之谜》(Die sieben Welträtsel)。

能找到意识的位置，在因果关系顺序中也没有角色让它扮演。它只是一种附带现象。在这种临时的序列中，对再调整的解释必须根据刺激或反应进行。按我们自己的经验，我们知道，我们并不会对已经过去的刺激做出反应，但我们会对事务的未来状态的“想象”做出反应。从常识来说，无论在什么情况下，只要适应性变化与任何直接的刺激分离开来，意识，即“想象”，既存在着也在起着作用，也就是说，两者都是“自发的”和前瞻性的。显然，所有的感官反应(organic reaction)都与未来的情况相关，由于生命和活动的类型日趋“高级”而在未来更进一步。然而，成功的机械论可能正是根据以前的原因来解释反应的，从常识上讲，认为意识是由于未来情况在意识中出现而产生的，仍然是极为省事的说法。意识的作用就是给予有机体这种未来的“知识”。就我们所能见到或科学所能告诉我们的，我们或许也是一种没有意识的机器人，但幸好我们不是。起码人的语言就不是，人不免要认为其他生物与自己的构造相同，且以与其自身的“本性”(insides)——借用笛卡尔的生动语汇——相同的方式行为。在我们对这个世界做出反应之前，我们要**感知**(perceive)这个世界，我们不是对我们感知的东西做出反应，而总是对我们**推断**的东西做出反应。

因此，普遍形式的意识行为，就是根据现在的情况推断出未来
情况的变化的行为。它涉及到知觉(perception)以及**双重**推论。202
我们必须推断出，如果没有我们的介入，未来的情况会怎么样，以及由于我们的行为，未来的情况会发生什么变化。不知是幸运还是不幸，这些过程没有一个是绝对不出错的，或者说，是准确而完美的。我们并不能感知现在的本来面目及其完整面目，也不能极

可靠地根据现在推断出未来，我们甚至不能准确地知道自己行为的结果。另外，我们还需考虑到错误的第四个根源，因为我们并不是以一种设想好的、经过决断的确切形式来进行自己的行为。在这些过程中所出现的错误，或许是过程本身所具有的基本奥秘的一个方面。这似乎预示着这些过程的非机械性，因为一般来说，机器是不会犯错误的。（虽然不能从我们自身构造上的粗糙机器，到构成我们器官系统的无比敏感而复杂的物理化学复合体中，合乎逻辑地推断出这一结论来。）无论如何，可能犯错是我们熟悉且令人难堪的事实，也是我们在这里所关注的事情。高级生命形态的感知功能比之某些低级生命形态的感知功能，似乎更不敏锐也更不可靠，注意到这一点很有意味。至少，与原始人和高等动物相比，开化了的人在这一方面常常处于劣势。在很大程度上可能是更高的推理能力取代了感知能力，毫无疑问，我们发展了推理能力，但在感觉的灵敏性方面却退步了。

我们还必须进一步认识到，在知觉和推理能力之间没有什么显著的区别。我们的感知能力受过很好的训练，因此很是老到，在最简单的情况下出现在意识里的东西，与其说是直接得自神经末梢器官的信息，不如说是推理的产物，一种想象的建构。理性的动
203 物只在程度上与有意识的动物有区别，理性动物的意识感*更浓厚*一些。无论我们说理性动物推理能力强还是说它们感知能力强，都不重要。在科学意义上，我们能将精神内容分析成感觉资料和想象资料，但意识本身几乎不存在差异，至少实质上是如此。甚至在狭义的“思想”上，一旦思想的对象全然没有呈现在意识上，经验本身大体上就是相同的。意识的功能是进行推论，在很大程度上，

所有的意识都是推论的、理性的。根据这种情况，我们再次表明，没有出现在意识上的事情，在指导行为方面，是有作用的，推理及所有的意识，都具有前瞻性；这一现象中的一个基本因素就是它缺乏一种自适的、机械的准确性，它可能出错。

一种与有机体没有实质关系，甚至不存在的情况，却影响有机体，这种说法当然是比喻性的说法；这种影响是非直接性的，它通过有机体当时所接触到的情况而起作用。因此，正如我们已经指出的那样，忽略意识关系的形式，将反应解释成实际呈现的原因的机械之果，在理论上总是可能的。但实际上我们很可能把出现在意识中的情况，而不是实际出现的情况，作为支配性的原因，这仍然是实情。不管这种轻率的说法是否出自那些过分热衷于新“行为”科学的崇拜者之口，总之，认为它将会以某种类似于其历史形式的东西来替代心理学（一门极为不同的学科）或知识论，都是荒谬的。

很显然，一种没有出现的情况，通过一种出现的情况而起作用的可能性，取决于二者之间的某种相互依赖的关系。所有知识和思想的公设（postulate）都已被各个不同地表述为“因果关系”的“法则”或“原理”，以及大自然的“统一性”或“规律性”，等等。请记住这一点，我们正在谈论的是一些表面的情况，不是形而上的阐 204
释，我们可以说，我们所有的推理都依据于相似性的原则。凭借假设那些将会证明其确凿的现象之间的联系或关联，我们从有知道了无，从现在明白了未来；因此，我们是通过过去来判断未来。经验告诉我们，存在于现象之中的确定的时间与空间关系，在一定程度上是相互依赖的。从哲学家的角度来看，现象中共存与连续的统一性之信条，是对思想和有远见行为之先决条件的令人满意的阐述。但从更肤浅的常识性角度（比如现在的研究）来看，“现象”一词相当含糊而且令人困惑，因此这里似乎有可能使用一种更为适用的表述。常识是依据大量的客观对象或仅仅是“各种事物”（things）形成的。因此，表明**行为固定模式**的各种事物的想法，似乎是一种比现象间存在统一关系的想法更好的“范畴”。哲学家可能会对此不满意，他们会立即反驳说，事物只不过是其总的行为模式而已，因此这种分离其实是不可能的。这是困扰洛克的有关性质和基质（attribute and substratum）的古老之谜，当然，在严格的省察下，这一基质趋向于消失了。但是，正如我们将要论证的那样，这一弱点或许会由于运用我们倾向于形成的观念，而成为一种力量的源泉。

这样，我们就以这种方式拥有了我们的信条，这一信条是知识的前提；也就是说，**世界是由各种事物组成的，在相同的条件下，这些事物总是以相同的方式行为**。在任何一种具体情况下，推论或预测的实际问题，总是围绕这三个因素的前两个进行：我们所涉及的是什么事物？影响它们行为的条件是什么？根据我们所掌握的这两种情况的知识，肯定可以说，什么行为才是人们所期望的行
205 为。正如我们已经注意到的，首要的逻辑问题，就在“事物”的概念之中。因为很明显，决定任何具体事物行为的“条件”，都是由其他事物及其行为构成的。在相同的条件下，相同的事物以相同的方式行为，这种假设所引出的唯一问题是，在什么范围内以及在什么意义上，天地万物才真正是由保留了一种无变化特征（行为模式）的这类“事物”所组成的。很显然，普通的经验对象并不很符合这

一描述，当然，人和动物这类“事物”也不符合，从严格意义上说，甚至岩石和星球可能也不适合。科学有赖于进一步的假设，也就是事实与理论间所出现的表面的分歧，是因为日常经验的“事物”，并不是“终极”(ultimate)事物，而是实际上没有产生变化的事物的复合体。科学的进步很大程度上在于将可变的复合体**分解成**不变的构成要素，到现在，我们已经有了电子。

尽管我们假设这个世界是由时刻维持一种不变的同一性的众多单位所组成，但我们还是需要更多的关于这个世界的**切合实际**的知识。世界上有太多的客观对象要由有限的智力来对付，然而，如果这些对象各不相同，这些对象或许就是不变的。我们需要在大量的事物之间，求证更深入的同一相似性原理。这样，我们不仅有可能假设**相同**的事物将总是以相同的方式行为，而且**同类**的事物也将以相同的方式行为，事实上这里存在一种数量上有限且在**种类**上实际可以控制的事物。因此，在思想和思想理论中，**分类**总是起着极为重要的作用。因为我们应对这个世界的才智有限，所以，人们必须从客体的诸种表现方式可感知到的相似性中推断出相对来说不能立即观察到的相似性。这就是说，我们必须假定，事 206 物的特性实际上并不能被随意变动和组合，但成组出现的数量是有限的，或者说，存在一种恒久的结合。这就是为研究逻辑的学者们所熟知的“类的实在性”(reality of classes)之原理。

但这还不够。如果对客观事物的分类被局限在**所有**方面都相似或实质上相同的类聚群体范围之内，那么，仍然会有很多**种类**的事物不可能用智力去掌握。对普通观察而言，即使从整体的相似性和同一性的实际程度上看，我们的类聚群体还是过小且数目过多。这种分类能否以对我们的问题有实际帮助为准绳，将问题简化到具备可操作性的范围内，值得怀疑。因为世界并不是一个种类的世界。在智力所能把握的范围内，就算我们只是对规模等等的程度差异进行抽象，也存在同样的问题。显然，为了明智地生活在我们这个世界上——也就是说，为了使我们的行为适应未来的诸般情况——我们必须利用这一原则，即在某些方面相同的事物，在某些其他方面也会有相同的行为，就算他们在其他方面有着极大的不同，情况也是这样。我们不能对事物进行详尽无遗的分类，但必须按照所考虑的目的或问题，采用不同的和可替换的类聚群体，时而以一种共同属性（行为模式）为基础，时而以另一种属性为基础，来同化事物。因此，有关环境的实际推理的有效假设，是诸事物之间可数的若干属性或**相似**模式，而不是若干种事物的有效性，因为我们无法掌握后者。这就是说，影响我们对其做出反应的
207 诸事物的属性，在数量和关联上必须充分限制在我们的智力所能理解的范围内。

我们可以把我们生活环境中对行为极为重要的这些事实概括如下：

1. 作为可感知的属性和不能立即感知的行为模式的集合体，这一世界实际上是由无数种物体组成的。当我们考虑在任一具体行为条件下作用的物体数量及其可能具有的多样性时，很明显，只有具备无限的智力，才能理解所有可能存在的组合。

2. 有限的智力也能用来与这一世界打交道，因为：

   a. 可加以区别的属性的量和行为模式是有限的，大自然中

存在无数的物种，是由于物体属性的不同组合造成的。

b. 因为事物的属性是相当固定的；而且，

c. 事物内部所产生的变化也是以一种相当固定且可以确定的方式发生的。

d. 事物不能感知的属性和行为模式，至少是以一种同一的方式与可感知的属性相关。

应该注意到，(a)中所涉及的是种类的差异，而不是程度上的差异，同时我们还要加上：

3. 事物的量的方面和处理量的智力，是相关情况下的重要因素。

4. 同样重要的还有，就仅仅在程度方面存在差异的某些性质的对象而言，其质量和空间大小，都是事物具有的普遍性质，这种性质并不表明种类的差异。

5. 根据第(4)条的相同原则，许多意义重大的属性对一些非常
大的族属(group)来说，都是共有的；至于对行为来说至关 208
重要的属性，则没有多少种。对这个世界的理解已经得到长足的进步，不然的话，就可能把这个世界简单地划分为固体、液体和气体，划分为生命体和非生命体，诸如此类。还有按照从一般性原则到微不足道的特性排序的属性分级系统[③]，可以按某种方式和程度(不仅仅是状况)区分出大千世界中每种叫得出名称的事物，并赋予它们个体特性。

6. 如果没有郑重地主张，意识在外在于我们自身、人和动物的

③　参见孔德：《科学的分类》。

“客体”上所起的作用，智力行为的前提条件就是非常不完整的。至于我们根据嘴形、眼光或“顾盼”或嗓音的“尖柔”对预期的行为所做的推论，行为主义者不是根据这些身体特征，或仅仅根据这些身体特征做出推断，而是通过“感应自省”[④]深入“客体”的“心”中来思考，没有这些神秘的解释能力，他们的推断是不可能存在的。但科学家总是可能提出相反的主张，因为他想要证明，我们并不是真的有自觉意识，但常识恰好不能容忍这一结论，就像不能容忍其他结论一样。

7. 不言而喻，我们除了要了解这个世界以外，还必须了解我们自己。因此，我们必须能列举出我们对自身运动能量等等的感觉。

在这里谈论三段论法及其在逻辑理论中的地位，恐怕有些多余。实证逻辑学家如穆勒和维恩曾经对这一问题进行了充分的公
209 开讨论，他们的讨论表明，真正的推理与三段论法本身并无关系，推理产生于对前提条件的阐述，存在于对以不同术语所指称的谓词之间固定而实在的联系的认识。

我们在这里很想指出，正如逻辑学家所分析的那样，知识论首先是一种**严谨的**知识理论，一种经过缜密论证的理论。但现在知识论在某种程度上已经成为一种时尚，尤其是自柏格森开始盛行后，知识论已成为非理性主义的，并质疑逻辑过程的有效性。在笔者看来，虽然这一立场理由充分，但其含义却非常容易遭到误解。

---

④　考利教授的措辞，见《社会组织》，第一章。

依我看，用其他手段来理解这个世界没有问题。然而，这个世界究
竟在多大程度上是可理解的，却大有问题。这可以被视为是关于
自然事物行为的统一性和自然事物间存在的相似性的问题，推理
就是以此为根据，从此推出了彼。只要存在柏格森主义（即赫拉克
利特主义）意义上的“真正变化”，很显然，推理就是不可能的。另
外，我们还不得不做出更值得怀疑的假设，即在将其种类难以数计
的客观事物视为一个整体的情况下，我们为简化问题（实际上是限
定数量）退而依据的情境因素或几种主要的事物属性，从一种“组
合”（即一种事物）到另一种“组合”都是一成不变的。在某些方面，
这种假设无疑是有根有据的。因此，生命体中的重量、惯性等与非
生命体的重量、惯性等无疑是相同的。但在任何两种生命体中，
“生命”的质真的相同，则是颇为可疑的。只要这些一般属性不是
同一的，并且不能对他们归为一类的所有事物给出明确的含义，那
么，根据同类中的一种而对另一种进行推论，显然是说不通的。这
就是说，符合正确的分类原则的分类在某些方面对事物作了同一 210
性假设。谁也不能绝对肯定，我们认定事物具有相似性，将它们分
为一类，并从一种事物的行为推论出另一种事物的行为。其理由
总是具有这样的特性。从一件事联想到另一件事的能力，常常使
人觉得不可思议，可能也不能以拥有会支持有效推论的任何一般
的真实特性为依据。⑤

然而，知识的实际有限性所依据的理由非常不同。宇宙可能最终是不可知的（当然，我们说的仅仅是客观现象，仅仅是行为，而

⑤　见威廉·詹姆斯：《心理学原理》，第二十二章，论“出于相似性的联想”。

不是超然于普遍经验事实以外的问题)；但在某种程度上，即在超出了我们通过知识来认识它的实际能力之外，宇宙又确实是可知的，任何知识的有限性，都是由于忽略了宇宙中缺乏实际的一致性所致。大多数人首次认真考虑到，我们行为中只有那么一小部分称得上对我们所涉及的事物具备准确而完整的知识基础，人们可能会因此而惊讶不已。

只有在我们的兴趣被限制在一个客观事物非常狭小的行为方面，即限制在其大小、质量、强度、弹性或类似的物理属性方面时，我们在理论上才有可能做出正确的决定；实际上，也只有通过精确的实验室技术，才能做出决定。生活中做出的普通决定，基于对笼统的表面特征的“估计”。一般而言，与我们行为有关的未来的情况，基于无数客观事物的行为，而且，这种行为受到如此之多的因素的影响，我们无法做出实际的努力对这些因素加以考虑，也很少对它们各自的意义进行估计和总结。只有在非常特殊和关键的情
211 况下，我们才能做出类似于数学研究(全面的、定量的研究)那样的研究。

做出平常的实际决定的心理活动非常令人费解，让人奇怪的是，逻辑学家和心理学家都没有对此表现出多大兴趣。或许(笔者倾向于这一观点)其原因在于，关于这一问题真的没什么可说的。预言能力似乎与它所依据的记忆力一样，是一个值得研究的对象。在我们想要记起某人的名字，或是要回想起一段已被遗忘的引文时，我们会拼命去回想，常常是当我们正想着别的什么的时候，我们希望得到的想法就会浮现在脑海里——否则就想不起来，但在这两种情况下，我们都不能对这种心理活动说出多少道道来，即很

少有“技术”可言。因此，一旦我们试图决定，在某种情况下什么是我们所想要的东西以及我们相应地该如何采取行动时，我们就像是在做很多不相干的思想漫步(mental rambling)，我们知道的第一件事就是，我们发现自己已经打定了主意，而且行动的过程也已经确定。在这里，我们心中到底在想什么似乎没有什么意义，而且与科学工作者在调查中使用的逻辑过程实际上也没有什么亲缘关系。我们是靠认清前者不是一种经过缜密推断分析的知识，它只是一种“看法”、“常识”或“直觉”，来对比这两个过程。毫无疑问，这里也涉及某种粗略型的分析，但大体上我们的“推断”在很大程度上是根据我们过去的经验做出的，某种程度上我们所使用的方法，与我们没有测量工具时，我们处理那些本质上非常简单的(不可分析的)问题，如测算距离、重量或其他物理属性所使用的方法相同。[⑥]

以上关于推理的讨论，涉及到基于与逻辑谓项有联系的同一性的完美或曰完整的推论，这一点，可以按全称命题进行系统的阐 212
述。当然，形式演绎逻辑理论也一直承认，根据限定性的所谓“特称”命题的断言——“偶然的”应该是一个更好的用词——两个谓项*有时候*属于同一个主项，或者说，两类对象*有时候*是相互重叠的。科学的目标，就是要摆脱这种形式的断言，并通过在对象以往历史中找到与之具有普遍联系的某些其他的一般事实，来对这种性质的出现与否做出“解释”。然而，世界上存在着大量的甚至在

⑥ 马歇尔注意到，企业经理人的决策并不受知识的影响，而是受“经过训练的本能”的影响(《经济学原理》，第六版，第 406 页)。

科学上也难以解决的问题，日常的非科学思维的初步活动采用的是极为普通的形式。以“某些X就是Y”的粗略形式而论，这样的概括不能满足科学的精神（scientific mind），而且，除了作为对进一步研究的激励和出发点之外，实际上别无用途。但考虑到这一情况如此之普遍，所以更进一步的要求是不可能或曰不现实的，这一事实常能以极具科学效用的形式表现出来。靠确定X与Y相关的数字比例就能做到这一点，这就产生了我们熟悉的概率判断问题。如果说，X的百分之九十是Y——即，如果物体以X属性为特征的部分也显示出Y的属性，——就像关联普遍存在一样，这一事实对行为来说，显然具有同样重要的意义。[7]

此外，即使这一比例不到百分之百，即使这一比例只有百分之
213 五十或低于百分之五十，同样的事实仍然具有意义。如果在某种情形下，一个给定的结果并不确定，甚至不具备绝对的可能性，而只具有偶然性，但如果产生这一结果的数值概率是已知的，那么，与我们所讨论的这种情况相关的行为就可能被理智地确定下来。如我们已经观察到的那样，商业活动充分地证明了这一点。因此，借用冯·曼戈尔特提供的例子，瓶子的爆裂并没有把一种不确定性或是危险引入生产香槟酒的行业，因为在任何生产者的生产活动中，瓶子爆裂的比例实际上是固定的，并且是已知的，因此这一

---

⑦　在X和Y属性中，一旦涉及对程度变量的考虑，那么我们就要采用统计学的相关理论来处理这一问题，统计学的相关理论是在概率论基础上发展起来的。可以参见K.皮尔逊和F.Y.埃奇沃思的著作。我们也可以在任何一本统计学专著中发现基础性讨论。对一般读者最为适用的是A.L.鲍利的《类聚与序列的量度》(*Measurement of Groups and Series*)。从埃尔德顿的《统计学入门》一书中，我们也能获得一个大致的看法。本章的全部基础可参阅皮尔逊《科学的基础》之第四章和第五章。

比例是大是小不是什么特别重要的事情。这种损失已经成了这一行业的一种固定成本，这种成本像任何为了劳动或材料或任何其他东西所给出的支出一样，被转移到了消费者身上。就算一个单独的生产者为保证稳定的生产结果，不与我们所讨论的大量偶然情况打交道（在一个很短的时期内），那么，通过一个吸收了很多生产者的组织，也可以轻而易举地实现同样的结果。当然，这就是保险的原则，并已由我们熟悉的火灾损失的风险做了说明。没有一个人能说出某一具体的楼房是否会发生火灾，大多数楼房的业主也并没有为了将损失减少到一个固定点（虽然有的人这样做）而在一个足够大的规模上经营。但是众所周知，保险的作用就是扩大其基础，以覆盖大多数人的活动，并将这种意外开支转换成固定成本。我们是通过对各人有直接影响的互助组织，还是通过一个外部商业机构将各种情况集合起来，在原则上并没有什么差别。

很显然，偶然进行推理而不是积极主动进行推理的情况，极大地增加了理智地安排行为的实际困难。在谓项之间建立关联的困难在关联极为普遍的情况下相当之大，如我们已经见到的那样，这一困难是如此之大，以至于除了那些非常重要因而要在实验室或
“实验场”中进行广泛研究的重要问题外，这一问题从未用任何精 214
确的方法进行研究。在偶然发生关联的情况下，要证明一种关联的可靠性就更为困难，并且，还增加了一个确定发生关联的各种情况的精确比例的问题。与日常问题相关的是，在日常情况下严格的科学程序是排除在外的，当然，这一困难及犯错的概率也在更大范围内成倍增加。我们不仅要“估计”其关联、含义或结果都已知的因素，另外还要对（已估量过的）因素（直接感知的属性或行为模

式）之间，以及那些与受控制的行为有关的猜测的因素之间的可信程度做出估计。生活中多数真正的决定，就是依据对这种更为烦琐且不确定的性质的“推理”（如果可以这样称之的话），而不是依据我们已说过的那种推理。我们必须估计在某种情况下的特定因素，如果在一定程度上出现了我们设想的因素，还要估计随这些因素而来的任何特定结果的概率。

为了逻辑上的精确性，以便理解不同种类的情况以及实际处理这些情况的模式，我们还必须作出进一步的区分，即对各种意义深远的结论作出区分，这在经济问题的讨论中常受到忽视。要作出 X 的特定数字比例等于 Y 的特定数字比例这种形式的概率判断，有两种根本不同的方法。第一种方法是先验计算法（*a priori* calculation），这一方法适用于并且被运用于投机活动（the games of chance）。在逻辑的和数学的概率分析中，这也是通常会假设的一类问题。这类问题与那些截然不同的问题，即不可能进行计算，只能靠对实际情况采用统计学的经验方法来获得结果的
215 问题，形成了鲜明的对比。我们可以举例说明第一种类型的概率，比如说，我们掷了一把上好的骰子。如果这把骰子真的不错，而且我们知道会是这样一手骰子，那么，我们着手掷它几万遍，凭骰子的这一面或那一面来确定其概率，只能是件荒谬至极的事情。就算我们完成了这一实验，实验的结果也不会因为对实际概率做了一些解释而被人接受。数学家可以轻松地计算出任何给定数目的投掷所得结果的预计分布的概率，对非限定数目的投掷所得结果的概率分布，也十拿九稳。另一方面，考虑一下我们已经提到过的情况，即大楼着火的可能性问题。这样，建议根据先验计算的原

则，对大楼在给定区域和给定时间内可能被意外烧毁的比例进行计算，就像我们通过掷骰子进行统计一样荒谬。

就眼前的目的来说，区分的重要性在于，第一种概率方法，即数学的或先验计算的概率，实际上从未在商业领域中碰到，而第二种方法则极为常见了。我们很难用预先计算出其各种可能的结果的概率分布比例的方法，来考虑企业的"风险"。[8] 如果实在要用这种方法，也要把所发现的结果列表进行处理。这句"实在要用"(if at all)就表明有重要的保留意见，现在就可以对此加以讨论。很显然，大量的风险可以借助于统计上的归组在一个相当确定的程度上得以减少——另一个同样重要的类别却做不到这点。然而，我们还应该注意另外两个事实。首先，统计分析从来无法给出精确无误的数量结果，正如我们已经观察到的那样，甚至在像机械的随机博弈这样普通的情况中，如果缺少无数的实例，统计学也永远给不出最终的结果。再者，先验计算方法的不合用还与各种数 216
据的高度复杂性相关，这种复杂性还增加了确保归为一类的事实具有相等的同质性的困难，实际上是不可能。我们将要对这一点做更充分的讨论。就两种方法中提到的第二个事实而言，商业领域中所遭受的风险或风险概率，只允许我们进行某种小范围的理论分析，再以经验数据的应用为补充。因此在大楼火灾风险的问题上，诸种情况实际上不具备同质性这一事实，可以部分借助于判断——如果不是计算的话——得以补偿。稍为准确地说出某一特

[8] 靠抓阄来决定债券偿还就是一个例子。在德国，债券持有人经常为这一机遇保险。

定情况下的“真正风险”是否会高于或低于一个群体整体上的风险,并且达到了多大的程度,是可能的。然而,这一过程必须加以谨慎的对待。我们并不清楚,背离标准形式的计算与更为细致的分类之间,是否存在根本性的分别。然而,形式上的差异是存在的,保险公司就始终遵从两种惯常做法,即尽可能准确地界定群体,同时按照实际上总会存在的具体情况,对适用于一个类别的系数进行修改或调整。

因此我们发现,从逻辑上说,存在包括概率判断在内的两种不同的推理类型。为简练起见,我们分别以“先验”(*a priori*)和“统计”之名来指称。由于这两个概念在普通意义上不加推敲地进行使用,所以这两个概念的关系更为混乱,同时概念本身也很模糊,因此,强调两者之间的对比就具有了重要意义。现在,我们要对“真实概率”的确切含义进行更为细致的研究,但我们可以看出,我们对这两类问题的看法,在这一方面还是有差别的。有一点似乎很清楚,不管在特定数目的抛掷中实际会发生什么事,掷一把骰子获得一个 6 点的概率“实际上”只有六分之一;但是,却没有人能信
217 心百倍地断言,某幢具体的楼房在一个特定日子里着火的风险,“实际上”具有任何确定的担保价值。第一种陈述对某一具体事实具有直觉上的确定性;但第二种情况却只是关于一个组(a group)的经验概括。或许,这种差别部分是我们思维上的一种习惯和某种程度上的幻觉,但它在我们的思维中是真实而且有作用的。更确切地说,这一问题中存在一种逻辑悖论。如果随机博弈(game of chance)的概率值得怀疑,那么,除非对大量的实例进行实验测试外,就没有验证的方法了,而且在某些情况下,我们还可以作出

骰子可能“灌了铅”的推断。诚然，这一点本身就可能是一种概率判断，而且也要取决于我们对骰子的构造和制作一无所知这一事实。假定我们一无所知，一名数学家就有可能凭借任一给定数目的抛掷分布所示，说出骰子真假的概率。

先验计算和统计概率之间的实际差异，似乎取决于组合到一起的各种实例分类的准确性。以掷骰子为例，就算连续的抛掷在某种程度和范围内保持着“相似性”，也不能用来断言不同的楼房遭受火灾的风险。当然，保险精算师一方也要不断做出努力，以使自己的分类更为准确，他可以将大类再分为小类，以保证最大可能的同质性。但我们很难设想将这一过程推进到可以将真实概率的观念应用于某一具体事实的程度。

此外，与逻辑悖论相似，同质归组的想法还存在一个更大的难题。统计学论文中很多是对这一点进行阐释，学者们也被提醒要提防按照非同质群体的分布情况做出结论。总人口中年龄和性别的分布情况或许是最为人熟悉的例子。一个例子[西克里斯特 218
(Secrist)使用过这个例子]是驻菲律宾美军士兵的死亡率，这一死亡率低于美国总人口的死亡率。当然，根据环境有益健康所做推论的谬误在于，“总人口”不是一个同质的群体，而是由为数众多的不同年龄、性别、种族以及职业阶层所组成，“自然”服从于极为不同的死亡率。这一似是而非的矛盾说法，马上就把我们带入了概率逻辑问题的核心，即，如果我们有绝对的同质群体，我们的结果就只有同一性，而不存在概率，不然的话，我们就必须否定自然具有终极同一性、事物具有持久一致性的信条。如果自然法则的观念在什么情况下都有效，事情就会是：完全相似并且处于相同环境中的人们，会一起死亡；但在任一特定的期间，要么所有人都死，要么就没有人死，概率的观念变得毫无意义。所以，甚至在掷骰子的问题上，如果我们相信使知识成为可能的前提条件，那么，做成一样的骰子，掷出来一样，落下后也会一样，这就是问题的终结。

夸张一点说，实际上也没有什么危险，即在个别情况下，所有这些现象都要经得起预测。内在于概率推理的基本事实是，我们通常被假定为是无知的。**如果**有可能绝对精确地量度某种情况的所有规定条件，那么，我们似乎也能够对个别事例的结果进行预测，但非常显而易见的是，在许多情况下我们做不到这一点。实际上不要说在典型的保险条件下，我们无法预测死亡和火灾损失的风险，甚至在赌博策略下也不可能预测到。这里出现的问题是，我们是否应该区分，对一个特定情况下的资料不可避免的无知和实实在在的无知。举例来说，一个壶中放着好些球。一个人知道壶
219 里有两种球，红色的球和黑色的球，但他不知道每种球的数目；另一个人知道红球与黑球数目之比为 3∶1。我们可能会说，“对第一个人来说”，抽出一个红球的概率是 50∶50，但对第二个人来说，抽出一个红球的概率是 75∶25。或者我们也可以认为，后一个比率的概率是“真实的”，只是第一个人不知道而已。必须承认，如果有任何涉及行为的决定，比如打赌，那么，第一个人实际上不得不根据机会一半对一半的假设来行为。如果实际的概率推理不折不扣地符合这一结论，如果知识是完全的，看起来似乎“实际上”根本就不存在概率，存在的只是确定性。真实概率原则的有效与否，似乎肯定取决于诸要素内在的不可知性，而不仅仅取决于无知这一事实。尽管这样，我们还必须不停地查看经验事实，因为我们

不会不假思索地就假设，某一条件下的未知原因，会按照无差异原则在不同的条件下进行分布。看来我们又被拽回到了逻辑的死胡同。知识的前提条件通常与这种结论有关，即事物的本质实际上决定了哪幢房子将会失火，哪个人会死以及掷出的骰子哪面朝上的结局。然而，我们实际运用的逻辑假设结果是不可确定的，不可知的原因实际上遵循的是无差异原则。面对这种惊人的稳定分布，我们被迫要对这一推理进行大体证明，但很显然，这不是我们思想的实际基础。无论在什么地方，我们发现，没有无差异性，结果就显示出“偏差”，我们就假设，某些可确定的原因在起作用；同时，经验的结果大体上也证明了这一假设的有效。

在概率推论方面，还存在另外一些让我们感兴趣的问题。对数学概率论的考察表明，论证总是依据在完全确定和完全无差异(complete determination and complete indifference)之间不存在中间立场的假设而进行的。这就是说，在任何形式的问题中，基本 220
概率一定总是相等的。如果任一特定结果的可能性大于或小于半数，那么，产生这种结果(或产生不出这种结果)的可能选择的数目将大于其他种类的选择的说法，可认为是一个公理；而各种选择本身一定存在同等的可能性。完整的数学概率论显然是对意在找出选择数目的排列组合原理的简单应用。各种选择之间的绝对无差异性被认为是理所当然的事情。无论在什么情况下，只要结果不能显示出各种选择之间的完全无差异性，我们就假设，这些选择并不是单一的，因此要运用进一步的分析，将其简化为具有同等可能性的组合。经验也证实了这种假设。

那么，我们是打算假设宇宙本身存在真正的不确定性吗？这是库尔诺(Cournot)以前的看法,而认为众多学者中普遍存在对概率的十足的无知,似乎有些不适当并且站不住脚。诚然,这里存在很多与我们前文所述相似的情况,即一个只知道壶里有两种颜色的球,却不知道每种球的数量的人,其抽红球或黑球的概率应该是多少。[⑨] 但对那个知道每种球的数量的人来说,情况似乎就不同了。固执己见的决定论者一直主张,很多原因在起作用,它们决定了结果,但我们的常识并不满足于此。除非这些未知的原因真的没有差别,否则用经验证明概率计算之有理是如何“出现”的呢?无论我们在什么时候发现了结果中的“偏差”,即一种基于概率论
221 的对预期的偏离,我们假设,存在某种有差异的原因,其结果也被这一过程所证明。一旦我们能够确信,我们已经排除了能被量度或能够始终如一地发生作用的每一种情况,我们就会充满信心地假设,在大量的测试中,结果将会与这样一种假设相一致——即不易于量度或排除的各种因素事实上是无差异的。不仅仅是我们感受到了这种情况,而且“它在起作用”。

观察一下概率在与人类机体本身的某些行为相关的运气博弈中的一般性应用,是很有意思的,类似的行为如在随机处理后,从一副牌中抽出一张牌或从壶中拿出一个球,或对轮盘或硬币或骰子等施加推力。这些事实表明了与另一个由来已久的、有关意志自由的争论的关系。[⑩]如果这里真的有不确定性,如果不确定性最

⑨ 欧文・费雪教授坚持认为,对概率进行解释仅仅是因为无知。见《资本和收入的本质》,第十六章,第一节。

⑩ 参见 E. 博雷尔:《论机遇》(*Le Hasard*),第 196—197 页。

终存在于人的身体(或曰人体器官)的活动之中,在某种意义上,这就为一种行为自由观大开了方便之门。当我们考虑行为中意识的神秘作用以及常识与副现象理论的矛盾之处时,我们觉得起码有理由对“心智”(mind)以某种不可思议的方式引发行为的可能性做进一步的争辩。对现实的道德规范来说,这种坦承有多少意义或有何种意义,是另一个问题,这里且略过不谈。我们当然不能证明,蒙特卡洛[*]城里所有轮盘转动的确切分布,**没有**隐藏在原始星云中的某个地方;最终的诉求一定是“内在的理性”,即智性对与事实相符的最简单范式的固执与必然的偏爱。关于这一点,可能确实也存在一些不同的意见,从这点来看,显然又没有什么诉求[11]。 222

“常识”(因为如此之不寻常,所以某些能言善辩之人主张如此称谓)或许也存在不同的种类。按笔者的观点,无知或“非充分理由”(insufficent reason)的教条不同于简单自然的智性态度。我们不仅认为,我们知道硬币落地时是正面还是反面是毫无理由的;我们还知道,从绝对意义上说根本就**不存在理由**,只有在这种条件下,我们才怀着自信做出概率判断。而且,如我们已经指出的那样,似乎只有在不存在理由的条件下,经验的结果才会证实如他们

[*] 摩纳哥城市,世界著名赌城。——译者

[11] 见卡尔・皮尔逊的论文《蒙特卡洛赌盘的科学一面》,载《死亡的可能性及关于进化的其他研究》。彭加勒在《科学的基础》、《科学与假说》第十一章等论“概率”的章节中,对独断地偏向于简化复杂假说的必要性做了精彩的分析。还可以参见彭加勒在同一卷《科学与方法》第四章中,对小原因和大结果间的关系做的极有意思的分析。彭加勒将相等概率的学说建基于数学原理之上,即对小小的变化来说,任何连续分析函数都以相同的比率随变量而变化。鲍尔弗在《有神论与人文主义》第七讲关于“计算的和直觉的概率”中,对那种即使算不得荒谬,也同样让人不满意的“本能的理性”学说(一件事物怎么就从“根本上”比另一件事物更具可能?),从不同的角度做了发展。

所做的那种判断。从数学意义上说，关于概率的完整科学基于武断的假设，即最终的选择实际上具有同等的可能性，在笔者看来，这似乎意味着真正的非确定性。[12]

然而，欧文·费雪教授视概率为“总是一种估计”的观点，基于两种解释而有条件地有效。首先，如果对估计(estimate)一词做广义的解释，那么，该词可以从“理论上”保留下来。如果在缺乏任何原因的先验判断，比如导致硬币或骰子是这面而不是那面落下
223 的先验判断与一种相同概率的“估计”之间，不存在差别的话，那么，两种观点之间就不存在对立。然而，这就是与常识(笔者所指的常识)相矛盾的地方。我们似乎要像相信数学公理一样，体验一种与“估计”完全不同的、在随机博弈条件下的“逻辑上必然的确定性”。举例来说，如果在打赌之前，允许我们向装有大量黑球和红球的壶里看看，但不允许我们数球的数目，那么，就不会出现一种正确意义上的概率估计。如果我们只是知道壶里有两种颜色的球，但根本不知道球的数目，也不具备只要正确地数一数球的数目就能得到准确概率的知识，那么，这就是既不同于纯粹意识，又不同于我们行为所依据的无知的某种东西。第二，我们必须承认，大部分现实情况下的实际行为基础就是一种估计。然而，这两种解释都无法证明概率就是估计。

但是，让研究经营风险的学者感兴趣的概率正是一种估计，尽

---

[12] 有关文献中对这一问题的出色的讨论，读者可以参考阿恩·费希尔的书《数理概率论》第一章“一般原理与哲学的诸方面”。笔者与费希尔的立场相同，也认定了与数学家中普遍存在的陈旧观点相反的观点，即与“非充分理由”相反的“令人信服的理由”。读者还可以比较拉普拉斯的论文《哲学的概率论》。

管从某种意义上说，这种估计不同于迄今为止我们所考虑过的任何命题。为了从这种新的角度讨论问题，我们必须暂时返回到行为逻辑的一般原理上来。我们在前面已经强调过，正确的推理对形成行为决策所依据的看法没有丝毫作用，无论这一问题的内在逻辑是基于全面分析基础上的预测，还是基于概率判断、先验判断或统计判断，情况都是这样。通常，我们的行为取决于估计，而不是取决于推理，取决于“判断”或“直觉”，而不是推论。这里，估计或直觉判断与概率判断有些相似，但却非常不同于我们已经讨论过的任何一种概率判断的类型。事实上，这两种类型间的关系复 224
杂得让人吃惊，而且与概率判断本身一样，这两种类型也充满着逻辑悖论。如果“概率”一词被应用于估计——这种用法已得到充分的确认，已没有摆脱它的希望——我们必须认识这一属（genus）下的第三个种（species）。正是这第三个种的概率恰好与两个已讨论过的分类框架相符。我们坚持认为，一方面在“先验”概率之间，另一方面在“统计”概率之间，存在着根本的区别。在前一种情况下，“可能性”可以根据一般性原则计算出来，而在后一种情况下，可能性只能由实证决定。这种特征与很多作者如维恩和埃奇沃思等人的观点相反[13]，维恩和埃奇沃思以大量的经验规律为依据，将第一种概率归为第二种概率，并实际上接受了存在真实的不确定性的假设。在这一方面，我们已经提出过正确分类的问题，我们提出，随机博弈中形成的同质性群体，如“事实”、“掷骰子”或“轮盘的转动”，对其结果的预测比就生命或火灾所做的预测更为可行。这一

---

[13] 《随机的哲学》，载《思》(*Mind*)，第九卷，1884 年。

观点和我们的全部理论会通过更为细致的分类来保证完全的同质性的努力而得到证实。我们可以对这一努力的最终结果进行归类,其中使各个类别得以相互区分的,实际上只有不确定的诸要素。

这样,从分类的角度出发,我们就可以在下面列出一个简单的表格,来区分三种不同的概率情况。

1. 先验概率。除了真正的不确定因素以外,对完全同一的事实所做的绝对同质的分类。这一概率判断与数学命题一
225 样,基于相同的逻辑立场(或许可以将其视为是对经验的"最终"演绎,这也是笔者的看法)。
2. 统计概率。对谓项之间联系频率的实证评估,而不是将其分解成具有同样的可能选择的多样化组合。这里必须强调的是,我们对过去所设立的比例在未来仍将存在的高度自信,仍然是基于对不确定性的先验判断。这里要区别开两个复杂的问题:第一,不可能略去并非真正不确定的所有因素;第二,不可能列举所涉及的同样可能的选择,并确定其组合模式,以便通过先验计算来评估概率。这种类型的主要区别特征是,它取决于对事实所做的经验分类。
3. 估计。这一点的性质是,事实之分类**不存在任何令人信服的基础**。这一概率形式与所有问题中最大的逻辑难题相关,对此我们无法给出令人满意的讨论,但我们还是必须强调一下它与其他类型的区别,指出它所具有的一些复杂关系。

我们知道,估计或判断"容易"出错。有时候,我们可以对这种

“容易出错”的程度进行一个粗略的测定，但一般情况下是测定不了的。一般而言，对推断价值的确定一定只能是经验的，而且还要通过对事实的罗列做出保证，因此，我们可以把它归为第二类概率类型即概率统计类型。的确，如我们已经注意的那样，在涉及概率统计的时候，我们实际上永远不可能对诸项事实进行完全的同质分类，所以很显然，与无法将所有分类包括在内的第三种类型的背离，只是一个程度问题。从一个极端即完全同质的一组生命或火
险，到另一极端即运用绝对独特的判断，中间存在各种不同的层 226
次。应该说，因为我们在某种情况下实际上从不能保证完全同质的分类，所以，除了典型的极端本身，在其他情况下也绝不可能出现完全同质的分类，也就是说，不存在确定判断出错概率的比较基础。

然而，与估计相关的概率和涉及由保险所处理的这类现象之间所存在的理论差别极为重要，而且，几乎在运用了判断的任何事例中都能清楚地辨别出来。试举一种典型的商业决策为例。一位企业主正在考虑他承诺要增强其工场的生产能力的明智性。他多多少少要就此计划进行“计算”，多少要考虑会影响计算的各种可能存在的因素，但其最终的结果，却是对任何拟议的行为过程的可能结果的一个“估计”。判断中产生错误的“概率”（严格地说是错误的确切程度）是什么？说纯粹靠推理（*a priori*）计算出了这一概率，或者说通过对大量实例的研究凭经验确定了这一概率，显然都毫无意义。基本而且重要的事实是，我们所讨论的“实例”完全是独特的，以至于根本没有其他实例，或者说，没有足够数量的可以罗列的实例，能够为我们所感兴趣的事例的任何真实概率的价值

推论提供一个基础。很明显，这也适用于大多数行为，而不仅仅适用于商业决策。

尽管情况是这样，我们也不能过分强调这种条件下所做出的概率判断。企业主本人不仅对其行为的可能结果做了最好的估计，而且还可能估计了其估计之准确的概率。我们也不能忽视在
227 得出结论之后其感到的确定性“程度”或自信程度，因为它具有极大的实际意义。因一种看法而引出的行为，与其取决于对这一看法本身的偏好一样，也取决于对这一看法的信心。这一考虑的终极逻辑，或称心理逻辑，很令人费解，从科学上说，这也是生命和心智中莫测高深的神秘部分。我们只能转而单纯依靠智能动物的“能力”，即对价值的一种直觉，形成对事物的多少有些正确的判断。我们所形成的在我们看来似乎是合理的看法，已经由经验加以证实，否则，我们不可能生活在这个世界上。

我们必须恪守这一所需的实际心理，承认这两种不同的判断形式，即估计的形成和对其价值的估计。因此，我们不能同意欧文·费雪教授的观点[⑭]，即只存在一种估计，也就是对概率本身的主观感觉。再者，这种说法似乎是说，起初的估计可能就是一种概率判断。一个人或许会依据他对可能性的估计，即他对一件事情的可能性的估计是正确估计的可能性而行为。当然，决定一旦做出之后，他就会以某种程度的信心估量出将会实现的某种结果，实际上我们还可以进一步假设，这一结果本身就具有一种确定性。

这里有两种困难会模糊第二种和第三种概率形态之间的关

⑭　见《资本与收入的本质》，第 266 页。

系，这两种形态的概率，即基于对事例的实证分类的概率及不基于这种实证分类、而只是对一种估计进行估计的概率。首先，在人的经验范围之内，没有什么比任两件事物绝对相像还要绝对独特的了。如果取消了限制性规定，并接受了对相似性相当宽泛的解释，就总有可能形成各种分类。这样，在上文提到的情况中，对成功进行了产业扩张的比例和没能成功进行产业扩张的比例所做的探讨，就可能会或可能不会完全没有意义了。在这种特定情况下，很 228
难想象，有什么人会根据以这种方式所获成功之概率的判断来行为。但在其他条件下，可以设想这种方法多少也有一些效用。我们必须考虑到，如果这是可能具有的最佳方法的话，可能会形成一种基于纯粹无知的概率判断。然而，处于企业经理人位置的那个人，是否应该将他本人的成功概率视为通过"类似"事例的统计所指出的，或仅仅是基于对事实的纯粹无知而有对半的胜率，还是一个问题。我们似乎能够确定的是，比起任何一种计算来说，他会更加重视对他本人所做判断的价值估算。

一个更有意味的复杂问题，就是根据完全迥异的立场，组织相同事实的可能性。就是说，我们或许会在各种情况下都采用同一个人的决定，但不会在客观上多少有些相似的情况下，采纳其他人的决定。毫无疑问，尽管我们不能为这种形式的确切统计结论找到适当的位置，但人们事实上在很大程度上都遵循这一程序，而且实际上，数目惊人的决策都基于这种概率判断。这就是说，人们以经验为基础，在形成他们自己的正确判断的能力，甚至在形成他人在这方面的能力方面，多少形成了些有用的看法。当然，我们多少也要对两种分类的基础加以考虑；也就是说，（A 或是其他任何人）

对一种状况的结果所做的概率估计会是这样的，即A所做的预测并不是根据其形成判断的能力的一般性估计，而是根据他在多少有所局限的预测领域的诸种能力(powers)。读者立刻就会想到，
229 形成正确判断的这种能力(在一个多少有些宽泛或有限的范围内)，是使一个人能为企业所用的根本原因；这是一种典型的人类活动，是获得工资的最为重要的资质。通常，商业企业的稳定和成功，在很大程度上取决于人类在这一方面对概率进行估计的能力，这就是分派什么人担任什么职位并且在获得这一职位后该获得什么报酬的理由。至于对一个人的价值所做的判断或估计，实际上也是对一种综合素质的概率判断。这种判断多少有些取决于经验和对此人预测结果的观察，无疑，这毕竟只是一种直觉判断，或称“下意识的归纳”。

为了做出概率判断，我们似乎还要进行进一步的区别，以认识事物的另一种分类基础。我们这里是指，预测者主观上的自信感。我可能有一种直感或“预感”，即一种情况最终将以一种确定的方式发生，通过这种感觉的强度和持续性，我们多少都能被它激发起一种审慎的信心。建立在一种直觉能力上的对预测的信心，或许会糟糕到荒唐的地步，但就存在这种下意识地或未经细想就获得的感觉来说，就这种感觉可能成为深入思考的对象来说，情况就仍然是真实的。然而，我们不能把我们的研究拓展至涵盖所有领域，涵盖人类或是有识之士实际进行决策的范围，否则就会落入迷信的窠臼。那么，让我们尝试对本章论点所得出的、对当前论题有重要意义的结论做一个概括。

230 作为一个妨碍符合纯理论法则的完全竞争运行的因素，不确

定性的重要意义使我们必须对知与行的基础进行研究。这项研究最重要的结果，就是指出了科学家和逻辑学家在学科用语与实验研究以外的行为所依据的信仰或看法之间的明显不同。我们在日常事务中所依据的看法以及那些在很大程度上影响了经理人决策的主张，与那些经过透彻分析和准确量度而获得的结论，很少有相似性。在这两种情况下，心理过程是完全不同的两回事。在日常生活中，它们大多是一种下意识的心理活动。就像我们不知道我们凭什么机制回忆起了一个已忘却的名字一样，我们也不了解我们为什么预料到某件事将会发生。毫无疑问，在“直觉”的下意识过程和逻辑思考的结构之间，存在某种类似性，因为两者的作用都是对未来进行预期，而且，预测的可能性似乎也都取决于本质上的统一性。因此，在两种情况下都一样，我们都必须有某种一定量的分析与综合；但是，判断力的突出特点，还是它的易错性。

普通行为的真实逻辑或心理，是一个被忽视的研究分支，逻辑学家的注意力更多地放在了论证性推理的结构上。这种做法在某种程度上是不可避免的，因为人们很难对作为下意识的直觉或判断过程进行研究。对直觉推断问题的这类注意，与概率的逻辑相关，并由于与概率逻辑相混淆而大大削弱。对概率判断的简要研究表明，概率判断共分两种，我们将这两种概率判断称为先验概率和统计概率。在后一种情况下，我们不能像在前一种情况下一样，根据外部的数据估计出真实的概率，但我们可以从大批事实的归 231
纳统计中，推导出这一概率。这种局限性涉及一个严重的逻辑缺陷，因为在真实概率方面，统计学充其量也只能给出一个概率。实际上，尽管在先验概率中，“任何举动”都是同质性的，但由于我们在一组组事实中不可能获得完全的同质性，所以我们还有更不利的条件，这就是说，两者的偏离实际上是无法确定的，也是不明确的。

看法或估计的易错性必须与概率或任一类型的可能性完全区别开来，因为我们不可能**以任何方式**组织起充分同质的事实，从而可以从量上对真实概率进行确定。比如，商业决策要应付各种极为独特的情况，一般来讲，任何种类的统计报表都无法给出有价值的指导意见。对概率或可能性进行客观量度的想法根本就不适用。混乱产生于以下事实，即我们在对我们的看法与估计的价值、效力或是可靠性进行估计，这样一种估计具有与概率判断同样的**形式**；它是一种比率，由一个适当的分数所表示的比率。但事实上，说概率，在客观意义上即一种判断是正确的，不仅毫无意义，而且会引起致命的误解。因为，要想背离已得到广泛认同的语言惯用法，是毫无希望的，即使这是一种错误的用法，所以我们提出将估计的价值称为第三种类型的概率判断，并且坚持它与其他类型的不同之处，而不是坚持与它们的相同之处。

经济学理论所忽视的，正是这第三种类型的概率，或称不确定性，因此我们才提出要还它以适当的地位。正如我们反复指出的那样，我们可以通过任何方法将不确定性归为一种客观的、可从量
232 上确定的概率，也可以通过对各种事实进行归组将其换算成完全的确定性。为了实现这种合并（consolidation），商业领域中已逐渐演化出了几种组织形态，其结果是，一旦商业组织技术得到相当的发展，可量度的不确定性就不会为企业带来任何不确定性了。在稍后的研究中，我们将对某些组织的权宜手段，即概率意义上的

不确定性的经济结果，稍加观察。但眼下我们更重要的任务是，弄清那种不易进行量度、因而也无法消除的、较高形式的不确定性的前因后果。正是这种通过阻止竞争趋势理论上的完美结果而产生的**真正的不确定性**，赋予了整个经济组织独特的“企业”形式，说明了企业家特有的收入。

233 # 第八章 应对不确定性的诸种组织结构和方法

为了保持上一章对可量度的不确定性和不可量度的不确定性所做的区别，我们用“风险”一词来指称前者，用“不确定性”一词来指称后者。一般情况下，“风险”一词的使用极为宽泛，它适用于指称从不利的偶然性角度看待的所有不确定性。而“不确定性”一词同样可以指有利的结果，我们说“风险”，表示的是一种损失，说“不确定性”，则表示的是一种获得。但是，如果迄今为止我们的推理完全正确，这两个词中还存在一个必须清除掉的致命的含混。与可量度的不确定性或保险的概率相关的“风险”一词的使用，为我们将这一术语专用于我们刚刚说明的用途，给出了一些正当的理由。我们还可以用“客观”概率和“主观”概率来分别指称风险和不确定性，因为这些表述在一般用法上已经与我们所提出的用法极为相似。

风险和不确定性这两个范畴之间的实际区别是，在风险中，一组事实中的结果分布是已知的（或是通过事先的计算，或是出自对以往经验的统计），但对于不确定性来说，这一结果是未知的，其原因一般是，由于所涉及的情况极为特殊，所以根本不可能形成这样一组事实。不确定性的最佳例证与行使判断相关，或者说，与形成对事件的未来过程的看法相关，而这些看法（不是科学知识）实际上
234 引导着我们的多数行为。这时，如果一组事实中不同结果的可能分

布是已知的，那么，我们就有可能凭借归组或“合并”（consolidating）事实的手段来消除任何真正的不确定性。然而，这种**可能**并不必然意味着**人们就会这么做**，我们从一开始就必须看到，在只有一个单个事实的情况下，可量度的风险与不可量度的不确定性，对人的行为来说，并不存在区别。如我们已经看到的那样，个人将自己对一种看法的价值推断，转换成了“A 的成功来自于 B 次试验”的概率形式（a/b 为真分数），并且，对它的“感觉”与任何其他概率条件相同。

因为这一主题常常充满了逻辑难题和悖论，所以我们必须对上述说法有所保留。第一，如果我们能够计算出真实概率，如果我们确切知道（比如说）在 100 次试验中**将会**有多少次成功，当然是在我们能进行 100 次测试的情况下，那么，单一的事实有多么独特实际上并不重要。如果我们知道了对我们而言的不利条件，无论我们是将所有的赌注都下到同一种赌博上，还是下到与赌注一样多的不同的游戏中，都无关宏旨，因为第二种情况下的概率法则与第一种情况下的概率法则相同。但在商业领域里，对一个单一而独特的情况做概率计算，即对其限定性条件小于所预想的权重的情况做概率计算，是很少发生的。然而，就对客观概率进行计算来说，我们很难想象一个智性的人会将任何单个的情况作为绝对孤立的情况来进行考虑。唯一的例外是，一个人的全部财产（或其生命）处于危急关头时的决定。偶然性的重要意义以及个人一生中所涉及的重大问题重复发生的可能频率，将使我们对任何情况以及成功或失败的数学概率的假定态度予以区别。

更为重要的第二种保留与上一章所涉及的概率相关，即通过 235
对一个特定的人的决策进行归组，来对各种情况进行分级的概率。

这就是说，就算我们通过归组过程没能得到一个数量概率，但仍然存在某种抵消波动而且其结果也在某种程度上接近于固定不变的趋势。我们发现，在做出判断的过程中，在严格意义上的概率条件下，似乎存在两种相同的因素；即(a)决定因素(多少具有稳定性的判断力的性质)，以及(b)根据无差异原则，随不同的决定而变化的意外因素。一种看法的不确定性和一种真实概率之间的区别是，我们没有分离两者并对两者进行评估的手段，也就是说，我们既不能用计算进行推测，也不能用经验进行分类。但在第二种情况下，这种区别不是绝对的；也就是说，在某种程度上我们还可以使用分类的方法，虽然只是在一个有限的范围之内。人的一生在很大程度上是由众多的不确定性组成的，在这种条件下，一件事情上的错误或损失通过另一件事情获得补偿，具有难以想象的复杂性。我们只能说："在什么什么范围内"，在一个人面临一种与不确定性相关的情况时，他只能根据实际情况，将其作为一种孤立的情况进行处理，无论不确定性能否量度，都只是一件无关紧要的事情。

人类对待不确定性(不是在当下的独特意义上)的态度问题，就像不确定性本身一样，受到重重困扰。人类面对具有这种特点的形势，不仅容易做出错误的、各自极为不同的反应，而且，即使是"正常的"反应，也易于被公认为偏离了健全逻辑所规定的行为。因此，这是一个人们熟悉的、由亚当·斯密做过充分讨论的事实，
236 即人们愿意怀着赢取最大利益的希望，冒小小一点风险，一旦两者的比率中输的概率大大超过了赢的概率(已知的或估计的)，人们通常会拒绝接受以可能性小的大损失，来换取实质上已经确定的小赢率，尽管这一可能性的精算价值对他们有利。这种偏见一定

会强化典型个人对其“运气”的牢固信念，尤其在不确定性的根据就是他自己的判断之质量的时候，这一信念更为强烈。那些市井之人与那些有“逻辑”（如果可以这么称呼的话）知识可以依恃的人相比，对自己的看法的真实价值，几乎没有太多的感觉。另外，我们还必须考虑到几乎普遍盛行的迷信行为。任何引人注意的巧合都被抬举为自然法则，源于相信一种从不出错的“征兆”，甚至仅仅是“预感”或“向我们吐露了什么的事物”，在其本人心中一点真实的或想象的基础都没有的情况下，人们也准备将它作为行为的有根有据的理由而接受下来，并视其为一种不容置疑的真理。

毫无疑问，在长期的历史过程中，甚至在人们突发奇想和一时冲动的时候，也存在一种趋向于理性的趋势。如果只是存在智性上无法处理基于其他任何假设的行为的可能性，那么，我们将讨论限制在理性行为范围内，似乎就是合理的。这样我们假设，如果一个人为了未来的利益正承受着一种牺牲，那么，他所期望的回报一定很大，大到足以让人忘掉这次牺牲，如果这件事被认为是一个意外事件而不是一个确定事件，那么回报将会更大，至少要达到与预期中感到的不确定性程度相当的比率。[①] 很显然，主观不确定性

① 事实上，主要的局限性很少关系到所叙述的问题，只是与为了未来的回报而采取的“行为”或活动的信条有关。手段和目的与其说是行为本身的实际形式，不如说是我们借以考虑我们的行为的形式。伦理学文献是我们未能找到任何绝对目的的一个长长的记录；在生活中，每一个目的对某些新的和更高的目标来说，都会变成一种手段。理性化人类行为的尝试就像一个人永恒地追赶着自己的影子，强加给我们的结论是，“至善”（*summum bonum*）或任何其他客观的“善”（*bonum*）只是一种幻想（*ignis fatuus*）。我们被迫相信，在多数情况下，我们更感兴趣的是那些只有可能结果的行为，而不是我们能预期的行为，如果这一结果是确定的话。

在这种情况下是确定的，不管他的自信程度是基于情况本身的客
237 观概率，还是基于对自己预测能力的估计，他所相信的就是这一可能性是确定的。我们也认为，我们可以同时涉及客观和主观两种类型，尽管毫无疑问，多数人都不会考虑到这个程度；人们的看法或预测只能是对一种客观概率的估计，估计本身获得认可，是因为它本身就具有某种程度的可信度，所以，我们所感觉的不确定性的程度，是两种概率之比的结果。应该重申，实际上所有关于现实生活中的行为的决策都取决于看法，而且毫无疑问大部分都取决于这样一些看法，即经过认真推敲很容易就理解为一种概率的看法——虽然如我们注意到的那样，在大多数情况下，这种"细察"都不会被赋予由个人做出的判断。

正常的经济状态具有如下特征：商业投机者在多少有些狭窄的范围内，对结果有一种看法。如果他倾向于冒险，这种看法要么就是对一种确定收益的预期，要么就是他相信一笔大收益的真实概率。在这一预期范围之外，任何偏离这两种看法的其他结果，都被他看成为越来越不可能的事。因此，将关于经济不确定性的所有事实作为选择问题进行分析，即作为在预期上更可相信的较少回报和在预期上更难相信的较大回报之间的选择进行分析，是一种正确的主张。

经济学中不确定性问题的根本在于经济过程本身的前瞻性
238 (forward-looking)。生产商品是为了满足欲望，但商品的生产需要时间，因此，与两种不同的、必须做的深谋远虑相适应，这里也引入了两种不确定性因素。第一，生产经营的目的必须从一开始就进行评估。众所周知，要用具体的词句准确地说出什么时候着手

开始生产活动，生产的结果会是什么，也就是说，根据给定的资源将生产出：(a)多少产量，(b)什么质量的商品，几乎是不可能的。第二，商品要去满足的欲望，当然在未来也具有同等的程度，同时对欲望的预测也同样涉及到不确定性。因此，生产者必须评估(1)他努力要去满足的未来需求，以及(2)在努力满足这一需求的过程中，他的经营行为的未来结果。

不言而喻，理性的行为力争要将手段适应目的的过程中的不确定性减到最小。这里应该强调一下，这并不意味着，这种典型的不确定性就与人相抵触，事情可能并不是这样。我们其实并不喜欢生活在样样事情都“不出所料”的世界里，这就是说，我们并不希望我们的行为都是完全理性的。但在力图“理智地”行为的过程中，我们正努力保证尽可能完全的适应性，也就是预见性。如我们已经提到的那样，在这一行为中有一个不可忽视的两难因素。我们发现自己在被迫寻求我们在“沉着冷静的时候”会承认我们并不需要的东西，起码并不十分需要或极度需要的东西。或许正是因为我们显然不可能达成这一目的，才使我们产生了寻求这一目的的兴趣。无论如何，我们都力求减少不确定性，尽管我们并不想从生活中将它彻底根除。

减少不确定性的可能性仍然要取决于两个基本条件：第一，不确定性很少有类聚成组的情况，更多的是一个个单独的情况。在先验概率中，由于群体包容性的增加，不确定性也趋向于一起消失了；在统计概率条件下，由于受分类缺陷所限，在一个较低的程度 239
上，同样的趋势也很明显。就算是第三种类型，即真正的不确定性，当我们把任何具有相似性或共同性的因素组织在一起时，也显示出某种带有规律性的趋向。用以减少不确定性的第二个事实或一组事实是，与不确定性有关的各个个人之间的差异。这种差异有多种，现在我们就可以着手一一列举出来。这里我们或许应该指出，人本身或许就存在差异，或者他们在相关问题上的立场存在差异。我们可以将处理不确定性的两种基本方法，即通过归组和通过选择能“应付”不确定的人来减少不确定性的方法，分别称之为“合并”(consolidation)[②]和“专业化”。除了这两种方法外，我们还必须再增加其他两种明显难以引起争论的方法：即(3)对未来的控制及(4)增强预测能力。因为知识的主要实际意义就是控制，而这两种方法都与文明的总体进步、技术的改良及知识的增长密切相关，所以，这两种方法之间存在紧密的相互关联。我们或许还可以举出第五种方法，即“分散”棘手的意外事件之后果。 在其他事物相同的情况下，与其出现一个使一个人损失一万元钱的事件，不如出现一个引起 100 个人每人损失 1000 元的事件，这就是一种收益。两个人每人失去一只眼睛好过一个人同时失去两只眼睛，一种生产制度如果伤的人多，死的人少，会被视为是一种改善。实际上，这种分散或许一直与合并有关系，但两种不确定性之间还是存在着逻辑区别，在某些情况下，它们实际上是不相干的。我们还必
240 须注意到，合并和专业化是有密切联系的，这是一个随着分析的深入需要反复加以强调的事实。除了上述这些处理不确定性的方法之外，还有第六种方法，即按有关不确定性的最小量，避免在更大

② 这是欧文·费雪教授的用词(《资本和收入的本质》，第 288 页)。我喜欢简单地称之为“归组”(grouping)，因为这个词更简洁、也更具有描述性。

程度上涉及不确定性的思路，指导产业活动的可能性。

在经济学中，不确定性之最直接而且最重要的一个后果，可能可以在进行详细的技术讨论之前就加以解决。有组织的经济活动的实质，就是某些人从事将用来满足他人欲望的商品的生产。因此，这里出现的第一个问题是，在任何具体情况下，这些群体中的哪一个，是生产者还是消费者，将对未来需要满足的欲望进行预测。很明显的是，对生产的技术进行预测的职能，不可避免地落在生产者身上。乍看起来，似乎消费者对自己的欲望进行预期，比生产者帮他进行欲望预期更为有利，但我们立刻就发现，这并不是现实中所发生的情况。经济组织的初级阶段就是为一般市场从事商品的生产，并没有依据消费者的直接指令进行生产。由于不存在不确定性，所以商品的交换是先于还是依从实际的生产，都无关紧要。在存在不确定性的条件下（在生产和欲望两个方面），我们可以想象得到，人们或许会用生产服务的交换来替代产品的交换，但不确定性这一事实还是引起了不同的结果。首先，现代社会是依据这样一种理论组织起来的（无论事实如何，或许都有人会表示出怀疑），即一旦生产的结果会为他们带来好处，而不是他们为其他人带来好处，人们就会对未来进行预测，并让自己的行为更有效地适应这一预测。因此，控制生产的责任就落在了生产者身上。

但是一般而言，消费者甚至不用预先为他想要的商品订立合 241
约。部分原因可能是，消费者对他自己在一段时期后的支付能力存在不确定性，但事实上这一点似乎并不重要。主要原因是他并不知道他将想要什么、想要多少以及有多么想要；因此，他把创造商品的任务交给了生产者，他自己则只准备在时间适当时做出决定。当然，解开这一明显悖论的奥妙就在于“大数法则”(law of large numbers)，即风险(或不确定性)的合并之中。消费者对于他本人来说，只是一个人；但对于生产者来说，他仅仅是一个失去了个性的群众(multitude)。这样，外部人反而可以更为容易和准确地预测一个群众的欲望，而一个个人则不太容易了解自己的欲望。这一现象让我们知道了经济制度最为重要的特征，即生产是为市场的生产，因此，我们也要对与不确定性的结果相关的一般环境特征，做进一步的研究。在我们继续探究风险合并的其他方面和方法之前，我们将转而简单地考察一下各个个人对可量度或不可量度的不确定性的态度与反应之间的差别。

如我们已经观察到的，我们假设，尽管我们的行为一旦涉及了一定数量的不确定性——不确定性的量因人和环境的不同而不同——生活无疑会更有意思，但人们实际上力求准确地预期未来，并使自己的行为适应这一预期。在这一方面，我们至少可以在个人的特性和能力中识别出五种变化不定的因素：(1)人们通过感知和推理，对一定环境中事物的未来发展过程形成正确判断的能力是不相同的。而且，这种能力绝对不具有同质性，有些人擅长预测这一种问题，有些人擅长预测另一种问题，人的能力几乎是无限多
242 样的。其中尤为重要的是，在探究人的本性、预测他人行为的能力方面所具有的差异，是一种与对自然现象进行科学判断的能力截然不同的能力。(2)人们发现，人的能力的另一个——尽管这与前一个有些关联——的差别，就是评估手段、判断以及设计步骤，以及为了适应预期的未来情况做出必要调整的能力。(3)在实施计划以及据信是合理的且必须的调整的能力方面，也存在同样的差

异。(4)另外，在涉及不确定性的情况下，由于个人对自己所做判断的**自信程度**以及履行能力方面存有差别，所以其行为也存在差异，这种自信程度在很大程度上并不依赖于判断的“实际价值”和能力本身。(5)与感觉到的信心不同的是对一种情境的**意欲态度**(conative attitude)，人们就是怀着一定程度的自信据此做出了判断。有些人想要有确定性，根本不想“冒险”，而另一些人喜欢根据新奇的设想行事，似乎偏好不确定性，而不是回避不确定性，这是为人所熟知的事实。我们经常看到人们按自己的信念，依据一些毫无根据的假设行事；也就是说，存在一种“相信人的运气”的倾向。

在一种行为条件下，有实际作用的不确定性是指在作为一种正确适应于未来的审慎行为中——上述第(4)点——所感觉到的主观信心的程度。显然，我们或许说的是某种意义上的判断和行为能力的“实际价值”，但正是人们自己对这些价值的看法控制着人的行为。因此，从有关人士的角度看，上述五种变数可归纳为两种，即(主观的或感觉上的)不确定性以及人们对不确定性的意欲感(conative feeling)。为完整起见，我们或许还可以加上第六个不确定性因素，这种不确定的因素，由于任何人很难把它纳入判断错误的范围，而以一种突破性的、难以预料的形式出现。

除了上文所列举的面对不确定性时的五六种不同性质的因素 243
外，我们还必须指出，前三种变数本身就不简单。判断或预测以及计划能力和履行行为的能力，每一种都至少是四种可以相互区别的因素的产物，所讨论的有关能力可能各有自己的不同。这些因素是指能力或行为的(a)准确性、(b)敏捷性或速度、(c)时间范围以及(d)空间范围。前两个因素用不着解释，因为很显然，判断和执行判断的准确和迅捷多少是一种独立的天赋。第三个因素涉及未来时间的长度，行为会或可能会因此而调整，第四个因素涉及所面对情况的范围或重要程度，以及计划的操作。个人之间的区别，即那些注重细节的人和那些把事物大而化之的人的区别，也是为人所熟悉的。甚至事物更复杂的概要，与生活的事实相比，由于只能从问题僵化的“静态”角度来理解，也绝对是有所简化的。无论何时，各个个人所拥有的上述特性中，与差异同样重要的，是他们按照不同的路径变化或发展的能力的差别。知识是一种学习，而不是一种绝对判断练习。学习需要时间，一段时间后，所处理的情况与学习者一样都会发生变化。

我们根据六个要点，就人们对不确定性可能产生的反应进行了分类。六个要点中每一点都引出了一些特殊问题，尽管处理这些问题的社会结构在很大程度上是相互重叠的。从我们的观点来看，与不确定性相关的最基本的事实是，第一，通过对事实进行归组的方式，从量上减少不确定性的可能性；第二，涉及不确定性时
244 人与人的差异，引致了将应对不确定性的职能集中在某些人和阶级手中的趋势。不确定性对社会—经济组织最根本的影响——为一般市场生产的生产者的责任——已经有过讨论，即主要通过对事实的合并或归组来减少不确定性。仅从为市场而生产这一事实来看，就几乎不存在承受不确定性的专业化组织，有的只是基于与这一问题相关的生产者的立场、而不是基于其作为一个人的特殊性。为了将为市场的生产这一现象与我们所考虑的其他现象区别开来，我们还必须勾画出社会组织的纯粹“手工业阶段”。在这样

一种社会制度下，每个个人都是某一最终商品的独立生产者，同时也是种类繁多的产品的消费者。中世纪末期就提供了一幅与产业领域中这一阶段近似的图画。

然而，这种近似性相当模糊。甚至在这一制度完全确立之前，手工业组织就显示出转化为一种迥然不同的制度的无法阻止的趋势，这一发展其实也是不确定性出现的结果。第二种制度就是今天占据主导地位的“自由企业”制度。自由企业与只为一个市场进行生产的企业之间的差别，代表了承担不确定性以对之进行归组的专业化组织职能的增加，以及在同一问题的压力下，对有关未来的生产的需要和控制进行预期。在自由企业制度下，这一已经从消费者身上转移出去的问题，又进一步从大批生产者手中转移开去，落入了一个特定的“企业家”或“商人”阶级的掌控之中。大部分生产人群不再控制生产的责任，提供生产资源（劳动、土地和资本）的次要职能也由企业家承担起来，人们则以一种固定的契约价 245
格将自己置于企业家的独立指挥之下。

下一章我们将会对自由企业现象进行详细讨论，尽管这里我们还要提及两个与之相关的事实；第一，处于企业家控制之下承担不确定性的专业化组织，还需要进一步的合并；第二，技术手段的改变与以下几点紧密相关，这就是(a)生产过程时间长度的增加与所涉及的不确定性的相应增加，以及(b)生产者被组进一个单个企业或生产企业中，形成了一个一起工作的大集团，因而有必要集中管理。本章后面的篇幅将用来概述为应付不确定性而发展出来的社会组织。某些现象将最终得到解决；至于本书所关注的现象，尤其是那些已经有过文献对其本身及其一般意义和在有关不确定性的系统研究中的地位加以讨论的现象，在此要予以特别重视。其他问题将只做一些概述，留待下一章对企业家职能的问题做过讨论之后再做充分的分析。

遵循业已给定的、不确定性处理方法的分类顺序，我们要讨论的第一个问题是，由以**合并**来处理不确定性的趋势所引起的制度或特殊现象。最为明显且最为人所知的手段非**保险**莫属，我们已经反复把保险作为通过处理成组的事实而不是单个的事实来减少不确定性的原理的一个例证。在前一章关于不确定性理论和其他问题的讨论中，我们已经强调了可量度的不确定性和不可量度的不确定性之间的重大区别。可量度性取决于将一种给定的情况同化为一组相似情况以及找出预期会显示出各种可能结果的这组相
246 似情况的诸项之比的可能性。这种将事情同化为一类的方法，可能极为准确，而且各种结果的比例也**可以**预先通过运用排列组合理论以决定**同等可能的**选择的可能归组而计算出来，但这种方法即使在实际商业情况中有出现，也不多见。我们可以做出不同程度的准确分类，但比例的确定却一定是以经验为依据的。运用保险原理，即将较大的意外损失转换成较小的固定费用，取决于以正确的归组为基础而进行的概率量度。但一般来说，这并不足以使承担了巨大“风险”的保险公司充分准确地预测出自己的总损失，从而开出保险费价格，而正是这一价格，才能保持保险企业的偿债能力，同时，也使加在保险公司身上的负担，不会大于其承担的意外损失部分。另外，他还必须能够提出一个言之凿凿的论点，即特定的被保险人交纳的用于赔付的全部资金，在数额上与他的损失概率极为相符，也就是说，他在公平地承担自己的责任。我们已经

反复强调过，由于最为重要的区别通过各中间层而趋于混合，所以这些区别渐渐模糊不清了，因此，我们很难就当前研究的问题进行令人满意的逻辑探讨。这显然是通过对事实进行分类而由不确定性的可量度性带来的结果。事实上，我们很难发现真正的同质分类（在数学概率所指的意义上，与连续抛掷出理想的骰子一样），从另一个极端来说，我们也很难找到什么不允许被同化为一个个组从而可供量度的情况。实际上，偶然性这一概念似乎排除了绝对 247
的唯一性（就宇宙中肯定没有绝对独一无二的东西而论）。因为，要说某一事件是意外事件或“可能事件”或“可能会发生的事”，等于是在说，众所周知“*这类*事情”以前就发生过，而且，“这类事情”显然在某种基础上已构成了一个类别。因此，需要研究的主要问题是，同化的*程度*，或者，可得到的各个类别的同质性的度，或者反过来说，不同企业意外事件的*独特性的度*。保险对付的是那些可以“适当地”进行分类的事情，或者是那些显示其独特性相对较低的事情，但不同的保险公司在对他们作保的概率进行量度的准确性方面，表现出幅度较大的差异。

在着手讨论不同种类的保险之前，我们可以顺便注意一下没必要详加论述的一点，即保险行业中不同形式的组织都依据相同的原则运行。不论人们倾向于将一种特定的意外事件，由自己用互助会或互利团体的形式管理起来，还是单独与外部第三方签约，让他们来承担自己的损失，都无关紧要。在竞争条件下，我们假设，我们已经准确地知道了有关概率，外部保险人即保险公司也赚不到纯利，并且在上述两种制度下，保险费用将与经营企业的管理费用相等。

高度发达的保险机构意味着，因为保险公司的分类最为完善，所以保险公司各类意外事件都得到了最准确的量度，其中的“寿险”基本就是以“数学”为基础计算出来的（在一定的范围内，它就是一种“保险”，而不仅仅是投资计划，很显然，这种保险不是为死
248 亡投保，而是为赚钱能力的“过早”丧失投保）。以医学研究为基础，再考虑到年龄、性别、居住地点、职业以及生活习惯，我们就有可能选择出最近似于完美的机械概率的“风险”。按上述观点，两个居住在相同环境中的健康人，其死亡的可能性，在客观上几乎是平等的，一个人的生与死，对另一个人来说，就像对自然界的任何事物一样，基本是无法确定的。诚然，一旦我们超越了这一相对狭小的“正常”人圈子，我们就会遇到难题，但出了这个圈子，寿险的范围就受到了限制。保险行业现在已经有了一些发展，可以用较高的费率对低于保险标准的人进行保险，但这种做法为数有限，只可作为一种特例进行描述。③

保险行业中与寿险正好相反的情况，就是为疾病和意外事故而投保，这项业务困难重重，进展有限，所以要对情况做一个客观描述并进行分类都不太可能。众所周知，这项保险契约费用之高，

③　在这里对寿险的社会诸方面进行讨论不太合适，但做一些了解也还值得。从社会的角度看问题，除非特殊的风险纯粹是一种职业风险，而且消除风险的成本可以转移给产品的消费者，否则说所有风险的分类都不是好事，恐怕值得商榷。人们很难找出很好的理由来说明为什么不幸的人会因为自己的缺陷而成为一个负担。因此，如果所有的事情都以一个统一费率投保，恐怕要好得多。实际上，我们还可以进一步主张，费率可以按与风险相反的方向规定等级（职业风险除外）。不言而喻的是，只有国家的强制保险计划可以按这种原则运行，在私人利润的刺激下，竞争将迫使所有保险机构尽可能准确和仔细地对风险进行分类。

超过了应有的程度。实际上，保险公司发现，在索赔金额理算方面采取一种宽容的态度，并相应提高保险费率，不用说，还是有利可图的。在社会控制条件下，劳动者的意外事故赔偿金在某种程度上是基于一个稍好的立足点，但它与劳动者的不适、苦痛或不便无关，它仅仅是取决于一个条件，即赔付被限制在不能远远超过个人 249
的实际经济损失。然而，在天灾人祸的所有范围之内，除了现在已经过时的企业雇主的责任保险外，还不存在严格意义上的对“企业风险”的保险。

典型地适用于企业风险的保险就是防止火灾损失的火险，火险的费率理论与寿险的保险精算数学之间形成了一种有意思的对比。如我们已了解的那样，后者非常近似于客观概率，而且事实上，寿险已接近于完美，因此寿险问题是根据二项式定律的公式加以解决的，这与机械概率问题的解决方式相同。火险的费率是一个非常不同的问题，我们只是在最近几年才形成了对风险进行恰当的同质分类以及对具体条件下的实际概率进行量度的方法。即使在上千种风险都已从文字上接近准确定义之后，[④]据最乐观的估计，还是存在极大的运用“判断”的领域。因此，更重要的是保险并不能处理由火灾损失造成的全部风险这一事实。出于“败德风险”和实际困难的缘故，我们有必要将保险限制在“直接损失或危害”甚或是部分损失的范围之内，当然，这里还存在由于企业破产和企业计划混乱这种完全出乎意料的原因而造成的大量非直接损失。由于客观上不可能做到同质事实的归组，而且对损失的发生

④　参见许布纳：《财产保险》，第十六章和第十七章。

也不可能进行准确的量度，因此，保险人和被保险人双方都存在大量的不确定性。相应于这一计算中的不确定性，双方在与火灾相关的问题上，也存在赢利或损失的可能。当然，火灾的概率由于风
250 险并不完全是独立存在的而复杂化了。一旦火灾发生有蔓延的趋向，那么就会产生一种损失会成组地出现的趋势。然而，在火灾损失总体上可以预先进行计算的范围内，火灾损失就会或可能会被每一个有潜在损失可能性的个人转换成固定成本，这样，就不会有任何人会由于自己企业中的这种不确定性而实现不管是正的还是负的利润。

保险的原则并不仅仅限于火灾，人们还利用保险原则来预防种种不同的企业风险，比如轮船或货船在海上失事，风暴给谷物造成的减产，被窃和遇盗，雇员贪污（雇员间接通过保证金制度投保）为受伤雇员偿付，以及由于信用扩张造成的过度损失等等。由劳埃德保险社的一些人提出的不同寻常的保险契约，因为引起了公众的好奇而获得了一定程度的关注。这些不同类型的意外事件，为“科学地”制定费率提供了极为广泛的可能性，即可以从一个极端如对寿险进行的确切统计到另一个极端几乎纯粹的猜测，比如，劳埃德保险社为保证与企业相关的利益而担保皇家加冕典礼将如期举行，或担保没有任何记录可资计算的某一地方的天气。然而，就是在这些极端的情况下，也存在基于直觉或判断对事实所进行的某种模糊的归组；只有用这种方式，我们才能想象对正要达到的概率所做的任何估计。

由此我们可以看出，保险原则甚至可以应用于完全缺乏科学数据来进行费率计算的场合。如果估计较为保守而且适当，其结

果就会是，对最为独特的意外事件做保险所收的保险费用，为所有损失保险；因为，就算各种商业冒险本身找不到任何关系，也会存在损失与收益相抵消的情况。如我们已经注意到的，这里的关键 251
是，就相关情况进行判断，就为将这些事情同化为一个个组(groups)打下了有力的基础。如果我们对各种各样的事实甚至迥然不同的问题进行(适当的)判断，我们就能看出，一旦各种事实累积成一个个组，就会呈现出一种其结果接近于稳定并可加以预测的趋势。

通常，把保险原则运用于企业风险的情况非常有限，但这并不是由企业风险的内在独特性所致，对这一问题还有待进一步的研究。这一任务将在下一章，即研究企业家职能时再详细讨论。对这一问题我们可以先说两点：第一，典型的不能保险(因为不可量度，且由于不可量度而不可分类)的企业风险，适合于企业家运用判断进行决策；第二，虽然这种估计趋向于分成一个个组，在这些组的范围内，不一致性也趋向于相互抵消，从而接近于稳定并具有了可量度性，但这只能在事后发生，由于人生短暂，它也只能在有限的范围内作为预测的基础。此外，由于这类风险与败德风险有根深蒂固的联系，所以，这种分类或归组，只能由决策者以外的其他机构来做。在大部分决定性因素都依据于决策者内心活动的情况下，归组的“事实”无法经受客观描述的检验，也无法对其进行外部控制。

很显然，一旦由外部机构，如保险公司或保险协会，来进行“合
并”，只要合并能在单个个人行为范围内起作用，这些无法解决的 252
困难就会减少；如果责任能够充分集中，并且财产的共有(unity of

interest)也有保障,同样的结果也适用于一个组织。因此,通过归组将不可量度的风险转换为可量度风险从而减少不确定性的可能性,构成了商业企业扩大经营范围的强烈动机。这一事实也是我们所熟悉的现代经济生活中的一个特征,是工业企业的平均规模显著增长的重要原因之一。一位靠借来的资本或其他东西经营的企业家,只要他能将自己的判断涵盖大部分决策和估计,那么,就存在坏的猜测与好的猜测相互抵消的更大的概率,其所有结果都会达到一定程度的稳定性和可靠性。只要消除了不确定性,就实现了理性活动所期望的结果。

为了消除或减少败德风险,并使个别企业家有可能运用保险原则将一组组范围甚广以致难以“控制”的风险合并起来,更重要的,还是要鼓励人们用一种更为有效和彻底的协作形式来替代保险。因为正是基于看法和估计从事经营活动的资本,才尤具风险,所以,组织形式主要围绕着与资本相关的条款(provisions)进行。毋庸置疑的是,减少借用资本的风险,正是导致个体企业被合伙企业取而代之的主要原因,与自有资本和借用资本相关的相同事实,也可以用来解释以公司取代合伙企业的原因。从这一观点看来,高级组织形式在两个方面优于低级组织形式,一是包括大量个人
253 决策、风险或“各种实例”的经营活动的扩大;二是可以更有效地实现利益的统一,这就可以减少一个人根据另一个人的决策来行为所引出的败德风险问题。

上述两种考虑之间的紧密联系非常明显。将大量资本借贷给单个企业家,受制于这种类型的企业由于不可能确保得到必要的财产资源所造成的经营范围的局限,这是一种特殊的“风险”。另

一方面，一旦合伙制企业发展到一定规模，组织的无效率、无法有效保障共同利益以及由败德风险所引发的更大风险等等，在在都反过来限制了企业规模的继续扩展，并导致了公司形式的组织替代合伙制的变革。随着财富的大量增长，少数个人就有了经营规模日趋扩大的企业的可能，直至今天，我们还能发现许多非常巨大的按合伙制形式组织起来的企业。合伙企业法的修改，赋予合伙企业以股份公司对控制权分配、收入分享以及财产权分配所具有的更大的灵活性，万一该法的废除也带来这一变化的话。

就上文所提出的两个问题中的第一个问题，即经营范围的扩展问题而论，人们认为公司可能解决了组织的问题。单让公众购买其所关注的证券的能力而言，对以这种形式组织起来的公司的大小，似乎很难有任何限制。但在第二个问题，即利益的有效统一问题上，虽然公司与其他形式的组织相比，已经有了很多建树，但人们仍然希望有更多的成绩。毋庸置疑，从绝对意义上说，这个任务是不可能完成的，只有人类本性发生革命性转变才能最终解决问题，当然，没有组织，这种变化也会立刻消灭所有的败德风险。
同时，公司的内部问题，即防止其各类成员和依附者之间出现相互 254
损人利己的倾向，与其外部问题，即防止公众利益不受公司的侵犯，一样至关重要。[⑤]

公司组织与风险相关联的另一个重要方面，涉及我们所称的“分散”(diffusion)及合并。所有权极为细小的可分性及股份转手

⑤　黑尼(《企业组织与联合》，第二十三章)使用“公司问题”和“信用问题”来分别指称我所谓“内部问题”和“外部问题”。他非常恰当地从垄断趋于危害的角度强调了前者的重要性，这就使流行观点和多数相关文献中的观点相形见绌。

的便利，使得一位投资者除了可以增加在一个单个企业中的规模投资外，还可以将所拥有的财产分散在大批企业名下。就风险而论，这种分散的效果明显是双重的。其一，对投资者来说，将各种股票合并起来（consolidation）可以进一步抵消风险，因为他持有其股票的不同的公司，其损失和利益多半会趋向于相互抵消，这就为他的全部收入提供了高度的规律性和可预测性。其二，他的全部资源中的一小部分发生损失的几率，与损失大部分资源的几率相比，就不太重要了。

从简明扼要的观点看，还有我们一定忽略了的问题的其他方面。毫无疑问，一个重大事实是，由于公司受政府的支配，受法律的保护，伴随其组织、资源和运营方式而来的是更大的公众效应。这里必须强调的是，这种类型的组织确实能减少风险，而且，它不像我们乍看上去的那样，只是单纯地把风险从一方转移到另一方。
255 对有限责任的粗浅讨论趋向于给人以这种印象，或至少是任凭人们得出这样的结论，即这就是公司优于合伙企业的主要优势。很显然，有限责任仅仅起到了将资源过度投资的损失从企业所有人身上转移到了债权人身上的作用。如果这就是组成公司的唯一结果，那么，对公司所有人来说，信用状态上的损失将与其证券上的收益相抵消。至关重要的事实是，与更大的公众效应和较小职能的传播联系在一起的风险双重合并（twofold consolidation of risk），并不真的能与合并的事实截然分开。

尤其值得注意的是，大规模的组织形式在以下这些领域，如缺乏劳动分工且有动机要合并或对不确定进行归组的领域，都显示出一种增长的趋势。那些具有临时性和周期性特点的职业，有组成合伙企业的趋向，就是在那些没有资本投入、或资本投入相对较少、其成员相对独立地从事相同工作的地方，也有组成股份公司的趋向，典型的例子有侦探、速记员的联合会，以及律师和医生联合会。

应对不确定性的两个主要原则之第二个原则就是专业化。在现代经济社会中，用专业化对付不确定性的手段，除了自由企业制度本身，最重要的就是**投机**。这一现象也结合了不同的原则，那些掌握着纯粹承担不确定性的专业化组织的人们，最惯于在收益来源较少、而不是在收益来源较丰的地方承担职责。由于不同的个人所面对的不确定性在许多方面都有不同，所以我们最好将承担不确定性的专业化问题留待稍后再做详细分析，在下一章里，我们会将它与企业及企业家职能联系起来进行讨论。在这里，我们只想从几个方面强调一下专业化和实际减少不确定性之间的关系。 256

在减少不确定性的这些努力中，最重要的就是通过含有专业化的归组方法，将不确定性转换成可量度的风险或将它消除。可以充分显示对商业进行有组织投机之优势的典型例证，就是对冲合约(hedging contract)的使用。凭借这种简单的手段，产业生产者就有消除损失的可能，或者，由于他的经营，在他购买原材料并将原材料作为最终产品售出的这段时间内，这些物质的价值发生了变化而获利。也就是说，他将风险“转移”给了职业的投机者。这立刻表明，这样一位职业投机者不仅拥有卓越的判断力或预见性或掌握更多的信息，他还从经营范围的充分程度或广度上，获得了巨大的好处。一位面粉商或棉纱厂主在市场进出一次，投机者就可能进出了上百次或上千次，他的判断错误必定也相应显示出很强的相互抵消的趋势，并使他的经营活动有了一个稳定的且可以预测的回报。

相同的推理对任何专门承担不确定性的方法都很适用。专业化意味着集中，集中涉及到合并；因为，不管有关的“事实”实质上有多大不同，由于凑集到一起的事实数目巨大，总量上相互抵消的收益和损失在一定程度上就会增加。专业化本身主要是对保险原则的一种应用；但是，由于不可能对个人的冒险行为或不确定性以及由外部人或为某一单一目的而组成的冒险者的松散联合所造成的妨碍保险的“道德风险”进行客观定义和外部控制，所以与大企业一样，专业化渐渐兴起，以应付这种条件下的不确定性情况。

257 除了我们讨论的与生产和证券交换相关的有组织的投机外，专业化原则还被用来解释产业的高度不确定性或投机的方面逐渐与稳定且可预测的方面相分离，并分别由不同的企业接办的趋向。当然，这就是我们已经注意到的、在普通形式的投机活动中实际发生的情况，即市场作用与生产的技术作用相分离的情况，而前者比后者更具有投机性。在现代经济生活中，或许具有同等重要意义的分离在于，在新企业的建立或创办及其成立后的经营活动中，分离发生得如此之普遍。毫无疑问，绝不是所有企业的创办都属于这种情况，但这种趋势依然非常明显。一部分发起创办企业的投资人，指望从正规的经营活动中获取未来的收益，但大部分投资人则希望在企业创办之后通过出售来获利，而且他们专门将资本投在相同企业里从事新的冒险。大批的且数量不断增加的企业创办人和股份公司都将自己的注意力专注于新企业的创办，一旦企业的前景逐渐确定下来，他们就撤出全部资金。从这种办法中所获得的收益，大部分产生于对不确定性的合并。也就是说，他们的收益是通过归组将不确定性转化为可量度的风险而获得的，对这种组织起来的事实来说，可量度的风险完全是可确定的。这种企业创办人将其某些部分的冒险将会失败并带来惨重损失视为理所当然，在绝大部分冒险都无法获利的时候，他则指望从偶然的令人瞩目的成功中获取收益。这就是说——他要直面与以下这种盘算真正相关的相互矛盾的因素——他并不“期望”靠每种情况下的结果来验证其“预期”；他真正指望的预期取决于一个平均数，即取决于对他的“估计”的长期价值的“估计”。在商业的投机阶段，专业化 258
可以使一个个人或公司应付大量的风险投资，很明显，这是对构成普通保险基础之相同原则的一种应用。

相同现象的其他一些例证也会出现在读者的脑海中。那些需要利用具有较大投机价值的土地的产业，更愿意租用而不是拥有要用的地皮，在这种情况下，效用性使这样的做法变得更切合实际。对一个小企业来说，甚至拥有昂贵的机器和其他设备用品，也涉及大量的风险，因此它们宁肯以租用替代银货两讫的购进。租赁土地或租赁设备的所有者大概是这类行业里的行家，他的风险是凭借对大量冒险活动的归组而减少的。

除了通过合并来减少不确定性之外，投机职能专业化的其他优越之处也很明显，在前面的讨论中，对事实的后一个方面进行分离，并不意味着我们对这种优越之处的轻视或隐瞒。尤为明显的是，任何一个行业里从事风险承担的专家，对他所处理的问题，自然比那些在偶然情况下才处理这类问题的冒险者了解得更多一些。因此，既然这些不确定性大多数主要与判断的运用相关，所以不确定性本身也会凭借这一事实而被减少。在这一方面，投机者或企业创办人与保险人之间存在着根本的差别，这种差别明显一直在我们的考虑之中。保险人更清楚某一具体情况下的风险——比如说楼宇失火——然而真正的风险竟然是因为他在那种特定情况下对风险进行假设。他的风险之所以不多，只是因为他假设风险有很多。但是，一种判断失误的“风险”之转换，却是非常不同的事情。现在，“保险人”（企业主、投机者或企业创办人）用他自己的
259 判断替代了那位通过将不确定性转给行家而摆脱了不确定性的人的判断。就他的知识和判断更好一些而言——仅仅出于他是一名专家这一事实，别人差不多就会确信这一点，除了从对事实的归组中获得收益外，个别风险几乎很少会成为一种损失。经济资源的使用上也会有更好的管理和更多的节约，不确定性也会转换为确定性。

这样，应付不确定性的问题不可避免地变成了管理和经济控制的一般性问题。经济生活中最基本的不确定性就是预测未来和为了适应未来情况而在现在进行调整时的失误。只要对未来的无知是由于自然本身的实际不确定造成的，我们就只能求助于大数法则来分散损失，并使损失具有可计算性，而不是从量上减少这种不确定性，但这种情况只有在被处理的偶然事件被容许同化为同质的组别的情况下，即在它们不断重复自己的情况下，才有可能实现。一旦我们对未来的无知仅是部分的无知，是由不完全知识和不完全推理形成的无知，那么，就不可能客观地对各项事实进行分类，在这种条件下，围绕这一看法的形成所发生的任何变化，几乎肯定会影响到看法本身的内在价值。甚至一个单个企业主靠扩大

经营规模来进行归组的方法也是这样，因为，企业主的估计的质量，不会脱离他所做估计的数量和所涉及的数据。然而如我们已知的那样，依靠专业化对事实进行归组的情况尤其如此。不确定性问题和管理问题的密不可分，在企业家职能的讨论中（见下一章）尤为重要，这一职能是现代经济组织的典型现象，本质上也是 260
专门承担不确定性或改善经济管制的一种方式。人们将会发现，由决策构成的管理和承担决策的后果——产业中承担风险的最基本形式——之间的关系，既错综复杂又联系紧密。一旦管制要进行到底，从富有最终责任的经理人角度出发，人们将会发现，这两种职能始终是不可分的。

这样，我们很自然地转而讨论处理不确定性的最彻底的方法，即凭借获得对未来的更多的知识以及对未来的控制来处理不确定性的方法。然而，如我们前面所观察到的，这种方法从一开始就只代表着所有理性行为的目标，因此，只有在影响到社会经济结构的总体框架的时候，才有必要在类似于本书这样的著作中进行讨论。这样，对企业家制度来说重要的是，除了合并风险并将风险交到那些最为乐意承担风险的人手中以外，还有一种倡导更好的管理的趋向。这里唯一需要进一步说明的是要指出高度专业化的产业结构的存在，正在履行着提供知识和指导的职能。

通过有组织的投机而获得的重要收获之一，就是储备了有关商业情况的信息，这使我们对市场变化进行更明智的预测成为可能。这里不仅仅是市场联盟或交易所及其成员为了自己的利益在忙于这项工作。其对社会的重要性也得到了充分的认识，以致每年都有大笔的公共资金耗费在搜集和传播有关各类产业的产出、

收成情况等诸如此类的信息上了。私人企业根据寻利的原则，也在这项工作上投入了大笔资金，苦心经营了一些机构，行业杂志、
261 统计部门及各种服务机构的重要性与政府在这一领域中的活动一样，都有增长的趋势。与现代大规模社会组织相关的棘手问题之一，就是对便于使用的经济信息的收集、整理和传播。不言而喻的是，我们还没有找到对此问题令人非常满意的解决之道，不妨做一个预测，在不久的将来也不会找到任何办法。但是，个别企业经理人所知道的信息或利用自己的资源而发现的信息，与他必须了解以便以一种完美而明智的形式经营他的企业的信息之间的鸿沟，还须借助于那些提供信息的专业化机构进行弥合。企业家的成果增加了他最终据以做出决策的直觉“判断”的价值，并且极大地拓展了他多少能明智地做出反应的环境范围。

以上主要是和经济信息的提供相关。在消费者信息领域中，广告业有了更惊人的发展。这里，我们除了指出它与人们的无知相关、与人们必须具有指导行为的知识相关之外，无法对这一复杂现象进行详细的讨论。只有部分广告是符合广告提供信息的本义的。大部分广告都致力于劝说，这与令人信服是完全不同的事情，或许，对新欲望的刺激或创造的作用，可以用来区分这两者。除了广告之外，大多数教育方面的社会花费，事关告诉大家满足欲望的方法和对口味的培养。重要的事实在于，遍及生活中各种关系的无所不在的不确定性所引出的一个结果是，信息已经成了经济组
262 织忙于供给的主要商品之一。根据这一观点，“信息”是假还是真，或仅仅是一种催眠暗示(hypnotic suggestion)，都无关宏旨。与竞争性经济活动的所有其他领域一样，消费者才是最终的评判人。

如果人们在购买燕麦和肥皂的时候，愿意为诗意的“快乐的吉姆”* 和“浮水香皂”** 买单，那么，这些欲出售的名号和片语也就成了经济物品。如果一支自来水笔或一把安全剃刀的某个名称，可以使它比相同物品以高于 50% 的价格出售，那么，这个名称就相当于这一物品经济效用的三分之一，从经济上讲，这与它的颜色或设计或笔尖的质量或锋利的刀口或任何使它有用或吸引人的地方都没有什么不同。道德上要求很高的人(和幼稚之人)可能会反驳说，在“真实”效用和“名义”效用之间是有区别的；但他们将会发现，极端乐观地执著于这一区别，是非常危险的事情。细察之下，人们将会发现，我们为之花费收入并苦苦追求的多数东西，显然实际上是沉淀在第二层面上的更高的“精神”价值。

在某种程度上，信息的生产与销售的不同，就是为了直接指导行为而经营实用知识。现代社会就是以这一行当的急剧增长为特点的。社会上总是存在一些这样的职业，其活动基本上是由出售咨询组成的，最著名的有医学界和法律界，牧师和教师行业多少也可以包括在内。然而最近几年，几乎在工业领域的每一个行业中，我们都见到了蜂拥而来的专家和顾问。与出售信息的那些人不同的是，这些人并没有止于诊断，他们还要开处方。他们在企业的组织领域中，如核算、劳动待遇、工厂规划和材料加工方面，都同样出色；因此他们是企业经理人中的科学管理者，尽管他们并不是不计

* Sunny Jim，明妮·莫德·汉夫(Minnie Maud Hanff)于 1902 年创意的美国燕麦广告形象，貌似鼠。——译者

** It Floats，美国艾弗瑞肥皂的广告语，源于 1879 年。这种肥皂由于原料中搅入了大量空气而比水轻，能浮在水上。——译者

263 报酬地服务于企业或企业的经理人，尽管存在着很多滥竽充数之辈，但他们大致旗鼓相当，所以从总体上说，增加了生产效益。实际上，他们在推动对企业问题进行明智和批评性的思考方面的确做了有益的工作，而不是盲从传统或采取猜测的方法。[⑥]

上面列举的应对不确定性的最后一种选择，与一个问题相关，即与偏向于对具有投机性的经营活动采用相对可预测的方式这一趋势相关。人们普遍假设，社会会为风险的假定付出代价，会为涉及不确定性的商品的生产付出代价，还要为与供应充足的商品相比、供应不足的商品付出代价，而且是一种极高的代价。[⑦] 这一问题在涉及利润趋向于零的问题时，还会再次提出加以讨论，但目前最好先将其暂时搁置。[⑧] 我们将会为任何憎恶不确定性的现实性所产生的怀疑，对任一行业中一个等量的固定成本会引起生产力降低到水平线以下，做出解释。

⑥ 关于生产和“咨询”的销售问题，可参见 J. M. 克拉克文，载《政治经济学杂志》，第二十六卷，第 1 期和第 2 期。

⑦ 参见威利特：《风险和保险的经济学理论》，第三章。

⑧ 参见第十二章。

第九章　企业和利润 264

现在我们必须更为具体和详细地考虑一下对经济生活中的一般组织形式有很大影响的不确定性。最好的方法似乎是拿一个不存在不确定性的社会进行研究，再想象引入不确定性的情况，并设法搞清楚引入不确定性后的社会结构会发生什么变化。因此，我们要回到第四章所讨论的问题上，在那一章中，我们研究了不存在不确定性（和进步）的交换和竞争的机制。我们将遵循同样的方法，从形式尽可能简单的问题入手，分别研究不同因素的作用，分析用想象的因素逐渐构建出的“假想的”(Synthetically)真实生活的复杂性。

为了确保最低限度的不确定性，同时使讨论尽可能地贴近现实，有必要略加留意我们确定以之进行研究的假设。首先最为明显的初始必要条件就是要从需要考虑的事情中，去掉社会进步的因素，先考虑静态社会。但这种公设还需要在讨论中区别对待。正如我们一再注意到的，在一个**绝对**没有变化的社会生活中，根本不会存在不确定性，我们在第四章中的分析就是按这一假设进行的。这种情况与我们生活的这个世界的最基本事实完全不符，但这种研究却对离析出不确定性的各种影响这一分析目的有利。因为不同种类和不同程度的变化都是真实的存在，因此，这种存在与研究假设条件的抽象很少有关系，而正是在这种假设条件下，变化

265 才被赋予了最根本且最根深蒂固的本质和含义。社会可能是且几乎一直是*没有进步的*，对社会所做的明显的简化因而排除了进步性的变化。

在对第五章所列举的一般进步性变化的因素进行抽象之后，人类生活中还留存有大量的不确定性，因为带波动特点的变化不能认为没有对实际可能性造成损害就加以排除。严格说来，对情况进行准确的系统阐述，与无法最小化不确定性、也没有必要最小化不确定性相关，但它以一种粗略的方式充分表明了我们计划要讨论的情况。我们必须认识到影响不确定性含义的若干因素并对之加以考虑。第一个要注意的是生产过程的时间长度，因为生产过程越长，涉及的不确定性当然就越多。其中最为重要的是经济生活的总水平。人们的欲望越低，人们希望最大程度拥有的生活必需品的想法就越稳定并且是可预测的。我们的标准抬得越高，与动机相关的审美因素和社会含义的比例越大，与预测欲望和满足欲望相关的不确定性也越大。另外在生产方面，与通常条件下的农业经营相比，人们更能控制大多数制造业的生产过程，其生产结果也更具可计算性。我们还必须注意社会组织在科学与技术方面的发展。预测未来的能力越大，控制事物的进程以减少不确定性的能力明显也越大，其中更为重要的是上一章中提到的靠合并来减少不确定性的各种手段的情况。

我们要对所有这些令人费解的事情作出几分明确的假设，以利于且以尽可能符合实际的方式加以解决。我们可以简单地假
266 设，我们所讨论的是 20 世纪初期的美国，但我们对进步的变化作了抽象。这就是说，我们假设人口的数量和构成是静态的，而且不

具有显示现代生活特征的疯狂的变化和改进。不考虑技术的发明和组织的完善，总体情况如我们今天所见的那样，依然保持着稳定。至于新资本的储蓄，新的自然资源的开发，以及由人口而引起的在人们之间进行的土地的再分配或商品所有权的再分配及教育等等，都保持原样。但我们不会假设人作为个人是无所不知且永存于世的，或是完全理性且不存在奇思怪念的。我们还将忽略自然灾害、流行病及战争等等，但我们将天气和诸如此类的"通常"的不确定性，连同现实生活中"正常"的枯荣沉浮①以及人类选择的不确定性，视为理所当然之事。

现在我们回到第四章中已经描述过的那种社会组织形态，②让我们检查一下将最低限度的不确定性引入这种形态中将产生的结果。到目前为止，我们还需记住我们所构建的假想社会的基本 267

① 我们在这里尽力描绘的情景，就是 A. H. 威利特博士以"逼近静态"之名想要表现的东西。见《风险与保险的经济理论》，第 15 页，第 16 页。

在这一方面，如果我们没有摆脱一些过于微妙的理论，我们就不可能具有严密的逻辑性和确定性。我们不清楚在物性或人性两方面最终是否存在真正的不确定性和多变性。有时候，似乎所有的变化都是自我抵消的，而且，如果排除了进步，我们似乎最终也能获得对总体现象（通过合并原理的应用）的预测能力，如果我们不能预测个别现象的话。但是，举个例子，考虑到科学在天气预报方面那点可悲的有限成功，我们就很清楚，假定有大量的不确定性，我们就不会过分地轻信。我们一定没有忘记，变化的周期性或是抵消波动性所需的间隔，事实上都与人类生命的长度相关。如果这种抵消最终会发生（像某些作者，如著名的尼采大胆提出的那样），这一时期相对于人的寿命来说是如此之长，以致我们无法利用其优势。

② 读者将回忆起在第五章中所探讨的不存在不确定性时的进步结果。为了考虑不存在进步因素的不确定性，我们在这里稍做回顾，完成分别研究这两个因素的计划。在完成了现在的任务之后，我们会（在第十一章）将它们合起来进行研究。不确定性的后果和进步的结果，很大程度上是可以分离的事实，尽管从未完全分离，两者的不确定状态被视为是构成"动态"利润理论推理的基础。

特征。如个人在绝对自由且没有共谋(collusion)条件下的行为一样,我们也假设,人们所拥有的初级和二级劳动分工的有组织的经济生活以及资本的使用等,已发展到了我们所熟悉的今日美国生活中的水平。需要我们运用想象的主要事情,是生产群体或企业的内部组织。在完全不存在不确定性的条件下,每一个对当时情况拥有完全知识的个人,都没有机会了解到生产活动的控制或责任管理的本质。人们甚至见不到任何具有实际意义的市场经营活动。原材料和生产服务通过生产过程向消费者的流动,完全是自发形成的。

我们没有必要靠假定人们存在超自然的预测能力来滥用想象力。我们可以将调整看成为靠试错法产生的长期实验过程的结果。如果生活的条件和人们自身完全没有变化,出现的将会是一个明确的组织,准确地说,也没有人会有变化的动机。所以,在生产群体的组织中,我们根本没有必要设想每一个工人都是在与其他人的工作有某种“前定和谐”的条件下,在正确的时间做着正确

268 的事情。为了协调个人之间的各种活动,可能还得有经理、主管等各色人等。但在完全知识和完全确定性的条件下,这种工作人员仅仅是劳动者而已,与那些从事机器操作的人处于同等地位。他们执行的纯粹是一种日常的职能,不用对任何事情负责。

由于将不确定性——对行为基于看法而不是基于知识的无知和缺乏了解这种情况——引入了这种伊甸园般的情境之中,这一社会形态的特征发生了根本的改变。由于不存在不确定性,人们全力以赴地做事;在这种情形下智性存在与否是很值得怀疑的;在如此构建的一个世界里,完全知识从理论上讲是可能的,事情似乎

是这样，所有的组织的重新调节都会成为机械调节，所有的社会机体都是自发形成的。由于不确定性的出现，做事情即从事实际的活动，在真正意义上成了人生的次要部分，人生的首要问题或职能，就是决定做什么以及如何做。在前面我们已经看到了由不确定性引出的社会组织的两个最为重要的特点。第一，商品的生产并不是依据对某个个人的欲望的预测而进行，商品是为市场而生产的，不是为了满足生产者本人的欲望而生产的。生产者承担起了预测消费者欲望的责任。第二，预测的工作以及同时产生的大部分对生产的技术指导和管制，进一步集中到很少一部分生产者手中，这样，我们发现了一种新的经济职能——企业家。

一旦出现了不确定性，决定做什么和如何做的职能就获得了对执行这种职能的支配权，生产群体的内部组织就不再是一件无关紧要的事情或一种机械琐事了。[③] 这种决策职能和控制职能的集中非常必要，就像有机生命的进化过程中所发生的那样，这种

“头部优势发育”（cephalization）的过程是不可避免的，这也与生 269
物进化过程中的原因相同。我们可以在这里考虑一下这一过程和影响这一过程的环境。解决这一问题的顺序在第七章中，在讨论与人们在很大程度上各自不同相关的不确定性因素的分类时，已有提示。

首先，成功的指挥所必需的各种知识和判断以及适应日常经营活动的能力和嗜好，因行业的不同而不同。生产群体或企业现在竞争的是管理能力和技巧，对人员进行重大的重新安排是一个

③　参见第四章，第 106 页脚注。

自然的结果。最终的调整将使每一个生产者处于这样一个位置，即生产者两种属性的特殊组合似乎最为有效。

但是，最为重要的变化是生产群体本身专业化的趋势，也就是说，人们寻求他们所需要的那种管理才能极强的个人，并让这些人来负责群体的工作，使其他成员的活动服从于这些人的指挥和管制。我们根本没有必要明确地提出，产业组织的存在依据于这样一个重要的事实，即在通常情况下，一个人的智力可以用来指挥其他人的日常操作和精神活动。我们要考虑的是，人们有效控制其他人的能力以及决定该做什么的心智能力是有区别的。另外，人们之间的差异，一定会影响到他们判断和决策能力的可信度，影响到按他们的看法而去“冒险”的意向。这一事实就是组织形式中发生的所有重要变化的原因，即自信而大胆地“承担风险”并通过担
270 保后一种特殊收入作为实际结果的分配的回报来为怀疑和胆怯“承保”，后者就得到作为实际结果分配回报的一种特殊收入。

因此，不确定性存在人员选择和专门化职能的四种倾向：(1)基于知识和判断，让合适的人坐到合适的职位上；(2)因为某些行业的活动需要有在很大程度上异于他人的禀赋，所以要基于预测程度来作出类似的选择；(3)生产群体范围内的专业化，即那些有超常管理能力的个人(有预见性和管理他人的能力)要处于管理群体的位置上，其他人则要在这些人的指挥下工作；(4)那些相信自己的判断，并且乐于以行为“证实”其意向的人，可以专门从事承担风险的工作。这些趋势中所具有的紧密关系是非常明显的。我们并没有将自信和性喜冒险完全分离开来，因为这二者是并行的，是同一种天赋——众所周知，勇气和把危险最小化的趋向，在所有领

域都是混在一起的，不过在思想上我们还是将其分开的。另外，第(3)和第(4)的趋势是一起发生的。就我们所知的人类本性来说，要一个人对另一个人的行为的明确后果作出担保，但又不赋予前者权力去指挥后者的工作，是行不通的，或是非常不合理的。另一方面，如果没有这一担保，后者也不会听从前者的指挥。这一结果就是规避高利贷法的过程中出现的有名的"复合契约"。一个似乎显而易见的事实是，如果判断者自己和其他人对于一个判断事实上是否为准确判断并无把握，那么这一体制就根本无法运行。这就是说，在不同种类和程度上，人们对他们自己判断的判断以及对他人判断的判断，大体上说正确的多一些，错误的少一些。[④]

多种职能专业化的结果就是**企业及企业工资制度**的出现。企 271
业及企业工资制度在现实中的存在，就是不确定性带来的直接后果，因此我们下面的任务就是详细研究这一制度在不同阶段的表现，以及它与人类经济活动及社会结构的多种关系。这种形式并不是必然的或不可避免的形式，也不是我们唯一可想到的组织形式，但在某种条件下，它却具有某种优势，因此在不同的阶段都能有所发展。企业的本质就是对经济生活进行**有效管理**的职能的专业化，人们所忽视的这一职能的特点是这样**两个**不可分割的因素：**责任**和**管理**。在企业制度下，一个特殊的社会阶层，即经理人阶层在管理着经济活动。在严格意义上，这个经理人阶层才是生产者，而众多的其他人等只是为他们提供生产服务，即把他们的人和财

④　这一说法意味着，一个人的判断从实际意义上说具有真实或客观的价值。这一假设将由进一步的讨论来证明。

产交由这个阶层支配，企业家**则**保证给这些提供生产服务的人一个固定的酬劳。准确地定义这些职能，并通过社会结构对这些职能进行探究，将是一个长期的任务，因为专业化过程永远不会结束；但最后我们将发现，在一个自由的社会里，这两者基本上是不可分离的。在自由社会中，行使判断或制定决策的有效程度，都与承担不确定性的相应程度以及对决策的负责程度，联系在一起。

随职能的专业化而来的是报酬的分化。社会生产同样也被分成了**两种收入形式**，这是仅有的两种收入形式，一种是固定合约收入(contractual income)，这种收入基本上与经济理论中所描述的收入相同，是一种**租金**；另一种就是剩余收入或称**利润**。但与利润
272 的分化一样，固定合约收入的分化也永远是不完全的，因为，我们没有发现过一种纯粹形式的收入，同时每一种实际收入都包含有租金和利润两种因素。由于不确定性的出现(分化本身的条件)，我们甚至无法确定有多少收入属于这一种因素，多少收入属于另一种因素，但我们还是可以作出部分区别，因为两种收入间由某种原因引出的区别，还是明显而且清楚的。

我们可以设想一个不存在不确定性的社会，由于在企业组织中引入了不确定性而发生了变化。在相同的动机条件下，即在我们已经描述过的，每个个人都致力于改善自己的条件的动机条件下，人们将通过相同的试错法进行重新调整。自始至终处于我们考虑范围之内的理想的或是限制性的条件，仍然是通过每个个人在不同行业之中的努力及努力过程之耗费的分配，使所有的行为选择均等化。在这种新的体制下，劳动和财产服务实际上都进入了市场，并成了被人们买进卖出的商品。这些商品因此而成了比

较价值尺度，由于这些价值组成了满足欲望的直接手段，所以这些商品从价格上归为同质性的东西。

新的调整的另一个特征是完全均衡条件不可能再存在。因为生产安排是以预期为基础作出的，因此实际所获得的结果不再与一般情况相符合，波动不再静止于零。因为，各个个人所做出的所有改变，都与公认的价值尺度相关，但由于一些不可预知的原因，这一价格体系极易产生波动，其结果是各个个人的安排也不停地发生着不确定的变化。人们据以确定判断价值的经验中包含有一定比例的失误或错误，考虑到人不可能永生，所以试验从来没有完 273
成，而且一再地从头再来。

现在我们转而扼要地考察一下包含于企业组织制度内的两类个人收入：固定合约收入和利润。[⑤] 我们将按迄今为止我们解释事情的方式，试着将我们自己置于行为人或决策人的实际位置上，并用一般的人类动机来解释他们的行为。问题的背景是自由竞争的环境，在自由竞争条件下，所有的人和物质要素都在竞争为他人所用，其中也包括所有已受聘为企业家的人，同时，所有的企业家也在为生产性服务而竞争，而且所有的人也同时在竞争企业家职位。理解人们对这种环境所作反应的一个基本事实是，人的行为和竞争，取决于他们对未来的认识。为了简化一下情况，并使问题

⑤　如我们已经注意到的，固定合约收入的理论特点是，这些特点在传统的分配理论中，是与租金结合在一起的。从我们当前假设的角度看，所有生产财货在社会成员中的分配及分配量都是固定的，这种收入自然可称之为工资。如我们已经强调的那样，在收入的来源里，不存在由某种原因引起的或道德上的重大差别，所以它们叫什么并不特别重要。

更具体一些，我们将与以前一样，假设这里存在某种在其他人如企业家控制之下的人和物的归组（任意一个归组都可作为出发点），同时，企业家和其他人等，也如上面所述处于竞争之中。

生产—分配制度是在预期的基础上，通过双方的出价和还价而产生的。劳动者索要他认为企业家能够付给他的报酬，在任何情况下，他都不会接受少于他能从其他企业家那里得到的报酬，也不会接受少于自己成为企业家所能得到的报酬。同样，企业家给任何劳动者开出的价格，都是他认为为了获取劳动者的服务而必
274 须给出的价格，在任何情况下，他所支付的都不会高于他所认为的该劳动者实际所值的价格，他注意的是自己作为劳动者所能得到的价格。全部的计算都是对未来的计算；过去甚至现在的情况都只是作为对所预期结果的预测根据。[6]

在一个自由市场里，任何商品只能够有一个价格，所以，一般工资水平一定产生于竞争性竞价。既定的工资水平可被称作劳动者产品的社会的、竞争性的预期价值，如我们业已解释的那样，我们是从特殊贡献的意义上，使用“产出”一词。在这里，并不是双方当事人对一份工作协议的未来看法决定了价格，这些看法只是设立了这一协议的最大最小范围，超出了这一范围，就不可能产生协议。价格调整机制在其他任何市场上都是一样的。这里一直存在

⑥　在现实社会中，雇主与雇员身份的选择自由，通常取决于所拥有的资本的量。然而，与假设这种自由相关的抽象程度并不严重，因为人们所表露的能力总是能为商业活动带来资金。一名没有财产的雇主可以通过保险为固定合约支付做担保，甚至在他们有了损失的时候也能做到这一点，如果有一个高度发达的组织和高道德标准的商业声誉的话，风险承担和风险管理职能与提供生产服务的职能完全分离是可能的。但在现实生活中，通常对作出有效担保的必要条件也要加以考虑。

一个既定的统一价格水平，这一价格水平自始至终保持在供需均衡点上。任何时候，如果更多的出价人愿意以高于受雇者所愿接受的既定价格水平的价格用人，价格水平将相应上升，同样，如果多数人的看法相反，也会有相应的情况发生。任何一个个人就该做什么所做的最终决定，取决于瞬间存在的价格水平与商品重要意义的主观判断之间的比较。在这种情况下，对间接重要意义的判断形成于对未来两方面的估计，即与技术的和价格的不确定性 275
相关联。决定是否按现行工资水平出价的雇主和决定是否接受这一出价的雇员，都必须从技术上或物质上对劳动的可量度产品(特殊的贡献)进行估计，还必须估计到这一产品进入市场时，期望获得的产品价格。这种估计可能涉及到两种概率计算或概率估计。冒险本身或许就具有赌博的性质，它不可避免地涉及大量的不可预测的因素。在这种情况下，决策取决于对成功的“客观概率”的“估计”，或取决于对不同程度的成功或失败的一连串类似概率的相应估计。通常，对高智商的人来说，他将根据所有被估计的因素，对估计的可能的“真实价值”进行考虑。

那么，“社会的”或“竞争性的”预期一词的含义就会清楚了。在一份雇佣协议的双方当事人的心中，问题只是与这样一个事实——即雇主想廉价获取的服务的现行标准回报与雇主本人不考虑概率的容差(allowances)，对其所值的估计之间的差异——相关。差异的度则完全是不重要的。未来的雇主绝对明白，对自己来说，服务的价值大过他付出的价格很多，但他必须只按现行的竞争价格水平支付，如果他对这一交易心存犹豫，他的买卖对这一价格水平不会产生任何影响，他只要照现行价格买卖就行。正是从

“边际”需求价格意义上对有关的度(magnitudes)的一般性估计，确定了实际的交易过程中的成交价。

我们现在所讨论的组织的本质，与第四章中所描述的不确定
276 性缺失且不存在进步的条件下的组织的本质，在许多方面都是相同的。对一个具体的生产群体来说，一个劳动者的价值或一件物资设备的价值，是在收益递减条件下，随着投入组合中某种要素比例的增加，该要素对产出所做的特殊的物质贡献，以及在效用递减条件下，随着我们所讨论的该企业使用来制造某种产品的生产力比例的增加而形成的这种贡献的价格，共同决定的。但是，组织的计算所依据的事实，不可能再通过试验而准确客观地加以确定；在这种情况下，所有的数据肯定是**估计**的，这就易于出现大大小小的误差幅度，这一事实引起的差异，在这两种条件下与其说具有相似性，不如说是一种本质上的差异。做出这些估计并“保证”这些估计对群体中其他参与人员的价值的职能，就落到了每个企业中有责任能力的企业家身上，并由此而产生出在不存在不确定性的社会中完全不知道的一种新型活动和新型收入。

即使在第四章所讨论的假设条件下，在每个生产群体的不同的人或人群中，似乎也存在某种控制和协调职能的集中。但是这些人的职责只具备常规性，无论哪方面都看不出与其他那些职能人员有什么重要区别，他们只是劳动者中的劳动者而已，他们的收入与其他人的工资收入一样，也是工资。然而，一旦管理职能所需的判断的履行与**易错性**(liability to error)有了关联，一旦群体中其他人等服从经理人指挥的前提条件是经理人必须对自己的看法之正确与否**负责**，这一职能的性质就发生了革命性的变化，经理人

成了企业家。毫无疑问，他可以而且通常也会继续履行过去老一套的例行职能，并接受过去的工资；但他另外还要做出需承担责任的决策，所以他的收入除了工资外，通常还要包括一份被经济学家称之为“利润”的纯粹的**差额**因素。这种利润只不过是在他所使用 277
的诸项生产要素的市场价格，即一个由于其他企业家的竞争而迫使他作为获取其服务的条件而对他们保证的金额，与在他指挥下，他最终从产品的出售中实现的金额之间的差额。

很明显，企业家收入的性质是复杂的，其组成部分的关系也非常微妙。其中包含的一个要素，就是企业家个人在为企业从事例行服务的基础上获得的普通固定收入（工资），或者说，是凭他自己的财产（租金或资本回报）挣来的。然而这种差额因素还是很复杂，因为事情很清楚，这里面有计算的因素，也有幸运的因素。对这一现象进行充分的研究和分析需要时间和审慎的思考。现在这一问题的背景是清楚的：即生活和行为中的不确定性，要求人们在商业活动中作出判断，劳动分工经济迫使人们结成群体进行工作，并将管理的职能委托给其他职能，这种劳动分工的经济是已经专业化的，人的本性又使那位指挥他人活动的人必须为自己的经营结果负责，最后，竞争的环境也使每一个企业家的判断，与他调整他在获得收益之前必须先支付的固定收入的现有商业判断相对立。

解决问题的第一步，就是探究企业家能力的含义，以及企业家能力的供求情况。就企业家收入的第一个主要部分，即为企业提供日常劳动和财产所获的普通工资而言，没有评论的必要。这种报酬仅仅是对现在讨论的能力级别或财产种类所付出的竞争水平 278

的工资。毫无疑问,我们实际上不可能确切说出这种水平的工资是什么。在现实生活动荡不宁的条件下,不仅不可能实现各样东西和服务的完全标准化,而且在企业家专业化的条件下,也可能会有同样的结果,即在极其类似的条件下,企业家和非企业家都不可能做出相同的事情。因此,纯粹的工资,或是租金这一要素与由不确定性引出的各种要素之间的区别,在一般条件下不可能弄得完全准确。重大困难主要来自我们试图要分析在确定部分企业家收入的过程中,判断与幸运之间的关系,而企业家的这部分收入又与他履行的双重职能:(a)履行责任管理和(b)保证生产服务所有者的收入不受不确定性和波动的影响相关。很显然,这种特别收入也与努力和牺牲有关系,与我们必须中肯地加以探究的各种能力的供需性质和条件以及努力和牺牲的分配相关。

毋庸置疑的是,企业家的活动产生了大量的社会节余,因此极大地增加了经济生产的效益。如果没有管理职能的专业化,大规模的生产活动、高度组织起来的产业以及精密的分工都是不可能的,同时,由于人性使然,担保的职能显然一定与管理的职能同时出现,实际上,从管理的根本意义上看,两者在理论上是分不开的。因此,除了某些个人在履行这一职能时具有超过其他人的能力之
279 外,这里还有很多遗留问题。这里仍然还存在通过合并的原则减少了不确定性从而大量获得的其他收益,这种收益也不依赖于企业家的个人品质而存在。但由于制度如此,是这些制度而不是个人从事特殊职能的活动,形成了这种社会利益;单从这一方面,我们找不出任何原因导致一个特殊分配份额的产生。

至于通过企业制度而获得的不同收益要素间的实际可比较的

程度，光进行猜测，恐怕有些轻率，但毋庸置疑的是，绝大部分的实际收益是由于选择了在某项工作上极为合格的经理人而获得的。这种重要的选择之所以可能，仅仅是因为这种合格性能在每一具体情况中得到证明之前，就能为人所确认，并仅在此范围内为人所承认。未来的企业家只要对自己的预测和策略的真实价值有了一个估计，也就对他自己是否胜任职位形成了适当的看法。当然其他人可能同意也可能不同意他对自己的看法。实际上，一个人可能经由几种途径成为企业家。如果他有财产，或是他了解一种属于他个人的技术上的生产力，他无须使得除他自己以外的任何人相信他胜任企业家工作，他就能从事企业家的工作。只要他自己的资源保护了其他人的利益，而他自己又同意为这些人支付一笔固定收入，那么，这些人根本不必操心企业家基于其种种策略的判断的正确性，他就能从事企业家工作。当然，如果他不能做出这种担保，他要么就要取信于那些他付给他们工资的人，或是与他签订了租约的人，要么他就要取信于那些为他承担担保责任的外部人。这种与企业家担保职能的转移有关的结果，是一个非常微妙的问题，我们将马上着手讨论。第三种情况的产生是可以想象到的，即，在一个人并不认为自己特别适合于做管理工作的情况下，如果其他人等对该人的能力和可信度有极高的评价，那么，这人也会成 280
为企业家。这种情况更为复杂，所以对其的分析也必须推后。对企业家职能分离的讨论，自然会引出所有问题中最为困难的雇用经理人的问题。所以我们首先考虑这一职能未被分割、他一人独担的简单情况，即管理及承担不确定性的职能承担都集中在同一个人身上的情况，根据这一假设条件，无论外部人由他雇用与否，或是，对他的能力既不发表意见也不感兴趣，都没有关系。如果我们从这一假定开始，即假定这是我们社会中企业家职能的唯一形式，那么问题就会进一步简化。

首先，我们要进一步谈谈企业家的收入被确定下来的过程。或许我们应该将它与只提供服务但不涉及判断而获取的固定合约收入区别开来，这份固定合约收入是由企业家**支付的**，指出了这一点，后者就可以断言，企业家本人的收入是一种**剩余**。这就是说，在某种意义上，企业家的收入根本不是由谁“决定的”，它是其他人的收入“被确定”了之后所“剩下的部分”。企业家在市场上为社会中现有的生产服务进行出价的竞争，“确定”了这些固定合约收入的价格；企业家的收入是不固定的，而是由固定合约收入支付完后的剩余部分所组成。因此，我们要通过对决定固定合约收入的诸项力量的研究，再联系一个企业或一个社会的全部产品，间接地研究企业家的收入。

假定生产服务的市场是完全竞争市场，那么，对每一位企业家来说，固定合约收入是通过企业家群体的竞争或边际预期，再联系现有每种要素的供给确定的。无论如何，任何人要成为一名企业家，都要依赖于他自己的坚定信念（强烈到足以依据这种信念而行
281 为），即他能使生产服务的产出多于由其他人所认为的这批生产服务生产的产出而确定下来的价格水平（根据同样的规定，这种信念必然会导致行动）。在任何个人成为企业家之后，他的收入的量取决于这一超额预期在生产中的成功，在这个意义上，他判断的正确性至关重要。但我们很清楚，他的成功同样也可以出于这样的原因：(a)其竞争对手判断失误，或(b)其竞争对手能力低下。一个

人的(a)能力与(b)对人的能力的判断，这两个因素是联系在一起分不开的，企业能力就是(对外部因素的)判断和运作能力的综合。

再者，最佳判断和最高能力的使用，也无可避免存在一个误差幅度。在任何一种具体情况下，成功的结果都不能完全归于判断和能力。最优秀的人也会有一定比例的失误，最差的人也会有一定比例的成功。一次试验或数次试验的结果，至多只能在能力已经表现出来或没有表现出来的时候，作为我们偏爱某一看法的根据[7]。对能力的可靠估计，只能来自大量的试验。就是这样，也存在不同的能力与能力之高下的差异。在企业管理活动中，根本不存在在客观的、可描述的意义上极为相似的两种情况。大脑活动的神秘现象之一，就是我们能对具有价值的“一般能力”做出估计，而我们能做出这种估计是无可争辩的事实。

进一步说，如我们一再指出的那样，商业冒险活动本身或许就 282
是一种赌博 (gamble)。在企业或任何一个涉及难以对相关因素做出估计的承担责任的领域中，无人能假装对这些因素进行估计，因此，多数决策都需要进行判断。判断本身就是对某种结果的概率的判断，对成功的比例的判断，如果我们能将这种冒险活动反复进行多次，我们就能掌握这一结果。因此，幸运的限量是两方面

---

[7] 与我们对竞技比赛的讨论中看到的一样。我们完全没有必要说，在高尔夫球场上做了一次 20 码轻击进洞就证明是高技能，或是用步枪在 100 码远处射入一只 2 英寸的靶心也证明有技能；因为，我们不能说错过了一次 3 码的轻击，或是射在了 8 英寸的圆圈之外就证明缺乏技能。不论击球技术或射击技能是好是坏，两种情况都时有发生，只有经过相当数量的试验后得出的成功与失误的比率，才能使人对达成目的的真实能力有一种认识。

的。它要求大量的试验才能对任何给定条件下所实行判断的真实概率有所了解，同时才能对判断的本质和偶然性进行区别。再一次请大家记住，无论对事例的分类有多么粗略，奇迹都会产生，我们也就能尽可能智性地生活。现在我们尝试以供需法则的形式，更为准确地阐述一下决定企业家收入的原则。

对一种生产服务的需求取决于因应用于该生产服务的其他服务的增加而产生的收益递减曲线急剧上升或下降。在我们熟悉的土地的例子中，随着应用于一块给定土地上的劳动和资本的增加，随之而来的回报迅速减少，这块土地上的租金将会更高。毋庸置疑的是，收益递减法则决定了生产服务与企业家的结合。其决定基于这样一个我们已经说过的事实，即预测和执行能力的空间范围是有限的。任何单个个人试图指挥的经营活动范围越大，一般来说——与收益递减规律在其他情况下一样，“超过某一点”，他的效益会越低。对企业家的需求，就像对其他任何生产要素的需求一样，直接取决于其他要素的供给。

283 企业家供给涉及的因素有(a)能力，这一点还包括有不同的因素；(b)意愿，(c)能给出让人满意的担保的力量，以及(d)上述因素的同时存在。如果社会作为一个整体，保证为它的企业提供高质量的管理，除了各种要素各自都有大量供给之外，这种管理还要通过能力与意愿的结合，或者所有三个因素的同时存在才能达成。意愿加权力就可以给人以保证，但如果没有能力做支持，无疑会导致资源的浪费，但如果没有其他两个因素的结合，能力也将是一种浪费。发现能有效管理企业的人才，并将他们放到承担责任的管理职位上，恐怕是经济组织在效益方面最为重要的一个问题。

一个社会中企业家素养的供给，是决定这一社会生产单位的数量和规模的主要因素之一。一个普遍或许也无可厚非的看法是，大多数其他因素趋向于用增加企业规模的形式来扩大经济，但规模的主要限制就是领导能力。如果能力真的能成功地管理大企业，那么，一旦有了有能力的企业家，就一定容易获得极大的回报。任何一位特定的企业家的收入，一般来说有大于别人的收入的趋向：(1)因为他有能力及好运气；但是，(2)或许更为重要的是，社会中缺乏一种与权力相结合的自信，以便向雇佣人员做出有效的担保。成功管理企业的能力是多还是少，对利润的影响相对较少，影响利润的主要是作为一个阶层的企业家(事实上的和潜在的)，在哄抬生产服务价格过程中的鲁莽或胆怯。作为一种剩余的企业家收入，与其从直接意义上认为是由对企业家的需求所决定的，不如说是由对其他服务的需求所决定的，这些需求才是企业家作为一个阶层获得自信的关键。我们一定立刻就明白，对于作为一个阶层的企业家来说，蒙受一种净损失是完全可能的，而这种损失完全 284
能以其他能力的所得来弥补。对那些能力低而“勇气”高的人来说，这种结果是一个必然。另一方面，如果人们通常对自身的能力作了较好的判断，不论能力本身高低如何，一般利润率可能会较低，但对水平较低的实际能力来说，变数和波动性会更大。赚取较大利润的条件受到了包括低水平进取心和高级别能力供给的严格限制。

由于传统分配理论已经(错误地)在剩余收入概念基础上对利润做了分析，当然尤其是在地租分析中，所以，对研究政治经济学的学者来说，利润的分析更为简单。但这里不能过分地强调相似性，因为这里存在这样一种重要的区别：租金——与每一个人现在所理解的任何其他份额一样——是扣除产出的其他份额之后的剩余（产出是一个单位的边际贡献乘以单位数）。但是利润（我们现在是在简化条件下进行分析）却是扣除了对其他要素的支付后的剩余，是通过作为一个阶层的企业家对作为一个整体的所有要素的边际出价（marginal bid）而决定的。在后一种情况下，剩余不是一种产品剩余，而是一种计算上的误差（margin of error），即那些没有迫使成功的企业家对生产服务支付出如他们自己被迫支付出的同样多支付的非企业家和企业家在计算上的误差。

由于这一观点相当复杂，所以在这里最好再扼要重复一遍。我们首先大略地假定，社会上的每个人都如企业家一样了解自己的能力，但这些人对相互之间的能力知之甚少。这样，社会收入在
285 利润和固定合约收入之间的分配，取决于社会上企业家能力的供给，以及由它（对其他要素的使用）带来的收入递减的速度，利润的大小随能力供给的增加、随收益递减的加速而变小。如果人们除了不了解其他人的能力之外，还不能判断自己的能力，那么，总的来说，利润的大小要么取决于他们对企业经营活动前景的过高估计，要么取决于过低估计，如果他们过低估计了企业经营活动的前景，利润就会更多一些。这种阐述是从对他们所拥有的、保证他们支付协议中议定的固定收入的手段问题中提取出来的；这一方面的局限性同企业家能力供给方面的局限性起同样的作用。如果企业家的能力非常之高，以致实际上不太容易产生收益递减现象，那么，即使在很少几个这种人之间的竞争，也会提高固定收入的比率，并降低剩余份额，当然，如果他们了解自己的能力的话。如果

他们不了解自己的能力，那么，利润的大小又要取决于他们的“乐观态度”，随后者而反向变化。

一个人对自己能力的了解，与他对自己处理不确定性的了解以及信赖自己的判断有关系，这样，如果经营活动的范围足够大，如果其知识是完全的，那这实际上就意味着不确定性是不存在的。即使在真正的赌博情况下，判断本身的真实概率也很容易出错，在这种情况下，对作为一个整体的不确定性而言，我们对大多数情况下的可预测结果还是有一个客观的概率估计。因此，真实利润的出现，取决于判断价值估计中的绝对不确定性，或者，取决于缺少一个通过合并的方式组合起大量的事例来获得确定性的必要组织。由于人们对他人的判断能力的完全无知，因此，很难明白这种组织是如何起作用的。所以，我们借以了解这个世界的机制是如此难以捉摸，利用间接手段增加确定性的智能是如此之伟大，以致 286
我们还要在更大范围内作出保留。如果人们并不知道别人的能力，但却知道别人知道他们自己的能力，我们还是有把握对所有人的能力有个一般性了解，就算这方面的知识非常不全面或者根本没有办法得到（事实就是这样），事情也会是这样。如果那些为了一笔固定酬劳而提供生产服务的人，知道那些为这种服务出价的人了解他们自己的价值，或者，如果每个出价人都知道别人了解这种情况，那么，出价者将被迫为他们愿意支付的所有数额进行支付，这就是说，要为他们能够支付得起的数额进行支付。当然，在这种情况下，竞争会具有扑克牌戏即一种虚张声势的竞赛的特点。但我们必须承认，实际工资的讨价还价根本不具备这种特点。

欧洲开拓者在原住民那里的情况，说明了少数人在多数人不知道他们在做什么、而他们自己知道自己在做什么的情况下，少数人能获得极大利润的可能性。但是，如果他们在他们自己之间进行竞争，如果他们的人数增加了，就一定会出现这样一个时刻，在这一时刻，他们将推动价格至一定的竞争水平，同时不必用对被利用者采取比接受了这一较大出价的人们所采取的更为精明的任何行为。带来这种结果所需要的竞争者人数，取决于企业家职能的收益递减曲线的急剧上升或下降，取决于一个人能有效管理的企业规模的限度。其中，规模的概念还必须扩大到将须加以处理的各种不同情况包括在内。由企业家职能带来的收益递减问题，实
287 际上是存在大量不确定性所带来的问题。⑧ 设想一个人能胜任一家规模不明确且具复杂性的企业的管理，就是设想一种完全不存在实际不确定性的情况。

以上所有讨论都涉及这样一个简化的情况，即我们假设我们社会的所有成员对真实价值、对他自己的每一个判断以及根据这种判断控制事情的能力都有一些了解，但是相互之间对这种事情

---

⑧　经营管理的收益递减是我们在经济学文献中经常看到的主题，但对此仍然缺乏科学的讨论。有意思的是，按当今作者的观点，这些分析基本没有根据，参见 H. C. 泰勒《农业经济学》，第六章。我们承认，我们自己对企业理论的讨论是含糊的，并不令人满意。完整且具有严密逻辑性的讨论是一个非常大的任务。考虑到与不确定性相关的诸要素的极端复杂性，尤其是其中多数变量可能是一些独立的变量，这样最终得出的若干可能的猜测会使人望而却步。起码它会需要足够多的空间，而且也很难顺着这些问题进行分析，同时这样做的实际意义也并不太大，这样，就算有人读它也不能证明这种努力就值当。我们希望，上述讨论已经涵盖了令人感兴趣的关键之处。根本的因素是企业家范围内人的能力问题，这种能力包括预见能力和执行能力，以及他们对自身能力的了解和在经营中信任他们的倾向。被忽略的因素似乎是后两项，即自知和自信或主动精神（initiative），这两项是密切相关的，但并不完全等同。另外，了解并愿意相信其他人的能力和判断，仍然是一个我们还没有讨论的更为重要的问题。

的了解就像其他人对其自己的看法那样，只能通过他的行为趋向才得以表明。事实上，人们是在一定时期内眼见别人的表现的基础上，才形成了对他人的看法，另外，印象的形成还要求个人的外表、谈吐等的得体。在一个有组织的社会中，对他人的这种认识，是我们努力理智地与他人一起生活的最重要因素之一。最难的是对所有与知识和不确定性的实际属性相关的资料，进行系统的讨论。

对他人的看法和才能的价值估计，大部分是依据对任何个人一生中所做决策，至少是在经济活动已经高度组织起来的活动范围内所做决策的资料的掌握而形成的。这种估计的作用就是我们期望在任何条件下可能发生什么事情的一种间接表示；因为我们 288
知道并承认，我们对问题本身的价值一无所知，但我们知道对它的判断受到我们重视的其他人的看法的影响，对这些看法，我们接受过来以替代我们自己的看法。我们在自己的处境下所感受到的信心程度，就是我们在“权威”的判断价值中、即我们依据事情的是非曲直，将权威的声明作为最佳信息加以接受的过程中，所感受到的信心程度。当然；这些对他人看法的看法的形成模式，既复杂又难以解释，而且，很少能摆脱那些被忽略的、对事件本身所做的独立判断的影响。这里存在一种相互强化的情况，因为我们预先有了某种自己的观点，而这些观点又与某些权威的看法一致。即使不总是如此，我们也是经常因为权威的看法而坚信我们自己的看法，但在某种程度上，我们之所以相信权威，是因为权威所持的观点是我们已有了倾向性的观点。甚至我们相信我们自己也是因为在很大程度上我们认为其他人相信我们，尽管从另一方面说，……虽然我们没有试图用逻辑的表述来阐明所有这些关系，但这已足以表明我们自己的看法和他人看法之间关系的复杂性。通过对他人知识的了解而获得的间接知识的重要性，是我们要强调指出的一点。

与此相应，我们视为行为基础的知识的不确定性，在很大程度上是我们所选择听从的权威估计中的误差。商业的不确定性非常突出地具有这种特点，这一种类的不确定性尤其需要仔细研究。迄今为止，我们的讨论假设了纯粹的、不可分割的企业家职能，这是由于一个人不可能了解另一个人的能力而产生的。很明显，由
289 于缺乏这种了解，没有一个商定好的价格做出有效的保证，那么没有人会将自己的资源置于他人指挥之下，而且，企业家如果不是处于一种没有资助就能做出保证的状态下，他也不能成为一名企业家，⑨同样明显的是，没有人会对他人做出这类保证。这就是说，企业家职能在一种纯粹形式上会完全专业化，并且完全与责任和管理联在一起。一旦人们具备了他们愿意据之而行为的知识或看法，一旦人们了解了其他人发挥企业家职能的能力，所有这一切都会改变，企业家职能就不再是一种单纯且绝对孤立的职能了。当然，这也是现实生活中的实情，其中最值得仔细考虑的，还是这种部分的专业化和多少被分割了的企业家职能。所以，有几种组织形式和职能分割模式应该引起注意。

我们所能想到的企业家职能的最简单的分割，就是管理与担

⑨　我们并不能由此得出结论说，他必须拥有资产，尽管在现实生活中，这实际上有一定的因果关系。然而，可以想见的是，一个人或许可以通过典押自己的赚钱能力而保证自己在合同中的支付责任。这种安排并不要求比现在的保险赔偿更为复杂的组织技巧，或者说，并不涉及人性方面的其他特质。

保这两个要素的分离以及由不同的人来执行的情况。这是一种合乎常情的安排，因为企业家能力不会与能使自己对所允诺的固定合约收入做出令人满意的担保的企业家能力拥有者的职位结合在一起，这种情况一定常常发生。在这种情况下，对他而言，与某位有可能为他的雇佣合约担保的人签约，可能是一件对双方都有利的事情，但不一定是他本人拥有企业家能力，或是他本人有意来承担企业的管理职能。这种合伙形式和利润的分配条件是极为多样的。事实上我们知道，这里通常采用的是一种新的工资协议形式，即担保人以管理者雇用受其组织和管理的生产服务的同样方式雇 290
用管理者。这种职能的转换涉及一种我们必须对其特征加以详尽考虑的转变，这一点将在下一章中加以解决。这里我们应注意的是，将所有的担保责任与企业的管理责任分离开来，通常不太实际。一名受雇的企业家只有一份固定合约收入作为他在企业里的唯一利益，是很罕见的事情。企业家通常也是半个所有者，至少，他的工资是根据情况而调整，这样事情就很清楚，他的任用与否，要取决于在他指挥下，企业的兴旺程度。

与企业家职能部分转移给他人而发生的职能转变几乎同样重要的，是对能力评价的结果，它指的是在企业范围之内，职能的专业化或许不很完整。这就是说，人们肯定不愿意在没有有效物质为议定的固定支付作担保的情况下，将生产服务，即人或财产，委托给一名外部人的说法，就不再属实了。如果他们对经理人的能力和正直有信心，他们也可能会在只有部分报酬或报酬没有完全保障的情况下，乐意与之一起工作。在一定程度上，这显然是生产服务的拥有者参与分担不确定性压力的例证，或是，“接过了”与承担风险有直接关系的风险的例证。而且，生产服务的拥有者也参与了企业的实际管理一事，将在现实生活复杂、多变且不明朗（除了依然没有注意到的进步之外）的条件下，在对企业家职能进行更为仔细的研究过程中显示出来，这一点正是下一阶段我们要研究的问题。

第十章 企业和利润(续)
支薪经理人 291

在现代社会里，商业单位的典型形式是公司。其最重要的特征就是分散的所有权与集中管理的结合。[①] 理论上，这种组织是一种间接形式的代议民主制。企业的所有人选出董事，董事的主要职能就是选出据说是实际经营公司业务的高级行政官员。但是，董事本人却对公司的总体策略具有真正的指挥权。此外，如果企业是一个大企业，那么，董事们选出的执行官们对企业的策略只有一般监督权(general oversight)，他们的主要职能反而是挑选出他的部属，这些部属所做的多数决策才与公司的管理相关。当然，这一过程不会就此打住，工作人员还有许多等级，每一个等级的工作人员其主要职责中就包括选择其下属人员。

要对现代企业中管理与责任的分配有所理解，首要的一步就是抓住这一事实：我们所谓“管理”，主要包括选择某个其他人来“从事管理”。商业判断主要是对人的判断。我们对某些事情的掌握，是通过那些熟悉该事情的人对事情的知识，我们对事情的控

---

① 从组织的角度看，这是最重要的特征。同样重要的还有与其合伙所有者(member owner)相分离的、作为一个独立实体的公司的法律特征。“有限责任”一词不足以说明。严格地说，公司的成员根本不承担责任，只有公司的财产，即不直接属于公司所有者的财产，才对公司的法律合同承担责任。

制，采取的也是同样的间接方式。由于这里存在一些自夸的倾向，
292 所以靠区分目标的判断和手段的判断，无法逃脱这一结论。我们在这方面考虑的唯一问题就是全部的手段问题。对于企业活动来说，最终只能有一个目的，这个目的在企业建立之前就已确定，这就是赚钱。由企业组织成员所做的所有决策，无论他们采用什么样的“一般性”，都与手段相关，因为他们按照一般性政策和实施细节所做决策的差异，只是在现存的所有程度上的一个程度的问题；这是一种人为的区别。真正意义上的目的，只能由消费者决定——即由生产组织外部的人决定。

事实上，这些阐述对企业及其他有组织的社会活动领域都很适用。对于政治组织尤为真实。如果说，政治官员们的事务就是得到一个工作，然后再找一些人来履行其职责，一点都不为过分。在组织领域中，我们称为责任管理(responsible control)所依据的知识，不是为了激发出变化而对情况、问题和手段所具有的知识，而是关于其他人对这些问题的知识的知识。所以就我们的问题来说，重要的是这样一个事实，即从实际意义上说，人类对事情的判断有一个“真实价值”，我们可以借助拥有这一真实价值的人和其他人，对它做出多少有些正确的估计——这一点对理解有组织活动的管理是如此重要，以致判断人的判断能力的问题，完全超出了我们对有待处理的情况的判断。如果知识的情况如此，那么，不确定性的情况显然也如此。在有组织的条件下对我们的环境进行讨论，我们的注意力和兴趣点从人们对事务的看法之谬误，转移到了人们对待人的看法之谬误上了。从现实意义上说，对自然的有组织管理，很少取决于
293 对自然可能的了解，更多的是取决于对他人的自然知识的准确性的

可能了解,以及对他们运用这种知识的能力的了解。

因此,隐含在有组织活动中的基本原则,就是通过对特定个人的所有决策进行归组,通过对其全部判断的成败之比或平均水平的估计,来减少不确定性。这是对风险合并(consolidation of risk)原则的更广泛的运用,但这里的情形却有些特殊。无论我们是根据假定的数据进行推理,还是根据所观察的例证进行统计归类,结果是永远计算不出来的。这只是纯粹意义上的一种估计,一种很少受到先前观察约束的估计。我们通过一种判断人的个性的直觉能力,形成了我们对人的看法与能力之价值的看法,但相对来说,我们很少观察他们处理我们委托的某种问题的实际表现。当然,我们尽可能地利用直接的证据,但这些证据通常不够深入。最终的决定几乎是出于一种我们所能想象的本能,它形成了对关系的直接的看法,就像我们能通过他人面部表情的微妙变化,读懂他的思想或感情一样地不可思议。

在对企业的不确定性以及与应付不确定性相关的作为回报的利润进行的分析中,最大的难题和复杂性出自组织内部的具体的责任分配。企业中明显存在决策职能和承担决策错误的“风险”的职能之间的分离。这种分离在公司雇用经理人的情况下,显得相当突出。在这种公司里,制定决策的人,拿的是固定工资,且不承担“风险”,那些承担风险的人——众股东——获得的是利润,但不能做决策,也不从事管理工作。由于前面对间接知识和间接责任 294
的讨论,所以这里稍做研究就能表明,这种分离只是一种幻觉;因为一旦正确地定义了管理并确定了管理的界线,我们就会发现,决策职能和承担决策的正确性的责任,是一个不可分割的整体。

以等级的最“底层”，即那些普通的、非熟练工人的“例行”职责为起点，我们可以对这一现象做出最好的阐释。一经思考我们就很清楚，即使最粗陋且最机械的劳动，在某种意义上也会涉及不确定性，也需要应付不能准确预见到的偶然事件。应付“新情况”似乎是全体有意识生命的职责。如果生命有机体的环境是完全一致且单调不变的，并符合机械法则，那么意识就永远得不到发展。在这样的世界里，有机体只是一种机械行动的物。但这里明显存在一种充分利用意识、并靠下意识的反射反应(reflex response)尽可能做出适应性变化的趋势。在人类生活中，我们能见到复杂的适应性变化，比如演奏乐器，就是从较低的起点开始学习的。如果这种必不可少的运动代代相传，如果我们通过获得性遗传排除了更直接的方式，那么，通过缓慢的自然选择过程，这种运动就会渐渐固定在生殖细胞的细胞质中(germ plasm)。

此外，在产业领域中，纯粹的日常运作已不可避免地由机器取而代之。机器操作员的责任似乎机械而又千篇一律，但实际上，在整个运作中他们并不自始至终都是这样。操作员的职能就是完成这一过程并使这一过程达于这样一点：所有的运作成为标准完全一致的运作，这样就可以由机器来掌握了，否则，就是以机器的标准产出为起点，然后着手使产品多样化。人们发现，某些任务实际
295 上总是需要进行意识判断，这就是说，他会遇到普通意义上的不确定性，并履行普通意义上的责任。

但是从组织的角度看，由于前面讨论过的间接知识和责任转移的原则的缘故，普通劳动者的工作不会涉及实际意义上的不确定性或责任。即使不能将工作本身充分限制在例行程序范围内，

达到使机器能掌握的程度——通常是由于工作的物质对象缺乏一致性(即存在不确定)——我们也有可能以高度的准确性来判断一个个人处理工作中所碰到的非规则性事务的能力。将不确定性作为一个例行问题进行处理,正是产业工人的职能!我们不能预言他将从事的确切的活动,但我们可以预言他从事这些活动的能力以及将不确定性作为一个预料中的因素加以排除的能力;这样,对周围环境的无知由对人的判断的了解取而代之。

对比起来,甚至在地位最低的操作人员那里,情况也并不绝对。大多数这类操作人员偶尔也会碰到一些意外事件,按要求,对于这些意外事件,他们会求助于自己上级的判断和能力。操作人员的上级不可能完全准确地了解操作人员能否胜任自己的工作。操作人员需要对他本人的能力做出判断,知道什么时候可以自己独立动手,什么时候需要请求指导。选派这一操作人员担任这一工作,并因他从事这项工作而确定其报酬的职员,在估计操作人员的能力时,还必须做出高质量的判断。最终的结果是,在组织范围内,不确定性和责任并没有完全被排除,而是部分地转移到了上一级那里。当然,在这种情况下,真正的不确定性与这位职员对他打算委任这一职位的那个人的判断相关。就我们现在所考虑的最低级别的人而言,除了偶尔 296
需要运用自己的最佳判断外,他不用对超出他(“例行”)职责之外的事情负责。他的上一级对他负有责任,相应地,他获得一份固定工资。[②]

② 也许没必要指出,这里所说的风险合并原则只在一定范围内起作用。雇主会对雇员做事的“平均”能力作出评价,这种平均是就每个个人而言的平均,如果他挑选了很多雇员,这种平均就是与进一步抵消错误相关的平均。更高层次的承担责任的判断涉及到企业工作的安排和细分,这样才能使每一个雇员的任务与某种程度的能力相适应。

已经很清楚，这种责任转移的过程不会在第一步，即在最低一级就停止下来，我们讨论的目的是非常明确的。（比如说）那位工头，即那位对操作人员的能力做出判断，并且对他们按照自己的期望所从事的工作承担责任的人，反过来发现自己与组织中自己的上级也有相同的关系。他评价操作人员的能力，按照他评价这些人的工作能力的相同方式，也受到评价并归为一种例行职能，就像他用自己的能力处理那些操作人员要求助于他的异常的意外情况一样，在听到对更为罕见的问题的求助时，他的责任就是将这些事情提交给他的上级并听取他们的决策，这样他的责任反过来也转移到了挑选他并分配他工作的上一级职员那里（比如监工等诸如此类的人）。更高级的管理所依据的知识，仍然是凭着对一个人处理问题能力的了解，而不是依据对问题本身的具体知识。更高一级的职员或许事实上非常有能力直接处理这些问题，但他并不这样做。值得注意的是，他或许并不具备这一意义上的能力。毫无疑问，有的监工做工头比他手下的工头更为合适，他之所以服务于
297 要求更高能力的职务，是由于判断和管理工头的能力更为稀有并且更有价值。然而无可争议的是，很多能成为优秀监工的人，却根本当不了一名优秀的工头，或许，这种情况还更为常见一些。

相同关系如此这般逐级上升直到企业的最高层首脑那里为止。为简单起见，我们可以假设这位仁兄集所有的管理职能于一身，他可以是董事长、总经理等等，董事会成员除了任命他的职位、确定他的工资及给他以完全自由的权力之外，不能再对他进行管理。就我们所考察的组织问题而言，就算处于这种地位的人，在一些基本方面也与最低级别的机械操作工的情况相同。他处理他必

须处理的情况的能力，非常易于进行评估，也确实有人对他进行评估。他的工作也是一种履行他自己的最佳判断的“例行”工作——将结果留给了其他人。由于将他置于这一位置的判断也存在实际的不确定性，所以真正的责任又转了回来。承担责任的决策不是具体的政策安排，而是任命一位管理人员(orderer)作为布置这一政策的“工人”。正是这种终极责任必须为其决策的结果负责。如我们所预见的那样，管理与风险承担之间出现的明显的分离，实际只是一种幻觉。在利润分析中引起了无数困惑的关于雇用经理人的矛盾说法，源于没能认识到这一基本事实，即在有组织的活动中，**至关重要**的决策就是选择人员去做出决策，任何其他的决策或是判断的履行都自行弱化成了一种日常职能。如我们的分析所表明的那样，所有这一切都是基于人的知识对物的知识的替代，产生于大规模管理的本质。

我们一定要拒绝被一些表面的相似性，即雇用经理人的日常工作和独立经商者日常工作之间的表面相似性所误导。这之间的 298
区别更为重要。前者是别人安排工作让他去做，他是受人安排去完成任务，而后者是自己给自己安排任务，以配合自己工作，是他自己安排自己去完成任务。在这里，真正承担责任的决策是由独立的企业家对雇用经理人做出的决策。无论何时，只要我们发现了管理与承担不确定性之间有了明显的分离，对其的研究将表明，我们实际上是将某些例行的活动混同于真正的管理了。[③]

③　参见霍利的观点(《经济学季刊》，第十五卷，第 88 页)，雇用经理人做出决策，但企业家承担决策的后果，因此前者不是企业家。

与企业领域中——就像在所有领域中——大部分实际问题一样，这种为了应付预见不到的情况而选择人的能力的问题，涉及到一种自相矛盾的、显然在理论上不可能的解决办法。但与生活中大量不可能的事情一样，人们还是不断做着这种事情。虽然我们不能在没有意识判断干预的情况下，充分准确地预见到某一具体情况，但在某些条件下，我们也能预见到某种将会出现的事情，将具备一种可以通过某种能够加以选择和评价的能力来处理的特征。大规模组织的形成和成功地运作就证明这种原则是合理的，因为我们发现，对这种不可能问题的解决办法，事实上对多错少。部分通过运用以合并来减少不确定性的原则，部分因为体现在我们身上的对看似不可思议的人性的理解能力，结果证明，我们对人的能力的了解要比对事物的直接了解更为准确。

企业家职能的另一方面，即专业化的不完整性，是基于同样重
299 要的责任转移这一事实，这一问题使分析更加复杂化了。我们可以采用调查问题的方式引入问题，以作为上述讨论的继续。一旦一个企业的全部活动和政策都掌握在雇用经理人手里，责任最终会转移给谁呢？答案很明显：转给企业所使用的生产服务的拥有者；即，在包括与**独立**企业家签订合约的职能专业化的条件下，承担同样责任的人身上。在后一种情况下，选择自己承担企业的全部不确定性的企业家，也同时管理这一企业。但在企业规模较大的情况下，由于任何单独的个人在充分保证履行合同方面的困难，这种形式的组织成长机会极其有限。因为事情很清楚，只有已经生产出来的可流通财富（消费者物品或生产者物品）的拥有者，或是某种形式上的未来生产能力的所有者，才能对其他人进行担保，

或真正承受不确定性或承担风险。那位作为企业家“负责”任一企业行业的人,要把自己所拥有的部分财富或生产能力交付给该企业使用,几乎是不可避免的事情。那么,无论如何,理所当然发生的事情是,企业的管理落入了企业所使用的部分生产服务拥有者(或若干拥有者)的手中,也就是说,这部分资源被置于与企业损失相关的无保障的状态下,这样,这部分生产服务的拥有者排除了其余的“土地、劳动和资本”的拥有者无法获得全部固定合约报酬的风险。

企业家职能不可能完全专业化,也不可能以一种纯粹的形式而存在,只有一种罕见且不太可能有的情况除外,这是指一个人在某一具体企业中什么都不拥有,而且除了责任,对企业什么都贡献不出来的情况。即使某个人,他完全用借来的资金和雇用的劳动经营一家企业,但自己进行管理,我们也不能以他为例来说明纯粹 300
的企业家职能,因为正如我们已经看到的那样,大量的管理工作已简化成了例行工作,并可以付出一笔固定工资找人来打理。成为一名企业家的唯一捷径,就是一个人凭借所有借来的资源开办一家企业,然后再雇用一名经理人,并赋予他绝对的管理权(free hand)。这种人与其他企业的某些人相比,倒更像是一位企业家,或者说,他不是那位在该企业中制定关键性决策的真正的企业家。

通过在典型的现代企业组织中分布的层层保障的分级制度,使得每个可以想象得到的级别及组合,都有权就收入与既定资本进行管理并摆脱不确定性。这样做的必然结果就是企业家职能的复杂分割或分散。在固定回报的名义合约条件下,这种极易被人忽略的制度特征,是一个被人忽略的真实管理要素。人们很少会把做出的担保视为绝对的担保。如果人们不将担保视为绝对的担保，资源的拥有者就明显承担了一份责任或风险。如果我们考虑到，在影响到企业规模的条件下，他做出了允许使用自己的劳动或财产的决策，那么很明显，他也在执行着管理的职责。为企业提供生产服务的职能中，根本不存在管理职能，只有在这种情况下，即已得到准确确定的服务的竞争价值获得有效保证的条件下，才会存在管理职能，这样，除了货币性回报之外，生产服务拥有者对一切事情都完全漠不关心。

事实上我们知道，对那些给一家企业提供了资源的人来说，在企业经营方面保留了很多直接的顾问权，是一件很平常的事情。授权信托(the voting trust)就是保证这一目的的手段，其重要性
301 在于，一旦他们的利益得不到适当的保护，尤其是当他们的财产价值在很大程度上要取决于被交付使用过程中的智力活动的时候，就有必要保证财产拥有者对企业的有效管理拥有一定的信心。随着行业专业化程度的提高，这种情况变得越来越普遍，有效担保也越来越难做到，投资者也发现他们越来越有必要坚持参与企业的管理。股票和债券之间的区别趋向于逐渐消失，[④]我们很难找到一个只从金钱上考虑、而不涉及所有权的全部转让，就把生产资源无条件转让给企业的例子。对于限量发行的第一抵押债券的所有

④　当然，借助于组织体系而实施的管理变得更为间接，而管理本身也成了遥控管理。与债券近似于股票一样，股票也近似于债券的真实状况。变化的一种形式就是趋向于用比以前更多的股票发行(与债券相比而言)来弥补大量的投资。从银行借来的增加了的资源也表明了相同的趋向，因为银行与他们所投资的企业的管理层保持着特殊的联系。

者来说，如果他们的利益受到了损害，他们有权最终诉诸法庭，以迫使公司进行切实的管理。只有在纯粹的地产租借的情况下，即任何对其使用方式都不能破坏它并使之发生变化的情况下，我们才能找到一个全部收入都摆脱了责任管理因素的例证。

由于劳动者有种不顾及性命和收入而冒险的倾向，所以劳动的情况有些特别。在自由竞争条件下，毫无疑问，相当数量的企业损失都会由劳动来承担，因为劳动者本人表明愿意为增加工资而自担风险进入高风险企业，而增加的工资就是他们所承担风险的一个适当的补偿。而社会福利会利用优先索赔权法、建筑工程优先求偿权等等类似法律为那些无法承担损失的人救急，所以，劳动 302
的工资事实上通常近似于有担保的固定合约工资。由于实际的风险外包将不同行业的固定工资都安排在同一个无差别的水平上，所以，与企业对劳动者的风险选择之依赖相关的管理因素，也相应地不存在。⑤

这里需要对利润和约定分成(contractual shares)之间的关系

⑤　与人打交道，而且了解人甚于了解物的最高企业家的例子，再次说明了类似的政治问题。对最高统治者来说，民主向知识效率(intelligent efficiency)的进步，似乎取决于一种趋势，即选民们都将注意力集中到了合格代理人(competent agents)的选举上，反而不注意他们对政策的制定和各类事务的处理。委员会制政府(commission government)，甚至由市议会推选出市长的市长负责制(manager plan)，都是一个适例。在政治领域内，存在真正的终极目的问题，当然，如果制度依然是民主制度，这一问题就要由选民来处理。企业里的情况或许更甚，在企业条件下，选举人对候选人的判断，一定与他对各种问题的看法相关，部分因为主要的问题在某种程度上都涉及到终极社会理想。考利教授(《社会组织》，第129页及第十三章)对民主的乐观看法，基于他对民众能力的信任，但应承认他对政治问题和统治之术全然无知，把明智的选举基于一种对人的优势的直觉认识。

进行深入讨论。如我们在历史性介绍(第二章)中所看到的,老一辈的英国经济学家使用“利润”一词来指称基本上被认为是投资人的企业所有者的收入。因此,由于古典经济学长期的理论传统,利润和利息之间很少有过区别。人们认可收入中有工资的要素,也有风险因素。尽管普通的约定利息也非常明显地包含有对风险的赔付要素,但对风险在利润与利息之间形成的区别却几乎没有作出分辨。考虑到我们上面的讨论,即上文对风险的假设涉及到相同范围内行使有效管理,所以将这一因素纳入我们的分析是合乎情理的。

303 美国的经济学讨论基本上是在边际效用理论的影响下发展起来的,从本质上说,这是一种评价问题的短期视角。这一事实与这个国家对“管理工资”所给予的更大重视,以及将管理工资与企业家收入分离开来之间所存在的某种联系,使得“利润”或“纯利润”的含义比老一辈作者赋予该词的含义更为狭窄。由于美国的情况更为“动态”一些,所以企业管理在该国产业中的地位也更为显著。从长期的视角或“静态”的视角看,管理的地位相对来说就没那么重要了。在美国(与德国一样)的讨论中,对风险因素所给予的较多的重视,可以相同的方式,即从一个更为动态的背景和对短期变化更大的兴趣方面,进行解释。

随着近来会计理论的发展,投资利息是否要计入利润的问题,从另一种视角看就变得重要起来,而且趋向于成为会计师与经济学家之间的重要议题。当然,这种争议完全没有必要,因为立场不同,观点明显也会不同。经济学理论感兴趣的是决定商品价格的诸种力量,以及作为供给条件的生产成本。不言而喻,在长期中,资本的回报等同于竞争性利率,是生产的一个条件,所以从这一角度看,这也是一种成本。(从短期的角度看,因为它有助于增加混乱,所以事情或许会有不同。)会计师感兴趣的是所有者身份,即企业与企业所有者之间的关系,感兴趣的是成本,即从所有者收入中的一个扣除。此外,科学的会计制度也是公司问题的副产品,在公司里,承担责任的所有者才被认为是投资者,他的利益被视为是资本的利益,而不管他是否在企业里投了钱,是否有超过公司债务的 304
任何价值。利润,作为投资的回报,自然被视为是一种回报率了。

在多数情况下,试图将利润与利息准确地分离开来,不会有什么结果。[⑥] 因为从它们之间关系的另一方面说,纯利息差不多与纯利润一样,也是一个很罕见的现象和难以表达的概念。企业家职能的专业化,是企业组织中的一个重要事实,但根据我们已经明白的原因,它并不具有理论上的完整性。企业家几乎必须要拥有一些财产,将财产运用在企业中的财产所有者根本不能摆脱掉所有的风险和责任。然而,对实际上已由企业家实现了的"回报",和风险与责任因素都可忽略不计的高等级"金边"债券的"竞争性"利率作出区分,还是有用的。这其间的差额就是利润,或经济学理论上的所谓"纯利润"。

就算到最后,我们也一定会对将企业家的投资利息称为生产商品的成本,提出一些保留意见。但我们通常承认,如果这种回报

⑥ 在这里,"利息"仅仅指财产的收入。利息和租金之间的关系基本上是一个"动态"问题,这一问题将在下一章里加以讨论。这里的问题是,在一个没有进步的社会里,是否也能获得利息,但我们确信,利息和租金之间的区别不会很重要。可参见第五章。

率未能在平均水平上实现，在长期内，该企业内也不再会有投资。但这一真实情况的准确表述显然是这样，所有者**一定期望在未来**获得一笔他能在其他任何地方，即他**可以自由转移到其他用途的投资**所获得的同等回报。当然，投资与技术性流动不同要素间的联系也必须加以考虑。如果一家企业中的半数投资代表了机器、运营资本、土地或诸如此类能被转移到其他行业的东西，另一半投
305 资代表了在具体企业外部就毫无价值可言的永久性设施，那么，该企业产出的生产成本（在设施建成后），只是对半数可移动资本的竞争性回报（的预期）。当然，如果没有给其余无价值的设施以回报，这一半也不可能被拿走。

在已讨论的有限范围内，对绝大多数企业来说，利润与财产收益的联系，是有根据的，但也存在重要的例外。独立企业家绝不是一个已灭绝了的物种。这样的人**通常**既为企业提供资产，又为企业提供劳动服务，劳动服务的意思就是或许要被他人雇用，而且要获得一份固定工资的个人活动。在这种情况下，企业家收入除了包含一份利息因素外，还包含一份工资因素。某些会计师的观点是，工资是对所有者的工作的支付，剩余则是对他投资的一种回报，但这种观点似乎没有得到很好的表述。这一观点根据的是公司的常规（及适当的）办事程序中的倾向，在这种公司里，承担责任的所有者只提供财产服务。其逻辑就像是扣除了所有者收入，即竞争性的利率后，就将剩余部分称为工资或管理工资。唯一有意义的区别是，全部收入与减去所有者提供工作所支付的竞争性工资和提供投资所获得的竞争性利息之后所获得的“纯利润”，这两者之间的区别。正常工资率的决定也充满了与纯利息条件下相同

的困难,但难度则更大,因为评估劳动、并在竞争领域中找到相同的服务作为比较的基础,其难度比评估财产要大得多。⑦

在某些情况下,或许是在少数企业以及那些规模较小的企业 306
中,独立企业家并没有在自己的企业里投入财产,他投入的只是劳动服务。讨论涉及到这样一种情况,传统的(美国式的)利润和管理工资的分析就更具意义一些。由于我们已经指明的原因,对一个雇用别人的劳动和使用别人的财产的人来说,除了投入自己的劳动而不投入一些自己的财产,这一定是非同寻常的。对这样一个人,如果他赚钱的本事特别大,那么,在一个有限的范围内,他还是可能为必须要给外部要素支付的固定回报,提供足够的保证。⑧

但在现实中,这种事情或许并没有大范围地出现,或者说,并没有在大量的企业中出现。然而,我们必须考虑到其他企业所使用的财产的所有权,也要考虑到富有的亲朋好友的"道义支持"(moral backing)。这种"道义支持"可能会、也可能不会分割企业家的责任。唯一的终极保证或许仍然是企业家本人的潜在赚钱能力,然而,由于败德风险的存在,如果没有自己拥有的财产作保证,这种赚钱能力或许不会有市场。

总的看来,我们必须说,对与管理工资相关的利润的讨论,已经有些过多了。与财产收益的联系是更普遍、直接和紧密的。收

⑦　我们这里必定再次涉及只意味着财产收入的"利息"一词的用法,虽然从表面看,这并不符合将其作为一个"比率"所作的分析。对纯利息进行解释,要比对实际财产的纯竞争性回报进行解释要容易得多,但即使在后者身上产生的难度,也比不上对独立企业家服务价值进行评估的难度。

⑧　在某种程度上,不会对容易受到损失的生产服务的所有者给出足够担保的人,才是真正的企业家。

入的剩余部分必然要属于对企业进行**责任**管理的人，在多数情况下，也属于那位还获得了一份财产收益的人。这位人士可能有、也
307 可能不会有一份劳动收入。就理论分析的目标来说，重要的区别在于纯剩余收入或纯利润与财产收益的区别。剩余收入与劳动收入的关系，在重要性方面相对而言次要一些，但不管怎么说，由于具有相同的特点，所以在利润的讨论中不需要多做研究了。如果要对土地和资本作出区别，我们一定会认识到，除了利息或工资或二者以外，利润的获得者或许也是租金的获得者。在一种例外的情况下，他也可能只能收取租金，比如说，一位农夫拥有自己的土地，但所有的流动资本都要外借，而且还要出钱雇人干活。在这种情况下，现实的问题就是要把纯利润与租金区别开来。但这种情况有些人为的感觉，从这一角度看，土地和其他财产间的区别就更是如此了。

如果“信誉”(good-will)、业务关系以及已经确立的知名度等都被视为财产，那么，与利润相关联的财产所有权的重要性就更大、更彰显了。如果所有这些东西都资本化了并被包括在投资之内，那么，一位雇用了他人的劳动并使用了他人资本的雇主，在企业里没有自己的投资，确实是非常罕见的事情。至于对待这些东西的合适做法，不论这些东西能否视为财产，答案都取决于这些东西能否出售。如果信誉与企业里的其他因素是分开的，那么这种研究就是说，信誉可以被单独卖掉而且不会影响到其他因素的价值，这样，财产本身以及依据其销售价格的竞争性回报率，在实现纯利润之前，都必须从所有者收入中扣除。如果信誉不能与某些其他财产因素分开，比如一块场地，那么，它就是这财产价值中的

一个要素,而我们必须将这全部价值的收入,同样视为是一种财产收益,而不是一种纯利润。但是,如果信誉属于所有者本人,这种信誉就不是财产,而是所有者的个人服务中的一个要素,那么,适 308
合它的收入就是工资,我们还是不能称其为利润。只要其价值能进行评估(从资本或是收益意义上),我们就必须将它视为固定合约回报,而不是导致狭义上的利润的原因。

现在,我们可以用几句话来概括以下我们对利润含义的讨论。组织涉及到责任的集中化,即涉及到将属于众多个人的资源置于集中管理之下。研究表明,生产中人的作用包含制定决策及从事管理,但是,除非与决策的假设结果结合在一起,否则这种管理就不是终极管理。承担责任的决策与其说与事务相关,不如说与人相关,因为最高的经理人是这样一个人,他规划组织、安排工作、为工作选人,并就这些人对组织的价值进行总体评估,还要在市场上与所有其他的出价人进行竞争。对于这种最高的管理,只有一种可能的报酬,即对人和物支付了按照在人的服务和物的服务竞争中所规定的支付价格之后,留下的产品的剩余。[9] 这种剩余就是利润;利润是从产品销售所实现的价值中,扣除掉生产中能被估价的所有要素的价值之后的余额,或者说,是把所有的产出都归于能通过竞争机制估算价值的生产要素之后的结余。由于利润有别于企业所有者的全部收入,所以,利润是一种无归属收入(unimputable income)。一般来说,在全部收入中还存在其他因素,由于不是企业出过钱的因素,所以也可以说是无归属因素,或者,我们可

⑨　当然,这种情况中也包括垄断的因素。参见第六章。

以称之为“估算剩余”(residually imputed)。

理论上，纯利润就是无归属利润，这里面的含义是，产业组织
309 的竞争体系将产品价值归于与生产有关的诸项投入要素。在这一竞争过程中，所有能与任何一个投入要素发生牵连的产品价值，都将由这一要素获得。这一过程的实质在于，企业家或未来的企业家，为了生产服务的未来使用而出的价，即通过现在市场上对服务价值的总的竞争性评估来确定的报酬率，同时，考虑到人类所有预测中存在的不确定性或易于出现误差这一事实，最终从要素使用中获得的回报，可能会偏离对它们的估计。至于我们可以预先知道的与超级判断的运用相关的任何收入，都将归于拥有这种非凡能力的个人，所以这部分收入也将成为(管理的)工资，不再成其为利润。本质上，管理的工资与从事例行工作的工资没有差别，因为，当我们准确地理解了这个词在本书中的含义时，我们就明白了，管理就是一种例行工作。在有组织的领域内的真正的不确定性，是对人的才能——即应对不确定性的才能——进行估计的不确定性。

在一般的实际条件下，财产所有权才是真实责任假设的必要条件，在典型的现代企业组织中，承担责任的所有者只为企业提供财产服务，不提供劳动服务。在这种情况下，本书意义上的利润，显示出了与投资者的投资回报率及一般性投资的竞争性回报率的差别。因此，“利润”一词的科学用法，必须与企业中各种不同的宽泛用法区别开来，尤其要与所有者的净收益区别开来；我们最好用一个特定的措辞，比如“纯利润”，来区分应正确地称为剩余的这一份额，从理论上说，这一剩余不同于由日常职能而获得的回报，而

这一回报应归属于靠竞争而赚得它们的投入要素。然而,我们必须记住,所有者收入中的归属因素或竞争因素,与作为实际发生了 310
费用的产品价格毫无关系。这种在一般竞争水平上对回报的预期,就是企业致力于某一商品的全部供给的条件,但我们不能说它的实现是必然的。

如果必须对利润和工资作出区分,那这种区分就像用利润与普通意义上的承担风险所获赔付进行对比一样重要。一家保险公司,只要它的业务被限定在科学范围内,它就没有风险,保险范围内的个案风险被保险公司的大量保案抵消掉了。如果我们能确定其真实概率的话,那么,这些“案子”是否是同质的相同案子组成,或者,是否每一个案子在客观上自成一类,都无关紧要。导致利润产生的“风险”是一种无法进行估算的不确定性,这种不确定性还与一种不可能依据任何客观基础进行归组的情况相关。在这样一种情况下,即个人所做的决策趋向于逼近客观价值,只要把这些决策成组地考虑,那么,带有这种特征的决策则退化成了例行工作,并不再与终极责任有牵连;而且,只要我们能够对企业家的能力进行评估,我们就会对他的活动赋予一个确定的回报,这种回报就不再是利润,而是工资了。[10]

---

[10] 我们可以在不同领域找到很多雇人来应付不确定性的例证。公司设立了固定工资,雇用了发明家、实验室人员、矿山勘探员、天气和农作物预报员、市场预测人员及操盘手等等。赌场则以周薪雇人陪自己的客人玩扑克。很显然,这些雇员与雇用经理人一样,是将决策作为日常事务来做,并不承担相应责任。承担责任的决策是由选择他们来做事的雇主制定的,采用合并不确定性的原则来进行经营的意图也很明显。但后面这点在其他情况下则不太明显,比如说,医生做出决策,但是是病人为医生决策的正确性负责!

311 导致利润的唯一"风险"，是一种产生于履行终极责任的绝无仅有的不确定性，即一种本质上不能进行保险、不能资本化、也无法付给工资的绝无仅有的不确定性。利润是从事物内在的、绝对的不可预见性中产生的，即，利润产生于一种绝对蛮横的事实，即人类活动的结果无法预期，甚至对这些结果进行概率计算也是不可能、甚至毫无意义的。在某种具体情况下获取的利润，被认为是超级判断的结果。但这是就判断、尤其是人们对自己的判断进行判断，在个别情况下，你无法分辨是判断好还是运气好，只有一连串的情况才足以让我们对判断或决策的可能价值进行评估，才能将利润转化成工资。

有组织活动的一个基本事实是，它具有一种凭借对人的判断力和才能的大致估计，把人的看法和行为中的不确定性转换成可量度的概率的趋向。判断人及其要处理的相关问题的能力，以及"激励"他们有效地判断他人和事情的能力，都是经理人的基本特质。

如果这些能力是已知的，那么，我们就可以因人们运用这些才能而支付一笔报酬，这种报酬就是工资，只有在这些才能不为人知晓，或仅有拥有者本人知晓的条件下，这种能力才会引致利润的产生。这种领导才能和领袖品质，是人类最为神秘且最为重要的天赋，它使人类适应了文明社会或有组织的活动，这种能力甚至优于我们称之为推理之本质的感知力和联想力以及各种关联。这种对履行管理职责的全体人员进行评价的天赋出现的误差，构成了竞争性组织（与任何其他组织一样）工作中的唯一真正的不确定性。
312 正是这种意义上的不确定性，解释了利润一词的正确用法，这是经济学用法上一直探寻的含义,是一种纯剩余收入的含义,这一剩余无法通过竞争机制归于与其创造有关的任何要素。

我们依然要不折不扣地按照这一推理的详细思路,表明在当前的经济生活中,在组织这方面,有多少现象是不确定性以及应对不确定性的这些基本方法的必然结果。但我们最好稍等一下,等我们对经济生活中所包含的不确定性在量上和种类上的进步性变化的含义作过研究之后,再进行深入讨论。这两章只是论述了自由企业的一些更基本的特征,这种特征我们甚至可以在实际可能允许的近似静态的社会中见到,在这样一种社会中,也会呈现出最小程度的不确定性。由于进步与高级别而且形式特殊的不确定性相关,所以,我们对与进步或进步条件的出现相关的企业家职能的许多重要特征作了概括。现在我们转过来考虑与各种动态因素或进步因素[11]有关的经济组织的含义,以及与此相关的不确定性。

⑪　见第五章。

313 第十一章　不确定性与社会进步

在我们的研究过程中，我们一直从各个不同的方面，对进步与不确定性之间因果关系的一般特点进行讨论。某些种类的变化，是不确定性存在的先决条件；因为在一个绝对没有变化的世界里，未来将与过去极其相似，所以人们可以准确地预知未来。因为变化毕竟多少都与实际需要相关，所以在某种意义上，变化是任何与人生或行为相关联的问题存在的条件，也是多数纯思想问题的实际条件。我们生活在一个充满矛盾和悖论的世界里，或许对这一说法最为基本的证据就是这样一个事实：知识问题的存在取决于未来与过去的差异性，而解决问题的可能性则取决于未来与过去的相似性。如我们在前面(第七章)主张的那样，我们可以通过两个事实找出这一悖论的关键所在。首先，我们将这个世界当成其行为多少具有一贯性的对象进行分析。这就是说，我们承认事物在某些方面的**永恒的变化属性**。如果这一过程能够圆满实现，我们就有可能圆满地认知这一世界。然而，从实际意义上说，这一世界也可能是一个无变化的世界。我们的思想过程是一个学者们都熟悉的过程，我们以敷衍变化问题来解释变化。思想的老问题就是**真实**变化的问题。对我们来说，这里的关键在于按照已知规律的变化(无论我们是否称其为变化)并不是导致不确定性产生的原因。我们所说的静态世界的实际含义是指，静态世界是一个所有变化都具有静态特征的世界。

但是，按照无变化的“法则”（“事物”行为的属性或模式）来系 314
统阐述变化的过程，却无法做到圆满，这样我们的大脑又发明出第二种招数，即以排列组合规律的形式来逃避不可知的世界。变化的规律意味着既定条件下的既定行为。但是，任何物体行为的“既定条件”都是一种瞬间状态和其他物体的变化。因此科学的信条，即世界“实际上”是由不仅不产生变化的诸单位（原子、细胞、以太或诸如此类的东西）组成的，而且这些单位的行为法则都简单易解。但这一信条主张，还存在如此之多的这类单位，这类单位所产生的简单变化（理想上仅仅是空间运动）就产生了我们的头脑所无法仔细领会的大量组合。我们研究了这一信条，不由得得出这样的结论，无论我们发现了什么乐于承担哲学意图的东西，我们行为的逻辑已经呈现出了真正的不明确性、真正的变化和不连贯性。

然而，即使是对真正的不明确性的假设，也通过把现象归组为各个类别以及运用概率推理，提出了一种新的预测方法。这种方法使我们能够根据成组的事实，对将会发生的事情进行预测，但我们却不能从中得到适合个别事例的规则。不确定性的第二个基本事实是，这种方法也有它的局限性。事实上，两种方法，即在个别事例中靠规则进行预测和通过成组事例中的概率推理进行预测，由于在日常生活中应用这两种方法的有机成本（organic costs）以及获得必要资料所需时间的缘故，应用范围极为有限。因为这种做法所耗费的成本和所花的时间，通常比各种条件下允许我们在一种行为的决策过程中所耗费的要大得多。在现实生活中，实际决策过程相当不可思议，或者说，那是“凭直觉”形成的“估计”，因此容易出现大幅度的误差或不确定性。

315 变化的重要意义在于，变化引出了行为管理的问题，在这一方面，可预测的变化和不可预测的变化之间的差异非常显著。白天和黑夜的交替，季节的转换，以及生命的过程和我们自身生活的变化，比如晨醒晚睡、工作时间、进餐时间和娱乐时间，以及婴儿期、壮年期和老年期——这些事情都需要行动，但却没有产生行动的问题，因为这些行动是可预测的。行动的问题产生于各种背离了常规的变化。常见的说法是，在不存在社会进步的情况下，违反规则的行为不会很大，也无足轻重，通常的做法就是在“静态”风险和“动态”风险之间作出区分。如我们已知的那样，根本的区别仅仅是程度的区别，而且仅仅存在于某些实际进步性变化的较大的不可预见性之中。首先，要在进步性变化和波动之间作出清晰而有意义的区分，从根本上说是不可能的。所有事物都要取决于变化的周期。如果在一个与人的生命长度相比而言的短期内，这些变化可以自我补偿(self-compensating)，那它与不确定性无关，而日益完善的组织手段被设计用来保证合并不断扩展至有效的自我补偿可以出现的时期。另一方面，说不定我们知道的所有进步性变化最终也是周期性的。

再者，进步性变化并不必然就具有不可预见性；实际上，一种**纯粹的**进步性变化并不一定是不可预见的。如果变化是均匀发生的，或者，与任何已知的时间的数学函数相一致，未来就会极为准确地为人们所预知，仿佛没有任何变化。毕竟，只有波动，即进步中的波动，才是不确定性的真正原因。事实上，某些变化在运行过程中完全是“固定”的，因此这些变化并不会引出那种干扰竞争运行的不确定性。这种变化是指人口的增长和资本的积累。其他变化在运行中极为变幻莫测，并且不断推翻企业家据之对生产服务出价的各种计算。 316

对我们（在第五章）已经认识到的在经济学研究中极为重要的进步性变化特征的详细考察，揭示了各种变化之间有意思的相似性和差异性。如果我们从区分自然变化和由于人类活动所引致的变化开始分析，我们注意到，在前面的部分中，我们并没有考虑任何进步性变化。自然变化要么是那种从固定状态或别的什么状态中产生的自然波动，要么就像假设的太阳系的冷却一样，其变化如此之慢，所以并不会使人们的计算产生差异。但是，由于人类行为而产生的变化却是两种不同的变化。其中有的变化产生于深思熟虑的意图，有的变化则多少是作为对其他目的采取行动而偶然产生的结果。对“真正的”行为动机的研究可能会使我们离题太远，或许最终也不会让人得到一个非常清楚且令人满意的结果，但我们可以作个初步的区分。技术的改进和大部分自然资源的发现，是出于人的直接意愿，尽管后者在相当大的程度上更是一种偶然。资本的积累可以视为深思熟虑的结果，虽然这样说还有一些保留，人们之间的各种再分配也可以同样如此看待，但这里就有更多保留了。欲望的改善，部分是一件深思熟虑的事情，部分是因为相伴其他努力而生的，部分则是“就这样产生”了。人口的增长很难说是意愿的结果；其内在特性的问题很少受到选择性干预（volitional interference）的影响（事实上，在现代产业条件下，这方面还无可争辩地显示出急剧的倒退）；而个人的教育和培训则受到有计划行为和偶然事件这两种令人困惑的混合行为的控制。

317 对不确定性的研究来说，另一个极为重要的研究分支涉及与财富的消费截然不同的生产。我们在对不确定性的讨论中已充分认识到了这一区别，而技术的“风险”已经从与市场变化有关的风险中分离了出来。观察一下在现代产业组织的演进中，市场功能如何不断地对生产自身的功能施加影响，是一件有意思的事情。我们已经指出过，与组织相关的最根本的决定性事实是应对不确定性。在有组织的经济生活中，责任重大的决策就是价格的决定，因为其他决策都可以概括为日常决策，都可以由雇来的人来做。靠归组来消除或减少市场的不确定性，比消除或减少技术进步过程中的不确定性更为困难。甚至在中世纪和近代之间的过渡时期，市场行会也倾向于统制的立场，因而市场行会变成了“同业公会”，雇用拥有据以工作的物资和工作完成后的产品的人作为生产者，并为他们分派任务。

人们会察觉到，影响企业家的主要不确定性，是与其产品的销售价格相关的不确定性。企业家在价格体系中的地位通常是这样[①]，他是一位按现价购买生产服务的买者，他将生产服务转换成的制成品，按生产活动结束时的通行价格售出。就他所购买的东西的价格而言，不存在什么不确定性。他承担的是与他将获得的实物产出量相关的技术上的不确定性，但这种计算中可能出现的错误通常并不大；无把握的事情只在与产品相关的价格因素中。

① 当然，在许多情况下，这种状况也会颠倒过来；销售价格已通过合约的签订预先知道了，而耗费的成本则是不确定的。

但生产者物品价格的变化会对他产生间接影响，因为这种变化似 318
乎与产品价格的变化相关联，因此，生产者物品价格成了在预测市场销售价格时必须加以考虑的因素之一。然而，除了与资本价值相关联外，这种变化或许是我们排在第二位要加以考虑的，当然，也是一个必须现在加以详细讨论的问题。不确定性的主要直接来源，就是预期从其他生产者那里得到的供给的量，以及消费者的欲望和购买力。

最基本且无法弥补的进步的不确定阶段或因素，就是那些本质上等同于知识的增加的因素。这种说法显然适用于技术过程的改进、商业组织的形成以及新的自然资源的发现。按照预期的说法，即从准确而详细的意义上说，这是一个矛盾的命题，因为要对进展进行预期，同时就能达到预期的目的。如我们所见，甚至在这里，变化和变化的不确定性，在某种程度上是可以分开的因素。虽然在发明没有出现之前，我们不能预先描述一项新的发明，我们也说不出哪种质和量的新的自然生产能力会得到发展，在什么地方得到发展，但用与未来相关的知识和智性的行为来弥补无知，在很大程度上则是做得到的。这些变化大部分是有意使用资源而带来的结果，一般来讲，如果不是一种特殊情况，这种活动的结果在一定范围内是可以预见到的，我们甚至有可能按照固定回报雇来人并借来资本，以从事这一活动。

在我们能够依据竞争性经济组织的形式和活动，对与进步有关的不确定性的后果进行详细研究之前，还要谈两个更普遍的看法。将经济过程看成是为满足欲望而进行的商品生产过程，是很
平常的事，但这一观点在两个极重要的方面存在缺陷。其一，经济 319

过程生产欲望，还生产满足现有欲望的商品，社会的全部力量都专注于前者，忽略了经济活动不仅范围大而且在不断增长。其二，满足欲望的间接手段的生产，从任何直接意义上说，绝非全然用于满足最终欲望。财富的增加在很大程度上既是财富本身的目的，也是增加收入的一种手段，而随着生活标准的提高，收入也在急剧增加。在大多数情况下，人们工作以“致富”，不仅仅是为了消费大量物品，而且要取代消费大量物品。假设在一个现代工业国家里，人们只是为了消费而从事生产，那将是一个严重的错误。事实上，在一个极大的且不断提高的程度上，人们都在为增加生产而牺牲消费。无论我们关于人类动机的观点如何，我们都必须面对这样一个事实，即人们“种植更多的谷物以饲养更多的牲畜，购买更多的土地以种植更多的谷物来饲养更多的牲畜从而购买更多的土地”，通常在商业活动中，生产出的财富又被用来生产更多的财富，生产并不以财富本身增长以外的任何用途为目标。

从组织作用的角度来看，我们必须对（第五章中）已经列举的进步的各个方面，诸如人口的增长、教育和培训、资本的累积、技术与商业组织的改善、新的自然资源的发现以及人类欲望特征的变化等等，进行区分。按我们的看法，其中最为重要同时也最容易理智地进行讨论的，莫过于资本的累积。

让我们以物质资料意义上的资本与社会基本结构的关系为起
320 点。我们会看到，进步的诸项事实都与私有制有密切的关系。在一个没有进步的社会里，现代意义上的私人财产没有存在的必要。私人所有权存在的社会根据是，人们认为，资源控制与享用资源使用成果相结合，会鼓励人们在生产中有效地使用财产。奴隶制或以人为财产的制度的废除取决于这样一个事实，奴隶的工作不如自由人的工作有效率，其结果表明，给奴隶们的服务支付工资，并任由他们自己管理自己的私人生活，比赡养他们并强迫他们劳动要便宜得多。

同样的推理也适用于物质形式的财产，但在一个没有进步的状态下，论证的力量相对较弱。在生产方法只是一种日常问题的情况下，就像中世纪的情况那样，不必考虑进步的问题，按制度，土地和工具就归共同所有。一旦方法发生变化，管理的问题就变得严重起来，激励方法上所发生的改变，主要是增加财产价值以“致富”的欲望。我们不能过分强调这一事实，现代经济生活背后的驱动力，就是增加财富的欲望，而不是对物品进行消费的欲望，尽管在这两种看法之间存在一种非理性的心理联系。即使生活标准的改善源自于财富的增加，我们也不能就此假设这就是动机，因为我们以前已经指出过，财富永久性的净增长，一定来自于从个人来说从未打算用于消费、只希望死后留存下来的剩余品生产。[2]

由进步带来的不确定性与传统术语用法中的经济理论的最直 321
接联系，与对利息的解释有关。利息是与社会物资设备的增加相

② 当然，少量的资本财富是临时用储蓄投资产生的，这些财富稍后又会提取出来并消费掉。对于与这种剩余财富的生产相关的动机的适当讨论，不属于本书的范围。但笔者想说，关于购置或积累的一种“本能”理论，似乎逊于著名的鸦片之“安眠作用”的科学思维水平。后者起码是某种东西的真实属性或行为模式，而积累这种人类活动则不是一种独特的反应能力，它只是通常在人类行为中所发现的相同趋势的一种表现形式。“创造性的”冲动或“积极的”冲动同样都有可商榷之处；格罗斯、普赖尔及考利将它说成是“愉悦的原因”，其他人似乎将它看成对行动的最佳描述，而不是直接满足作为活的机器的有机体当前的自觉需要。将无差别的间接的总体行为趋势称为一种“本能”，只不过是一种让人困惑的对词语的滥用。

关的一个现象，它取决于与进步相关的不确定性。利息在一个“静态”社会中或许存在，或许不存在，这在很大程度上取决于对“静态”一词的解释有多严密。如果生产财货在形式上、数量上或分配上都不可能被改变，也就不会有自由资本出借的机会，利息就不可能存在；如果所有设备虽然在形式上和数量上都是固定的，但可以从一个人转到另一个人那里，利息就可能存在。由于生产财货在量上是固定的（没有产生净储蓄或“资本”的消费），但只要在形式上有变化，利息无疑就会出现，但在收入分配中不会形成相当可观的差异，而只会在名称上与租金略有差别。[③]

为了理解利息，我们有必要通过储蓄和投资过程，清楚地考察资本设备的创建机制。古典资本概念将资本视为“对劳动者的预付”（advances to laborers）[④]，作为一个起点，这一概念起码基本上
322 是合理的，尽管有两个方面需要进行修正或限定。第一，这种描述仅仅适用于**新的**资本或“自由”资本，以及形成过程中的资本；在资本品是通过消费品的“预付”（advancement）而得以存在的意义上，这一描述是正确的。第二，这一预付不仅仅是付与劳动者，而且还付与已经存在的资本品（以及自然资源，如果这些资源能与资本品分开的话）的所有者。围绕利息理论出现的难题和困惑，大部分是出于这一术语的用法，其中最引人注意的就是“资本”一词的含混

③　见第五章。我们在那一章指出过，按上述第二个假设，确定或产生于财产销售价值的“资本化率”，不是准确意义上的利息，其比率是由“时间偏好”的“心理”原因决定的，这一点与当前社会中决定利息率的各种力量截然不同。这些力量我们现在要继续进行详细分析。

④　陶西格基本上继承了这一概念，所以陶西格的说法正确。见《工资与资本》；也参见《经济学原理》，详见第三十八章—第四十章。

不清。在接下来的讨论中，我们将用“资本品”这一表述方式来指称“供后继生产使用的过去生产出的产品”，即具体的器械和工具，这样，我们将“资本”一词限制在一个非常狭义的含义上，即只涉及资本品创造的预备阶段，或只涉及与资本品本身截然不同的资本品价值。

资本创造的性质已经由许多作者做了清楚的阐述。原始人打造自己的工具以提高自己劳动的效率，他死后陪葬的就是他拥有的这些工具。在有组织的文明时代中，这一过程出现了两个方面的差异。由于专业化的缘故，某些人专门将自己的精力放在工具物品的生产上，而另一些人则不是这样；其次，大量固定物品渐渐储备起来、并一代代维持和增加。所发生的事情大体上基本相同，尽管劳动分工在某种程度上使人们对此的认识更为困难。那些从事工具物品制作的人自然不能同时还生产自己的生活用品，他们肯定是要么依靠那些预先存储下来的消费品剩余来生活，要么转而借助于那些同时代的生产消费品的人来生活。不管是哪种情 323
况，资本创造的首要条件就是剩余的创造，即同时由某些人先于资本品的存在而生产出的、比消费掉的物品更多的物品的生产。这就是“储蓄”的基本含义。

在文明社会里，资本品的制造者包括地主和资本品拥有者以及劳动者。所有为资本品的生产经营提供任何种类的生产服务的人，显然是先于生产做出了付出，或是由其他人和工具进行了多于同时期所需要的消费品的生产。这一过程的实质在于，消费品剩余，要用“储蓄”的名义留出来，才能使生产资源从消费品的创造转向生产者物品的创造。这也就是“预付”的含义。

这一连串事件由于货币的介入而更为复杂，因为有少部分经济学者总是由货币的交换功能回想起以它为中介的实物的交换。储蓄被错误地认作为货币的储蓄，资本品制造者的收入因此被认作是货币收入。货币当然只是一种交换媒介。货币代表储蓄者对一定数额的社会财富的所有权，货币所有者可以按现行价格、以自己喜欢的任何形式“提取”或“兑现”这个所有权。如果储蓄是为了资本创造而被“用于投资”，那么这笔财富就被转给了那些从事这种经营的人，并被他们以他们想要的任何形式，主要是消费品形式，加以“兑现”。这些事情才该称之为储蓄和转换。被转换的物品赡养或支持了资本品的制造者，其中包括劳动者、土地所有者以及资本品的所有者，否则，他们就要为自己或为了交换而从事消费
324 品的制造。一旦储蓄的财富不是由储蓄者用于投资，而是通过借贷转给了其他人，不管是直接由储蓄者转给了投资者，还是以银行或金融机构为中介转给了其他人，利息就出现了。

有利息的借贷因此成了保证职能专业化的手段，它使得一组人专门储蓄剩余财富，而另一组人则通过将剩余财富预付给生产服务的所有者而将储蓄转换成了资本品，然后，生产服务的所有者使用这些服务来创造资本品，而不是用这些服务生产在没有储蓄的情况下他们必须生产的消费品。没有专业化，这些经营活动也能进行；在这种情况下，劳动分工与任何地方一样，只与节约相关，而不是让事情得以进行的唯一方式。储蓄者可以将自己的剩余预付给生产服务的所有者，也可以为自己的利益创造资本品，他们要么可以自己利用这些新的生产物品，要么可以以租借的方式将它们转给其他企业家。这种将这一职能转给其他将投资作为自己事

业的人所获的收益，与从任何其他方面的专业化中获得的收益，具有相同的性质。

很显然，这种收益与从企业家职能的专业化获得的收益，或从管理加责任职能的专业化中获得的收益，是相同的，因为这才是真正与借贷相关的收益。我们假设，储蓄者自己给了自己一笔预付，结果，他自己成了因他的储蓄而产生的资本品的所有者，那么，他用它来做什么呢？他也可能会在某些适用的物品的生产中自己使用这种新的工具，与此同时，他也可能从事他获得第一份储蓄剩余的最初的行业或职业。但我们知道，通常更有利且更容易发生的情况是，他将以固定价格将这种工具租借给一位企业家从事实际的经营活动。让我们尽可能表达得清楚一些，他是以一个固定的收益，将剩余物品转让给一位企业家，并任由这位企业家用这种新的工具建设及经营（或是任由两位不同的外来企业家建设和经营），他实际上也能实现同样的收益。 325

剩余物品的储蓄显然是一种职能或经营活动，对剩余品的使用，使新工具的创造成为了另一种职能，这是极为不同的一种职能，就好像提供生产服务是一种职能，它们在生产中的使用又是另一种职能一样。事实上，稍作思考就可以指出，剩余物品转换为资本品的活动在某种程度上具有某些特征，这些特征导致了一般生产活动领域中企业家职能的专业化：即，它牵涉到对未来状况的具体知识和先见之明。消费品的一种剩余是流动资本，这种资本可以在可能的物理范围内和人为控制下，被用来创造任何种类的无论何种生产工具。在一个允许这样使用资本的社会里，它还可能被用来生产或增加奴隶劳动的供给。事实上，它还可以用来增加自然投入要素的供给，或是发明和发现新的做事方式，甚至可以用来创造对物品以及对传统上没想到可用资本来创造的许多东西的新的欲望。

实际上，让人争论不休的问题是，新的资本品将会被人打造成什么形式，在哪里打造，以及用何种方法打造等等。答案是需要在企业界运用最高的**判断力**。很明显，能够回应这类问题的职能无可避免地会沿着相同的路径专业化，并且，在静态条件下作为企业的管理手段，也会因相同的理由而专业化。那些负责将储蓄起来的剩余转换为资本品的个人，必须为自己的决策负责，尽管也和前面的情况一样，这种“管理”可能也会采用这样一种方式进行，即选择别的人来执行作为日常任务的直接管理，但并不对其结果负责。
326 就像在存在进步的不确定性的条件下，所要求的对判断力要高于日常经营活动中的判断力一样，由行使判断的人——对情况的判断，或是对人的能力的判断——承担责任的必要性，也会相应增大。

在自由契约条件下，为实现这种专业化而自然形成的机制就是市场机制，这是一种按企业家和生产服务的所有者在讨价还价条件下以相同方式运行的机制。剩余消费品，或者以货币形式或银行存款形式命名的东西，成了贸易活动一种理想形式的极其标准的商品。这种形式极具流动性，也更适合在一种大范围的市场里活动。银行和金融机构就是这种具有高度组织性的市场。这种市场的实际运行与其他任何市场的运行相同。在任何时候这里都存在一个既定的价格，在这种情况下，这一既定价格通常并不是确定的和一成不变的。实际上，它并不是唯一用于交易的同质性商品，因为，为不同种类投资而设立的不同资金，从各自不同的方面，为企业家职能的专业化留下了余地。但是，按照物品的级别和种类，借贷市场所体现的价格范围，毕竟比其他任何叫得上名字的市场都要狭小一些。那些愿意以既定价格购买的买家与愿意以这种价格出售的卖方在这里相会，其他人则不进入这个市场。如果按现行价格提供的商品多于愿按这一价格接受的商品，价格将会下降，反之亦然。这一运动使价格持续向一点调整，在这一点上，供给与需求相等。

买者进入市场的决策，代表了对将会获得一份**利润**的投资机会的判断（考虑到特种借贷的利率，所以这里还要有支付所需担保金的能力）。在这种情况下，企业家必须对未来做出估计，这就涉及到一系列非常复杂的因素。那些借来资金从事日常生产经营活动的资金借款人（与其他要素的雇用者一样），要对使用资金而产 327
生的物质产品和这种产品的出售价格进行估计。对那些以创造新的资本设备为目的资金借款人来说，[⑤]他必须以实物形式来估计自己创造性经营的成果，资本设备投入使用后的实物产出以及这种产出的成本和可销售性，所有这一切，除了这一行业的生产周期之外，在未来都还要经过一段必需的构建设施的时间。除此之外，还需记住，一个新的生产企业的建设，还包括使其投入运营以及在市场上为这一企业所有必须购买的东西以及出售的东西构建商业关系；一般来说，这需要一段比工厂的机器建设更长的时间。

⑤　已经存在的为购买生产设备而进行的借贷（如土地或其他物品），明显不会对资本的供给或需求产生任何影响，所以也不会对利率有什么影响。

企业家活动的专业化可能会比上面所指出的种种方式更进一步。尤其在所使用的剩余物品就是货币资金的情况下，在新的生产物品建构过程中，这种剩余物品就可以在建构新设备的运行过程中，与其他物品分离开来。但因为一些显而易见的原因，这种情况也不太可能出现。就我们所知，所谓建设，包括一段比狭义的建设周期本身更长的初期运营期，但时间上的相互重叠，使这两个时期很难区分。实际上，通常在建设一家工厂时，机器零件等会以一笔固定酬金转交给另一位企业家，一位承包商来打理。当然，为了出售或为了在工厂建成后将运转中的工厂租给他人经营而开张一家新的企业，都不是什么稀罕的事，但我们不能将其说成是多数企业建设路径的典型过程。

328 现在，我们应该明白对资本与资本品之间进行区别的重要性了。企业界视资本为货币资金。然而，货币只是一种交换媒介，在投资活动中，它代表着一种剩余财富的名称，实际上，它就是我们所说的消费品剩余。这是**自由资本**的真实含义，是资本品发展过程中的一个阶段。当前利息理论混乱的症结，就在于我们没能认清这一事实的重要意义，即我们生活在一个进步的社会中，在这一社会里，新的净剩余产品不断通过借贷市场流入投资领域，并在投资领域中被转换成物资设备[6]。这就是说，剩余产品是从储蓄它的个人和阶层方面来说的，从社会整体的角度看，不存在剩余消费品的生产，因为剩余是以增加资本设备的形式出现的。在一个没

⑥　从利息理论的长期分析角度看，重要的是，这种转换通常并不是完全不可改变的。这一过程通常是可逆的，资本可以抽回，财产也可以通过资本品的私下维护（under-maintenance）差不多快速而有效地回复到消费品的形式。

有进步的社会里，新的储蓄不会被用来创造新的资源，利息也不可能具有对经济学家来说意味深长的意义——即，作为一个分配额——尽管人们也为消费信贷支付利息。目前，与转换为生产物品的借贷相比，消费信贷是不足道的，当然，消费信贷一旦贷出，也要获取相同的利率，也要为防止利息和本金的损失而对担保的程度作出考虑。⑦

利息是使用自由资本所付出的代价，因为在资本品由他人使
用而不是由其所有者使用的情况下，这个付出就是租金。显然，利 329
息是用通过借贷所获得的资源来进行创造财产的生产所付出的金钱，是资本品生产的一部分，这个部分在进行资本品借贷时，即在资本交给借款人时，他就想到了。我们必须再将这笔资产收益与租金进行区别；前者产生自使用物质财产而实现的实际回报，而租金则是使用物质财产的市场竞争价值。实际上，如果资产是租来的，租金就是资产收益的报酬；如果资产是由其所有者经营，我们也要在公平的租赁价值的基础上，将一笔收入归于资产。如果企业家会因为执行特殊职能而获得一笔报酬的话，那么这笔收益应该包括租金再加上一笔利润。⑧

因此，这三种收入被两种利润形式牵连在一起，形成了一个相互纠缠的系列。财产的实际收益包括竞争性的租金以及支付给因

⑦　参见第四章对概率的讨论，即利息的出现或许与静态条件下的财产使用相关的讨论，以及第五章，对不存在不确定性的进步社会的相似讨论。

⑧　不管企业家是否作为一个阶级，或一般说来他们都因自己作为严格意义上的企业家——不包括为他们的工作和使用他们的资产所付的报酬——所提供的服务获得了一笔报酬，这是下一章将会提出的问题。

使用资产而承担责任的企业家的利润。反过来，租金也包括付给投资资金的竞争性利息（为投资而牺牲的最初价值）加上一笔利润，这笔利润是对企业家将投资转换成具体商品的企业家职能的报酬。

租金和利润之间的显著差异，正是造成理论混乱的根源。租金和利润两者都是以比率——即每年多少元——来表示，但对这两种情况的解释却极其不同。利息**自然**是一种比率，即两种价值之比。从储蓄者手上转到企业家手上的实物，是以价值，即一定量的货币来表示的，它代表的是一定**价值**的剩余消费物品，而给资本家的回报也是用价值来表述的。然而，如果租金也表述为对投资的一个回报比率，其关系就是可逆的；在这种情况下，投资就不是
330 指一笔原始价值的量值，而是指资产的销售价值，即按现行利率水平资本化的结果。显然，在一个人们按一定利息水平不断借贷资金的进步社会里，资金和生产物品间的自由交换将把后者固定为一笔价值，即固定为与生产一个等量回报相等的价值。对“心理学派”⑨的某些作者来说，正是这一资本化现象掩盖了这样的事实，即用一定借贷利息所转换的，是一笔资金价值，这笔资金价值不是资本化过程的结果，而是一种即期效用的价值。

资本化和资产价值对理解一种现象，即引出进步社会中不确

⑨　如我们在别处已充分解释过的，时间偏好或对未来的贴现，除了决定新资本（储蓄率）的供给外，与利率并无关系。这种间接的结果只能在很长的一段时期内才观察得到，因为短期内的储蓄与以前的全部投资相比是微不足道的，更严格地说，部分投资还保持着某种程度的流动性，相对于市场上对资本的全部需求来说，也是微不足道的。

定性的现象至关重要，为此，我们需要单独对其做一些深入的讨论。一家新企业一旦建立起来，并表现出有可能为投入其中的资源，以及其经营所必需的资源生产出一份超出竞争性回报率的利润，那么，未来的全部收益，就可以按现行利率贴现其现值，并可以通过资产的出售立即提取或兑现。[10] 与前面已观察到的事实结合起来，我们可以看出，拥有生产财富的渴望绝不仅仅是一种消费其收益的间接渴望，通过资本化对未来收入进行预期这一事实，数倍地刺激着人们从事新的冒险。甚至在企业的所有者不打算出售资产，只考虑为获取一笔收入而经营企业的情况下，他也一定将资本 331
价值的账面利润作为自己报酬的一个部分来加以考虑，而在他心中，这笔账面利润与以收入形式出现的利润或多或少是分开的，这是一笔超过投资的竞争性回报的利润。

我们很难过高估计心理学解释中只将经济动机作为消费物品的欲望的错误。甚至对一笔收入的渴望都不只是消费的渴望。但对于社会或任何社会中接近于生存底线（subsistence margin）的社会阶层来说，这种情况更接近于实际。然而，在任何先进社会，比如美国，所谓“生存底线”，或许也包括数倍于满足动物欲望以及维持健康和身体功能的真正必需品。但这并不意味着，一个人实际上可以依靠以最低收入带来的少许实际消费来生活，因为**在一个文明社会**里，一些传统上（conventional）的必需品或许事实上与动物的必需品一样不可或缺。即使这样，消费传统消费品的动机仍然与动物的需求不同。依循传统的欲望（或必要性）与满足衣食

⑩　长期收入中的不确定性也必须加以考虑。

住行的需要并不相同；而容易产生谬误之处，就是将传统型的对食物、衣物和居所的需求，混同于生理上对食物、衣物和居所的需求。甚至在低收入的社会阶层中，人们的大部分消费也没有因消费而产生出满足感，而动机和欲望从其根源和本质上来说就是社会的。大家都知道，今天的许多必需品对我们几代以前的祖先来说，不管他们有多少财富，都得不到而且也不存在。

在辨析增加自己财富的欲望与消费物品的欲望的过程中，我们当然不会自诩我们已将分析追溯到了“原初”(ultimate)动机那里，但在这一点上做些评论也不会不相宜。在经济学中，人们利用
332 心理本能搞出了一些反面的参照。按笔者的看法，帕克和其他人开列的一揽子的本能极其肤浅；但我们也得承认，与传统经济学中幼稚的心理学解释相比，这些文献还是代表着进步。本能是往正确方向迈出的一步，它让我们回到致力于对更普遍的动机和冲动进行直接研究的思路上。在这一过程中的缺点是，在向一个相当明确的目标前进的路上，它半途中辍。人趋向于在既定情况下按一种明确的方式行动，在此意义上，人并没有什么本能，起码其程度极低，所以本能被准确地解作心理反射(reflexes)。当然，人也有一些需求，但是满足需求的方式的知识却并不是与生俱来的。如果没有受过教育，我们永远不知道该吃什么，更确切地说，如果我们无法通过教育获得知识，那么，通过某种带刺激作用的心理反射，我们会将饥饿的痛苦与吃的行为联系起来。相似的说法可能也适用于性行为。事情看来很清楚，在我们较高层次的整个生活中，即超出食色以及原始的苦乐反应层次的整个生活中，我们的活动是一个不明确的、未定向的、趋于有意图行为的结果，欲望和活

动的具体指向，取决于环境的暗示以及依据这些外部暗示所作的审慎反应。所有这些与自我保存不直接相关的本能（如我们所知，这种自我保存的具体内容在很大程度上也是受教育所得），都很容易分解成一对对，其中任何一种——或更准确地说，任何一对，因为它们很大程度上都是一对对地相对出现的——如果可以进行广义的解释，都可以用来解释我们的大多数行为。唯一有意义的区分，就是将行为的本能与反应的本能分离开来；反应只不过是一种消极的本能。

有时候，思维与肌肉运动的充分区别，可以证明这种分别，但 333
这也确实只是个别人的特例，持本能说的理论家们坚持将普遍性作为判断真实本能的标准。[11]

然而，我们这里感兴趣的、阐明了人类本性的结论，指的是物质方面的社会进步在很大程度上源自拥有财富的欲望，同时，与资本化相关的不确定性的作用，就是使个人通过超群的判断或幸运，使财富的极大增长在短期内成为可能。另外，通过合并，即在前面章节中指出的一种方式，资本化使不确定性得以减弱。那些能够胜任并且喜欢新的挑战的人，都可以专门从事这种经济活动，在新企业建成后就把它卖掉。这样，通过在一个个的个人（或一个企业）行为范围内所从事的许多冒险活动，错误多多少少得以相互抵

---

⑪　依笔者来看，对人类行为进行科学解释的正确思路，在W. I. 托马斯和F. 兹纳涅茨基（Znaniecki）所著《身处欧美的波兰农民》一书的“方法论导言”中（由托马斯教授执笔）得到了很好的阐明。托马斯教授的分析是根据“价值”（社会习俗、常例或道德观念）和“态度”（attitudes）——即对既定价值进行个人评议的结果及对后者不断进行修正和重构的趋向——来进行的。这种观点也与塔夫茨教授在《创造性的智慧》一书的“道德生活”卷中的观点，即从更一般的意义上系统阐述的观点相一致。

消；这样我们就可以对列举出来的企业家能力的客观价值形成一种估计，就可以在任何具体的商业冒险中进一步缩小不确定性的范围。

不言而喻，资本化这种现象对已建立的企业和新建企业都有同样的作用。任何不管是什么时候形成的资产本期收益中的任何变化，只要被视为是永久变化，都是指这一资产的资本价值的变化。资本价值的这些变化常常使收入变化的重要性相形见绌。资本价值的这种变化，取决于对资产未来收入的预期，这种变化也并不一定要等到本期收益发生变化才变化，或者，与本期
334 收益本身的变化同时发生变化。因此，投机现象产生于竭力对可供出售的生产物品的收益作出预期，以及通过购买和出售靠资本化增大了现值而产生的变化捞取好处。当然，对收入本身的欲望依然在起作用，但对自命不凡的企业家阶级来说，这些考虑都因希望靠资本价值的变化来获利而黯然失色。现代经济生活中许多重要而不幸的现象就产生于这些事实。那些掌握企业方针政策的人，在预期企业的未来收益方面，不可避免地比外部人更为优越，人们很难防止他们利用这一位置的优势去损害他们作为生产经营活动的经理人应有的效率。“股份公司的问题”大部分就出自这种情况。

一旦生产资产的经理人怀着使资本价值产生变化的观点操纵自己的产业政策和财务政策的时候，事情就变得更糟了，因为他们不可避免地先于外部人知道这些情况，也相对容易从中捞取好处。内部人通过这种行为捞取巨大利益的例子，对所有了解现代股份公司历史的人来说，都耳熟能详。如果不强化企业道德规范，不对

其严格施行刑法[12]，很难搞明白怎样才能防止这种行为。将所有欺诈活动所得收益资本化并从企业提走的可能性，以及不顾受害人与“无辜的股票持有人”之间爆发出的争辩，对于一个在私人财产和自由契约基础上组织起来的生产机制的有效运行来说，确实 335
是一个严重的威胁。或许，与为了在证券市场上很快获利而操纵政策一样坏的，就是为了同样的目的在信息来源上的舞弊行为。不确定性在我们这个进步性的私有制社会里起着重要作用，在不确定性起重要作用的社会里，诚实的美德诚属难能可贵。

本章到目前为止所讨论的不确定性，只是由自由资本（由通货表示的剩余消费物品）转换成新的、我们已经熟悉的生产设备的那种不确定性。然而，自由资本本身的创造也会引起不确定性，这一点需要加以注意。我们无需操心不确定性对储蓄者一方（也无需操心对投资者一方）的影响，因为这只是他自己的一种内在意识(inner consciousness)，并不能在调整社会组织方面产生客观效果。然而，对于利息来说，生产企业用利率作为其计算中的一个数据却是事实。事情似乎是，在一个由具有尚可忍受的稳定人性的各色人等组成的社会里，其生活环境又不像我们的环境一样，易于受到进步性的或无常的变化的影响，新的储蓄的供给和需求基本上是固定的，市场事实上就那么大，在这种社会里，利率不会存在

[12] 凡勃伦（在《商业企业理论》一书中）已经强调了这种形式的企业活动。也许经济学家们对这种问题过于忽略了，但凡勃伦所说的，这种在企业经营中通过干扰生产而偷窃的活动，只是现代经济生活中一种常见的或有特色的活动的说法，当然只是一种幽默。达文波特继凡勃伦之后也指出了这种倾向，即现代经济社会的人们是通过相互掠夺使自己致富的。

极大的波动。我们知道，情况根本不会是这样。很显然，利率的变化与资本价值产生变化中的财产收益的变化一样，都非常显著。

对利率变动的解释将把我们引入对商业条件和经济周期的一般理论的研究，在这里，由于篇幅的限制，我们不可能偏离主题。然而，我们必须指出，迄今为止，关于恒定的进步社会的理论，通过现代产业条件下所发生的波浪形增长的趋势，得到了极大的改变。
336 这就像我们经常提及的潮汐涌向海岸一样，前进与后退交替进行，但这种行进模糊了这样一种事实，即这种时进时退的波浪式些微推进最终会成为一次切切实实的前进。真实条件下的经济进步展示出相似的前进与后退，其前进具有我们现在已充分了解的周期性特征，但是，这种不确定的程度，即处在转折点上的后果，却常常是灾难性的。大部分现象是由于这样的事实，即新资本的创造与商业银行发行的通货有紧密的关系。价格水平与利润更是依存于这种危险的交换媒介，企业的经营也发现其自身受到了信用货币在私人控制下扩大到一个不稳定点，而在最小的冲击下崩溃的趋势的约束。这些现象极大地增加了商业经营的不确定性，并且为通过超群的预见或幸运获取大笔收益创造了机会。⑬

上面对与一种社会进步因素相关的不确定性的描述，尽管简单而且不太充分，但也一定满足了眼下这种概述的需要。此外，其他进步因素，虽然更为复杂且更难分析，但也只能通过其与资本增

⑬　达文波特（在《企业经济学》中）已强调过这个事实，即利率的短期变化是由于银行资金供给的变化。他也因为没有说清楚长期的问题必须按完全不同的思路进行研究而受到批评。这一点还可参见莫尔顿《商业银行和资本的形成》一文，载《政治经济学杂志》，1918 年，第 484 页以下，第 638 页以下，第 705 页以下，第 849 页以下。

长的相似之处和相对之处，来作扼要讨论。人口的增长已作过简单的讨论。总体上，它并不会具有足以对社会组织产生重大影响的不确定性。但对更长期的普遍增长来说，如果人口增长的速度快于新土地开发的速度，就像产业革命以来的情况那样，就会引起“土地”价值的上涨。但迄今为止，这种变化总体上由于不同场所 337
的变化差异而显得无足轻重，所以可以忽略不计。事实上，土地投机者总体而言，从土地上赚取的回报要少于他们在投资上赚取的竞争性回报，虽然这一点很难确证，但基本上问题不大。突出的现象是较大的获利和损失，尤其是同一家族持续几代人的时间从对房地产的一些幸运投资中获取的大笔收益。这一问题我们将在下一章中再提出讨论。很明显，价值增长出现差异率的主要原因，是另一种进步因素，即人口增长超过土地增长导致的再分配。这种靠先见之明与纯粹运气的结合从不确定性中获得收益的问题，是一个非常有意思的问题，但是人们似乎认为对这种情况不值得作什么评论。另外一个与人口超长期增长相关的现象，是财富的再分配以及人们之间能力的再分配。我们知道，富裕家庭比那些不太富裕的家庭，其人口增长要慢得多，因此我们完全有理由相信，相比较而言，相同的能力，他们应用得多而别人应用得少。由于财富和能力在不同程度上都是通过继承得到的，因此其后果也很显眼，至少在其一般特征上是如此。虽然这些事实并不会影响到竞争性组织的形式或理论，但由于它们改变了机制运行所依赖的材料，因此其结果还是容易产生变化。

另外一些进步的因素，即可获得的自然资源供给的增加，前面已经附带提到过了，由于在前面的章节里已经讨论了“土地”与“资本”的关系，所以这一问题也不需耽搁我们太多的时间。新的自然财富的发现可能出于一种纯粹的偶然，在这种情况下，其价值全部是纯利润，由于资本化原则的缘故，这种自然资源可能立刻被发现
338 者加以利用。但这种事情通常并不多见。农业用地的情况是，土地开拓的条件和报酬都得到了公正的确定。如果从这种经营活动中产生了任何利润，那也只是一种例外，或者，是对遭受的某种具体牺牲的报酬；也就是说，那根本不是利润。矿产资源的问题则完全不同。这里存在大量的、完全的不可预见性。在老式的勘探方法下，贵重金属的勘探从总体上说无疑也要承担巨大的损失。至于其他矿产，如煤、石油、铁和铜等等，笔者虽然没有形成一种观点的依据，但可以“猜测”，人们并不热衷于寻找这种东西，因为偶然的收获远比损失少得多。近来，对贵重金属的寻找已寄希望在更为科学的基础之上，与以前相比，从总体上说，已实现的回报与投资在资源上的正常竞争性回报，已基本一致了，这是毫无疑问的。

需要强调的一点是，靠自然资源的发现来获取财富的概率，连同经营活动中的某些事情和所需的支出都是已知的，资源被吸引到寻找自然资源的领域来，是根据人们对成功的机会和所要发生的支出的估计。因此，通过这一过程寻求财富，对那些从事这一行业的人来说，成了一种普通的商业经营活动，这种经营无论其性质如何，都不同于为了眼下的消费而进行的日常产品的生产，尽管它在很大程度上也要受到不确定性的影响。为了应付当前的不确定性，这一领域中也会产生相同的组织手段——比如大规模经营，比如可以进一步拓宽计算的基础的保险的运用，比如介入预测并对结果进行控制的科学研究，等等。从事开采和开发工作的企业家，

在同一个市场里与静态产业领域里的企业家就同样重要的生产资 339
源竞相出价，竞争一定会为资源的两种用途固定相同的价格，并形成所发生的费用与整个投资领域中获取的产出相均等的趋势。

另一种极其复杂、与不确定性相关的进步因素，就是人类欲望的变化。而这些变化可能碰巧发生了，或者是偶然发生的，或者多少按照一定的规律产生了，因而可以预测，或者，就是为了有意产生这种变化、通过耗用资源而产生的。如果这些变化的发生是无法预料的，那么，这种变化导致的收入和资本价值的混乱一定会被分为纯利润或损失。只要这一变化能预见到，利润就难以实现。只要这一变化是出自于对资源的蓄意耗费，它们就和其他经济经营活动一样。利润额的实现要取决于竞争的效果，而竞争的效果要基于预先知道活动的结果。从这方面说，欲望的"生产"就如同商品的生产一样。事实上，像我们前已说到的，对于创造一种商品的需求来说，我们很难将广告、吹捧或必要的推销，从因果关系上与商品本身的内在效用区分开来。

最后一个需要引起注意的进步因素，就是知识因素，或者可以采用广义的"发明"一词来称之。一个普通的事实是，商业领域中不确定性的主要根源之一，就是技术过程、组织方法以及诸如此类的改善。本质上，我们很难对新的客观事实的发现和客观事实本身作为知识对象产生的变化，作出严格的区分。很显然，新的自然资源的发现等同于自然资源的创造，因为就人类欲望来说，其间的
区别还是相当模糊而抽象的。我们在前面章节已经提到，发现与 340
创造之间的重要实际差异，还关系到与事物相对比而言的观念再生产的成本。一个客观事实的知识，差不多不花成本就能在竞争

社会的全部成员中得到扩展。当然，这一点是研究现象的学者们疏于作出的一种观察——事情或许也不是这样，因为将一种想法输入人的大脑的成本或许与将物质从一种形式转换成另一种形式的成本一样大，并且在某种程度上，灌输知识总会要耗费一定的精力。然而，总的来说，一位竞争者可以以少于他获得新的物质设备的成本，来领会一种新的方法或新的工序，如果为此所耗费的精力不妨碍他做这件事情的话。再者，纯粹是求知欲的满足，可能就足以补偿为获得一种想法所需付出的努力，以致这种成本完全可以忽略不计，甚或成为负成本。

就我们的目的而言，关于新知识的基本事实，主要围绕生产性设备——其中也包括为使生产设备运行而必需的劳动力——的性质来进行。一项新的工序通常要生产诸要素的性质和形式有所改变，也必然要求它们进行新的组合。然而，在极其简单的情况下，所涉及的无非是对旧事物进行新的操作。与进步的所有其他阶段一样，进步的这一阶段或许产生自偶然，或者产生于对现有资源的有计划耗费。即使在偶然的情况下，我们也不能说，我们就完全排除了对变化的预期和考虑。因为坚持认为在我们的知识水平或控制能力之外的事物中，有的事物看起来就是比别的事物更可能发生变化，并不是一种毫无意义的说法。我们作出了这种判断，大体上，这种判断对多错少，然而，难以理解的地方或许就是这些判断
341 的价值所依据的基础。只要人们能估计出一项发明的概率，那么很明显，与前面所讨论的进步性变化的情况一样，企业家将会对其结果进行考虑，而且，从总体上说，这种变化不会引致竞争失调，企业家为生产服务支付的价格和在他们的产品上获得的价格之间，

也不会产生出差异。这种估计的价值自然非常之小，我们可以假定，大多数产生于波动的相互抵消的收益和损失，是由于这种偶然的发现本身就是偶然的，它并不是计算的结果。

至于出自于一种审慎思考、研究和实验的新知识，其可预测的因素当然更大一些。差不多与偶然发现一样让人不可思议的，就是我们对某种经营活动的成功概率所形成的估计，然而不容忽视的事实是，我们确实形成了这样一个估计，而且这种估计确实具有重大价值。现在，有很多科学研究和商业研究都是采用规模分析方法，在逼近于竞争条件的情况下从事研究工作。这就是说，我们有可能充分准确地预测到经营活动在长期条件下的平均结果，这将使这一领域中的资源使用达于这样一点，在这一点上，该领域的回报大致相等于在一般竞争性市场上使用相同资源的回报。很清楚，在任何情况下，**只要**我们能对结果进行预测，获取新知识的资源投资都会调整至使回报与一般竞争水平下的回报相等，也就是说，使实现的价值等同于成本，就没有了利润。

一个想法一旦出现，人们想以非常低的成本到处使用这一想法的做法，就会使问题复杂起来，这种事情即使不是一贯如此，也经常就是这样。其结果是，发明者或发现者通常都不得不预先规定出某些特别的条文，以使其成果只在其自己的企业经营范围内使用。在某些领域中，为酬谢这种服务对社会的价值，人们可以通过国家承认的法律来保护这种做法。在其他领域，为保密起见，还 342
要采取一些人为的措施。在许多情况下，人们也没有什么适用的直接保护措施，这样，这种想法所带来的经济利润，就被限定在竞争者仿效这一新想法所必需的时间之内。在这些领域内，正常的商业研究无疑非常缺乏。即使是法律保护也只能在一段有限的时期内有效，秘密通常并不能永远保持。一旦某种想法成为公共财产，它就与生产过程中大量的任何其他要素一样，成了一种自由物品，不再是一种实际经济意义上的生产要素。

然而，这样的事情也会常常发生，即一种新开端的一种结果，会极大地增加某些有限的材料或人的生产服务的价值。如果这种服务是一种不可再生的自然要素，这位发明者就会通过买卖这种资产，永久地保有他的想法的部分价值。如果这种收益附着在可再生资产上，他就可以凭借增加这种供给所需要的时间，来延长自己的差额收益，甚至在人的服务专业化的情况下，有时候他也可以利用长期合同来阻止优秀方法的成果的传播。像我们在关于垄断的讨论中所说的，无论我们将这些情况看成为是对想法或方法本身的垄断，还是看成为对必须进行开发的有限资源的垄断，都无所谓。这种损失与由发明产生的损失相同，都要由拥有专业才能的人，或拥有设备物品的人来承担。

对于从生产方式的改善中获得永久性收益的条件的讨论，当然会引起我们对经济**摩擦**及其反面——即流动性——的一般性问题的考虑。我们已经注意到了“动态”利润理论的主张，这一理论认为，利润是进步性变化的结果，在他们的分析中，给了摩擦现象
343 一个举足轻重的位置。[14] 实际上，根据这一观点，摩擦是利润产生的必要条件，因为该理论明确指出，在不存在摩擦的条件下，利润的消失与利润的出现一样快，利润不断地从企业家的指缝中溜掉，

[14] 参见第34页以下。

并以与摩擦被克服一样快的速度，不受控制地扩散到了整个社会。

一经指出我们就会明白，这一观点是以一种未经允许就包括在内的含义来使用“摩擦”一词的。因此，要以摩擦一词来解释利润，我们必须让这一术语涵盖生产经营活动中抵制变化和重新调整的一切形式。这就是说，要想通过减少摩擦来排除利润，我们不仅需要一个完全市场、完全竞争和无成本的流动性，另外，我们还必须有可能不耗费时间或努力，就改变生产过程中资本设备和物品的形式，更不要说改变自然要素和现有劳动力了。很显然，在一个有可能做到这一切的世界里，我们也没有必要做出这种努力。或许，我们可以对只涉及各种生产要素的重组与移动的重新调整，和那些另外需要按事物的形式进行重大改变的重新调整做出区分。后者显然正是未经允许就以克服“摩擦”的名义弄进来的。但我们也可以用同样的说法谈论纯粹的物体运动。这也是一种生产转换，毫无疑问，更大部分的一般性生产活动，会以广义的运输的名目出现。

我们有必要提出不同类型的生产成本问题，研究与已给付要素的贡献价值相一致的、阻碍重新调整的诸种力量。第一种也是 344
最简单的一种重新调整，是服务价值的重新调整，作为引进新方法的一个结果，这种重新调整在形式上或位置上都没有什么变化。如我们已经提到的那样，一种新的发现将增加通过使用某些要素而可能获得的价值贡献，并减少其他要素的贡献。通常的情况是，对企业家来说，这些服务的市场价格的变化会明显滞后于其理论价值的变化。其中多数服务都是通过一个长期或短期的合同而被企业家使用，这种合同阻止了这类服务报酬上的突然变化。当然，在任何一个这样的时间段里，雇用这些服务的企业家，必须通过对这种服务的使用，获得一份收益或损失。

即使在合约里没有签订时间因素的地方，生产服务的价格或许也会出现一个滞后，即与商品价格比较而言，生产的成本会有一个滞后。当然，总体上，前者是由后者引起的，并从后者得到反映，同时，竞争的诸种力量，即将商品价值归属于生产据之以进行的生产服务的竞争力量，并不是瞬时起作用的。这一滞后的主要原因，还是人们了解这一滞后的困难和不确定性，因为，这需要生产服务的所有者和企业家花一些时间，才能了解这一客观事实。大多数这种了解过程是靠粗略而且相当缓慢的试错方法完成的，通常不存在预先估算出结果的可能性。在一定的时间内，每一个人都需要找出产品价值和每种资源的使用之间的相互依赖关系，并据之做出理想的调整，很清楚，在企业家的支出和回报之间，会有许多不一致之处，也就是说，很多情况下，将会出现正的或是负的利润。

一旦在生产过程中引入新的方法，生产中的物品就会呈现出
345 某种特殊的情况。通常的趋势一定是降低大部分物品的价值，尽管不一定降低所有物品的价值。当价格产生变化的时候，那些拥有这类物品的人，就要承担损失，由于这种价格的变化也多少会有滞后，所以价格变化时，承担损失的人不一定就是新工序的发明人。价值上的损失取决于几个因素，新工序超过旧工序的优越之处，旧的中间物品与相应的新物品之间的差别，以及让厂商用新的工序改变旧的中间物品的可能性与成本。

生产物品差不多在相同的名义下，根据能否被再生产、生命期的长短以及形式上是否易于变化，而降低其价值。我们已经知道，

资本和土地的差别是一个程度上的差别，这一差别取决于要素的这些属性。从一个极端看，资本是通过生产过程中的物品得以体现的。从另一个极端看，土地是由那些供给最为刚性的要素所组成，最接近于理论规范的是土地位置的价值。我们先以这种极端现象为例，一块单纯的土地一经正确的调整，人们就会从这块土地的收入中得到或损失这一变化的资本化价值。对那些普通的资本设备来说，人们还必须顾及要素的生命周期，顾及其适应新的条件的可能性与成本，包括所需要的时间。这种适应可能包括从一个位置向另一个位置的运动以及形式上的变化。就算是一项革命性的发明，一项使得建筑和机器的现存形式不值一用的发明，通常也不会毁掉它们的全部价值。最坏也能从投资于其中的原始自由价值中收回一星半点儿物资的价值。

劳动者呈现的是一种不同的情况。站在经济组织的角度，唯一需要考虑的事情，就是工资向新的实际劳动价值重新调整的滞后。专业技能价值上的变化只会发生在劳动者个人身上，不可能被资本化。至于重新调整的可能性，与适用于物资设备物品的情 346
况相同，但这仍然是个人自己的个体经济问题，不会影响到企业家。与重新调整相关的劳动的独特性，形成了个人主义经济中不公正和贫困的一个主要根源。已获得的知识和训练中蕴含着的损失的风险，意味着日益迫近的贫困的威胁。劳动者通过感情将自己与他们的家庭甚至他们的工作联到了一起，但市场在这里是冷酷的。然而这些问题在目前的这种研究中，很难要求进行详细的讨论。

347

第十二章　不确定性和利润的社会诸方面

不确定性是生活中的一个基本客观事实。就像我们无法从商业决策中消除不确定性一样，我们也无法消除其他领域中的不确定性。然而，如我们所知，我们可以用若干方法来减少不确定性。首先，我们可以通过科学研究以及对所需数据的积累和研究，增加我们对未来的知识。这样做涉及到成本以及资源耗费，而这些资源必须从其他用途转过来。另一种方法就是通过不同形式的大规模组织，将不确定性聚合到一起。这种做法也含有成本，而且不只是资源支出意义上的成本。这里也要考虑到与任何可能的组织计划相关的个人自由的丧失，尽管少数人可能从权力的集中上获得更大的权力和更大的行动范围，但受损失的是绝大部分人。

第三种方法有可能增加对未来的控制，但这种方法也有成本。在这里，我们要面对的是两种成本，即通过组织而造成的实际支出和人的损失。最后，我们还可以通过放缓进步的步伐而使不确定性几乎无限期地进一步减少，当然，除了我们已经提到过的两种形式的成本以外，这种减少还包含有直接的牺牲。

所有这些提法都引发了一个根本的问题，即不确定性的祸害到底有多大，以及为了减少这种祸害，我们能以其他方法承担多大的牺牲。这种计算与我们研究的所有经济问题一样，是一个受相对重要性递减原则支配的比例程度的选择问题(proportioning alternatives)。人们无疑有可能为了多少减少一些不确定性而利用所有的社会资源，但这样就没有资源可用于其他用途了。这是一 348
个做到什么程度的问题，而这一问题也由于下面这一事实而复杂起来，即为了减少不确定性而使用资源，本身就是一种带有最大不确定性的行为。如果我们无法确定普通的商业经营活动的结果，那么，我们对前面所列举的趋向于为增加知识和控制而在任何方式上耗费钱财的结果，则加倍地不确定。

与减少不确定性同样重要的问题，是分散不确定性的问题。这一问题还是产生自同样根本的问题，减少不确定性是一件发自内心想做的事情，所以这一次我们从私人角度而不是从社会角度来讨论这一问题。这一负担应平均到什么程度，集中或专门化到什么程度，都取决于个人对不确定性的态度，尤其取决于随着个人所面对的不确定性的增加而趋于增长的厌烦情绪，反之亦然。非效用递增曲线越陡，我们一定越偏向于将这一负担相对分散开来。高级别的“风险”更让人头疼，恐怕是显而易见的；我们多数人都不愿意拿自己的生活或基本的生活必需品冒险。但同样明显的是，在一定范围内，各个个人对此的看法极为不同。我们已经指出过一些多少有些自相矛盾的事实，即明智的行为的本义是指为减少不确定性所做的努力，但对问题进行冷静的思考后，我们还是意识到，不会有一个投合我们心意的消除了不确定性的生活，甚或不会有一个最大限度地减少了不确定性的生活。

从整体上减少不确定性的绝对量，与分散不确定性这两个概

念之间,存在一种紧密的联系,因为大多数减少不确定性的方法,
349 要么就是集中它,要么就是分散它。我们似乎不能一概而论有把握做到和值得这样做。

下面这种说法并不过分,即自由企业的本质就集中在制定决策与承担实行决策后的后果这两个方面的责任上。因此,审慎而细致地将这种集中的结果与任何可能的选择进行比较研究,实在是至关重要的。一开始,我们不会就大规模产业提出问题,因为很显然,如果我们打算有效地利用大规模组织的优势,就必须从直接的行政管理意义上,对集中管理的相关程度做出假设。然而,如我们已经特别强调的那样,这样做也并不必然意味着责任的集中。我们已经知道,实际上所有的人类活动,甚至最纯粹的具有日常性质的活动,在某些意义和某种程度上,都预示着并包含着必须应对出乎意料的情况,并做出决策。但这些决策不一定涉及承担责任。自由企业组织最突出的特征,就是将较低级别的责任转移到这样一种人身上,他们只做一些为自己管辖范围内的空缺职位遴选人员的决策,再偶尔解答一些涉及特别的意外事件的问题。实际上,这两种职能从来没有截然分开过。最终的责任主要是选择一个人或极少数人来"组织"这个企业。但对最高当权者来说,他通常——如果不说总是的话——也要对企业政策进行某种直接的控制。在多数情况下,企业的高层管理人员除了自己的固定薪水外,还拥有企业的直接股份(direct stake)。再往下,较低一级的职员也要承担某种意义的责任,即他们所得到的结果必须符合他们上级的预期,否则他们将失去自己的职位。

350 在现有制度条件下,企业的最高责任差不多都集中在"处境危

险”的财产所有权上。在“风险”的分散和控制上，虽然存在极大的差异和复杂性，但总的趋势却很清楚。较低级别的劳动实际上并不承担风险，也很少进行相应的控制，但同样的情况不太适用于较高级别的劳动和借来的资本。我们必须记住，承担不确定性和责任管理这两件事是分不开的，只要任何服务的报酬取决于承担任务的成功与否，那么，这个为了一份不可预料的报酬而同意使用其服务的服务拥有者，就会履行其对企业的判断，并掌握企业的权力。但是，大部分的不确定性和权力，还集中在某种*资产*的所有权上，这种资产所有权处于保证企业中所使用的其他资产和劳动的固定合约收入的地位。①

我们不打算研究责任和控制方面所有可能的或实际的安排，351
只将讨论限制在集中不确定性的一般性问题上。应该记住的是，

① 某些国家在独立从事经营的劳动者组织的发展过程中，在借贷必要资本，并用固定工资雇用管理人员方面，也出现了一些有限的进步。普通意义上的协作生产或许被认为起源于此，但因为劳动者很少借贷资本，所以无论哪种情况都无法为上述概括提供一个明显的例外。这一机制根据其自身的趋向和义务，并不含有能使人们为了获得资源使之达到预期目的，而抵押出自己的生产能力的作用，这是我们文明的缺陷之一。

现代企业发展中一个值得注意的趋势，就是将不确定性专门化并进行细分，而且在所有适当的程度上对其进行控制。从一个极端看，股份公司增加发行了一个绝不冒险且对企业行为漠不关心的纯贷款人所能想到的各种级别的证券，而在另一个极端，由于风险和控制高度集中，以致收入上的任何微小波动都造成了高股息与估定股息之间的差异。在商业企业甚至是工业企业中，信用票据通过一系列中介人的流转，使这些票据增加了一份稳定的保证，并以一个较高的价格或是较低的回报再转手出去。债券商行、证券经纪商以及承兑银行在这一领域都有令人瞩目的发展。在劳动领域中，也显示了同样的趋势。中介人甚至有可能先雇下劳动者，然后再将他们转雇给实际的使用人，这种情况就像我们熟悉的包工头（*padrone*）的情况，以及一些行当的专业性劳动一样。分红制的每一步发展都类似于与风险和控制的重新分配。

有效承担责任的基础，要么必然是资产的所有权，要么就创设一种对人的未来生产能力的留置权，事实上，基本就是以前者为基础。另一个基本的保留是，在某种意义上，最终的控制权还在于消费者。但只要经济组织采取自由企业的形式，这种控制就只能根据客观事实进行，我们所关心的责任，就是在生产过程结束之时，满足消费者的需要。这样我们假定，由于生产在客观上是为市场进行的，所以，企业家组织制度和集中管理的出现，是因为这种制度优于任何其他的**自由契约**制度，更能全面满足人们的需要。这样，我们所做的第一步，就是要对自由契约的含义进行一个扼要的研究。

我们说，“原因”及其同义词可能会存有异议，但未必会有比“自由”(freedom)更被滥用的词了；实际上，在混乱无章的政治学中，没有比“自由”和“契约的自由”之间的混淆更令人难以置信的了。[②] 自由归于或应该归于一个人可以做出选择的范围，从广义上说，它与“权力”(power)几乎同义。另一方面，契约的自由只不过意味着人在“个人自己的”(one’s own)处置方面，不存在形式上的约束。事实上，从有权按照人的欲望和理想来安排人的生活的意义上说，这或许意味着与自由的完全对立。契约自由的实际内容完全取决于人**拥有**什么。

352 如我们所知，所有权实质上是由**控制权**和**使用收益权**所组成。这里要强调的一点是，在一个基于**纯粹的**契约自由的社会制度中，

② H. S. 梅因爵士和赫伯特·斯宾塞尤其应对这种错误百出、回避问题实质的曲解负责。

所有权和控制权是可以换用的术语；③没有其他的控制形式。无疑，必须要有某种“政府”，即一种官方组织，来维持这样一种制度，但政府的唯一职能就是强制执行合约并制止非合约关系的产生。政府之必要性源于这样一个事实，即合约的双方常常不是同时履行合约，进一步说，人们可能会相互欺骗。换言之，在这种制度下，政府的作用仅仅是把人际关系限定为**相互自愿**的关系，或契约关系。再者，在这种制度下，那些一无所有的人根本不可能生存，除非拥有财产的人对他们宽容并慷慨解囊，而任何人所拥有的自由的多少会与其所拥有的财产所有权的大小相等。

在理想的简单条件下，一个人所拥有的是三个因素的共同结果。第一个而且最重要的因素，是他必须从历史的“严酷事实”——即他从过去所继承的东西——“开始”。这纯粹是一个“身份”(status)的问题——因此，梅因对身份与契约的对比说成是个人地位与处境的对比，是非常荒谬的。所有的自由契约都意味着，身份可以凭借与另一方的自愿协议而**改变**，也同时意味着，没有得到他人的同意，身份就不可能**改变**。因此，第二个因素在所有权方面，它是以往契约的结果。依靠双方自愿协议改变身份的可能性，取决于在协议时间里人的身份——即他所拥有的东西——因此，身份的改变最终取决于人起初所拥有的东西。在所有权或当下身 353
份方面的第三个因素，是通过利用人们过去所拥有的东西，由于自

③　很显然，在一个连续发展的社会(continuous society)里，**纯粹**的契约自由是不可能的，因为儿童和老人以及许多人什么事都管不了。为了在一种纯形式上研究这一概念，我们不得不假定(参见第四章)，所有不能自立的人都绝对是从属于人的，就是说，这些人实质上是由社会的合约当事人自愿“拥有”的。

发的和独立的使用或改变而产生的变化。这一因素显然也只是一个变化的问题，可以追溯到最初的身份或一个人起初所拥有的东西上。在一个纯粹的自由契约制度中，除了所有权之外，不存在什么（控制）力；只有所有权（这是指真正的身份）的变化，才与实行自由选择相关，选择的范围则绝对取决于以前的身份，因此，最终取决于个人首次进入契约制度时的初始身份。

然而，以上所有论述都假定，有目的地凭借一个人已拥有的东西所作的“生产性”转变而增加所有权的合约和活动，是靠才智来实现的。在一个人们的所有计划和行动都充满不确定性的世界里，我们还必须加上第四个因素，即幸运的结果。另外，我们仍然假定，在不同个人之间签订契约与从事活动，是完全自主并不受干预的。在目前这个世界，受合约影响的利息从来不会在协议中完全反映出来。实际上，这是对纯粹的契约自由设想的一种限制，即不能将人类关系限制在相互自愿的范围内，但这就像蓄意的掠夺一样，是我们必须加以考虑的事实。

这些事实如此之显眼，以致实际上没有人主张纯粹的契约自由，社会作为一个整体，其行为受到了防止非契约关系的反面职能的约束。对国家从许多方面限制契约的自由，以及鼓励签订其他类型的协议，人们实际上也没有提出什么问题。国家也适当地通
354 过税赋拿走了私人“拥有”财产的使用收益权的相当一部分，这就从两方面对所有权进行了调整。由于在当今世界自由放任的国家理论已经失势，所以，对私人财产的调整，影响范围急剧扩大。

一个基本事实是，所有权的合适对象主要分成两类，即与生俱来的个人能力（personal powers）与物质财产。如果一个人不在某

些形式和程度上拥有对前者的所有权，那他就是一个奴隶，即某些外部人(outside party)的财产，而且完全处于这一制度之外。当然，当今世界在所有并不特别失常或无能、只受制于一般限制的成年人中，在个人所拥有的个人能力方面，差不多是私有制的。在任何其他制度条件下，很难保证对这些能力的有效利用，当前的问题只与物质财产的所有权相关。[④] 我们从不同的方面也看到，这两种类别之间的差异的重要性至少有些夸大，如果能够发现它们与价格理论和经济组织有关的因果关系，或者发现它们与道德立场的关系，类属的自然差异就很难区别。需求的条件、供给的条件以及个人拥有的关系，经研究都非常相似，其现有的差异确实多是人为的和习惯上的，但从物品生产和消费以外的人类利益的立场出发，我们必须承认，在某种程度上，人自身的所有权比外部对象物
的所有权的地位要高几分。然而，在一个人们的生活高度依赖且 355
日益依赖物质财产的享用权和使用权的文明社会里，这种区别趋于消失，对这一事实的承认可以说明社会关于"财产"(狭义的物质财产)的看法在目前的诸多纷乱和变化。

关于人对自身能力的所有权与物质财产所有权之间的关系问题，还有另一种思路，这一思路从一个相反的角度出发，某种程度

---

④　我们没有对自然要素和生产设备物品作出区别，因为我们已经表明，在竞争条件下，我们无法在强取豪夺和生产之间作出最终的区别。(见第四、第五和第十一章中对土地和资本的研究。)在这一方面，我们或许可以说，我们没必要与马歇尔所采取的将土地与资本相分离的观点唱反调(《经济学原理》，第四篇，第一章)。按照一个政治单位只占有一块有限的、其自然资源都已得到彻底开发的土地的观点，根据他们在世界经济，或在一个类似美国这样庞大而且相对较新的国家中，从所占有的土地中产生的新的供给来看，他们维持的是一种不同的关系。

上遵循了少许与不确定或否定的结论相类似的思路。我们探索的起点是通过我们对企业的研究所揭示出的一个事实，即在没有干预的条件下，存在一种将企业的管理权，即最高的企业家职能，转到财产所有者手中，而不是转到人力服务的拥有者，即工人手中的趋势。这样做的表面原因是，除了一个或大或小的收益外，商业冒险还提供了一个遭受绝对损失的机会，理所当然地，只有财产才能为这种净损失作担保。乍一看，这一事实似乎为劳动和财产服务间的另一种差异提供了一个基础，即劳动者只能是在工业生产中**使用**，而物质资料却在工业生产中**用完耗尽**，**服务**在一种情况下只是用于消费，而物资本身在另一种情况下却可能是被毁掉。

稍加审慎的思考就能发现，情况并非真的如此。事情或许应当这样，但它不是这样、也不可能是这样。首先，物品毁损及全部损失的风险，在劳动者一方和在财产所有者一方或许一样大，在这种情况下，财产所有者损失的只是生产能力，而劳动者损失的是健康、活生生的人或生命，这就意味着劳动者的损失要大得多。这种
356 情况的实际是非曲直(Merits)已为社会所认识，我们看到了相关立法的日渐成熟，意在将作为一种生产要素(只在这一范围内)的劳动者的经济价值损失的风险，转移给企业，再通过企业转移到产品的消费者身上。专业化技术和培训的损失风险的问题还有另一方面。这些技能的获得与具体的企业有关系，而且只能在具体的企业里使用。掌握技术的成本主要由工人负担，如果企业最后无利可赚，这笔损失通常落到工人身上。然而，这些“风险”似乎很大，甚至比财产所有者承受的风险还要大，却并没有使他们获得企业的控制权，甚至在竞争性自由契约条件下(如我们已完全熟知的

那样），风险的承担者也没有获得以较高的固定合约报酬的形式给予的公平的补偿。有必要补充一句，劳动者风险的精算价值，实际上与物质资产所有者的价值一样，更多地取决于经营管理的质量。

对这种事态所作的唯一引人注目的解释，是受“人类心理现实”的启发，即“财产”的所有者在没有适当的实物担保的情况下，比起那些只拥有自身的所有者，更不愿意将这些“财产”托付给其他人管理，而这些只拥有自身的所有者，甚至在连一点起码的免遭经济损失的保护措施都没有的情况下，也会冒险一搏这种外部人管理的风险。[⑤]

很显然，我们不可能在不发生两种不确定性——生产结果的不确定性和保持使用人和物的生产手段完好的不确定性——的条件下从事生产。因为生产一定先于消费，而且需要时间，在生产期间，所有与生产相关的东西都必须要有以前生产的产品的支持。这些产品则必须由其拥有者预先垫付出来。实际上，这些产品并不一定永远都由拥有者冒险拿出，实际生产者会在生产过程完成 357
之前拿到全部工资，但这只是自由契约条件下的运作方式。而且，这些产品也并不一定就完全属于任何个人，这一点我们下面还要进行讨论。同时，如果机械设备是私人所有，那些拥有设备的人还要暂时承担设备损失的风险。如果从物资财产所有者或人力所有者的纯经济方面来说，实际上，人们并没有对个人所有者的固定损

⑤　有意思的是，我们观察到，通过赔偿法而引出的在管理上对劳动者人身安全的关注，尤其是在削减事故方面，“安全第一”运动带来的引人注目的结果。

失作出限定。但这仍然是在“简单明了且合乎人性的自由契约制度”下的通行方式。现在，我们必须从一个更为基本的意义上稍微谈论一下自由契约的社会含义。

当然，这里无意暗示自由契约在任何可观的范围内，都是社会有意采纳一种合理的组织政策的结果。然而，这一制度的延续却是一个已对其是非功过做了充分讨论并最终要根据讨论来做出决定的问题。为了系统地讨论这一问题，我们首先要搁置并留待以后来评论有关个人的自我所有权的论点，暂时将我们自己限制在物资生产物品的所有权范围之内，即或多或少限制在个人财产与社会财产间尚在争论的问题范围之内。我们必须从一开始就对涉及社会组织的两种不同而且很大程度上相互对立的利益，作进一步的区分。传统经济学观点将社会组织视为满足“欲望”的一种机制，欲望则被假设为确定的自觉需求和行为趋势，从属于相对效用
358 递减原则。在我们的整个研究中，我们都在强调这种观点的局限性，但是，如果我们打算运用科学的分析方法，我们就必须纯粹而孤立地考虑经济生活的这一方面。生活中的其他利益也同样重要，特别是对自由的渴望和争取自身利益的权力，以及对某种性质的人际关系的偏好。在很大程度上，正是这第二层次的利益直接和间接地，最终废除了奴隶制，确立了自我所有权。

在视社会为一台满足欲望的机器并适用单一的效益标准的情况下，如果人们都承担其正确决策或错误决策的后果，就能更有效地做出决策、履行管理职责的话，那么自由企业一定有充分理由证明自己的合理性。如果财产社会化了，我们也仍然必须专注于实际的决策职能，但在这种情况下，这种职能在很大程度上不过是一

种不论结果如何而有报酬的例行任务而已。根据我们先前的讨论，这里存在一个难题，因此我们必须小心地澄清其含义。具体来说会出现两种情况。在受雇的专职人员从事管理的情况下，那种人们直接使用自己的资源进行生产的企业，将会转变为公共企业。在这种情况下，变化的性质是非常清楚的。难以理解的是由职业经理人管理的股份制公司的情况。这种情况下，变化是以某种政治方式组织起来的公共企业替代了众多的股东，而直接决策者的地位在表面上并没有太多的变化。

但这只是表面上的。实际上，大规模企业与政治民主的日趋相似，是社会主义者反对在私有制向公有制转变过程中可能丧失效率的强有力理由之一。但我们必须强调这样一个事实，即这种相似性被过于夸大了——事实上这是由双方在此问题上的争论造成的，当然双方是出于不同的动机。坚决主张在某些大的股份制企业中要有大量的股东，绝对是一种误导。大多数股东并不认为 359
自己就是企业的所有者，别人也不认为他们是企业的所有者。从形式上看，他们是企业的所有者，但实际上他们仅仅是债权人，他们自己和内部人都相信这一事实。大公司实际上是由少数人拥有并管理的，这些人通常相当了解彼此的个性、动机和谋略。因此，第一，在社会主义者执政的情况下，支薪经理人（salaried manager），不管他是由上级政府任命还是以某种方式通过民主选举挑选出来，其实际地位绝不同于当今股份制企业里的总裁或经理。虽然他现在已是企业最高层管理人员，但他不可能像企业真正的所有者即那少数“内部人”那样，直接承担最高层管理人员或团体的责任。

然而更大的变化还在于，公众所有全面地替代了少数人所有。主要的不同之处纯粹是一种无法避免的组织(group)规模的伴生现象。协作生产所无法解决的困难一直让人觉得，生产的结果要取决于他自己的活动。总体上，人们感觉不知所措、无助、微不足道。当然，政治民主也遭遇到同样的困难。或许我们可以相信，有的进步是在解决政治领域中的问题时取得的，在政治领域中，在人们对不太重要的事情所做的选择中，决策实际上不甚重要。果真如此，政治民主制度的产生可以培养人的自身责任感，这种责任感会使得产业民主更切实可行。

但是，充其量这只是对问题的一种极其肤浅的看法。说到底，这是对大财产所有者和从产业获得了满足的大众的看法(feeling)问题。现在大财产所有者实际上已经成了社会公职人
360 员。私有制是一种社会制度；社会具有无可争议的任意改变或废除它的权利，社会愿意维持这一制度，仅仅是因为财产所有者能够比某些其他形式的社会机构所承诺要做的，更有益于社会的利益。当然有很多关于天赋人权、过去的制度神圣不可侵犯等等的废话，这些说法也具有某种抵制社会变化的力量。但最终，而且是在一个不太遥远的终点上，这一问题将以一种多少有些残酷的方式，根据大多数人民对此问题的想法来决定。如果我们通过集中的私人所有权制度获得的管理效益，优于通过某种民主机制所获得的管理效益，那是因为当人们不觉得政府官员是在为他人做事，而觉得是在为自己工作并积极投身到工作中去的时候，人们会计划得更好。

尽管如此，不知是有意识还是无意识，刚才提到的那些人“内

心里”——下意识地，如果不说有意识地——还是明白，他们**就是**民主的代言人，并最终有义务对其负责。因为很显然，这些有钱有势的商人竭力追逐的“个人”利益，从渴望消费商品的传统经济学意义上讲，根本就不是个人利益。与其说他们生产是为了消费，不如说他们消费是为了生产，他们就是在这个范围内行事。他们真正的动机就是期望胜过他人，赢得这场博弈，即在这场虚构的最大、最吸引人、甚至连权术和战争都不能排除在外的博弈中获胜。

这就必然会让人们想起一个说法，即民主经济秩序能有效针对同样基本的动机，因而可能投合心意。这里的必要条件是，政治体制的发展和民主本身的政治智慧的发展，要达到身处要职的人切实感到自己的职位稳固，而且他们只能凭借自己的政绩坐稳这个位子的程度。工资在这里并不是一个主要问题，虽然毫无疑问，

这些人显然也要过经济意义上的舒适生活——就像现在政治民主 361
制度下的官员们期望的那样，即使在显示爱国心和公益心的时候也是这样。根本的问题在于，要明智地挑选出这种能承担责任的官员，并严格以他们的成绩为依据，将他们提拔到一定职位上，而且还要“放手”任由他们大获成功或一败涂地。这是在产业的民主化成为现实之前就必须上的一课。糟糕的是，如果我们用传统上所玩弄的政治蛊惑伎俩来取代商业竞争，并以官位轮换制和“胜者分肥”为其主要原则，其后果只能是灾难性的。

在停止讨论这一题目之前，我们还要指出与公务员有关的另一个有意思的错误概念。人们普遍而自然地假设，一名职业经理人在打理属于他人的资源时，对资源使用的关心程度要逊于资源

的拥有者。这种观点显示出对人性缺乏洞察力，也与所观察到的事实不符。官僚们真正的毛病不在于他们轻率莽撞，而是相反。实际上，只要没有由于不诚实和腐败而堕落下去，通常他们都会有一种“小心行事”的趋向，并无可救药地成为保守者。在一般条件下，由于对经济生活实行政治管制而带来的最大危害，恐怕并不是它对社会资源的满不在乎的浪费，甚至也不是对进步的阻碍，以及生活的呆板单调。

这一观点自然也引出了在风险和利润分析中已多次讨论过的问题：私营企业家真的憎恶风险和不确定性吗？他们也趋向于“小心行事”吗？虽然人们并不总是认识到这一问题的另一方面，即问题中的紧密关系，但这一问题最终涉及到相同的一点，即与承担风险的社会成本以及最低限度的利润趋向有关系。

362 传统观点自然将风险承担视为一种令人反感和厌恶的事情，并将利润视为承担这一“重负”的“回报”。这当然也是商人们自己对这一问题的看法[6]，而研究这一问题的学者常常也持同样的观点。正因为如此，威利特[7]才主张，社会对那些生产中含有风险因素的商品订立更高的价格，以作为对承担风险所带来的牺牲的补偿，其原因是，如果人们因为不愿承担风险而拒绝进入这些行业，这种商品的供给就会因此减少。罗斯也假定[8]风险令人反感，并

⑥　见 J. C. F. 梅里尔《谷物价格报告》(1915 年 9 月 29 日)中关于“投机”的一章，第 26—27 页：“对于商业来说，这是一条公认的公理，即任何一个行业中的风险越大，对从事这一行业的那些人来说，利润一定也越大，或者说……利润与风险成比例！”

⑦　《风险与保险的经济学理论》，第 55—56 页。

⑧　见前引(《美国科学院院刊》，1896 年)，第 119 页。

因而得出了相同的结论，海恩斯[⑨]引用了安德鲁斯[⑩]的相同说法，但更为强调风险对生产的阻碍作用。其他作者则不太愿意作出概括或进行区分，或是明确表示反对这种观点。因此，冯·曼戈尔特[⑪]提出，在多数的投机活动中，损失的金钱要多于赚得的金钱是众所周知的事实，他坚称自己确信，对于那些处于舒适环境下并同时因从事冒险而获得一份合适剩余的商业企业来说，实际情况就是这样。F. M. 泰勒教授也对此问题作了审慎的分析[⑫]，他坚持认为，企业家的利润，比之为补偿实际损失而建立一份保险基金所必需的数额，或许会多些，或许会少些。他认为，对保险所需资金来说，这笔利润相对小风险而言可能要大一些，相对大风险而言可能要小一些，其结论是，如果想要消除风险，社会就必须对某种具体 363
的商品或服务，支付一个比它必须支付的价格更高的价格。

对这一问题的讨论，还存在几种必须加以避免的混乱思想。首先，将利润作为承担风险的报酬，或作为承担风险的诱因，是不准确的。问题的实质在于，做出决策的时候，利润是未来的，是不确定的，因此它是“挑起人的意愿”（泰勒语）的、**预期的**或**概估的**利润。[⑬] 所以，我们不能断言，在个别情况下，实际利润和令人生厌的风险之间有联系。如果从整体社会的总利润角度出发，这里的问题是，是否存在任何这样的份额，企业家是否是一个创造利润并

⑨ 《经济学季刊》，第九卷，第 4 号，第 414 页。

⑩ 《经济制度》，第 54 页。

⑪ 《企业家利润》，第 85 页。

⑫ 《经济学原理》(1913)，第 366－367 页，第 383－384 页。

⑬ J. S. 穆勒说过利润趋向于均等的可能性(chances)，但在该书第五版里，“可能性”一词变成了“预期”(expectations)。见《政治经济学原理》，阿什利版，第 412 页。

蒙受损失的阶层(当然,净利润或“纯”利润要在剔除了全部生产服务的回报之后才可能谈到)。

让我们仔细地回想一下追逐利润的商人的准确情况。他会根据自己对利用这些生产服务能赚多少钱的预期,预先就这些生产服务签订一份合约。与任何商品的买卖一样,作为一个个体,他知道价格是固定的,买多买少都要依据这一既定价格进行,但从总体上考虑,全体买者的竞争会将价格调整到一个点,在这一点上,全部现有供给都能从市场上出清。这样我们就能看出,在任何时候,生产服务的价格,即企业家的生产成本,体现了在完全竞争条件下,企业家出售产品时对产品所值的预期,同时,企业家的收入也体现了这样一个事实,即稍后出现的结果与稍早时候所作预期的截然不同之处。在成为一个群体的企业家条件下,实现一笔正的
364 利润的条件是,相对于他们的冒险癖好来说,他们低估了对自己企业的预期。相反,如果他们高估了对自己的企业的预期(这里要考虑到激发他们意愿的必要条件的可信度),总体上他们将蒙受损失,如果他们的估计总的来说正确无误,那他们既赚不到利润,也不会蒙受损失。如果这种估计纯粹是一种随机行为,那么两个方向上的变动将会相等,即平均来讲是正确的,在这种情况下,纯利润的总水平为零。许多作者,尤其是霍利[14],就假设这样一种误差的分布必然存在,尽管由于没有一种正确的利润理论,他们得不出相应的结论。[15]

---

⑭　参见第二章(第 42 页)。

⑮　霍利有时候认为利润是负的(《经济学季刊》,第十五卷,第 609 页),有时候又认为是正的(参见第 79 页)。

有人或许会反对说，企业整体上不可能蒙受一个净损失，但稍加思考就会明白，这种说法并不正确。随着社会的组织化，企业家几乎无一例外地都是财产所有者，也必然是某种形式的生产力的所有者。事情或许应该是这样，企业家的损失大于他们的收获，回报上出现的差额，除了应归因于企业家的能力之外，还有一些生产力上的原因。因此问题的实质是，企业家作为一个阶级，平均而言，他们是否获得了比他们为企业提供人或物的生产服务而获得的正常竞争回报率更多或更少的回报。

基于归纳法这一问题不可能有确切的答案。比如说统计学上就有证据表明了这一结论，即最终结果是亏损，但却不能令人
信服。[16] 或许我们所能做到的最好的事情，就是在演绎的基础上 365
讨论这一问题，并且，除了就很有可能的事实提出看法外，什么都不要做。笔者坚信，企业作为一个整体必然有亏损。这一问题上的主要心理事实是我们耳熟能详的，其中一些事实前文已有提及。博彩和赌博中的人的行为是最突出的事例。亚当·斯密曾经指出，人天生就有一种夸大赢取大胜算的小机会的倾向。

---

[16] M. 波特在《企业家和企业利润》（巴黎，1905）一书中指出，这一结论根据马萨诸塞州企业倒闭的具体数字得出。纽约州立农学院对农场会计数据的研究结果也表明，通常，农场主获得的收益少于公平工资和对投资的公平回报，对公用事业投资的调查也得出了相同的结论。W. I. 金博士对美国的收入分配进行研究后，得出了这样的结论，美国每位企业家的平均利润，大约是每位劳动者平均工资的 1/10～4/10 倍。（参见《美国人民的财富和收入》，第 165 页。）作出这样的假设似乎非常保险，企业家能力大于劳动者的能力之比，要大于这一收入比例，尤其是，人口调查报告中的大部分工薪人士是妇女、年轻人和孩子。然而，金博士将收入分成几个份额，并且，对各类收入收受人人数的估计，充满了大段的推论和假设，这样漏洞太多，所以其结果不能令人信服。

西尼尔认为，[17]想象力要么放大了获益的可能性，要么放大了亏损的赔率。坎南则认为，[18]投资上异乎寻常的风险和异乎寻常的保险，对大多数人都很有吸引力，而一旦忽略了普通的风险，就只会获取极小的一个回报，但也会因此获得更多回报。卡弗教授的意见是[19]，企业风险是企业的显著特征，其中，成功的可能性并不大，倒是亏损的可能性要大于获利的可能性，这种情况不会受到天性好赌之士的欢迎，但这种情况下的利润却是一个实实在在的量。但是，考虑到将冒险的全部未来收益资本化为现值的概率，这种对企业风险性质的看法似乎很值得推敲。我们想强调的观点是，这
366 些“风险”与客观的外部概率无关，而只与利用这种机会的人的判断价值和经营能力相关。亚当·斯密和冯·曼戈尔特指出的情况的确属实，大多数人都对自己的美好未来怀有一种不太理性的过分自信，一旦他们拿自己做赌注，一旦他们对自己的个人才能进行了计算，这种自信便成倍增长。更有甚者，对于主要代表了这类人的企业家来说，他们在这些事情上无疑最为突出；他们不是那种说三道四犹豫不决的人，他们精力充沛，乐观向上，通常都对事情充满信心，对自己则更是如此。

我们还必须在这些考虑之上再加上竞争条件的刺激因素，这如同在拍卖会上，人们不停地喊价以向竞拍者施加压力，在这种情况下，人们竞拍得来的物品的价值，常常超过了任何人对其价值的看法。另一个较大的因素就是人性的顽强，这在资本家心理上也

⑰ 坎农的引证，见《生产与分配理论史》，第 369 页。

⑱ 《帕尔格雷夫政治经济学词典》“利润”条。

⑲ 《财富的分配》，第 283 页。

非常突出。人们在新的商业冒险中作第一笔投资时或许有些胆怯和谨慎，但一旦投入了进去，坚持到最后无疑是常规。对生产服务开价的人，大部分是现有企业的拥有者，我们也要考虑企业家本人的声望和企业家的老板对其的满意度。因此，设想这些价格是固定在一个较高的水平上，而不是定在一个较低的水平上，似乎最为合理，也为事实实际上所证明，正如我们已经指出的那样，统计学也可以得出相同的结论。

有关企业家的纯利润问题就说到这儿。我们已经着重指出了这一事实，利润和应属收入实际上从来没有按其分割线作细致的划分。因为不存在一种算得上是纯利润的收入，所以，每种收入中都不包含利润的因素。或许这一点在利息问题上最为突出，至少最为人们所熟悉。人们认识到，对“纯利息”的识别是不可能的，普通利息中也包含有“风险溢价”的因素。工资中竟然也包含了一个 367
可用回报的不确定性进行解释的变动因素。专业人士的收入则是众所周知的事情。人们被吸引进入这些行业，更多的是受到可以获得大成功的小机会的诱惑，而不是受排列井然的职位的吸引。亚当·斯密确信，一个只有较小机会获取较高职位和较多收入的职业，对能力相同的人来说，与那种收入稳定的职业相比，其收入将低于平均水平的回报，这一看法今天仍然被一般的研究所证实。这就是说，在这些情况下，承担风险也会有负的收益。

对多数劳动而言，机会总的来说相对较少，不管怎样，我们最好将机会视为对专门知识和技巧投资的回报，而不是直截了当地看成是对努力的回报。无论如何，如果斯密的推论是合理的话，承担风险似乎正好与厌恶风险相反，即人们为一份不确定报酬做事

（或者是努力获取工作的能力），一般来说比为一份固定报酬做事，要合适很多。对土地所有者来说，在出租土地这一问题上，事实上并不存在真正亏损的风险，因为通常很少或几乎不会出现收不到合约租金的情况。在借贷资本方面，我们发现本金和利息都存在亏损的风险，我们对确定回报率时的风险因素也倍加关注。对纯利率这一概念，我们很难给出一个确切的含义，因为对合约利息超过保险金弥补损失的一定水平的合理性进行思考，似乎没什么用处。与以前一样，问题在于，从固定合约利息和本金偿付中实际获得的，是否平均来说形成了一个与纯利息及原始本金相等的量，或者少于或多于纯利息及原始本金的量。笔者认为，在这一问题上无法形成一种观点。

368　从社会政策的角度，我们还可以提出两个问题。从某个角度看，“社会”是一个庄稼汉或“管家”（*wirtschaftender Mensch*），关心的是尽可能做好自己的工作且尽可能不费力气。上述考虑似乎表明，从这种纯生产效益的角度及从竞争性财政角度（competitive pecuniary）对所有因素进行的量度来看，让个人来承担风险是一个最佳选择。事情很可能是，由于社会和人类本性就是这样，一般来说，个人不仅不能对这些服务收取费用，而且还要对提供这种服务的垄断权利支付某项费用。但我们必须牢记，就财产来说，个人实际上并没有承担风险，问题在于他感到他承担了风险，因为财产现在是而且“实际上”一直是社会的，所有权也是一种社会的职能。由于可能存在也实际存在大量的损耗和浪费，所以我们不太清楚所有权错觉事实上是否是社会用以回报物质财富管理的一种廉价方式。然而，因为所有问题都与人类动机相关，所以，除非我们对作为个体的人和作为社会的人的实际欲望有某种了解，否则我们就只能对此问题作出负面的评述。当然，经过担保的管理的性质要与担保的成本一起加以考虑，但有关这一问题，我们在这里已经说了似乎值得一说的话。

第二个问题是，即使是在个人一般自愿承担损失的情况下，对个人以及总计由个人组成的社会来说，让前者承担产业的风险，是否真的合适的问题。通过考察我们自己通常对博彩和赌博所实际采取的态度，我们可以找到某种合适的答案。很显然，允许社会成员冒险的条件也存在某些限制，尤其是在独立成员让自己依赖那些社会尤为关注的其他成员的时候。当前所取得的飞速进步趋向 369
于阻止劳动者轻率地为承担风险而签订合约，但没能对将原则推展至令体面而又自尊的生存方式的基础处于危险境地的财产风险，从理论上提出异议。

维持最低的生活标准，仅仅是风险分配和风险控制中涉及人类利益的众多问题之一，但我们在这里不能对其进行讨论，甚或不能试图作出分类或加以枚举。在结束对这一问题的讨论时，我们只是再次强调了从经济视角将社会组织视为静态社会中满足人类欲望的机制的局限性，从而科学地描述了这一术语的含义。人在生活中的主要兴趣毕竟是寻找生命的乐趣，这是一件迥异于消费最大数量财富的事情。我们必须对变化、新奇以及令人吃惊的事物予以充分的思考，就像对价值本身所作的思考一样，因为从最乐观的一面看，毫无疑问，我们大多数人在生产财富方面耗费的时间多于消费财富的时间，因此，我们必须对经济行为中生产方面的动态因素和个人因素加以考虑，而对效率因素则不予考虑。我们确实所缺乏的，是前人那种以互娱、互重、互爱为基础的社会，不管这一问题考虑不考虑人性是否具有某种巨大价值，这一问题本身就是对生命的严肃思考。因此，每个个人都必须被赋予责任、选择的自由以及比他在一种管理专业化和集中化已经达到极致的组织制度下，所能拥有的更宽广的自我表现范围。这种情况是否切实可行，如何才能做到这一点，是工业民主的拥护者所面临的最大问题。

为结束我们的讨论，我们还必须切实关注一下不确定性与管
370 理问题的长期方面。区别“静态”的和“动态”的“风险”是一个非常吃力的工作，但却是与我们的主题相关的一个重点。在本书中我们已经强调指出，不确定性取决于变化，而且在很大程度上实际取决于进步性变化。管理或控制的问题由于与不确定性的相互关联或曰相互蕴涵，所以相应地在很大程度上也是进步的问题。在一个没有进步的社会里，通过实际预测和管理，或者通过对各种事实进行归组以及对概率推理的运用所获得的确定的结果，未来的知识在很大程度上是完全的。在这种情况下，管理问题大体上简化为一种按部就班的活动，很少需要做什么*真正*的决策。经济管理、自由契约，尤其是物质资料方面的私有制的实际形式，与敏感的管理形式问题紧密相关，这一问题产生于我们生活其中的这个社会所具有的高度“动态”特征，以及与变化相关的极度不确定性。众所周知，在现代产业时代开始之前，欧洲的经济生活是一种保守的生活，其管理组织具有集体主义性质。个人主义的确立出自于改进现有状况的欲望，尽管这可能让人产生误解，误以为这种情况是社会确信个人主义优于集体主义而直接产生的。

因此，私人财产制度的社会理论并不是基于这样的前提，即在消费品的创造中，生产资源将会得到更有效的利用，而是基于这样的信念，即在这种制度下，通过诱使人们冒险增加包括物资和技术知识及技能在内的生产资源的供给，对进步产生出更大的刺激。在对利息问题的讨论中，我们已经指出了这一观点的谬误之处，即可以根据消费的时间偏好，来解释积累和超前牺牲（forward-
looking sacrifice）。为未来的消费所作出的当前牺牲，通常并不会 371
因为个人的这种做法而增加总消费，另外，单纯的延迟消费也不会引起社会设备的净增长。"节制"应该是长期的，并不纯粹是一种等待的问题。由此可见，为私有制进行辩护的前提一定是，对所有权的渴望，与消费大量物品的渴望相比，更能激发人们作出牺牲，并对这一领域进行有效的控制。如果实在要说的话，私有制的社会政策是合乎理性的，因为拥有财富的欲望会引导人们牺牲消费，并为了增加自己的财产而承担全部的损失[20]。我们现在所关注的并不是这种前提条件正确与否，但指出与其应用相关的若干事实，似乎还是值得的。

如我们已经指出的那样，实际上社会经济进步的所有形式，都通过当前消费的牺牲或"投资"，代表着增进社会生产力的不同模式。这些不同的方式是公开的竞争性选择，用定量分析的语言来说，通常具有可比性。一个人可以将他的现在物品投资于创造新的设备物品（各种传统的方式和类型），或投资于发现和开发新的

[20] 对这一观点进行正确而全面彻底的讨论，必须要对企业家的动机和财产拥有者的动机进行区别，财产拥有者是将自己财产的使用权以一个固定回报转交给企业家的人。

自然资源，或投资于发展自己的个人能力（或在某种程度发展他人的能力），或投资于发明，或投资于改进企业组织，或投资于创造新的社会嗜好和欲望。一般说来，前两种投资模式会产生新的财产，一般来说，这个社会也同意给予成功投资者及其继承人一笔无条件继承的不动产，并承认这些财产永远归属于他们。

对人自身的投资同样也会导致无可争议地拥有一种新的能
372 力，但这种能力不能永久存在，它会随着个人生命的结束而消失。如果可能的话，比较一下这两种形式的投资的吸引力是一件很有意思的事情，因为作为一种投资动机，比人一生还长的有效控制，才是企业理论的主要议题之一。现在我们将再回到这一论题上来。

然而，投资于发明是一件不同的事情。因为使一个创意无限增值的成本非常低廉，所以人们一般很难对生产能力的增长进行资本化。社会通常允许发明人或其受让人尽可能长久地保有其创意的秘密，或以任何方式保守这一秘密。但是，这种做法是如此之不切实际，新发明的社会价值又如此之显然，因此专利制度得以确立，借助于法律的保护，**暂时地**、短期地改进了财产权的保护方式。很明显，这种对发明进行回报的方式是一种极不成熟的方式。这不仅是产品的消费者为产品付费的问题，这种付费无疑是公平的，而是因为其他大部分人都要忍受因人为高价而无法使用这种商品之苦。按照事情的发展，该当获得奖励的发明者实际得到任何类似公平回报的情况，无疑极为罕见，就算有也只是一种例外。如果有人有所获利，那也是一些发明的购买者，或者，至多是这样的发明者，他们只是对其他人已做过的前期工作和探索，添枝加叶，或进行最后的润色，使一种想法切实可行。用某种直接的激励手段和对研究给予报酬的方式来取代人为的垄断，似乎是一种政治智慧和管理才能。

企业组织和各种方法的改进，仍然不能为获取永久性利益提供多少机会，因为这种改进的结果通常既不可能获得专利，也无法守住秘密。但这种进步也代表着用当前财富进行的投资，这种当前财富可以置于产生出永久财产权的领域。当然，不存在任何不 373
愿意在这种改良上花费金钱的证据，这一事实给我们提出了一个意味深长的问题，即实际上诱使人们作出当前牺牲以推动经济进步的动机问题。用于创造新的欲望的费用，通过特定商标的使用以及商标和商标名称的法律保护，也能被用来生产更为长久的利益。当然，某些商标也成了高额财产价值的一部分，并且随时可以出售。

那么剩下的最后问题，即财产权和将财产权转给其他人的权力，或超过人的生命周期的项目控制，与激励人们储蓄和投资一样，也是相对重要的问题。在这里我们不能详尽讨论遗产问题。从严格意义上讲，遗产已不仅仅是所有权的问题，它不是所有权的必然组成部分，遗产不依据于任何自觉的理论，它仅仅是偶然发生的事情而已。遗产的性质自然有几分属于家庭制度所依存的个人财产，随着生产物品重要性的增加，遗产也逐渐转换成了生产物品，与此同时，生产物品形式上的财产也极大地强化并孤立了私人家庭情感。自愿向家族之外捐赠财物，代表了稍后的一种发展方向，在某种程度上，这也是一种相反的趋向。

当然，所谓转赠权和遗赠权的“理论”，是指这些权利构成了诱使人们保存和积累财富的重要因素。这一观点能否站得住脚，笔者极表怀疑，但出于很多考虑使我们不敢贸然对一些重大变化作任何辩解。困难仍然在于要提出一个似乎可行的选择计划。在财富所有者辞世之时将财富充公，倒是提出了了结这一问题的方法。
374 但对那些对公共机构实施生产企业的直接管理持怀疑态度的人来说，租赁制度，或以债券形式通过拍卖交换收入权或诸如此类的做法，才提出了一种可能的解决之道。这种做法在某种程度上与圣西门空想社会主义学派的主张非常相似。[21] 尽管如此，在人们中间进行收入分配或收入的公共用途的现实问题，还是使人疑虑重重。

这里我们再次提出与每个人的个人能力相关的一些类似问题，如我们已知的那样，这些问题是指，人们固执地不肯将个人能力的经济含义与物质财富的经济含义区分开来。天赋能力按其本义必然是指遗传所得的能力，除了以人本身的能力对个人财产权的概念进行修正外，无所可为。然而，文化，在其全部的微妙意义上，和教育及一些形式简单的培训一样，多少也是可以传播的，多少也属于自愿的赠与，个人影响或“权势”的因素我们也不能不予考虑。掌控此类事情具有非凡的意义，在一个已废除物质财产的社会里，这种意义与其说是减少了，还不如说是在增加。在我看来，真正的机会平等，即一种真正的量才录用制度，是不可想象的，只要想到私人家庭制度，我们就不要指望有达到这一完美境界的

㉑　亦可参见阿尔文·S. 约翰逊：《遗产税的公有资本化》，载《政治经济学杂志》，1914 年 2 月号。

捷径。当然，柏拉图已经认识到了这一事实，但其大多数现代继承者却趋向于对此视而不见。

任何一种专断的、人为的以及道德或理性的社会重建，其最终的困难主要集中在现实世界的社会承续问题上，我们每个人都是赤身露体、身无分文、无助、无知、身无长技地诞生在这一现实世界上，我们必须耗费一生中三分之一的时间来了解自由契约存在的前提条件。无论我们认为该当做的事情如何理想，我们都不能轻 375
易地从根本上改变管理的分配，个人能力、地位和机会的分配，劳动负担和不确定性的分配以及社会物质生产的分配。有关社会的基本事实是，社会是由有生有死并会由他人取代的无数个人组成的；而有关现代文明的事实是，现代文明取决于对继承自过去的三种累积遗产的利用，即物质资料和用具、知识和技艺以及道德规范。除了生命之火本身，这个世界的物质财富和庞大且日益复杂的技术体系以及使人能适应社会生活的各种习惯，一定会在老一辈人辞世的时候，以某种方式转至生来对这类事情一无所知的新一辈人那里。现有的程序，即私人家庭制度和私人财产制度(包括人自身及财产)、继承权及遗赠权和父母的职责等等，为解决这一问题提供了一种获得多少尚可接受之结果的解决方式。这种制度并不完美，甚至不能称之为良好；但是，公正地考虑一下根本性变革的困难，尤其是考虑一下我们对我们所期望之事情的无知和纷争，在讨论重建的提议时，我们尤应持审慎和谦恭的态度。

索 引

（本索引所标页码为英文版页码，请参照本书边码使用）

E

F

G

H

I

J

K

L

M

O

P

R

S

T

图书在版编目(CIP)数据

风险、不确定性与利润/(美)弗兰克·H.奈特著;安佳译.—北京:商务印书馆,2017
(汉译世界学术名著丛书:120年纪念版:珍藏本)
ISBN 978-7-100-14197-0

Ⅰ.①风… Ⅱ.①弗… ②安… Ⅲ.①新制度经济学—研究 Ⅳ.①F091.349

中国版本图书馆CIP数据核字(2017)第137633号

汉译世界学术名著丛书
(120年纪念版·珍藏本)
风险、不确定性与利润
〔美〕弗兰克·H.奈特 著
安 佳 译

商 务 印 书 馆 出 版
(北京王府井大街36号 邮政编码100710)
商 务 印 书 馆 发 行
南京爱德印刷有限公司印刷
ISBN 978-7-100-14197-0

2017年12月第1版 开本710×1000 1/16
2017年12月第1次印刷 印张26½
定价:125.00元